镇江港务管理局

省委书记李源潮视察镇江港

港区作业现场

镇江港位于江苏省中部、长江下游南岸，两条黄金水道——长江和京杭大运河在港区交汇。畅达便捷的集疏运条件将镇江港孕育成我国重要的对外贸易港口，为国家一类开放口岸，全国43个主枢纽港之一。

镇江港拥有公用码头23座，总延长2743米，其中万吨级码头8座，5000吨码头2座，1000-3000吨级码头2座，100-500吨级码头11座，生产用仓库5万平方米，堆场38.2万平方米，各类装卸机械235台，港作船舶22艘，客运设施1180平方米，从业人员3820人。在139.4公里的长江岸线上，坐落着高资、龙门、镇江、谏壁、大港五大港区。镇江港既能对各种货物提供江海直达、铁水联运、水陆换装、储运、中转等物流服务，又能提供客运旅游、船货代理等多元服务，引水靠泊、检查检疫等与港口相关的各类配套服务机构十分键全。

镇江港自1986年对外国籍船舶开放以来，已先后与50多个国家和地区的120多个港口建立了内贸运输业务，开辟了镇江至上海的外贸集装箱支线班轮和至我国深圳、广州、上海等港口的内贸集装箱干、支线班轮。具有承接铁矿石、磷矿、焦炭、硫磺、元明粉、集装箱、钢铁、木材、化肥、饲料、汽车、粮食、废钢、纸浆以及各种重大件等货种丰富的作业经验。继1988年跨入全国千万吨大港的行列以来，生产保持持续增长，2002年港口吞吐量达2629.8万吨，外贸量达608.9万吨，集装箱量达10.17万标箱。

镇江港将恪守"货主至上、船东至上、质量一流、效率一流"的经营理念，竭诚为国内外货主和船舶提供高效、优质、配套的服务。

港区集装箱堆场一角

港区全景

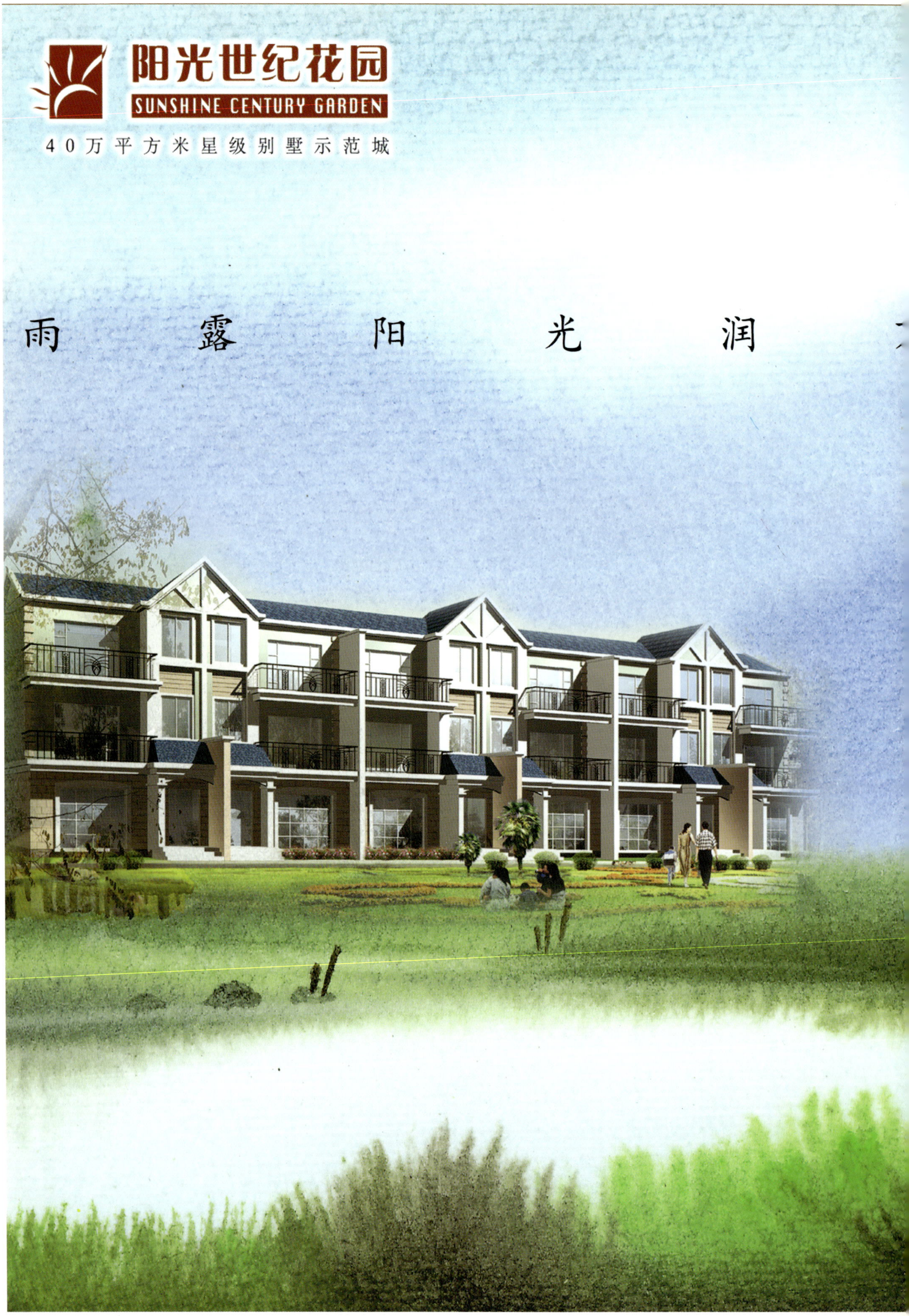
阳光世纪花园
SUNSHINE CENTURY GARDEN
40万平方米星级别墅示范城
雨 露 阳 光 润

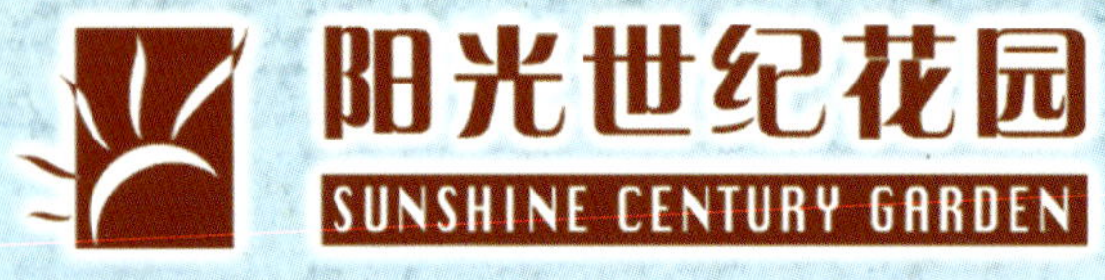

家

阳光世纪花园英格兰G型别墅

镇江润阳房地产开发有限公司

ZHEN JIANG RUN YANG REALESTATE CO.,LTD

镇江润阳房地产开发有限公司由南京利源集团控股，成立于2001年8月。南京利源集团为国家一级房地产开发企业，集团总资产达5亿元，其开发的“百家湖别墅花园”规划建筑100万平方米，“百家湖”已是南京市家喻户晓的知名品牌。阳光世纪花园在润阳公司的倾情呵护下，已成为镇江高尚楼盘的典范。四十万平方米星级别墅示范城的恢弘气度，携生态健康住宅的全新理念，阐释着润阳人“雨露阳光润万家”的不懈追求，阳光世纪花园与百家湖已成为长江南岸两颗璀璨的明珠。

Health&Nature

中房集团镇江房地产开发公司

中房集团镇江房地产开发公司成立于1983年6月，是镇江成立最早的房地产开发公司，建设部审定的壹级开发资质单位，公司成立20年来，一贯秉承“大开发”的管理规范、以人为本、为民办实事的传统和作风，累计完成开发投资5.1亿元；竣工房屋面积92.46万平方米，向社会提供商品住宅12200余套72.71万平方米；建成了江滨新村等5个住宅小区，完成了弥陀寺巷等7个片区的旧城改造；兴建了交行大厦等近10幢高层建筑，为改善市民的居住条件，促进镇江城市化进程作出了卓越的贡献。

2003年是我市实施立志“两率先”、奋力“两步走”，争当苏南后起之秀的第一年，更是城市面貌三年大变样的决战之年。随着城市建设“双百工程”的全面推进，公司将在事关我市发展大局的重点项目和民心工程中大显身手，精心打造1080米的江滨大道（西段）和2万平方米的李家山经济适用房；并抢抓机遇、乘势而上，全力开发建设朱方路1号地块，为广大中低收入家庭提供环境优美、质量优良的精品家园，为实现镇江跨越发展作出更大的贡献。

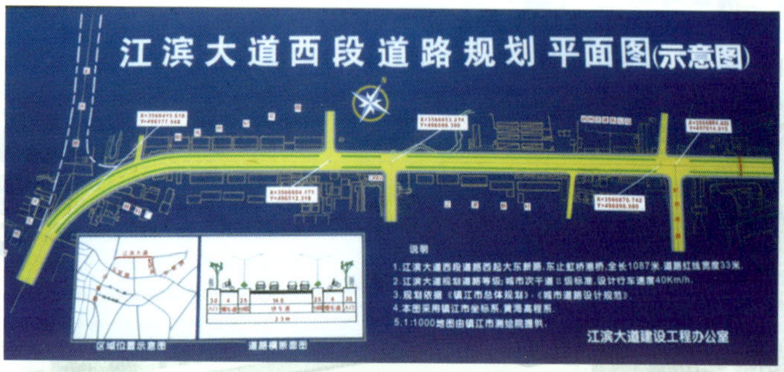

江滨大道西段道路规划平面图(示意图)

江滨大道建设工程办公室

跑马山路

李家山经济实用房

镇江市交通投资建设发展公司

总经理　李坚

总经理李坚（左）与华厦银行签订《银企合作协义》

镇江市交通投资建设发展公司是镇江市人民政府批准建立的承担城市及交通建设市场化经营职能的特定主体，全民事业单位，隶属于市交通局。

公司核准经营范围为：公路交通建设项目的投资；建设施工和配套项目的开发；工程专用材料、机械设备销售；交通工程的技术咨询；房地产开发；广告经营。

公司资产总额15亿元，拥有8个投资实体，其中镇江中桥基建有限公司（镇大公路）、镇江市山宝石料有限公司、镇江市广通广告公司为控股子公司，镇江南徐新城开发有限公司、镇江市公路客运中心、镇江美仑沥青有限公司、中泰合资镇江泰普克沥青有限公司、大港汽渡为参股公司，上述公司均处于良好运营状态。

公司内设机构包括：投资开发部、工程技术部、财务部、综合部。为支持公司以市场化经营方式承担城市交通建设重点工程项目，市政府已将4000余亩国有土地资产注入公司，并为公司在南徐路周边预留控了3000余亩土地。上述资源是公司进行资本运作的重要保证。

公司已成功实施了引资大道，南徐大道等城建重点工程。为镇江城市建设作出了突出贡献。

2002年度公司投资建设的南徐大道

地　址：江苏省镇江市正东路39号
电　话：0511-4410018
传　真：0511-4424927
邮　编：212001

镇江市宝华半挂车配件有限公司

镇江市宝华半挂车配件有限公司专业生产半挂车鞍式牵引座、悬架系统、支承装置和挂车车桥等半挂车配件。产品有八个品种50余种规格。公司占地面积57349平方米，建筑面积23150平方米，现有员工280余人，其中6%为专业工程技术人员。公司拥有大型数控切割机、焊接专用机器人、数控立式加工中心、CO_2气体保护焊机、数控车床、埋弧自动焊机、200t冲床、1250t四柱压力机、大型组合铣床及各类专用机床等先进加工设备300余台/套。目前的生产能力为年产鞍式牵引座35000台、悬架系统25000套、支承装置30000副、挂车车桥25000根。

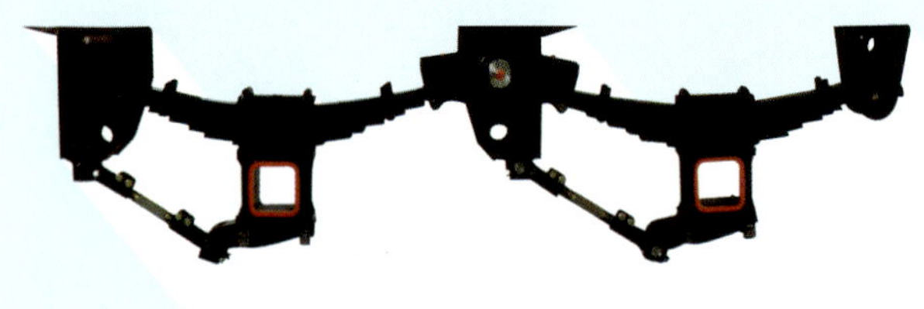

公司坚持以市场为导向，以科技求进步，努力建立优越的科研和发展机制。实现了产品开发计算机辅助设计和技术、质量、生产、供应、销售等全面电脑网络化管理。公司生产的单钩楔块式牵引座拥有二项中国专利（专利号：ZL 98 2 51107.8和ZL 98 2 51106.X）；公司的质量保证体系已通过国家级QCCECC（赛宝）认证中心的（ISO9001:2000版及QS9000）认证。

公司坚持〝科学管理、精益求精、行业领先、顾客满意〞的总体方针，以一流的管理、一流的设备、一流的产品和一流的服务，致力于国内、国际市场的开拓，使公司的产品畅销全国28个省、市、自治区，并远销香港、中东、东南亚和澳大利亚等国家和地区。

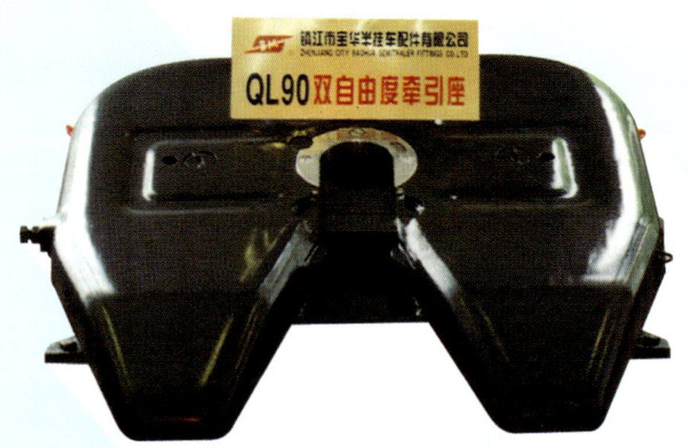

镇江市地方税务局

市地税局党组书记、局长陈德华同志与市地税局中层干部签订党风廉政建设责任状

市地税局党组书记、局长陈德华同志在全市地税系统工作会议上作报告

镇江市地方税务局成立于1994年9月，现有干部职工856人，负责全市60000多纳税户的地方税收征、管、查工作，同时还承担着社会保险费及地方政府委托的各种基金、费的征收任务。

八年多来，全体地税干部发扬艰苦奋斗、自强不息的精神，各项工作都取得了较好成绩：地税收入快速增长，从1995年全年征收35228万元，到2002年全年征收税款138853万元，年平均增幅达21.7%，累计征收税款620127万元；2001年以来，共征收社会保险费128983万元。落实税收减免政策规范到位，自市地税局成立以来，办理各类税收减免10.04亿元。税收征管的科技水平不断提高，广泛运用了征管信息系统，在全国范围内率先在餐饮、服务、建安等行业推行了税控装置。队伍建设成效显著，涌现了以“全国青年文明号”市局直属分局和全国“人民满意的公务员”丁万万为代表的一大批先进集体和先进个人，全市地税系统荣获“江苏省文明行业”称号。

地址：镇江市中山西路18号
网址：http://zjds.zhenjiang.gov.cn
E-mail:zjsdsj@163.com

镇江市水利局

镇江市水利局是市政府主管水行政的职能部门，统一管理全市水资源和江河、湖泊、水库、堤防、水闸等水利工程，主管全市防汛防旱和水土保持工作，负责全市水利行业的管理。根据以上职能调整，水利局的主要职责是：

（一）负责国家和省有关水利方面的法律、法规以及方针政策的贯彻实施和监督检查。组织草拟全市水行政措施及实施意见，实行依法治水、依法管水、依法用水。

（二）组织制定全市水利发展战略、中长期规划和年度计划，主要江河、湖泊和流域（区域）综合规划，水资源保护、防洪、供水、节水、水土保持等专业规划，并监督实施；组织有关全市经济总体规划、城镇规划及重大建设项目中的水资源和防洪论证工作。

（三）统一管理全市水资源（含空中水、地表水、地下水）；组织拟定全市和跨市辖县（市）区水中长期供求计划、水量分配方案并监督实施；归口管理全市计划用水，节约用水工作，拟定节约用水政策，编制节约用水规划，制定有关行业用水标准，并监督实施；组织实施取水许可制度和水资源费征行收制度；组织发布全市水资源公报。

（四）拟定水资源保护规划；组织水功能区的划分和向饮水区等水域排污的控制，监测江河湖库的水量、水质，审定水域纳污能力，提出限制排污总量的意见；组织发布全市水质监测简报，水源区水质报告。

（五）组织、指导水政监察和水行政执法工作；受市政府委托，协调部门之间和县（市）区之间的水事纠纷，参与协商解决市际之间的水事纠纷；打击长江非法采砂。

（六）承担市防汛防旱指挥部的日常工作。组织、协调、监督、指导全市防汛防旱工作，对流域性河道和重要水利工程实施防汛抗旱调度。

（七）指导全市水利系统财务会计工作；负责有关水利资金的计划、使用、管理及内部审计监督；研究水利投入机制和筹资政策；配合市有关部门制定水利行业的财务政策及价格、收费、税收、信贷、财务等经济调节措施并组织监督实施；指导全市水利行业国有资产的监督管理工作；指导全市水利经济工作。

（八）负责城市防洪工作，城市供水水源建设、地表水、地下水的管理和水环境保护，防洪工程设施的建设和管理，指导节约用水等城市水利工作，指导全市水务一体化工作。

（九）指导全市水利基本建设工作；编制、审查市大中型水利建设项目建设书、可行性研究报告；对全市水利工程规划、勘测、设计、建设进行行业管理；负责组织建设和管理具有控制性的或流域性的重要水利工程；负责组织市级重大水利建设项目的实施；负责全市水利工程建设项目的招标、投标管理；负责全市水利基本建设工程的质量监督。

（十）主管全市江、河、水库、湖泊（包括人工水道、引洪区、泄洪区、蓄洪区）等水域及其滩涂岸线；组织指导全市各类水利设施的管理与保护；负责管理流域性的或跨市辖县（市）区的重要水利工程；负责长江流域性河道、重要湖泊及河口江岸滩涂的综合治理和开发利用；会同有关部门负责对水利工程管理范围内建设项目的管理与监督。

（十一）指导全市农村水利工作；协调农田水利基本建设；指导节水灌溉、机电排灌、小水电、水源工程、乡镇供水和人畜饮水工作；指导全市中低产田改造中水利方面的工作以及丘陵山区小流域治理工作；指导全市农村水利服务体系建设。

（十二）组织、指导全市水土保持工作，研究制定水土保持规划；组织水土流失的监测、综合防治以及破坏水土保持的执法工作。

（十三）按省水行政主管部门要求协管全市水文工作。

（十四）组织指导水利科技教育和外事外经工作；组织重大水利科学技术的研究和推广；组织实施水利行业技术质量标准和水利工程规程、规范并检查监督；指导水利信息化工作；负责全市水利队伍建设。

（十五）承办市政府交办的其他事项。

机关大院绿化一角。

镇江市市级机关事务管理局

市级机关事务管理局工作职责：根据党和国家的有关方针政策，按照市委、市政府的有关要求，结合市级机关具体情况，研究拟定市级机关事务管理工作的规划目标和具体规章制度、管理办法，并组织实施。主要负责和承担市级机关的下列工作：房地产的综合管理；建设、调配、管理与维护办公用房、生活服务设施及公共活动等用房；承担干部职工合作建房、机关廉租房和经济适用房的组织承建和管理等相关建设管理；住房制度改革的具体组织实施；干部职工住房补贴经费的审核、发放；房改房上市交易的相关手续；自管住宅售后服务；市级领导及离退休市级领导住宅的物业管理及有关领导的生活服务管理；有关部门和市民主党派机关等单位行政经费的管理；部分机关国有资产的产权界定、清查登记；有关单位控制社会集团购买力的相关工作；机关大院安全保卫及院外单位的检查督促；邮电通讯、绿化美化、爱国卫生；重要会议、接待、参观考察、生活保障等方面用车；重大会议的会务保障和市级机关干部职工生活服务、医疗保健、幼儿教育等保障服务的管理；管理局属事业单位，搞好服务；承办市委、市人大、市政府、市政协交办的其它事项。

整治出新后的机关大门，庄严宏伟、秩序井然。上图为晨光下的机关大门。

整治出新后的机关大院，被誉为“精品”工程。图为停放整齐、井然有序的机关车辆。

镇江市科学技术局

镇江市科学技术局主要职责及服务承诺

一、主要职责

（一）贯彻执行国家有关科学技术工作方针、政策、法规；研究全市科技发展和科技促进经济与社会发展的重大问题；研究确定全市科技发展的重大布局和优先领域；推动全市科技创新体系建设，提高全市科技创新能力。

（二）组织编制全市科学技术发展中长期规划和年度计划，研究制定科教兴市实施方案并组织实施。

（三）研究提出全市科技体制改革的政策措施；指导全市科技体制改革工作。

（四）研究多渠道增加科技投入的措施；负责管理市级科学事业费、科技"三项费用"、科技专项经费；争取国家、省科技基金、科技"三项费用"、科技专项经费，并负责管理。

（五）研究、拟定加强高新技术发展的政策措施；指导科技成果转化；组织全市高新技术产业化重大科技创新工程；组织申报、管理省级高新技术重点新产品工作；负责各类科技计划的制定并组织实施；组织申报、管理省高新技术产品、高新技术企业；负责市高新技术企业和高新技术产品的认定工作；会同有关部门研究提出高新技术产业开发园区的建设和发展规划。

（六）指导省市农业综合试验示范园区和星火技术密集区建设，会同有关部门共同组织实施农业产业化发展项目。

（七）指导全市科研机构工作；指导全市重点实验室、中试基地、工程技术研究中心等技术基础设施的建设工作。

（八）研究全市科技人才资源的合理配置，提出充分发挥科技人员积极性、创造科技人才成才良好环境的相关政策建议。

（九）研究制定我市对外科技合作交流计划并组织实施。

（十）研究提出制定地方科技行政措施和规范性文件建议；归口管理全市科技成果、科技奖励、科技保密、技术市场等工作；促进科技咨询、招标、评估、专利事务等社会中介组织的发展；负责牵头全市科学普及工作。

（十一）负责科技协作、科技信息、科技统计监测和科技期刊管理工作；指导全市民营科技工作，负责民营科技企业的认定、管理。

（十二）贯彻实施国家、省有关专利及知识产权法律、法规；负责全市专利管理、专利行政执法工作。

二、服务承诺

（一）首问责任制

1、第一位接到服务对象询问或来访的工作人员即首问责任人，不论与职责是否有关，都要热情接待，有问必答，不可视而不见，听而不闻。

2、首问责任人职责范围的事，要及时办理；因客观原因不能及时办理的，要给予解释说明。

3、基层单位或群众来机关办事，可提前电话预约。被预约的处室和人员应将预约人及其联系方式、预约内容等登记在册，及时安排，落实到人，不得推诿、延时。

（二）高效服务制

1、对市重点工程项目、高新技术项目或重大科技攻关项目的受理、申报，实行特事特办，专人跟踪服务；

2、实行"一次性告知"，即：一次性向服务对象告知办事程序和相关资料，一次性告知能否办理，让服务对象少跑路，少费时。

（三）透明服务制

凡不涉及国家秘密，适合公开的事宜，都应全面实行政务公开制，增强透明度，保证行政行为的公平、公开、公正。

1、工作人员身份公开。在本局公示栏和科技信息网上公开工作人员照片、姓名、职务，并实行挂牌上岗。

2、工作内容、行政过程和结果都要在有关新闻媒体和科技信息网上及时公布。

(1) 科技项目组织、立项的过程公开。即：公开发布科技计划项目指南；公开项目申报的程序和时间要求；公开组织重大科技项目招标；

(2) 科技成果评审过程公开。即：公开组织科技成果申报；科技成果初审结果公示及最终结果公布；

(3) 科技进步目标管理考核结果公开。

（四）文明服务制

凡本机关工作人员，必须做到"一张笑脸相迎，一张椅子让座，一句暖语相送"，来有迎声，问有答声，走有送声；生人熟人一样热情，忙时闲时一样认真，大事小事一样受理，态度好坏一样热情服务。

（五）监督反馈制

1、以发放征求意见函、设立监督意见箱、开设公开电话、召开座谈会、在科技网设立征求意见栏等形式，广泛征求反馈意见；

2、对群众、企业的来信、来访，必须有专人接收，并作好拆封、登记、报送、

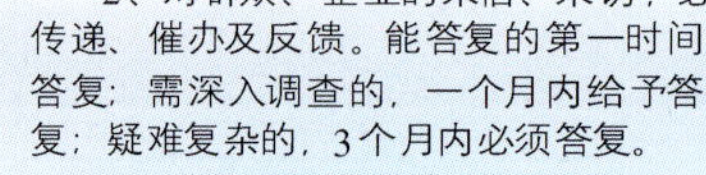

传递、催办及反馈。能答复的第一时间答复；需深入调查的，一个月内给予答复；疑难复杂的，3个月内必须答复。

3、对违反承诺制的工作人员，一经查实，将视情节轻重分别给予批评教育、当面赔礼道歉、通报批评等处理。情节特别严重的要给予相应的行政处罚。局办公室负责投诉的受理和查实工作。

投诉电话：4405690、4421063

科技局下属机构：

办公室　综合计划处

高新技术发展及产业化处

社会发展处　农村科技处

国际科技合作处　科技成果与技术市场处

知识产权办　生产力促进中心

科技培训中心　技术贸易中心

科技活动中心

镇江市环保局

镇江市环保局是依法实施环境保护监督管理职能的行政执法部门。近年来，市环保局通过全面推行政务公开，进一步规范行政行为，坚持依法行政，加强环保执法工作的内部制约和外部监督，做到以公开促公正，以公开促公平，以公开促效率，带动总体工作上水平。

市环保局政务公开工作围绕"一条主线"即依法行政这条主线，遵循公开、公正、公平的原则，建立健全依法行政的环境监督管理机制；构筑"两个系统"，一是构筑环境行政执法的责任与制度系统，二是建立远程监控管理的现代技术支持系统；建立"三个窗口"，即建设项目环保审批窗口、排污收费窗口和信访举报窗口；做到"五个明确"，即明确执法主体、执法依据、执法程序、执法职责、执法权限；实现"六个公开"，一是公开政策法规依据，二是公开工作制度、程序、标准，三是公开工作机构、办事人员、工作职权、职责，四是公开工作计划、完成时限、进展情况、验收结果，五是公开廉政规定、监督和举报电话，六是公开环境质量状况、环境违法行为处罚程序、行政复议程序和处理结果。为做好政务公开工作，市环保局投资60多万元设立了政务公开大厅，开辟了"一站式"对外服务窗口，在大厅内设置了公示栏和多媒体电脑触摸屏，为企业和市民提供方便快捷的服务。

2002年度，镇江市环保局被评为全省环保系统政务公开先进单位。

地址：解放路20号　电话：0511-4417405

镇江市市委常委孙燕丽看望环保宣传人员

省环保厅纪检书记郑蕊芳（左三）视察我局政务公开工作

镇江市环保局政务大厅

中国环保

组织全局人员学习"十六大"精神，努力开创镇江环保工作新局面

全局面向社会聘请了17名行风监督员
图为向行风监督员颁发聘书

组织街头环保宣传活动，为群众提供环保法规咨询

平戰結合
為民造福

江澤民

镇江市人民防空办公室

镇江市人民防空办公室（简称市人防办）是市政府人民防空工作的主管部门，也是市国防动员委员会的常设办事机构，受市政府、军分区和省人防办的领导。市人防办的主要职能是贯彻执行党中央、国务院、中央军委关于人民防空的方针政策，负责人民防空法律、法规的贯彻施行，制定全市人民防空发展规划和城市防空袭预案并组织实施，负责全市人防工程、指挥通信及警报设施的规划、建设和维护管理，组织开展人民防空宣传教育。

我市是国家确定的重点人防城市，经过全市人民几十年的共同努力，我市的人防工作已经有了一个较好的基础。建成了一定数量的人防工程和较为完善的组织指挥及通信警报体系，市和辖市、区人防机构健全，人防宣传不断深入。特别是近年来，我市人防工程建设和经费筹集工作取得了较大的突破，在全省人防系统的位次得到了提升。

人民防空是国防的重要组成部分，是国民经济和社会发展的重要方面，是现代城市建设的重要内容，是利国利民的社会公益事业。进入新的世纪，市人防办将在市委、市政府、军分区和省人防办的正确领导下，以党的十六大精神为指导，认真贯彻《中华人民共和国人民防空法》和《中共中央、国务院、中央军委关于加强人民防空工作的决定》，践行“三个代表”重要思想，认真履行职能，努力实现镇江人防事业的跨越发展。

史和平市长与省人防办张永康主任亲切交谈

国家人防办李扬副局长在视察句容人防地面指挥中心暨幼儿园时与有关人员的合影

市人防办在市民广场宣传人防法规

省军区王海棠参谋长、军分区陈主志政委调研我市人防指挥所建设情况

镇江市经济协作办公室

市经济协作办公室系市政府承担对口支援、经济协作为主要职能的直属单位，每年均能全面完成市政府下达的各项工作任务。1994年以来，负责与西藏、陕西、三峡库区等有关市、县的对口支援和扶贫协作工作，共筹集资金2572万元，为受援地区无偿援建了急需的公益事业项目37个、希望小学38所；成功实施"造血型"经济项目合作32项。同时，我市派出8位援藏干部和19名科技人员赴西部工作，接受受援地区8批共58名县、乡干部、中小学教师、医务人员来镇培训和学习。多次承办并积极参加南京经济区域19个城市、长江三角洲15个城市、长江沿岸25个城市等区域性经济协调组织每年举办的经济联合与协作的重大活动。1990-2002年，共审批、备案155个外地驻镇江办事机构，并提供了良好的管理、协调、服务。

镇江市安全生产监督管理局

市领导听取全市安全生产工作情况汇报

镇江市安全生产监督管理局2001年8月1日组建并正式成立，核编20人，内设4个处（综合处、安监一处、安监二处、安监三处）。主要职能是：制定全市安全生产综合性管理规定和办法；综合管理全市安全生产工作；依法行使安全生产监督管理职权；按国家规定组织、协调和参与各类事故的调查处理；对重大危险源的监控和重大事故隐患整改监督检查；组织特种专业操作人员培训、考核和安全资格的管理工作；承担市安委会办公室的日常工作等。

2002年全市安全生产工作〃抓关键〃具体抓好〃三责〃建立六项制度。〃抓重点〃全面开展危险化学物品生产经营、矿山开采、建筑施工、民爆与烟花爆竹、交通运输、公共聚集场所、学校、气瓶、农机和私渡等十个方面开展专项治理。〃抓基础〃先后组织了6次安全生产大检查，开展连续三轮隐患排查和事故隐患整治活动，全市已经通报的重大以上事故隐患已基本整改结束，部分隐患通过整改降低了等级。广泛开展群众性安全生产宣传教育活动，开展《安全生产法》宣贯活动。报名参赛〃安康杯〃竞赛活动的企业有200多家，参赛职工近10万人。共组织安全培训100多期，培训人员25000余人，其中特种作业人员11000多人。〃建队伍〃——形成市、各辖（市）区、乡（街办）、村四级安全生产监管体系和网络。全市共发生各类事故2412起，死亡428人，重伤1068人；事故起数与去年同期持平，死亡和伤人数分别比去年同期-2.8%、-7.5%。其中：企业事故起数、死亡人数、重伤人数；分别比去年同期-42%、-35%、-65%。全市未发生一起重大以上事故，我局被评为全国安全生产先进集体。

市安监局局长　赵兴根

武警镇江市消防支队

赴汤蹈火，临危不惧

抢险救援，奋不顾身

武警镇江市消防支队（正团级），亦称镇江市公安消防支队，担负着保卫全市经济发展和社会稳定、保护国家和人民群众生命财产安全的任务。全市消防部队现有9个消防大队、10个消防中队，分布在全市4个区和3个县级市。全市现有消防官兵317人，装备有举高消防车、排烟照明抢险救援车、抢险救援器材车、重型泡沫车、高（中）低压泵车、轻型泵浦车、水罐车等执勤消防车辆44辆。此外，全市有地方专职消防队19个、队员230人、消防车29辆。

该支队把灭火和抢险救援作为义不容辞的责任，坚持〝面向火场，面向实战〞和〝科学、求实〞的指导思想，做到训练系统化、规范化、基地化。广大官兵把青春奉献给警营，爱警习武，甘于吃苦，拉得出、打得赢，先后成功扑救和处置〝6.30〞沪宁高速液化气槽车翻车、〝3.19〞谏壁发电厂地下电缆火灾等灾害事故，最大限度地减少了火灾和其他灾害事故的损失，为保卫国家财产、人民生命安全和维护社会稳定作出了应有的贡献。

2001年9月22日至24日，江苏省第三届消防运动会在镇江隆重举行，来自全省13个省辖市代表队的494名运动员共进行了15个项目的竞赛。镇江市代表队脱颖而出，一举夺得团体第四名，消防特勤接力操、手抬机动泵射水打靶、着隔热服破拆与疏散物资3个单项第一的好成绩。同时，以〝一流的环境，一流的服务、一流的组织〞为目标，全力做好〝东道主〞各项保障工作，实现了〝保障好、成绩好〞的双赢佳绩。

镇江市国土资源局新区分局

团结务实的领导班子

2003年4月18日，镇江市国土资源局新区分局正式挂牌。新区分局代表市国土资源局在新区行使国土资源管理职权，为进区企业和其他各类社会主体提供国土资源服务，为新区实施沿江开发和招商引资提供国土资源保障。

分局现有职工30人，内设办公室、国土管理科、征地事务科、拆迁事务科、法规监察科等五个科室。这是一支特别能战斗的队伍，自1992年开发区成立以来，长期工作在土地管理第一线，多次出色地完成新区管委会交付的急难险重任务。仅2003年1-5月，实际完成征用土地2000亩，拆迁农民住宅和集体房屋10万m^2；取得2个批次463亩用地批文，组织上报了6个批次近2560亩用地报批报件；先后向新区经济发展总公司和新区城投公司注入土地1500亩，通过土地资本市场化运作，为新区城市建设筹集大量资金。通过辛勤的工作，极大地推进新区开发建设步伐，为新区在"两个率先"中领先奠定良好的发展基础。

局领导在镇江出口加工区现场办公

分局成立后，局领导一班人始终谨记市政府成立分局的宗旨：规范管理、提高效率、优质服务，牢固确立"权力就是责任，管理就是服务，公仆就是奉献"的观念，多方着手，以创建改革型机关、服务型机关、学习型机关为目标，全面重构国土管理机关新形象，始终保持昂扬向上奋发有为的精神状态，努力把新区国土事业推向一个新的更高的台阶。

左：新区管委会主任罗洪明

右：镇江市国土资源局局长许忙耕

镇江市京口区建设局

近年来，京口区建设局在区委、区政府的领导下，以邓小平理论为指导，认真实践“三个代表”的重要思想，按照“奋力跳，追赶超”的要求，直面挑战，抢抓机遇，变压力为动力，紧紧咬住经济目标不放松，全面落实各项管理措施。大力推进重点工程建设，改善城市的交通状况；充分发挥职能作用，为区属经济发展创造一个良好的环境。坚持以改革促发展、以稳定保发展，经过全体干部职工的努力经济工作，职能工作，党建工作等取得了较好的成绩。

京口区建设局党政领导团结奋进，求真务实，主攻难点，凝心聚力，奋力突破。加大激励政策，制定和完善奖惩措施，正确引导、主动协调、强化管理、服务基层，克难而进。围绕经济工作中心，积极稳妥地加快改革步伐，克服资金短缺、人才匮乏、职能不全等困难，积极开拓市场，经济工作获得新的发展。2002年实交地税完成301万元，营收完成10900万元，固定资产投入完成260万元，二、三产业增加值完成1067万元，拆迁工作量完成4.5万平方米创京口建区以来历史之最。规划管理、建筑市场管理、房屋产权产籍管理、房地产管理等，贴近群众，解决区属各企业发展所面临新情况、新问题，全力支持企业的发展。结合行业特点，深入开展了创建文明行业活动，局系统进入区文明行业的行列，全系统企事业单位创建区级文明单位3家，市级文明单位1家，区级青年文明号2个，连续三年荣获区两个文明先进单位称号。

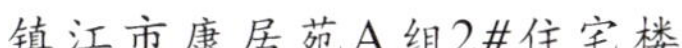
镇江市康居苑A组2#住宅楼

“七一”新党员在烈士纪念碑前进行入党宣誓

镇江市对外贸易经济合作局

镇江市对外贸易经济合作局是主管全市对外贸易、对外招商引资、国际经济技术合作和对外开放工作的市政府组成部门。负责国家外经贸工作方针、政策和法规的贯彻执行，拟定全市外经贸工作的政策、规章和实施办法。指导、管理和协调全市的招商引资、进出口贸易、对外承包工程、劳务合作等业务。局机关内设机构13个：办公室、综合处、外资管理处、外贸管理处（挂市机电产品进出口办公室牌子）、技术和服务贸易处、外经管理处、开发区管理处、纪委监察室、人事教育处、财务处、审计处、工会、团委。

我局将按照市委、市政府提出的"两步走""双率先"要求，进一步做好局机关政务公开、服务承诺、首问负责及接受社会各界监督等工作，提高工作效率，增强服务意识，积极热诚为社会各界提供优质高效的服务，努力把局机关建设成为投资者满意、人民群众满意的"满意机关"。

镇江市医疗保险局

作为全国首批医改试点城市，我市医疗保险一直走在全国前列。二00二年，我市又实行了社会医疗保险办法，初步构建了多层次的全民社会医疗保障体系，医保实现了由城镇职工向全民的跨越。全市基本医疗保险城镇职工覆盖率达95.5%，社会医疗保险已覆盖社会各类人员69.64万人；连续五年实现了统账基金的双结余，运行良好，改革取得了阶段性成果。

二00三年，我市社会医疗保险工作的主要奋斗目标是：稳定基本政策，细化管理规定，实施住院保险，完善保障体系，加大基金征收力度，严格控制医疗费用支出，建立、完善医保公众信息服务系统，推进医保"一卡通"工程建设，争取覆盖全市71万人。

市政府召开全市社会医疗保险工作会议，对深入推进我市医改工作进行动员、部署。

市医疗保险局不断优化服务环境，图为社会各类人员在宽敞明亮的医疗保险经办大厅办理参保、缴费手续。

市医疗保险局始终把扩面征缴作为一项基础性工作来抓，千方百计加大政策宣传力度，把医保服务送到百姓身边。图为该局在广场、社区设立咨询服务台，向群众详释医保政策。

镇江市丹徒区发展计划与经济贸易局

镇江市丹徒区发展计划与经济贸易局，由丹徒区计划与经济委员会更名组建而成，对外挂“丹徒区乡镇企业管理局”、“丹徒区个体私营经济发展局”牌子，主要负责全区经济的战略规划、监督、预警、预测、调节、政策综合和技术进步、投资、能源管理、安全生产等工作，并承担原县乡镇企业管理局、县工业局、县商业局、县物资局、县供电局等部门的行政管理职能。全局现有干部职工105人，内设办公室、组织人事科、发展计划科、固定资产投资科、经济运行科、能源管理科、农业经济科、经贸流通科、企业管理科、技术进步与装备科等10个科室，一个直属行政机构——区安全生产监督管理局，安全生产监督管理局下设综合科和安全生产监督科。

镇江市古运河管理处

古运河为镇江市民的母亲河，经过10年的整治，已初步形成一条纵贯市区的风光带。今年市政府明确将古运河划归水利部门管理后，按照市领导要求，在实施了古运河绿化、美化的基础上，围绕服务全市经济社会发展的大局，实施了古运河亮化工程，目前已按照市四套班子会议要求，在市领导和各有关单位关心和支持下，工程建设各方团结协作、加速实干，如期圆满地完成了既定任务，

今年实施的新西门桥至虎踞桥段灯光工程，按照市领导的要求，根据“城中运河、城市水景、园林长廊”的江南古运河特点，在各具特色的河段采取相应的夜景照明设计，在和谐的基础上突出沿河桥、亭和房屋建筑等景点的特色，力求高品位、高格调地做成精品，展现出镇江古运河独特的江南神韵，为镇江的“显山露水”理念再注上精彩一笔，也为充分挖掘镇江城市水文化、树立镇江水利新形象作出了有益的探索。

镇江市润州

区人民政府

低压锅炉厂

镇江建城已有3,000余年，自古以来就是交通要津和有名的商埠。1988年被国务院列为沿海经济开放地区，润州区是其中的一个城区。

地理位置 镇江市润州区位于江苏省中部，长江下游南岸，西接南京，东临上海、苏州、无锡、常州，北与扬州隔江相望，水陆交通条件优越。

行政区划 全区现辖三个镇、四个街道办事处、一个民营经济开发区、三个场圃，人口23万，面积达133平方公里。

气　候 位于北亚热带南部季风气候区，温、光、水协调，四季分明，年平均气温15.4℃，日照数2,057.2小时，无霜期238天，降水量1,072.8毫米。

工　业 全区现有各类企业400余家。从业人员2万余人，拥有冶金、机械、电子、化工、建材、鞋帽、服装、纺织、工艺、塑料、线缆等主要行业，300多种系列，数千个产品，形成了门类齐全，轻重并举，结构合理的工业体系。全区已有十个大类上百种产品跻身国际市场，远销世界各地。

五洲山茶场

京口区

设计一流、服务项目齐全的健康社区事务受理中心方便了社区居民

全区总面积118平方公里，辖1个乡、2个镇、4个街道、1个旅游开发区，2个场圃，共26个行政村，55个社区居委会。年末总人口330807人（其中男173841人，女156966人），非农业人口302144人。全年实现国内生产总值17.25亿元，同比增长14%；完成固定资产投资6亿元，同比增长46.3%；完成财政总收入1.71亿元，比上年净增4930万元，同比增长40.5%；农民人均收入4470元，在岗职工平均工资10200元，分别增长5.4%和8.4%；全区人口出生率在6.5‰以下。全年新批外资项目22个，完成协议利用外资8700万美元，实际利用外资2400万美元，同比分别增长101.7%和80.8%，完成自营出口3000万美元，增长76.9%，新增民间资本4.5亿元，新办私营企业425家，个体工商户2100户。全区完成工业销售25.5亿元，实现利润4450万元，同比分别增长27.4%和96.1%。中盛粮油年销售达4.7亿地，元鼎饰材、宝华配件、鸿泰金属、震东电光源迈入亿元企业行列，京口纸业、镇江碳素总厂等一批企业年销售突破5000万元。

经过二年的社区建设，下桃坞社区已建成为全市十大精品小区之一

社区市区广场文艺演出吸引市民观看

京口区国土资源管理局

局党组成员开展政治理论学习

局领导带领工作人员为重点项目工程用地进行现场服务

开设法律法规宣传点，向群众提供咨询服务

京口区农业经济局

◀瑞京农科园占地400亩，建有以色列智能温室两栋，蔬菜玻璃温室一栋，连栋大棚8座，单体大棚44座，果园100亩，采用先进的温室全控技术和无土栽培，无公害栽培技术。

该品种的蕃茄为从荷兰引进的无限生长型品种，采用温室无公害无土栽培技术，生产周期长、产量高、抗病能力强，其口感好、形状美、色泽艳，且富含抗癌物质——茄白素。

放心菜工程成效显著

建成蔬菜丰产方1200亩，无公害蔬菜保护区1000亩，全区防虫网使用面积达到300亩，高架防虫网80亩，全年上市放心菜30000吨。

镇江市京口科技工业园

市区领导到园区视察

中国·镇江京口科技工业园是在江苏新一轮“沿江”经济发展中新建的享受省级开发区政策的工业园，规划面积七平方公里，启动面积2.25平方公里。园区依托沪宁高速公路、京沪铁路、312国道、长江、京杭大运河和即将建设的京沪高速铁路等交通大动脉，区域位于镇江市谏壁镇以南，距市中心约十公里。园区南傍沿江公路与312国道、沪宁高速相接（相距5公里），北依镇大公路，镇大铁路，海运向东10公里通过长江第三大深水港——镇江大港直达世界各大港口，内河由京杭大运河（贯穿园区）和长江形成的“十”字黄金水道通达各地；航空相距上海虹桥机场240公里、上海浦东机场285公里、南京机场90公里、常州机场60公里。在建的镇江铁路枢纽货场——上隍货场位于园区西北部。紧邻的华东最大的火力发电厂——谏壁电厂可提供充足的热能和电能。园区对大用电量、大需热量、大运输量、大用水量、大吞吐量的产业具有独特的优势，更是机械、电子塑胶、加工、精细化工等行业的风水宝地。目前投资近亿元的鸿泰金属、震东铜业、正恺电子、世纪华星镜业等企业已落户园区，同时占地50亩、建筑面积35000平方米的标准厂房正在建设并可供客商租用。

科技工业园实行企业管理、市场运作、政府支持的方式，按照富丽规划、快步实施、滚动发展、服务超前和科技项目优先的原则，以建设科技、环保、生态型和“无费区”工业园为目标，并以各项优惠的政策欢迎国内外投资者。

电话：3353608　3353888　　　　E-mail:touring@sohu.com

地址：江苏镇江京口科技工业园　　邮编：212006

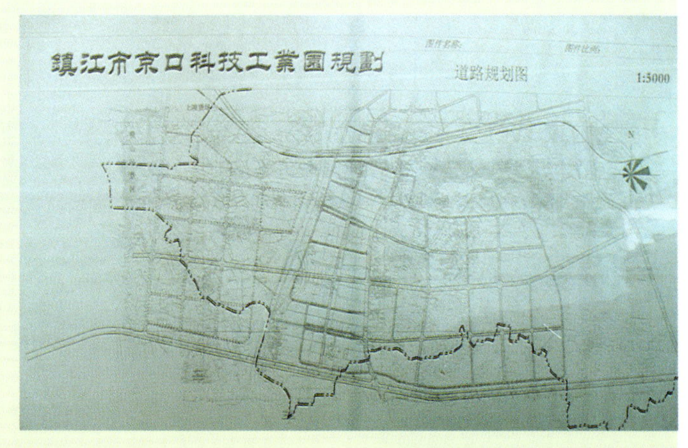

镇江
2003统计年鉴

镇江市统计局　编

中国统计出版社
China Statistics Press

(京)新登字041号

图书在版编目(CIP)数据

镇江统计年鉴.2003/镇江市统计局编.—北京:中国统计出版社,2003.7
ISBN 7-5037-4185-6

Ⅰ.镇…　Ⅱ.镇…　Ⅲ.统计资料-镇江市-2003-年鉴　Ⅳ.C832.533-54

中国版本图书馆CIP数据核字(2003)第049517号

镇江统计年鉴-2003

作　　者/镇江市统计局
责任编辑/蔡启新
E-mail　/yearbook@stats.gov.cn
责任校对/陈　萍
封面设计/张红星
出版发行/中国统计出版社
通信地址/北京市西城区三里河月坛南街75号　中国统计出版社
邮　　编/100826
电　　话/(010)63262295
印　　刷/常州市武进第三印刷有限公司
经　　销/新华书店
开　　本/889×1230毫米　1/16
字　　数/125万
印　　张/30.75
印　　数/1-1400册
版　　别/2003年8月第1版
版　　次/2003年8月第1次印刷
书　　号/ISBN 7-5037-4185-6/F·1690
定　　价/180.00元

中国统计图书,版权所有,侵权必究。
中国统计版图书,如有印装错误,本社发行部负责调换。

编辑委员会

主　任：

江里程　　常务副市长

副主任：

吴新生　　市政府副秘书长

张建华　　市统计局局长

成　员：

尹名年　　市发展计划委员会主任

马文胜　　市经济贸易委员会主任

许能斌　　市财政局局长

凌　苏　　市对外贸易经济合作局局长

柏晓宏　　市科技局局长

鄂金书　　市建设局局长

沈中立　　市国税局局长

陈德华　　市地税局局长

冯兴汉　　市工商局局长

周　社　　市交通局局长

王梅芳　　市水利局局长

章壮金　　市农林局局长

徐瑞芝　　市港务局局长

朱金贵　　市环保局局长

张　奎　　人行镇江市中心支行行长

赵志新　　市旅游局局长

杨国祥　　市史志办副主任

编辑部

主　任：

张建华

副主任：

沈春英　真启琮　凌惠民　吕联泰

主　编：

吕联泰

成　员：（排名不分先后）

史志平　纪庙祥　朱庆庆　朱陆林　朱荣华

陈　萍　汤学礼　罗凌俊　周静玉　韩志明

潘荣军　陈正群　王　军　王来青　胡劲松

史定保　张长林　王　苏　金健球　吴凤龙

沈　勇　毛晓生　蔡建刚　张学明　费涟漪

刘云文　荆法明　王曙雯　孙美霞

编 辑 说 明

《镇江统计年鉴—2003》以大量翔实的统计数据，全面、系统地反映了2002年镇江经济、科技、社会各方面的发展变革情况，是一本信息密集的资料性年刊和工具书。

本年鉴内容包括：发展成果图表；综合、人口、劳动、科技、教育、文化、卫生、体育、城市建设、环保、财政、金融、保险、农业、工业、交通、投资、贸易、外经、旅游、人民生活、物价、城市比较等十八个部分。书中还附有统计公报、主要统计指标解释等附录资料。

本年鉴辑入的统计数据，以2002年为主，主要指标还列示了建国以来主要历史年份的统计数据。

本年鉴数据均为新行政区划统计口径。读者在使用历史数据时，凡与本年鉴有出入的，均以本年鉴为准。

《镇江统计年鉴》首次正式公开出版，该年鉴在前几年的基础上，根据统计制度的变化及正式出版的要求，作了一些调整和改进，在内容结构、指标体系、统计口径等方面保持了连贯性。

本年鉴中的符号说明：

"…"表示数据不足本表最小单位数；

"空格"表示该项统计数据不详；

" - "表示无该项统计数据；

"#"表示其中。

《镇江统计年鉴》编印以来，受到社会各界的关注和支持，不少读者对于年鉴的内容和编辑工作提出了许多宝贵意见，对此，我们深表感谢。热忱欢迎读者一如既往地对不足之处给予批评指正，使我们的编辑工作水平进一步提高。

国内生产总值（亿元）

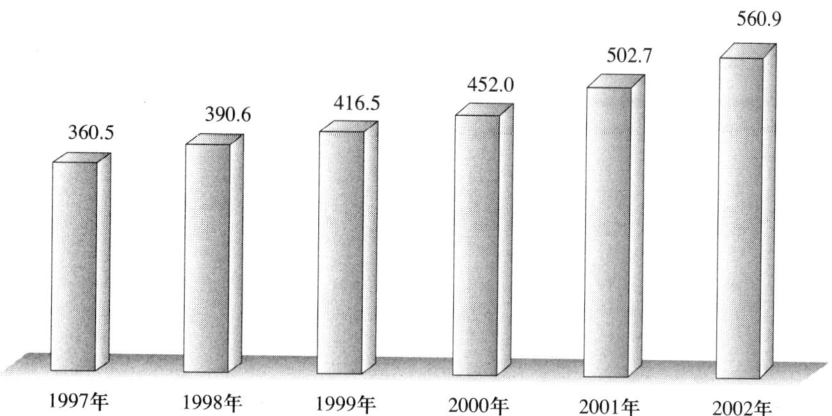

三次产业构成（%）

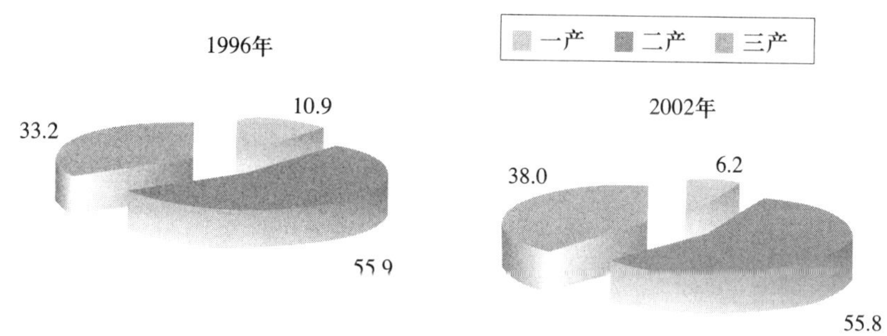

人均国内生产总值（元）

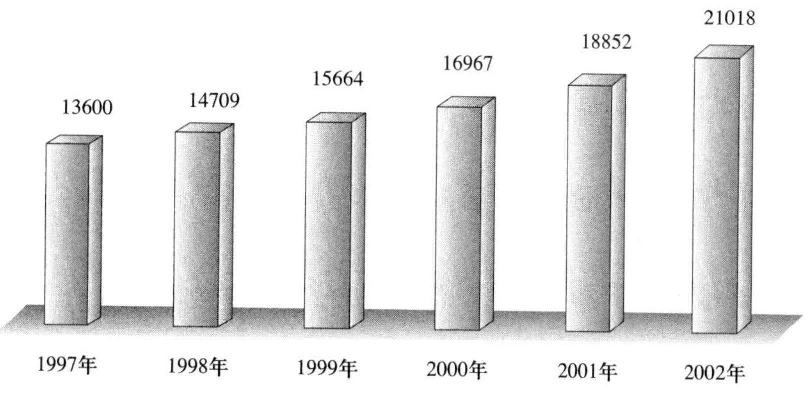

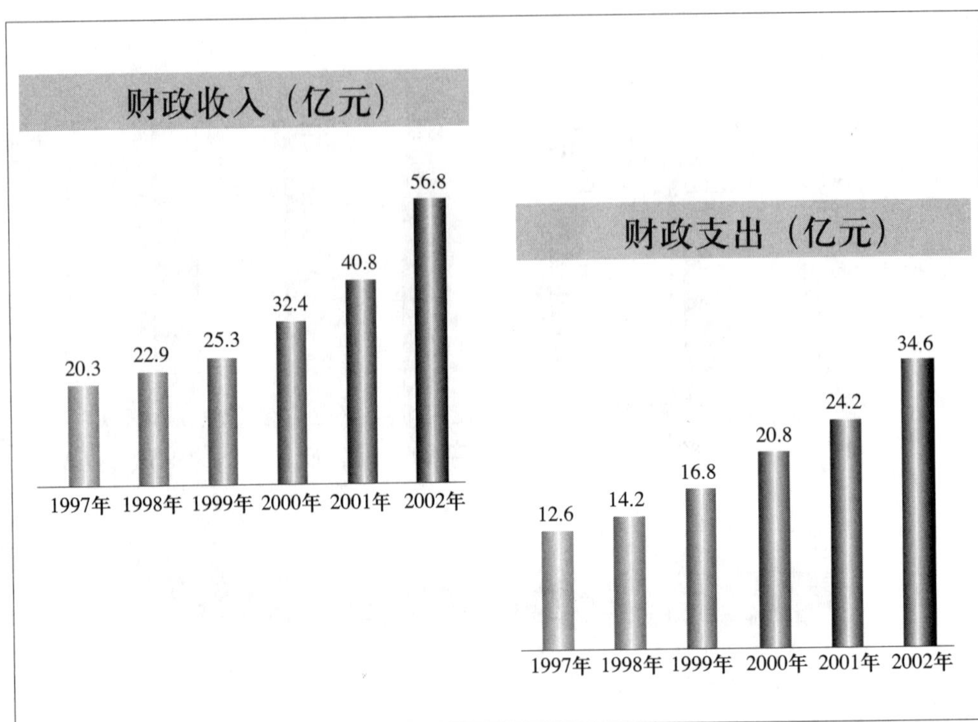
财政收入（亿元）
20.3
22.9
25.3
32.4
40.8
56.8
1997年 1998年 1999年 2000年 2001年 2002年
财政支出（亿元）
12.6
14.2
16.8
20.8
24.2
34.6
1997年 1998年 1999年 2000年 2001年 2002年

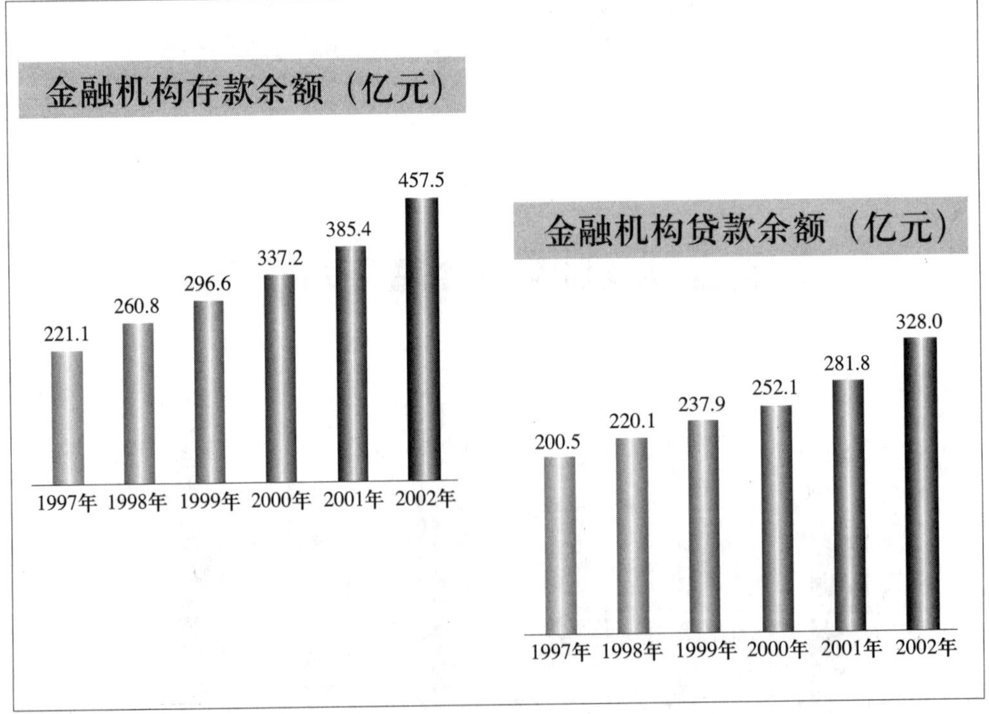
金融机构存款余额（亿元）
221.1
260.8
296.6
337.2
385.4
457.5
1997年 1998年 1999年 2000年 2001年 2002年
金融机构贷款余额（亿元）
200.5
220.1
237.9
252.1
281.8
328.0
1997年 1998年 1999年 2000年 2001年 2002年

全部工业增加值（亿元）

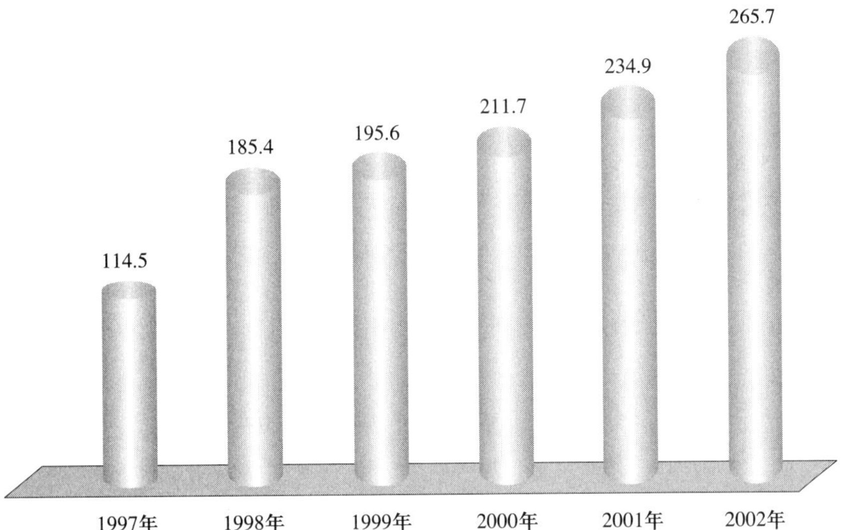

规模以上工业利税（亿元）

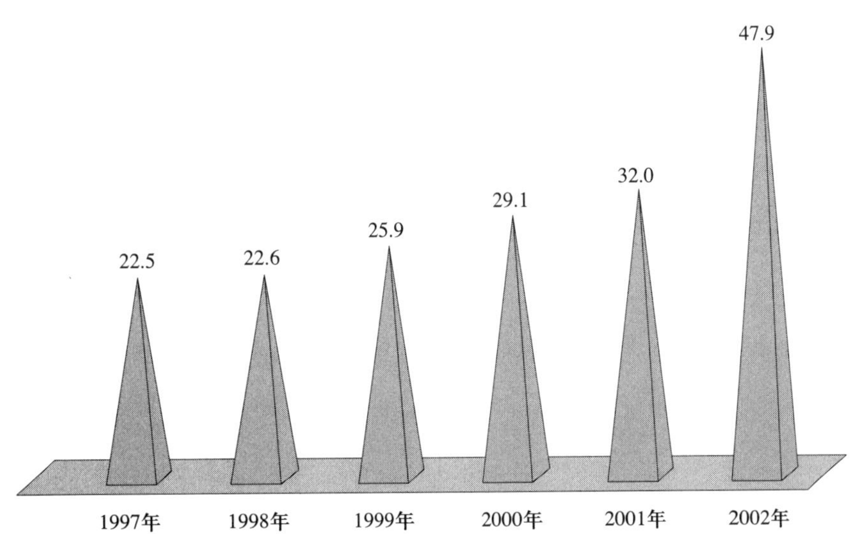

农业总产值（亿元）

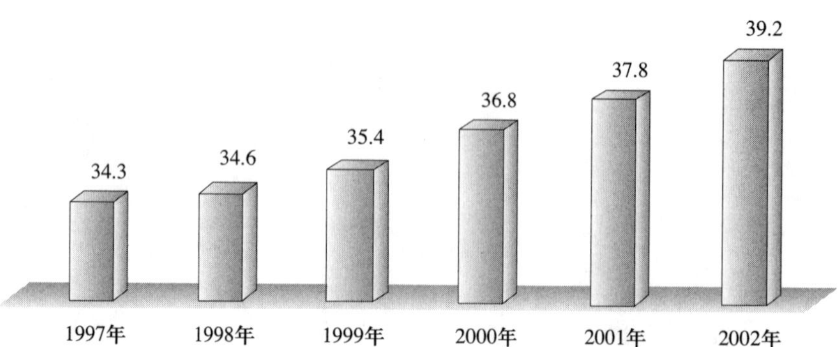

2002年农林牧渔业总产值构成(%)

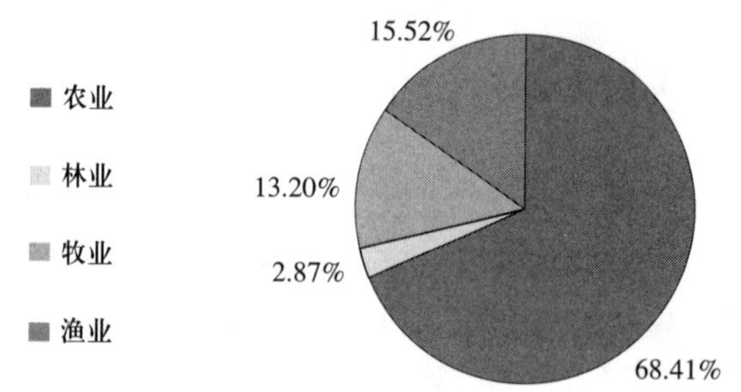

粮食总产量（万吨）

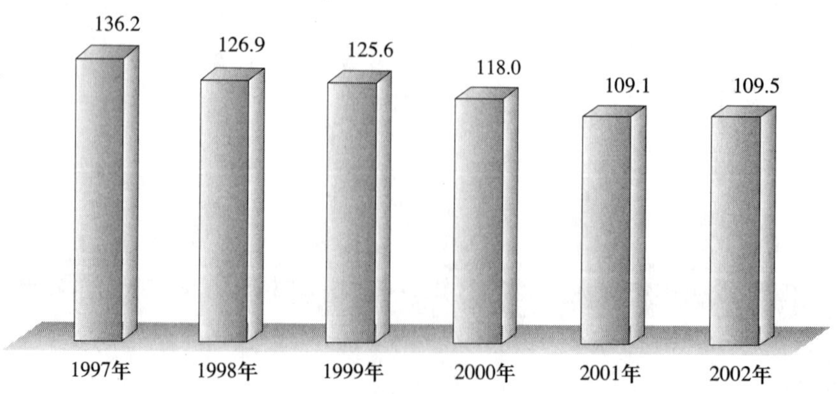

全社会固定资产投资（亿元）

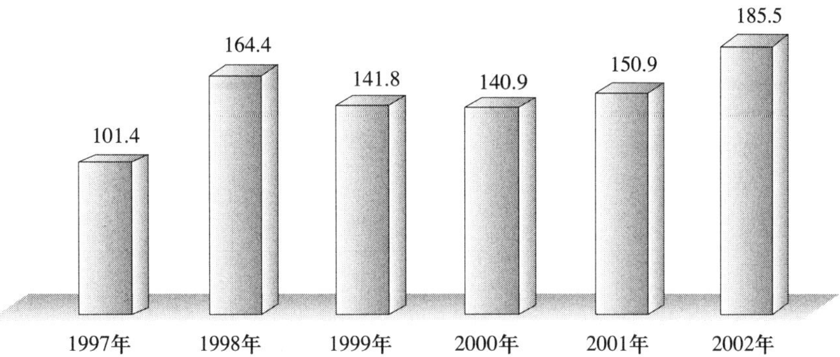

基本建设投资（亿元）

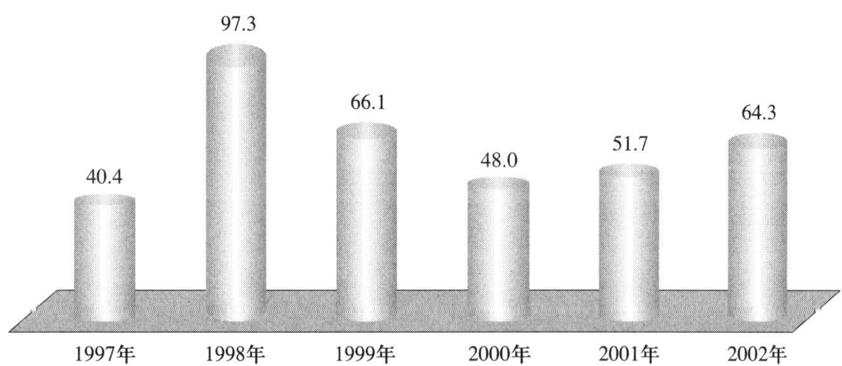

房地产开发投资（亿元）

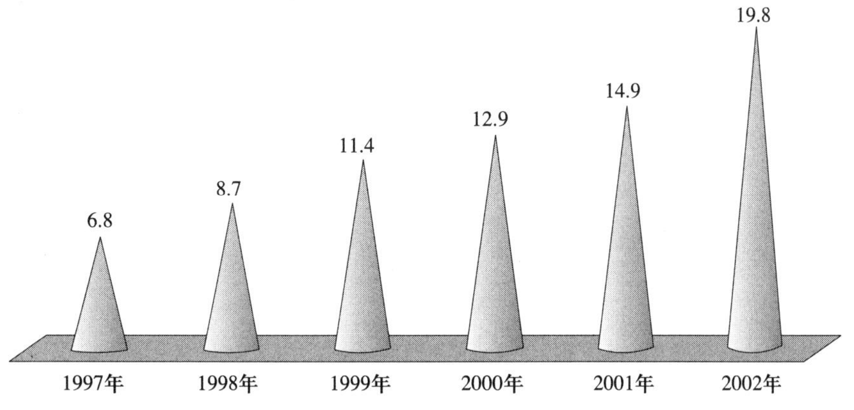

社会消费品零售总额（亿元）

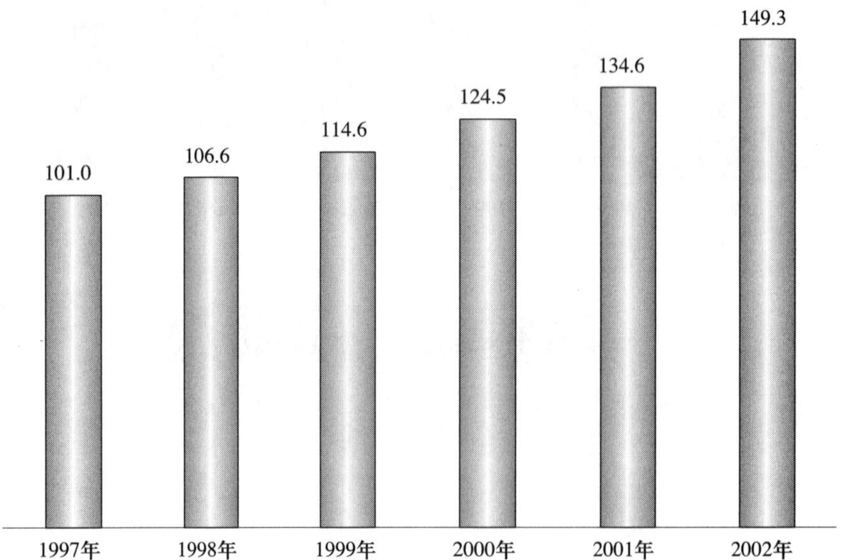

2002年社会消费品零售总额行业构成（%）

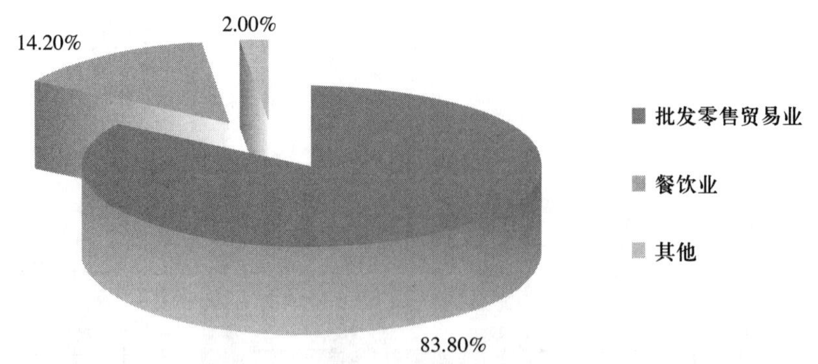

自营出口总额（万美元）

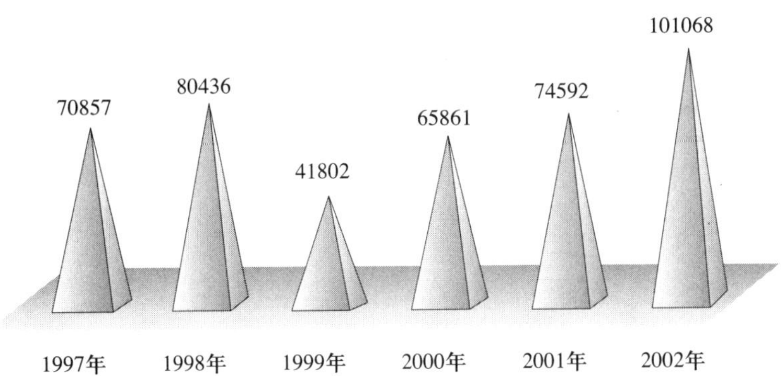

利用外资（万美元）

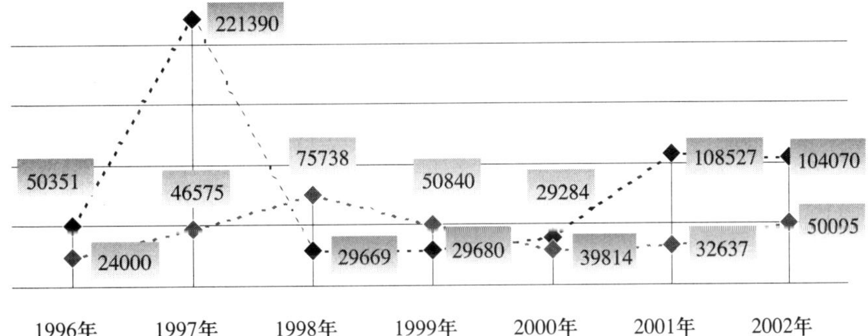

接待境外游客人数（万人）

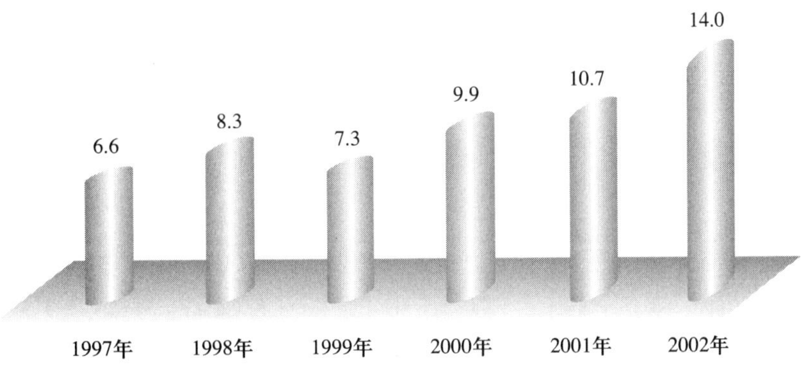

城镇居民人均可支配收入（元）

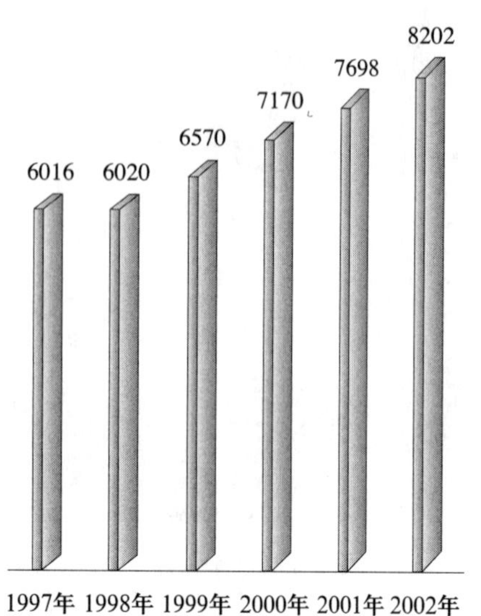

农民人均纯收入（元）

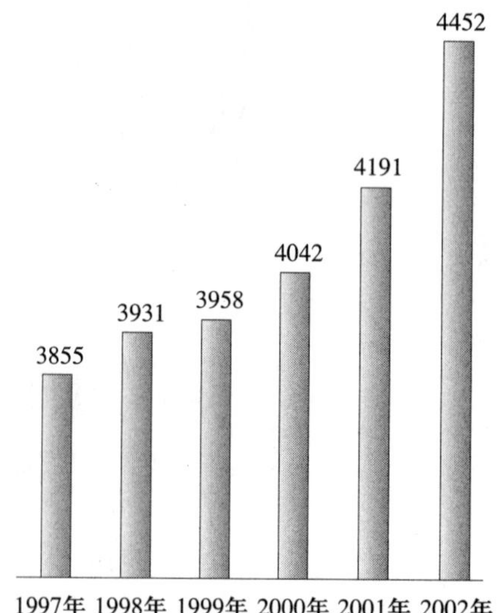

在岗职工平均工资（元）

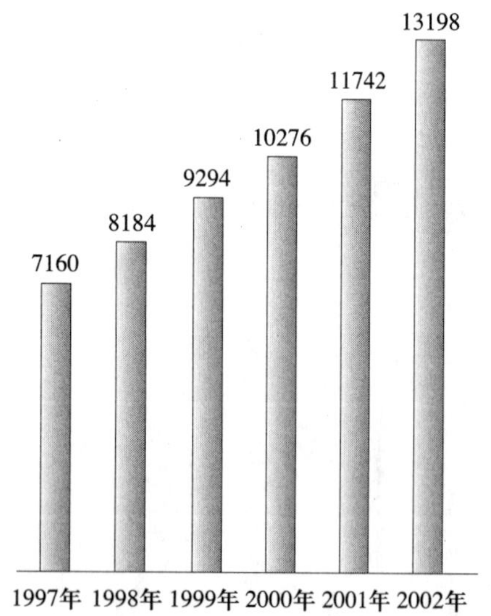

居民储蓄存款余额（亿元）

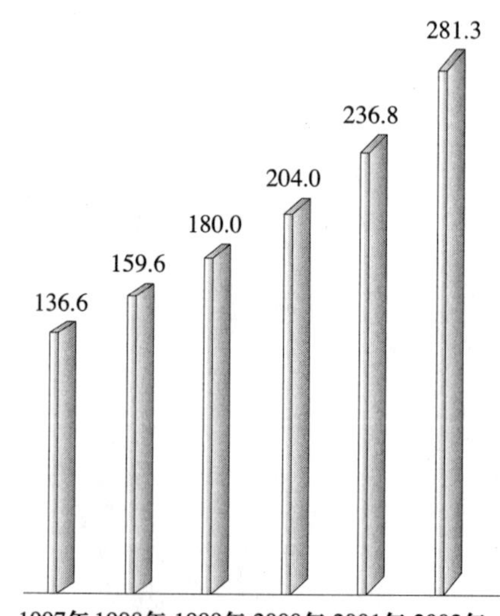

目　　录

一、综　　合

二、人　　口

三、劳动、工资、福利

四、科　　技

五、教　　育

六、文化、卫生、体育

七、城市建设

八、环境保护

九、财政、金融、保险

十、农　　业

十一、工　　业

十二、交通运输、邮电

十三、固定资产、建筑、房地产

十四、国内贸易

十五、外向经济、旅游

十六、人民生活

十七、物　　价

十八、全省各地区主要指标

镇江市统计局关于 2002 年国民经济和社会发展的统计公报

2002 年,是我市"乘势而上,跨越发展"的关键一年。全市人民在市委、市政府的正确领导下,紧紧围绕富民强市,全面建设小康社会和率先基本实现现代化的总体目标,走吸纳集聚式发展道路,凝心聚力,强势奋进,全市国民经济和社会事业发展的活力和动力明显增强。全年主要经济指标总量创历史最好水平。经济总体运行态势好于预期目标,好于上年实际,好于全省平均水平。经济运行中亮点频闪,国民经济发展实现新跨越,各项社会事业取得新业绩。

2002 年,全市完成国内生产总值 561.19 亿元,按可比价计算,比上年增长 12.3%。人均实现国内生产总值 21030 元,比上年增长 12.2%,按现价汇率折算,人均为 2543 美元。在国内生产总值中:第一产业增加值完成 34.72 亿元,增长 3.9%;第二产业增加值完成 313.25 亿元,增长 14.2%;第三产业增加值完成 213.22 亿元,增长 11.0%。国民经济结构调整初见成效,三次产业增加值结构由上年的 6.8:55.4:37.8 调整为 6.2:55.8:38.0。非公有制经济发展加快,尤其是私营、个体经济增长明显,私营个体经济增加值在国内生产总值中的比重达 22.4%。国民经济结构调整步伐加快,整体经济运行质量明显提高,财政收入占国内生产总值的比重由上年的 8.12% 上升到 10.12%,比上年增加 2 个百分点。

2002 年,国民经济和社会发展中的矛盾和困难不容忽视。农业结构调整仍需加强,农民持续增收难度较大;工业企业技术创新能力不强,产业集中不高,中小企业发展困难,具有国际竞争力的大企业、大集团不多;城镇就业压力仍然很大,社会保障的物质基础不强,弱势群体生活困难。

一、农林牧渔业

农业结构调整稳步推进,种植业结构进一步优化,多种经营步伐加快,产业化经营水平明显提高。外向农业、有机农业、生态农业呈现基地化、规模化、特色化趋势。2002 年全市完成农、林、牧、渔业总产值 66.75 亿元,比上年增长 3.4%。种植面积调整步伐加大,粮经比例达 60:40。粮食种植面积 164.06 千公顷,比上年下降 1.2%,粮食总产量 109.45 万吨,比上年略有增长;棉花种植面积 2.26 千公顷,比上年下降 23.4%,棉花总产量 1501 吨,比上年下降 22.9%。油料种植面积 47.45 千公顷,比上年下降 0.6%,油料总产量 7.92 万吨,比上年下降 6.8%。多种经营生产规模不断扩大。品种结构趋于优化,特色农业生产逐步形成。在主要农产品中:肉类产量 6.9 万吨,比上年增长 3.6%;家禽 723.9 万只,比上年增长 1.1%;蛋类总产量 1.73 万吨,比上年增长 3.5%;水产品总产量 6.85 万吨,比上年增长 3.0%。茶叶、水果、花卉、蔬菜等均有不同程度的增长。

农业生产条件不断改善。年末拥有农业机械总动力 120.32 万千瓦,比上年增长 1.1%。大中型拖拉机 2912 台,小型拖拉机 16154 台,农用排灌动力机械 48316 台。农用化肥施用量(折纯)8.78 万吨,比上年下降 0.5%,农村用电量 15.3 亿千瓦时,比上年增长 5.5%。农田有效灌溉面积 135.77 千公顷,节水灌溉面积 66.67 千公顷,年内造林面积 2.15 万亩。

二、工业和建筑业

工业生产增势加快,重点企业支撑明显,经济效益成效显著。全市完成工业增加值 265.84 亿元,比上年增长 15.0%。其中:全部国有及年销售收入 500 万元以上的非国有工业企业(简称规模以上工业)完成增加值 192.4 亿元,比上年增长 17.4%。其中:重工业完成增加值 107.1 亿元,增长 15.4%;轻工业完成增加值 85.3 亿元,增长 20.7%。轻工业生产发展加快,高于重工业 5.3 个百分点。其中:国有工业增加值 30.68 亿元,增长 25.5%;集体工业增加值 28.37 亿元,增长 6.8%;股份制工业增加值 43.79 亿元,增长 13.6%;股份合作制工业增加值 4.33 亿元,增长 4.3%;外商港澳台工业增加值 57.91 亿元,增长 23.3%。农村工业稳定发展,完成增加值 91.17 亿元,增长 16.2%。大中型工业企业发展势头较好,完成增加值 96.18 亿元,增长 17.8%。市直工业保持高平台增长,完成增加值 66.31 亿元,增长 20.7%。工业用电保持较高增长。全年用电量 60.6 亿千瓦时,比上年增长 13.9%,其中工业用电量 48.2 亿千瓦时,增长 19.4%。工业结构调整进展顺利,行业结构调整成效明显,支柱产业和高新技术产业支撑作用增强。主要工业产品产量多数保持增长。被列入统计的 46 种主要工业产品产量中:保持增长的有 34 种,下降的有 12 种。

主要工业产品产量如下:

名称	2002 年产量	比上年 ± %
电视机	51.34 万部	17.0
激光视盘机	335.3 万部	119.4
纱	36706 吨	5.4
布	13928 万米	22.4
服装	8099 万件	10.2
香醋	76049 吨	3.2
饮料酒	18213 吨	-10.8

机制纸及纸板	122.48万吨	28.1
发电量	147.45亿千瓦小时	6.6
铝材	17042吨	22.4
焦炭	30.14万吨	47.8
农用化肥	24652吨	0.9
化学农药	12802吨	-18.9
冰醋酸	13.12万吨	0.1
化学医药	445吨	35.7
水泥	723.49万吨	8.4
空调器	12.87万台	持平
轴承	18833万套	42.8

制度创新带来增长活力，非国有工业企业经过近几年来的扶持和培育，呈现迅猛发展的势头，实现工业增加值133.35亿元，比上年增长18.1%，其中私营企业实现增加值45.8亿元，增长20.2%。私营经济已成为全市工业经济发展的新增长点。全市重点行业和骨干企业科技创新能力增强，市场竞争力明显提升，涌现出电子、化工、造纸等优势行业。金东纸业、江奎集团、大亚集团、长江集团、飞达集团、赛搏电视等重点企业均呈现强劲发展趋势。

工业生产提速增效显著。全市规模以上工业企业经济效益综合指数为129.5，比上年提高18.1个百分点。实现销售收入625.24亿元，比上年增长22.9%。整体盈利水平明显提高，实现利税总额47.87亿元，比上年增长37.0%，其中利润总额19.36亿元，增长108.0%。但部分企业亏损状况没有得到根本扭转，企业亏损面达20.56%，比上年增加1.69个百分点，亏损企业亏损额4.26亿元，比上年增长11.3%。

建筑业生产回升。全市完成建筑业产值63.5亿元，比上年增长18.7%。建筑业市场管理不断完善，企业素质不断提高。拥有一级资质企业10家、二级资质企业50家。全市累计施工项目3036个，比上年增长26.0%。其中新开工项目2082个，比上年增长30.5%，当年竣工项目1775个，比上年增长11.8%。累计施工面积397.4万平方米，比上年下降3.2%。竣工面积255.4万平方米，比上年增长3.5%。

三、固定资产投资

固定资产投资加快。全年全社会固定资产投资完成额185.6亿元，比上年增长23.0%。其中：国有经济投资70.24亿元，增长60.4%；集体经济投资24.42亿元，下降19.3%；私营个体经济投资41.17亿元，增长36.1%；其他各种经济类型投资49.73亿元，下降2.7%。投资领域内在活力明显增强，投资规模不断扩大，基本建设、更新改造、房地产开发投资全面回升。基本建设投资64.3亿元，增长24.4%；更新改造投资22.7亿元，增长31.1%；房地产开发投资19.8亿元，增长32.5%。在固定资产投资中：第一产业完成投资额7.6亿元，增长7.3%；第二产业完成投资额92.3亿元，增长4.5%；第三产业完成投资额85.7亿元，增长54.4%。在第三产业投资中：用于交通运输邮电业投资22.7亿元，增长70.5%；用于文教卫投资7.27亿元，增长11.3%。

重大项目进展顺利。全年确定的26个重大项目完成投资额27.11亿元，占投资比重14.6%。长江路三期、南徐路拓宽改造工程提前峻工。南门高架桥、索普醋酸二期、化纤钛白粉等重大工程进展顺利。

四、交通运输和邮电业

交通基础设施建设步伐加快，干线公路网改造工程进展顺利。全年完成投资7.88亿元，比上年增长47.5%。

交通运输生产运行正常。全年完成客运量6146万人次，比上年增长4.1%。其中：铁路客运量507万人次，增长2.9%；公路客运量5615万人次，增长4.2%；水路客运量24万人次，增长13.2%。完成货运量4385万吨，比上年增长3.0%。其中：铁路货运量437万吨，增长14.9%；公路货运量3632万吨，增长5.0%；水路货运量316万吨，下降24.6%。全市完成港口货物吞吐量3247万吨，比上年增长10.1%。其中：长航完成货物吞吐量2630万吨，增长18.6%。

邮电通讯业持续快速发展。全市完成邮政电信业务总量25.5亿元，比上年增长11.3%。全市拥有邮政局(所)135处，邮政报刊图书销售亭(点)406处，邮政总长度达3628公里。年末拥有电话交换机总容量107.33万门，电话用户86.3万户。其中：城市电话用户50.4万户，电话普及率每百人拥有66部；农村电话用户35.9万户，电话普及率每百人拥有46部。全市拥有公用电话2.59万部，电话普及率每千人拥有9.7部。年末移动电话用户60.76万户，增长59.1%。通信网络、信息服务业发展迅速，年末互联网用户达12.07万户。

五、国内贸易和市场物价

消费品市场稳中趋旺，假日经济已成为新的消费热点。全年实现全社会消费品零售总额150.92亿元，比上年增长12.1%。在消费品市场中：城市实现消费品零售总额102.52亿元，增长12.8%；农村实现消费品零售总额48.4亿元，增长10.7%。分行业看：批发零售贸易业零售额103.61亿元，增长15.4%，餐饮业零售额20.49亿元，增长22.1%；制造业零售额10.53亿元，增长5.0%；其他行业零售额16.29亿元，下降9.6%。

市场建设取得进展。年末拥有各类市场255个。在各类市场中：消费品市场245个，成交额143.1亿元；生产资料市场10个，成交额4.67亿元。

市场物价总水平略有下降。全年城市居民消费价格总指数99.1，比上年下降0.9个百分点。其中：服务项目价格指数上涨3.0%，消费品价格指数下降2.0%。分项目看：食品价格下降0.7%，其中粮食下降8.6%，肉禽及其制品下降1.8%，蛋类上涨7.2%，水产品下降8.7%，鲜菜上涨7.4%；烟酒及用品类下降1.0%；衣着类下降0.9%；家庭设备用品及维修服务下降5.7%；医疗保健和个人用品类下降0.5%；交通和通迅下降4.3%；娱乐教育文化用品及服务类上涨2.7%，居住类下降0.5%。

六、对外经济和旅游

对外开放全面拓展,利用外资再创新高。我市成功举办了2002年中国镇江经贸旅游洽谈会等一系列招商活动。对外贸易发展较快,自营出口增势强劲。全年进出口总额突破20亿美元,达20.98亿美元,比上年增长44.3%。其中:进口总额10.87亿美元,增长53.5%;出口总额10.11亿美元,增长35.5%。招商引资力度加大,吸引外资成绩显著。全年新签外商直接投资项目349个,其中在1000万美元以上项目77个,比上年增加59个。合同利用外资10.41亿美元,比上年增长103.1%。实际利用外资5.01亿美元,比上年增长54.2%。对外经济技术合作领域发展良好。全年新签对外承包劳务合同额1.26亿美元,比上年增长18.5%,实际完成对外承包劳务营业额1.05亿美元,比上年增长19.2%,新派境外从业人员2814人,比上年增长19.7%。

开发区建设稳步发展,外向带动作用明显。全市五个省级开发区,新签合同利用外资2.31亿美元,增长99.2%。实际利用外资1.36亿美元,增长83.8%。基础设施投入1.71亿元,增长2.5倍。完成营业总收入182.67亿元,增长30.0%。自营出口总额3.67亿美元,增长183%。开发区已成为我市经济发展的重要增长点。

旅游发展势头良好,资源开发力度加大。全年共接待旅游、参观、访问、探亲、经贸洽谈以及从事其他活动的国内外游客625.1万人,比上年增长25.7%。其中:接待境外游客14.96万人,增长30.6%。在接待境外游客中:外国人7.84万人,增长35.6%;港澳同胞3.35万人,增长5.0%;台湾同胞3.53万人,增长63.5%。接待国内游客610.1万人,比上年增长25.6%。全市旅游创汇6713万美元,增长25.9%;国内旅游收入47.5亿元,增长10.3%。

七、财政、金融和保险业

财政收入增幅较快。全年财政总收入完成56.8亿元,比上年增长39.0%(同口径增长22.7%)。其中:上划中央财政收入24.01亿元,增长25.6%;地方财政收入29.55亿元,增长59.2%。在财政收入中:工商税收完成45.97亿元,增长23.4%。其中:增值税、消费税完成32亿元,增长25.6%;所得税完成6.49亿元,增长2.8%;营业税完成4.68亿元,增长44.5%。

金融运行态势良好,服务功能不断完善。年末金融机构各项存款余额457.52亿元,比年初增加74.88亿元。其中:企业存款136.34亿元,比年初增加23.51亿元;居民储蓄存款281.26亿元,比年初增加44.51亿元。年末金融机构各项贷款余额328.03亿元,比年初增加46.29亿元。其中:短期贷款251.75亿元,比年初增加34.34亿元;中长期贷款60.21亿元,比年初增加15.44亿元。个人住房、汽车、教育等消费贷款发展迅速,贷款达17.03亿元,比年初增加4.78亿元。

保险事业发展加快,竞争态势逐步形成。全市保险机构达10家。全年保费收入12.05亿元,比上年增长50.4%。其中:财产险收入2.73亿元,增长14.5%,人身险收入9.32亿元,增长65.5%。保险业务赔付总额2.2亿元,比上年增长55.6%,其中:财产险1.33亿元,增长26.7%;人身险0.87亿元,增长58.0%。

八、科学技术和教育

实施"科教兴市"战略,科技水平不断提高。我市再次荣获"全国科技进步先进城市"称号。全市拥有各类专业技术人员11.5万人。市级以上科研开发机构27个,科技投入7.86亿元。全市共组织省级以上各类科研项目852项,完成592项。其中:国家级项目49项,省级项目122项。获省级以上科技进步奖16项,获市级科技进步奖73项。全市实施国家和省级星火计划15项。其中:国家级5项。实施国家和省级火炬计划41项,其中:国家级17项。

培育高新技术产品群,推动高新产业化发展。年末拥有高新技术企业143家。其中:省级以上高新技术企业102家,市级高新技术企业41家。拥有高新技术产品724个。其中:省级以上高新技术产品405个,市级高新技术产品319个。高新技术产品实现销售收入140.7亿元,实现利税总额26.34亿元,分别比上年增长45.1%和41.4%。企业创新机制逐步健全。全市拥有工程技术研究中心8家。国际科技合作项目9项。技术市场交易活跃,全市技术合同金额1.99亿元。专利事业发展较快,全市专利申请量596件,授权专利295件。

教育事业稳步推进,高等教育加快发展。九年制义务教育得到巩固,基本普及高中阶段教育,成人和职业教育趋向合理。全市拥有普通高校4所,在校学生3.76万人;中等专业学校7所,在校学生1.84万人;普通中学130所,在校学生16.59万人;职业中学22所,在校学生1.43万人;普通小学392所,在校学生19.75万人;特殊教育学校5所,在校学生0.07万人;幼儿园175所,在园幼儿4.8万人。全市各类学校教职员工3.36万人,其中专任教师2.55万人。其中:中小学教职员工2.51万人,其中专任教师2.05万人。

全市学龄儿童入学率99.98%,小学毕业生升学率99.19%;初中毕业生升学率93.01%;普通高考录取率82.87%。其中:本科录取率42.03%。职业学校对口升学率稳步上升,农村各类实用技术培训达36.4万人次,参加社会自学考试8.53万人次。全年投资1亿元新建、改建、扩建校舍15万平方米。

九、文化、卫生和体育

文化事业健康发展,精神文明建设取得成果。先后精心组织了一系列重大文化活动。成功举办了《日出江花》大型歌舞晚会,"金秋职工之声"音乐会、"欢乐家园"广场文化活动,音乐剧《快乐推销员》荣获全国大奖。成立"江苏润扬大桥艺术团"、"中国文化雕龙资料中心"、"镇江民间文化艺术馆"。镇江博物馆扩建工程动工,焦山碑林维修扩建工程竣工。开展收缴非法音像制品80余万张。《镇江日报》、《京江晚报》质量有所提高,发行量增大。广播电视光缆网络改造步伐加快。广播、电视覆盖率均达100%，市县联网率100%。广播、电视节目制作和传播质量有明显提高，开展了"走进百城"系列活动，与中央电视台联合拍摄了系列电视片"走遍中国·镇江篇"。年末拥有公共图书馆5个，总藏书量119.5万册(件)；拥有剧院、影剧院86个；无线广播电台5座、电视台5座。

卫生事业深化改革，稳中求进。全市共有各类卫生机构792个。其中医院32个，卫生院81个。拥有执业(助理)医生4957人，注册护士3682人。公共卫生职能进一步强化。制定了霍乱防治等5个传染病应急处理预案，设立3个省级、21个市级疾病监测点。完成8项省市级重点灭螺工程，灭螺面积268万平方米。儿童计划免疫防范措施不断加强，常见传染病发病率得到有效控制，社区卫生服务进程加快，农村居民合作医疗参保率有所提高，卫生基础设施明显改善，综合服务功能明显增强。投资3亿元，建成了市第一人民医院门急诊外科综合楼，第四人民医院妇幼保健楼。

体育运动蓬勃发展。全民健身服务体系"八个一工程"顺利推进。建成全民健身工程2个，工程点43个，新增场地面积3万多平方米，总投入300多万元。全市举办了10项17次市级体育竞赛，并成功承办了第十四届世界女蓝锦标赛、全国女子足球赛、中国乒乓球俱乐部甲A比赛、全国青年女蓝联赛等四大国际性和全国性重大体育赛事。参加省第十五届运动会，获得金牌17枚、银牌13枚、铜牌22枚。3人5次打破省田径纪录，4人6次打破田径年龄组纪录。向国家队输送1名优秀运动员，向省队输送4名优秀运动员。

十、城市建设和环境保护

城市面貌明显改观，城市框架进一步拉开，实施了一批城市重点工程和民心实事工程。全年城市基础设施投入47.9亿元，房屋拆迁面积突破62万平方米，新建和改造城市道路57.7公里。做足"显山、露水、透绿、现蓝"生态文章，彰显"城市山林，大江风貌"城市特色。完成长江路三期拓宽改造工程，新建新河桥和塔影湖桥，全长近6公里的长江路一、二、三期全线贯通，沿江风光带风采毕现。完成南徐路生态大道，全长5.17公里，总投资3.7亿元。完成火车站广场改造工程。实施解放路南段高架桥面贯通。整治出新中山西路、电力路、解放北路、运河路等6条城市道路，铺设人行道板面积8.5万平方米。改造16条街巷道路1.04万平方米，出新房屋83.3万平方米，拆除违章建筑1.2万平方米。完善污水截流系统，新建10万立方米污水处理厂工程。完成CAST池土建主体工程，启动古运河水质变清工程，大力推进西津渡保护建设。全面启动天然气"西气东输"工程，铺设管道44.7公里。

公用事业持续发展，城市设施进一步完善。年末拥有公共交通客运车辆425辆，其中新增109辆。全面推进公交IC卡，客运总量达7086万人次。新开辟公交线路2条，优化和延伸线路5条。拥有出租车辆1256辆。市区自来水日供水能力达57.5万立方米，自来水普及率100%，煤气供应总量4061万立方米，液化石油气供应总量3.5万吨，气化率进一步提高。实施18小时保洁工程，城市卫生状况有所改善。

绿化亮化建设步伐加快。全年新增绿化面积265.85万平方米，新增公共绿地94.78万平方米。继续推进古运河整治及风光带建设。住宅小区路灯更新改造得到加强。年末市区拥有路灯2.24万盏，市区路灯亮灯率达99.1%。

环境建设稳步推进，"创模"取得了突破性进展，生态建设开始启动，环境管理进一步加强，环境质量稳中有升，人居环境得到改善。污染物排放总量得到有效控制，其中主要污染物排放量比去年均有所削减。城市烟尘控制区面积64.88平方公里，覆盖率保持100%。噪声达标区面积44.5平方公里，覆盖率70.8%。城市环境功能区基本达标。全年空气质量污染指数由上年的92下降到85，二级以上空气质量天数达294天，生活垃圾粪便无害化处理率100%，集中式饮用水水质满足II类标准，市区工业废水处理率100%，消烟除尘率100%，固体废物综合利用率81%，其中危险废物处置率100%。

十一、人口和人民生活

人口得到有效控制。2002年全市户籍总人口267.13万人，比上年增加0.55万人。其中：男性人口135.84万人；女性人口131.29万人。其中：市区总人口100.04万人。全年人口出生率7.47‰，比上年上升0.02个千分点；人口死亡率5.69‰，比上年上升0.28个千分点；人口自然增长率由上年的2.03‰下降为1.78‰。

劳动就业工作继续加强，社会保障制度逐步完善。全年安置城镇失业人员1.35万人，城镇登记失业率3.81%，劳动就业培训3.97万人，安置特困弱势群体3230人实现再就业。全市参加养老保险职工33.9万人；参加失业保险职工38万人；参加基本医疗保险职工43.75万人。企业离退休人员养老金实现社会化发放，支付养老金7.33亿元。社会福利工作得到加强，城乡最低生活保障对象1.23万人，兑付保障金652.71万元。发放抚恤补助优待金2477.8万元。

城乡居民生活水平不断改善。年末全市从业人员140.93万人，比上年增加0.51万人。其中：在岗职工29.99万人，比上年减少1.56万人；私营企业从业人员13.77万人，比上年增加3.77万人；个体从业人员10.9万人，与上年持平。在岗职工平均工资13198元，比上年增长12.4%；城市居民人均可支配收入8202元，比上年增长14.2%，人均消费支出6305元，比上年增长1.1%；农民人均纯收入4451元，比上年增长6.2%。

注：1. 本公报数为初步统计数。

2. 国内生产总值和增加值按现价计算，速度按可比价计算。

CHAPTER

第 1 篇

综 合

自 然 概 况

位　置

镇江市位于江苏省西南部，长江下游南岸，地处长江三角洲的顶端。北纬31度37分至32度19分，东经118度58分至119度58分。她西邻南京，东南连接常州，北滨长江，与扬州隔江相望。

面　积

镇江全市总面积3847平方公里，其中丘陵山区为1964平方公里，占总面积的51.1%；水域面积为526平方公里，占总面积的13.7%。耕地面积179.71千公顷。城市建成区面积116平方公里。

地　貌

镇江地貌大势为南高北低，西高东低，以宁镇山脉和茅山山脉组成的山字型构造为骨架，山脉两侧由丘陵、岗地、平原分布。镇江的西南部丘陵起伏，群山连绵，其中大华山为最高峰，海拔为437.2米。市区最高峰为十里长山，海拔349米。

气　候

镇江属于亚热带季风气候，四季分明，温暖湿润，热量丰富，雨量充沛，无霜期长，常年平均气温15.6摄氏度，常年降水量1088毫米。

行政区划

镇江为江苏省省辖市，下辖三个县（市）：丹阳市、扬中市、句容市；下辖四个区：京口区、润州区、丹徒区，以及镇江新区。全市共有乡1个、镇66个，街道13个。

1－1　行政区划和土地面积

地　区	镇（个）	乡（个）	街　道（个）	居　民委员会（个）	村　民委员会（个）	土　地　面　积（平方公里）	#建成区面　积
全　市	**66**	**1**	**13**	**242**	**935**	**3 847**	**116**
市区	**20**	**1**	**10**	**123**	**249**	**1 082**	**72**
京口区	2	1	4	55	25	118	–
润州区	3	–	4	56	29	130	–
丹徒区	14	–	–	9	162	749	–
新　区	1	–	2	3	33	85	–
辖市	**46**	**–**	**3**	**119**	**686**	**2 765**	**44**
丹阳市	23	–	2	65	302	1 047	22
扬中市	6	–	–	21	128	331	8
句容市	17	–	1	33	256	1 387	14

1-2 各地区街道、乡、镇名称

地 区	各乡、镇、街道（个）	乡(镇)、街道名称
京口区	7	正东路办事处 健康路办事处 大市口办事处 四牌楼办事处 谏壁镇 丹徒镇 象山乡
润州区	7	宝塔路办事处 中华路办事处 京儿路办事处 和平路办事处 蒋乔镇 官塘桥镇 七里甸镇
丹徒区	14	姚桥镇 大路镇 高桥镇 丁岗镇 辛丰镇 黄墟镇 上党镇 上会镇 宝堰镇 高资镇 江心镇 谷阳镇 荣炳镇 世业镇
新 区	3	大港办事处 丁卯办事处 大港镇
丹阳市	25	云阳镇 河阳镇 行宫镇 延陵镇 珥陵镇 全州镇 横塘镇 里庄镇 导墅镇 麦溪镇 皇塘镇 蒋墅镇 司徒镇 吕城镇 运河镇 陵口镇 折柳镇 窦庄镇 访仙镇 界牌镇 新桥镇 后巷镇 埤城镇 城南街道办事处 城北街道办事处
扬中市	6	三茅镇 新坝镇 油坊镇 八桥镇 西来桥镇 兴隆镇
句容市	18	华阳镇 黄梅镇 下蜀镇 东昌镇 白兔镇 郭庄镇 葛村镇 后白镇 天王镇 茅山镇 袁巷镇 大卓镇 宝华镇 陈武镇 行香镇 春城镇 二圣镇 崇明街道办事处

1－3　全市分月气象情况

项　　目	平均气温（摄氏度）	极端最高气温（摄氏度）	极端最低气温（摄氏度）
常年值	**15.6**	**40.2**	**－10.1**
全　年	**16.5**	**39.2**	**－4.9**
1月	5.3	19.8	－3.7
2月	7.5	18.0	－2.2
3月	11.9	25.7	2.0
4月	16.2	28.3	7.4
5月	19.2	32.5	12.1
6月	25.8	35.0	19.0
7月	28.3	39.2	20.6
8月	26.5	35.9	20.3
9月	23.5	35.3	14.9
10月	17.8	32.5	5.6
11月	10.6	23.2	－1.3
12月	5.0	16.6	－4.9

1－3(续)

项　　目	降水量（毫米）	连续降水量（毫米）	日照时数（小时）
常年值	**1 088.2**	**248.4**	**2 000.9**
全　年	**1 058.1**	**77.1**	**1 939.9**
1月	31.1	20.7	178.9
2月	32.0	18.4	149.9
3月	135.7	77.1	144.6
4月	94.9	15.3	110.3
5月	168.3	50.0	131.0
6月	68.5	27.6	171.9
7月	112.7	0.9	212.8
8月	15.7	97.8	185.3
9月	93.7	91.6	197.1
10月	56.1	41.9	184.9
11月	6.1	5.3	177.2
12月	101.3	63.7	96.0

1-4　镇　江　的　一　天

项　　目	单　位	数　值
国内生产总值	万元	15 367.0
#第一产业	万元	949.6
第二产业	万元	8 578.8
第三产业	万元	5 838.7
工农业总产值	万元	32 286.3
#工业总产值	万元	30 457.4
农业总产值	万元	1 828.9
财政收入	万元	1 556.3
财政支出	万元	947.2
社会消费品零售总额	万元	4 089.6
进出口总额(海关数)	万美元	574.7
实际利用外资	万美元	137.2
全社会固定资产投资完成额	万元	5 083.3
新增固定资产	万元	1 795.7
施工房屋建筑面积	万平方米	0.6
旅客客运量	万人	17.9
货物运输量	万吨	12.7
市区公共汽车乘客人数	万人次	22.8
居民储蓄存款余额	万元	7 705.7
用电量	万千瓦小时	1 661.5
邮电业务总量	万元	691.3
出生人数	人	54.6
死亡人数	人	41.6
粮食产量	吨	2 998.6
油料产量	吨	217.0
肉类产量	吨	189.2
水产品产量	吨	187.7
发电量	万千瓦小时	4 039.7
水泥产量	万吨	2.0
彩色电视机产量	台	1 406.6
食醋产量	吨	208.2
机制纸及纸板	吨	3 355.6

1－5　镇江国民经济占全省比重

项　　目	单　位	江苏省	镇江市	镇江占全省比重（%）
年末人口	万人	7 380.97	267.13	3.62
国内生产总值	亿元	10 631.75	560.90	5.28
#第一产业	亿元	1 119.12	34.66	3.10
第二产业	亿元	5 550.98	313.13	5.64
#工业	亿元	4 826.58	265.72	5.51
第三产业	亿元	3 961.65	213.11	5.38
人均国内生产总值	元	14 391	21 018	－
全社会固定资产投资完成额	亿元	3 849.00	185.54	4.82
#基本建设	亿元	1 145.36	64.26	5.61
更新改造	亿元	453.28	23.11	5.10
房地产开发	亿元	544.13	19.80	3.64
财政收入	亿元	1 483.68	56.80	3.83
#地方财政收入	亿元	834.64	29.55	3.54
财政支出	亿元	1 049.31	34.57	3.29
金融机构年末存款余额	亿元	11 881.19	457.52	3.85
金融机构年末贷款余额	亿元	8 234.58	328.03	3.98
农业总产值	亿元	2 011.48	66.75	3.32
粮食产量	万吨	2 907.05	109.45	3.76
油料产量	万吨	217.03	7.92	3.65
肉类产量	万吨	349.40	6.90	1.98
水产品产量	万吨	334.40	6.85	2.05
工业总产值（规模以上）	亿元	13 865.86	726.61	5.24
社会消费品零售总额	亿元	3 215.83	149.27	4.64
进出口总额（海关数）	亿美元	703.05	20.98	2.98
#出口总额	亿美元	384.80	10.11	2.63
实际利用外资金额	亿美元	103.66	5.01	4.83
在岗职工平均工资	元	13 509	13 198	－
城镇居民人均可支配收入	元	8 178	8 202	－
农村居民人均纯收入	元	3 996	4 452	－
居民储蓄存款余额	亿元	6 276.20	281.26	4.48
居民消费价格总指数	%	－	99.1	－

1－6　全社会主要经济指标完成情况

项　　目	单　位	全　市	#市　区
年末人口	万人	267.13	100.04
#非农业人口	万人	104.96	59.73
从业人员	万人	140.99	53.32
国内生产总值	亿元	560.90	246.45
#第一产业	亿元	34.66	7.80
第二产业	亿元	313.13	138.40
#工业	亿元	265.72	112.52
第三产业	亿元	213.11	100.25
人均国内生产总值	元	21 018	24 697
工农业总产值	亿元	1 178.45	492.28
#工业总产值	亿元	1 111.70	477.07
农业总产值	亿元	66.75	15.21
全社会固定资产投资完成额	亿元	185.54	94.31
#基本建设	亿元	64.26	46.77
更新改造	亿元	23.11	14.86
房地产开发投资	亿元	19.80	13.16
进出口总额(海关数)	万美元	209 775	170 228
#出口总额	万美元	101 068	73 010
合同利用外资金额	万美元	104 070	43 694
实际利用外资金额	万美元	50 095	21 652
财政收入	亿元	56.80	32.41
#地方财政收入	亿元	29.55	17.63
财政支出	亿元	34.57	20.21
金融机构年末存款余额	亿元	457.52	237.25
居民储蓄存款余额	亿元	281.26	127.08

1-6(续)

项目	单位	全市	#市区
金融机构年末贷款余额	亿元	328.03	192.71
承保额	亿元	1 152.59	597.66
#保费收入	亿元	12.05	6.57
社会消费品零售总额	亿元	149.27	73.24
居民消费价格总指数	%	-	99.1
旅游接待人数	万人	610.1	-
货运量	万吨	6 148	2 586
客运量	万人	4 385	3 932
港口货物吞吐量	万吨	3 247	-
邮电业务总量	亿元	25.23	12.55
全年用电量	万千瓦时	606 450	363 584
#城乡居民生活用电	万千瓦时	61 219	28 594
在岗职工平均工资	元	13 198	14 647
城镇居民人均可支配收入	元	-	8 202
城镇居民人均实际消费支出	元	-	6 305
农村居民人均纯收入	元	4 452	-
高等学校在校学生数	万人	3.78	3.71
中等专业学校在校学生数	万人	1.84	1.39
普通中学在校学生数	万人	16.59	5.55
小学在校学生数	万人	19.75	6.58
幼儿园在园幼儿数	万人	4.80	1.87
卫生机构数	个	636	373
卫生机构床位数	张	7 869	4 357
卫生技术人员数	人	11 878	6 472
#医生	人	4 794	2 421

1－7　国内生产总值

（当年价格）　单位：万元

项　　目	全　市	市　区	丹阳市	扬中市	句容市
国内生产总值	**5 608 979**	**2 464 483**	**1 703 095**	**693 164**	**694 631**
第一产业	346 592	78 032	137 680	39 173	91 708
第二产业	3 131 265	1 383 969	930 645	407 618	360 145
#工业	2 657 222	1 125 238	842 102	300 022	331 508
建筑业	474 043	258 731	88 543	107 596	28 637
第三产业	2 131 121	1 002 482	634 770	246 373	242 778
人均国内生产总值（元）	**21 018**	**24 697**	**21 199**	**25 391**	**11 688**

1－8　国内生产总值指数

（按可比价格计算：以 2001 年为 100）

项　　目	全　市	市　区	丹阳市	扬中市	句容市
国内生产总值	**112.3**	**113.1**	**112.3**	**112.4**	**111.1**
第一产业	103.9	104.4	104.0	102.4	103.4
第二产业	114.0	115.2	114.4	112.9	113.8
#工业	115.1	116.4	115.0	114.1	113.5
建筑业	108.1	110.2	109.4	109.6	116.9
第三产业	111.2	111.0	111.1	113.3	110.3
人均国内生产总值	**112.2**	**112.7**	**112.2**	**112.9**	**111.2**

1－9　主要年份国内生产总值

（当年价格）　　单位:万元

年份	国内生产总值	第一产业	第二产业	第三产业	人均国内生产总值(元)
1978	121 806	30 595	73 566	17 645	527
1979	134 050	34 348	79 334	20 368	573
1980	149 393	36 476	89 923	22 994	633
1981	164 549	38 590	99 917	26 042	691
1982	180 871	43 983	106 911	29 977	748
1983	204 756	52 991	117 327	34 438	836
1984	261 021	67 517	147 358	46 146	1 067
1985	320 442	76 436	187 407	56 599	1 304
1986	363 007	87 216	202 144	73 647	1 469
1987	438 971	102 257	245 900	90 814	1 747
1988	538 925	117 932	306 401	114 592	2 139
1989	589 309	115 601	340 585	133 123	2 312
1990	653 211	144 806	372 683	135 722	2 540
1991	721 130	145 445	408 646	167 039	2 786
1992	1 019 146	169 992	601 088	248 066	3 924
1993	1 579 241	209 719	931 698	437 824	6 057
1994	2 205 348	296 663	1 279 892	628 793	8 418
1995	2 858 627	336 165	1 616 211	906 251	10 876
1996	3 351 073	364 250	1 874 332	1 112 491	12 692
1997	3 605 427	316 196	2 033 684	1 255 547	13 600
1998	3 905 572	320 265	2 176 817	1 408 490	14 709
1999	4 165 149	317 070	2 308 640	1 539 439	15 664
2000	4 520 250	321 998	2 503 285	1 694 967	16 967
2001	5 026 584	334 413	2 778 151	1 914 020	18 852
2002	**5 608 979**	**346 592**	**3 131 265**	**2 131 121**	**21 018**

1－10　主要年份国内生产总值构成

单位:%

年　份	国内生产总　值	第一产业	第二产业	第三产业
1978	100.0	25.1	60.4	14.5
1979	100.0	25.6	59.2	15.2
1980	100.0	24.4	60.2	15.4
1981	100.0	23.5	60.7	15.8
1982	100.0	24.3	59.1	16.6
1983	100.0	25.9	57.3	16.8
1984	100.0	25.9	56.4	17.7
1985	100.0	23.8	58.5	17.7
1986	100.0	24.0	55.7	20.3
1987	100.0	23.3	56.0	20.7
1988	100.0	21.9	56.8	21.3
1989	100.0	19.6	57.8	22.6
1990	100.0	22.1	57.1	20.8
1991	100.0	20.1	56.7	23.2
1992	100.0	16.7	59.0	24.3
1993	100.0	13.3	59.0	27.7
1994	100.0	13.5	58.0	28.5
1995	100.0	11.8	56.5	31.7
1996	100.0	10.9	55.9	33.2
1997	100.0	8.8	56.4	34.8
1998	100.0	8.2	55.7	36.1
1999	100.0	7.6	55.4	37.0
2000	100.0	7.1	55.4	37.5
2001	100.0	6.7	55.3	38.0
2002	**100.0**	**6.2**	**55.8**	**38.0**

1－11　全社会分行业用电量

单位：万千瓦小时

项　　目	2002 年	2001 年	2002 年比 2001 年 ± %
全社会用电量	**606 450**	**532 525**	**13.9**
一、农、林、牧、渔、水利业	**19 788**	**24 370**	**－18.8**
#农业	18 141	22 624	－19.8
二、工　　业	**482 424**	**403 998**	**19.4**
#轻工业	232 746	206 088	12.9
重工业	249 678	197 910	26.2
#乡村工业	90 927	79 116	14.9
#谏壁电厂厂用电量	7 357	6 822	7.8
供电局线路损失量	41 187	23 249	77.2
三、地质普查和勘探业	**132**	**144**	**－8.3**
四、建　筑　业	**3 681**	**3 902**	**－5.7**
五、交通运输、邮电通讯业	**6 134**	**5 951**	**3.1**
交通运输业	4 035	3 910	3.2
邮电通讯业	2 099	2 041	2.8
六、商业、公共饮食业、物资供销和仓储业	**8 911**	**7 979**	**11.7**
七、房地产、公用事业、居民服务和咨询业	**5 419**	**4 590**	**18.1**
八、卫生、体育和社会福利事业	**2 590**	**2 559**	**1.2**
九、教育、文化艺术及广播电影电视业	**5 646**	**4 889**	**15.5**
十、科学研究和综合技术服务业	**508**	**619**	**－17.9**
十一、国家党政机关和社会团体	**4 667**	**4 511**	**3.5**
十二、其　他　事　业	**5 331**	**4 296**	**24.1**
十三、城乡居民生活用电	**61 219**	**64 717**	**－5.4**
乡村	34 449	40 489	－14.9
城市	26 770	24 228	10.5

1-11(续)　　单位:万千瓦小时

项　　目	2002年	2001年	2002年比2001年±%
工业用电量合计	**482 424**	**403 998**	**19.4**
1.煤炭采选业	64	90	-28.9
2.黑色金属矿采选业	2 984	2 986	-0.1
3.建材及其他非金属矿采选业	3 937	4 132	-4.7
4.采盐业	344	272	26.5
5.木材及竹材采运业	18	46	-60.9
6.自来水生产和供应业	5 315	5 597	-5.0
7.食品、饮料和烟草制造业	7 965	7 136	11.6
8.纺织业	31 772	29 853	6.4
9.造纸及纸制品业	119 795	106 129	12.9
10.电力、蒸汽、热水生产和供应业	48 926	30 486	60.5
11.石油加工业	41	35	17.1
12.炼焦、煤气及煤制品业	4 043	3 316	21.9
13.化学工业	70 562	61 635	14.5
14.医药工业	5 071	4 405	15.1
15.化学纤维工业	4 383	4 137	5.9
16.橡胶及塑料制品业	6 154	5 676	8.4
17.建筑材料及其他非金属矿物制品业	58 563	49 098	19.3
18.黑色金属冶炼及压延加工业	11 498	9 344	23.1
19.有色金属冶炼及压延加工业	13 424	10 397	29.1
20.金属制品业	27 709	21 414	29.4
21.机械工业	27 430	21 049	30.3
22.交通运输、电气、电子设备制造业	16 457	13 884	18.5
23.其他工业	15 969	12 881	24.0

统计指标解释

国内生产总值

是按市场价格计算的国内生产总值的简称。它是一个国家(地区)所有常住单位在一定时期内生产活动的最终成果。国内生产总值有三种表现形态,即价值形态、收入形态和产品形态。从价值形态看,它是所有常住单位在一定时期内所生产的全部货物和服务价值超过同期投入的全部非固定资产货物和服务价值的差额,即所有常住单位的增加值之和;从收入形态看,它是所有常住单位在一定时期内所创造并分配给常住单位和非常住单位的初次分配收入之和;从产品形态看,它是最终使用的货物和服务减去进口货物和服务。在实际核算中,国内生产总值的三种表现形态表现为三种计算方法,即生产法、收入法和支出法。三种方法分别从不同的方面反映国内生产总值及其构成。

劳动者报酬

劳动者报酬是指劳动者因从事生产活动所获得的全部报酬。它包括劳动者获得的各种形式工资、奖金和津贴,既包括货币形式的,也包括实物形式的,它还包括劳动者所享受的公费医疗和医药卫生费、上下班交通补贴和单位支付的社会保险费等。单位支付的社会保险费,就是单位直接支付给负责社会保险的政府单位(一般指劳动部门)的社会保险金或为本单位职工离退休、发生死亡、伤残、医疗保险等而支付的保险费。对于个体经济来说,其所有者所获得的劳动报酬和经营利润不易区分,这两部分统一作为劳动者报酬处理。

生产税净额

指生产税减生产补贴后的差额。生产税指政府对生产单位生产、销售和从事经营活动以及因从事生产活动使用某些生产要素,如固定资产、土地、劳动力所征收的各种税、附加费和规费。具体包括销售税金及附加、增值税、管理费中开支的各种税、应交纳的养路费、排污费和水电费附加、烟酒专卖上缴政府的专项收入等。生产补贴与生产税相反,是政府对生产单位的单方在收入转移,因此视为负生产税处理,包括政策亏损补贴、粮食系统价格补贴、外贸企业出口的退税收入等。

固定资产折旧

指一定时期内为弥补固定资产损耗按照核定的固定资产折旧率提取的固定资产折旧,或按国民经济核算统一规定的折旧率虚拟计算的固定资产折旧。它反映了固定资产在当期生产中的转移价值。各种类型企业和企业化管理的事业单位的固定资产折旧指实际计提并计入成本费用中的折旧费;不计提折旧的单位,如政府机关、非企业化管理的事业单位和居民住房的固定资产折旧则是按照统一规定的折旧率和固定资产原值计算的虚拟折旧。原则上,固定资产折旧应按固定资产的重置价值来计算,但是我国目前尚不具备对全社会固定资产进行重估价的基础,所以暂时只能采用上述方法来计算。

营业盈余

指常住单位创造的增加值扣除劳动者报酬、生产税净额和固定资产折旧后的余额。它相当于企业的营业利润加上生产补贴,但要扣除从利润中开支的工资和福利以及从税后利润中提取的公益金等。

可比价格

指在不同时期的价值指标对比时,扣除了价格变动的因素,以确切反映物量的变化。按可比价格计算有两种方法:一种是直接用产品产量乘某一年的不变价格计算;另一种是用价格指数换算。

不变价格

指用同类产品的年平均价格作为固定价格,来计算各年产品价值。按不变价格计算的产品价值消除了价格变动因素,不同时期对比可以反映生产的发展速度。新中国成立后,随着工农业产品价格水平的变化,国家统计局先后五次制定了全国统一的工业产品不变价格和农业产品不变价格,从 1949 年到 1957 年使用 1952 年工(农)业产品不变价格,从 1957 年到 1971 年使用 1957 年不变价格,从 1971 年到 1981 年使用 1970

年不变价格，从1981年到1990年使用1980年不变价格，从1990年开始使用1990年不变价格。

平均每年增长速度

在我国计算平均增长速度有两种方法，一种是习惯上经常使用的“水平法”，又称几何平均法，是以间隔期最后一年的水平同基期水平对比来计算平均每年增长（或下降）速度。另一种是“累计法”，又称代数平均法或方程法，是以间隔期内各年水平的总和同基期水平对比来计算平均每年增长（或下降）速度。

三次产业

根据社会生产活动历史发展的顺序对产业结构的划分，产品直接取自自然界的部门称为第一产业，对初级产品进行再加工的部门称为第二产业，为生产和消费提供各种服务的部门称为第三产业。它是世界上通用的产业结构分类，但各国的划分不尽一致。我国的三次产业划分是：

第一产业：农、林、牧、渔业（包括农业、林业、牧业和渔业）

第二产业：工业（包括采掘工业、制造业、自来水、电力、蒸气、热水、煤气）和建筑业。

第三产业：除第一、第二产业以外的其他各业。由于第三产业包括的行业多、范围广，根据我国的实际情况，第三产业可分为两大部分：一是流通部门，二是服务部门。具体又可分为四个层次：

第一层次：流通部门，包括交通运输业、邮电通讯业、商业、饮食业、物资供销和仓储业。

第二层次：为生产和生活服务的部门，包括金融、保险业，地质普查业，房地产、公用事业，居民服务业，咨询服务业和综合技术服务业，农、林、牧、渔、水利服务业和水利业，公路、内河（湖）航道养护业等。

第三层次：为提高科学文化水平和居民素质服务的部门，包括教育、文化、广播电视、科学研究、卫生、体育和社会福利事业等。

第四层次：为社会公共需要服务的部门，包括国家机关、政党机关、社会团体，以及军队和警察等。

企业登记注册类型的划分

根据工商行政管理部门对企业登记注册的类型的划分，将企业登记注册类型分为以下几种：

一、内资企业

1. 国有企业
2. 集体企业
3. 股份合作企业
4. 联营企业
5. 有限责任公司
6. 股份有限公司
7. 私营企业
8. 其他企业

二、港、澳、台商投资企业

1. 合资经营企业（港、澳、台资）
2. 合作经营企业（港、澳、台资）
3. 港、澳、台商独资经营企业
4. 港、澳、台商投资股份有限公司

三、外商投资企业

1. 中外合资经营企业
2. 中外合作经营企业
3. 外资企业
4. 外商投资股份有限公司

按经济成份分：

1. 国有企业：是指企业全部资产归国家所有，并按《中华人民共和国企业法人登记管理条例》规定登记注册的非公司制的经济组织。不包括有限责任公司中的国有独资公司。

2. 集体企业:是指企业资产归集体所有,并按《中华人民共和国企业法人登记管理条例》规定登记注册的经济组织。

3. 股份合作企业:是指以合作制为基础,由企业职工共同出资入股,吸收一定比例的社会资产投资组建,实行自主经营,自负盈亏,共同劳动,民主管理,按劳分配与按股分红相结合的一种集体经济组织。

4. 联营企业:是指两个及两个以上相同或不同所有制性质的企业法人或事业单位法人,按自愿、平等、互利的原则,共同投资组成的经济组织。

5. 有限责任公司:是指根据《中华人民共和国公司登记管理条例》规定登记注册,由两个以上,五十个以下的股东共同出资,每个股东以其所认缴的出资额对公司承担有限责任,公司以其全部资产对其债务承担责任的经济组织。

有限责任公司包括国有独资公司以及其他有限责任公司。

国有独资公司:是指国家授权的投资机构或者国家授权的部门单独投资设立的有限责任公司。

其他有限责任公司:是指国有独资公司以外的其他有限责任公司。

6. 股份有限公司:是指根据《中华人民共和国公司登记管理条例》规定登记注册,其全部注册资本由等额股份构成并通过发行股票筹集资本,股东以其认购的股份对公司承担有限责任,公司以其全部资产对其债务承担责任的经济组织。

7. 私营企业:是指由自然人投资设立或由自然人控股,以雇佣劳动为基础的营利性经济组织。包括按照《公司法》、《合伙企业法》、《私营企业暂行条例》规定登记注册的私营有限责任公司、私营股份有限公司、私营合伙企业和私营独资企业。

私营独资企业:是指按《私营企业暂行条例》的规定,由一名自然人投资经营,以雇佣劳动为基础,投资者对企业债务承担无限责任的企业。

私营合伙企业:是指按《合伙企业法》或《私营企业暂行条例》的规定,由两个以上自然人按照协议共同投资、共同经营、共负盈亏,以雇佣劳动为基础,对债务承担无限责任的企业。

私营有限责任公司:是指按《公司法》、《私营企业暂行条例》的规定,由两个以上自然人投资或由单个自然人控股的有限责任公司。

私营股份有限公司:是指按《公司法》的规定,由五个以上自然人投资,或由单个自然人控股的股份有限公司。

8. 其他企业:是指上述第三至第九之外的其他内资经济组织。

9. 合资经营企业(港、澳、台资):是指港澳台地区投资者与内地的企业依照《中华人民共和国中外合资经营企业法》及有关法律的规定,按合同规定的比例投资设立、分享利润和分担风险的企业。

10. 合作经营企业(港、澳、台资):是指港澳台地区投资者与内地企业依照《中华人民共和国合作经营企业法》及有关法律的规定,依照合作合同的约定进行投资或提供条件设立、分配利润和分担风险的企业。

11. 港、澳、台商独资经营企业:是指依照《中华人民共和国外资企业法》及有关法律的规定,在内地由港澳台地区投资者全额投资设立的企业。

12. 港、澳、台商投资股份有限公司:是指根据国家有关规定,经外经贸部依法批准设立,其中港、澳、台商的股本占公司注册资本的比例达25%以上的股份有限公司。凡其中港、澳、台商的股本占公司注册资本的比例小于25%的,属于内资企业中的股份有限公司。

13. 中外合资经营企业:是指外国企业或外国人与中国内地企业依照《中华人民共和国中外合资经营企业法》及有关法律的规定,按合同规定的比例投资设立、分享利润和分担风险的企业。

14. 中外合作经营企业:是指外国企业或外国人与中国内地企业依照《中华人民共和国中外合作经营企业法》及有关法律的规定,依照合作合同的约定进行投资或提供条件设立、分配利润和分担风险的企业。

15. 外资企业:是指依照《中华人民共和国外资企业法》及有关法律的规定,在中国内地由外国投资者全额投资设立的企业。

16. 外商投资股份有限公司:是指根据国家有关规定,经外经贸部依法批准设立,其中外资的股本占公司注册资本的比例达25%以上的股份有限公司。凡其中外资股本占公司注册资本的比例小于25%的,属于内资企业中的股份有限公司。

人口

2－1　户数、人口数

单位：人

项　　目	户　数（户）	人口数	男	女	平均户均人　口	非农业人　口
总　计	**973 449**	**2 671 300**	**1 358 377**	**1 312 923**	**2.74**	**1 049 548**
市　区	358 444	1 000 410	513 195	487 215	2.79	597 270
#京口区	139 455	404 257	211 112	193 145	2.90	343 281
润州区	84 021	232 012	119 434	112 578	2.76	192 856
丹徒区	134 968	364 141	182 649	181 492	2.70	61 133
丹阳市	296 128	803 717	402 247	401 470	2.71	223 674
扬中市	108 043	272 775	135 390	137 385	2.52	89 458
句容市	210 834	594 398	307 545	286 853	2.82	139 146

2－2　人口变动情况

单位：人、‰

项　　目	出　生		死　亡		自然增长	
	人　数	出生率	人　数	死亡率	人数	增长率
总　计	**19 936**	**7.47**	**15 174**	**5.69**	**4 762**	**1.78**
市　区	7 306	7.31	5 549	5.55	1 757	1.76
#京口区	3 051	7.56	1 480	3.67	1 571	3.89
润州区	1 772	7.65	1 251	5.40	521	2.25
丹徒区	2 483	6.82	2 818	7.74	－335	－0.92
丹阳市	5 949	7.41	4 980	6.20	969	1.21
扬中市	3 161	11.61	2 059	7.56	1 102	4.05
句容市	3 520	5.93	2 586	4.35	934	1.58

2－3　主要年份全市人口及自然变动情况

单位:万人、‰

年　份	年末总人口	按农业、非农分		按性别分		出生率	死亡率	自然增长率
		非农业	农业	男	女			
1954	157.85	25.86	131.99	78.65	79.20	41.77	14.99	26.78
1957	166.26	26.97	139.29	81.16	85.10	35.22	12.90	22.32
1962	172.53	27.52	145.01	84.41	88.12	38.91	8.52	30.39
1965	188.48	27.45	161.03	93.21	95.27	36.56	8.04	28.52
1970	212.89	25.22	187.67	105.66	107.23	29.23	6.27	22.96
1975	227.53	30.20	197.33	113.53	114.00	16.75	6.45	10.30
1978	233.90	32.86	201.04	117.48	116.42	14.97	6.39	8.58
1979	235.36	37.92	197.44	118.16	117.20	13.33	6.23	7.10
1980	236.91	38.72	198.19	119.26	117.65	13.61	7.03	6.58
1981	239.30	39.98	199.32	120.62	118.68	16.84	6.26	10.58
1982	242.77	42.54	200.23	122.79	119.98	16.05	6.14	9.91
1983	244.29	44.15	200.14	123.91	120.38	11.13	6.37	4.76
1984	245.07	66.00	179.07	124.49	120.58	9.06	6.58	2.48
1985	246.19	71.10	175.09	125.26	120.93	9.99	6.73	3.26
1986	247.97	50.44	197.53	126.21	121.76	13.46	6.57	6.89
1987	250.52	52.12	198.40	127.62	122.90	15.35	6.47	8.88
1988	253.50	65.48	188.02	129.21	124.29	14.69	6.60	8.09
1989	256.18	70.86	185.32	130.45	125.73	15.32	6.44	8.88
1990	258.13	71.85	186.28	131.38	126.75	14.38	6.54	7.84
1991	259.05	73.12	185.93	131.71	127.34	11.92	6.48	5.44
1992	259.91	75.02	184.89	132.29	127.62	11.45	6.74	4.71
1993	261.54	85.37	176.17	132.98	128.56	11.17	6.30	4.87
1994	262.46	80.44	182.02	133.41	129.05	10.36	6.64	3.72
1995	263.27	83.76	179.51	134.03	129.24	9.69	6.61	3.08
1996	264.80	87.22	177.58	134.85	129.95	10.01	6.56	3.45
1997	265.41	90.21	175.20	134.99	130.42	8.89	6.39	2.50
1998	265.64	91.92	173.72	135.12	130.52	8.60	6.96	1.64
1999	266.17	97.06	169.11	135.29	130.88	8.53	6.03	2.50
2000	266.67	100.87	165.80	135.45	131.22	8.70	7.89	0.81
2001	266.58	102.65	163.93	135.31	131.27	7.45	5.41	2.04
2002	**267.13**	**104.95**	**162.18**	**135.84**	**131.29**	**7.47**	**5.69**	**1.78**

2－4　主要年份市区人口及自然变动情况

单位：万人、‰

年份	年末总人口	按农业、非农分		按性别分		出生率	死亡率	自然增长率
		非农业	农业	男	女			
1954	53.48	17.58	35.90	26.92	26.56	41.51	15.26	26.25
1957	56.16	19.30	36.86	27.01	29.15	36.60	14.13	22.47
1962	60.03	20.00	40.03	29.25	30.78	29.83	8.05	21.78
1965	64.91	20.14	44.77	32.02	32.89	32.78	8.39	24.39
1970	71.01	19.56	51.45	35.28	35.73	24.73	6.54	18.19
1975	76.50	22.25	54.25	38.27	38.23	17.35	6.72	10.63
1978	79.77	24.15	55.62	40.26	39.51	18.83	8.76	10.08
1979	81.55	27.61	53.94	41.11	40.44	13.31	6.14	7.18
1980	82.50	28.61	53.89	41.80	40.70	14.31	6.85	7.46
1981	83.74	29.54	54.20	42.53	41.21	17.66	6.06	11.60
1982	85.15	30.83	54.32	43.28	41.87	16.89	5.91	10.98
1983	85.91	31.74	54.17	43.81	42.10	11.53	6.34	5.20
1984	86.35	38.13	48.22	44.06	42.29	9.52	6.47	3.05
1985	87.20	40.35	46.85	44.57	42.63	9.82	6.65	3.17
1986	88.24	35.01	53.23	45.13	43.11	12.19	7.77	4.42
1987	89.24	35.86	53.38	45.67	43.57	13.16	6.31	6.85
1988	90.47	38.39	52.08	46.31	44.16	13.67	6.23	7.44
1989	91.39	41.47	49.92	46.88	44.51	13.50	5.95	7.55
1990	91.88	41.94	49.94	47.13	44.75	12.21	6.25	5.97
1991	92.35	42.48	49.87	47.39	44.96	10.27	6.09	4.19
1992	92.76	43.14	49.62	47.60	45.16	11.52	6.16	5.36
1993	93.53	44.20	49.33	48.02	45.51	10.99	6.32	4.67
1994	94.24	45.29	48.95	48.36	45.88	10.66	6.31	4.35
1995	94.66	46.50	48.16	48.58	46.08	9.30	6.09	3.21
1996	95.83	48.57	47.26	49.15	46.68	11.34	6.41	4.93
1997	96.28	49.94	46.34	49.16	47.12	10.77	6.31	4.46
1998	97.30	51.78	45.52	49.77	47.53	9.34	6.22	3.12
1999	98.33	55.22	43.11	50.28	48.05	10.16	5.59	4.57
2000	99.29	57.14	42.15	50.75	48.54	8.74	7.17	1.57
2001	99.53	58.60	40.93	51.01	48.52	7.36	5.42	1.94
2002	**100.04**	**53.61**	**46.43**	**51.32**	**48.72**	**7.31**	**5.55**	**1.76**

2－5　主要年份丹徒区人口及自然变动情况

单位:万人、‰

年　份	年　末总人口	按农业、非农分		按性别分		出生率	死亡率	自　然增长率
		非农业	农业	男	女			
1954	32.84	1.40	31.44	15.01	17.83	43.30	16.16	27.14
1957	34.73	1.99	32.74	15.69	19.04	33.32	16.38	16.94
1962	37.45	1.53	35.92	17.50	19.95	36.70	9.51	27.19
1965	41.40	1.51	39.89	19.71	21.69	37.60	8.80	28.80
1970	46.83	1.41	45.42	22.53	24.30	27.50	5.90	21.60
1975	49.89	1.85	48.04	24.00	25.89	19.37	6.76	12.61
1978	50.95	1.91	49.04	24.73	26.22	16.39	6.53	9.86
1979	50.44	2.07	48.37	24.48	25.96	13.74	6.27	7.47
1980	50.48	2.08	48.40	24.64	25.84	15.20	6.90	8.30
1981	50.79	2.21	48.58	24.84	25.95	17.81	6.11	11.70
1982	51.27	2.72	48.55	25.12	26.15	16.85	6.13	10.72
1983	51.17	2.54	48.63	25.18	25.99	10.19	6.61	3.58
1984	51.06	7.19	43.87	25.15	25.91	9.58	6.81	2.77
1985	50.94	7.83	43.11	25.12	25.82	10.00	6.91	3.09
1986	46.04	2.16	43.88	22.74	23.30	13.03	9.71	3.32
1987	46.17	1.96	44.21	22.82	23.35	14.46	6.62	7.84
1988	46.38	2.64	43.74	22.94	23.44	13.53	6.61	6.92
1989	46.49	4.76	41.73	23.09	23.40	13.86	6.38	7.48
1990	46.56	5.11	41.45	23.14	23.42	12.81	6.97	5.84
1991	46.54	5.16	41.38	23.16	23.38	10.56	6.80	3.76
1992	42.73	4.51	38.22	21.32	21.41	11.16	7.50	3.66
1993	42.54	4.58	37.96	21.23	21.31	10.38	7.61	2.77
1994	42.48	4.71	37.77	21.21	21.27	10.76	7.51	3.25
1995	42.20	4.77	37.43	21.09	21.11	9.15	8.19	0.96
1996	41.58	4.85	36.73	20.82	20.76	9.46	7.96	1.50
1997	38.13	4.49	33.64	18.96	19.17	7.70	7.36	0.34
1998	38.03	4.78	33.25	19.01	19.02	6.79	8.08	-1.29
1999	37.19	5.05	32.14	18.67	18.52	7.56	7.71	-0.15
2000	36.75	5.27	31.48	18.40	18.35	6.84	8.21	-1.37
2001	36.71	5.96	30.75	18.40	18.31	6.94	7.50	-0.56
2002	**36.41**	**6.11**	**30.30**	**18.26**	**18.15**	**6.82**	**7.74**	**-0.92**

2-6　主要年份丹阳市人口及自然变动情况

单位:万人、‰

年份	年末总人口	按农业、非农分		按性别分		出生率	死亡率	自然增长率
		非农业	农业	男	女			
1954	51.83	4.67	47.16	25.11	26.72	42.43	15.04	27.39
1957	54.86	3.91	50.95	26.06	28.80	31.47	14.83	16.64
1962	56.30	4.51	51.79	26.99	29.31	38.50	7.84	30.66
1965	61.82	4.47	57.35	30.14	31.68	35.90	8.00	27.90
1970	70.15	4.09	66.06	34.40	35.75	28.50	6.50	22.00
1975	73.91	4.71	69.20	36.38	37.53	17.13	6.69	10.44
1978	75.04	4.90	70.14	37.16	37.88	14.84	6.89	7.95
1979	74.86	5.55	69.31	37.09	37.77	13.68	6.69	6.99
1980	75.08	5.74	69.34	37.26	37.82	13.12	7.36	5.76
1981	75.48	5.93	69.55	37.53	37.95	15.66	6.98	8.68
1982	76.16	6.46	69.70	38.02	38.14	15.18	6.77	8.41
1983	76.36	6.76	69.60	38.20	38.16	11.18	6.73	4.45
1984	76.46	15.12	61.34	38.30	38.16	9.25	6.92	2.33
1985	76.53	16.62	59.91	38.44	38.09	10.14	7.00	3.14
1986	76.92	8.62	68.30	38.64	38.28	14.23	7.01	7.22
1987	77.68	9.10	68.58	39.11	38.57	16.40	6.85	9.55
1988	78.59	15.33	63.26	39.54	39.05	15.07	7.05	8.02
1989	79.47	16.79	62.68	39.91	39.56	15.75	6.20	9.55
1990	80.08	16.96	63.12	40.26	39.82	15.55	6.68	8.87
1991	80.15	17.48	62.67	40.15	40.00	13.00	7.05	5.95
1992	80.08	18.20	61.88	40.25	39.83	11.22	7.15	4.07
1993	80.53	18.93	61.60	40.48	40.05	11.34	6.56	4.78
1994	80.53	20.04	60.49	40.50	40.03	10.20	7.28	2.92
1995	80.77	20.49	60.28	40.62	40.15	10.48	7.16	3.32
1996	80.96	20.96	60.00	40.73	40.23	9.68	6.98	2.70
1997	80.91	21.50	59.41	40.75	40.16	7.14	6.80	0.34
1998	80.43	21.19	59.24	40.35	40.08	7.63	7.67	-0.04
1999	80.09	21.87	58.22	40.18	39.91	7.23	6.61	0.62
2000	80.27	21.80	58.47	40.22	40.05	8.43	9.27	-0.84
2001	80.31	21.92	58.39	40.22	40.09	7.25	5.54	1.71
2002	**80.37**	**22.37**	**58.00**	**40.22**	**40.15**	**7.41**	**6.20**	**1.21**

2－7　主要年份扬中市人口及自然变动情况

单位:万人、‰

年份	年末总人口	按农业、非农分		按性别分		出生率	死亡率	自然增长率
		非农业	农业	男	女			
1954	18.07	0.57	17.50	8.42	9.65	34.14	15.86	18.28
1957	19.01	1.10	17.91	8.98	10.03	44.13	14.35	29.78
1962	19.73	0.79	18.94	9.30	10.43	42.76	10.30	32.46
1965	21.05	0.72	20.33	10.19	10.86	36.60	10.30	26.30
1970	23.62	0.61	23.01	11.37	12.25	28.30	6.30	22.00
1975	24.99	0.84	24.15	12.14	12.85	15.77	7.56	8.21
1978	25.36	0.93	24.43	12.38	12.98	15.10	7.09	8.01
1979	25.45	1.05	24.40	12.45	13.00	13.50	6.91	6.59
1980	25.56	1.09	24.47	12.51	13.05	11.88	7.96	3.92
1981	25.76	1.14	24.62	12.66	13.10	15.43	6.34	9.09
1982	26.04	1.49	24.55	12.84	13.20	15.99	6.61	9.38
1983	26.09	1.58	24.51	12.87	13.22	10.78	6.97	3.81
1984	26.09	4.63	21.46	12.90	13.19	8.34	7.30	1.04
1985	26.08	5.42	20.66	12.90	13.18	8.84	7.49	1.35
1986	26.25	1.97	24.28	13.03	13.22	14.31	7.43	6.88
1987	26.52	2.12	24.40	13.18	13.34	17.56	7.20	10.36
1988	26.71	4.71	22.00	13.31	13.40	15.29	7.69	7.60
1989	26.99	4.94	22.05	13.47	13.52	16.02	3.29	12.73
1990	27.27	5.09	22.18	13.61	13.66	15.33	7.57	7.76
1991	27.47	5.17	22.30	13.67	13.80	13.91	7.40	6.51
1992	27.60	5.38	22.22	13.75	13.85	12.66	7.38	5.28
1993	27.70	13.44	14.26	13.77	13.93	12.52	7.49	5.03
1994	27.69	5.98	21.71	13.78	13.91	10.55	7.63	2.92
1995	27.66	7.23	20.43	13.77	13.89	10.69	7.66	3.03
1996	27.73	7.57	20.16	13.80	13.93	9.78	7.67	2.11
1997	27.65	7.89	19.76	13.76	13.89	9.80	7.43	2.37
1998	27.62	8.10	19.52	13.75	13.87	12.85	8.27	4.58
1999	27.55	8.48	19.07	13.71	13.84	10.29	7.39	2.90
2000	27.52	8.71	18.81	13.70	13.82	12.26	8.02	4.24
2001	27.32	8.85	18.47	13.57	13.75	11.16	7.53	3.63
2002	**27.28**	**8.95**	**18.33**	**13.54**	**13.74**	**11.61**	**7.56**	**4.05**

2－8　主要年份句容市人口及自然变动情况

单位：万人、‰

年　份	年末总人口	按农业、非农分		按性别分		出生率	死亡率	自然增长率
		非农业	农业	男	女			
1954	34.47	3.04	31.43	18.19	16.28	45.68	13.73	31.95
1957	36.23	2.67	33.56	19.11	17.12	35.05	7.35	27.70
1962	36.47	2.22	34.25	18.86	17.61	42.92	6.51	36.41
1965	40.71	2.12	38.59	20.87	19.84	43.40	6.20	37.20
1970	48.11	1.96	46.15	24.62	23.49	35.64	5.18	30.46
1975	52.14	2.39	49.75	26.74	25.40	15.86	5.20	10.66
1978	53.72	2.87	50.85	27.68	26.04	15.72	5.32	10.40
1979	53.51	3.71	49.80	27.52	25.99	12.81	5.41	7.40
1980	53.77	3.28	50.49	27.69	26.08	14.12	6.45	7.67
1981	54.32	3.37	50.95	27.90	26.42	18.04	5.58	12.46
1982	55.42	3.76	51.66	28.64	26.78	16.15	5.45	10.70
1983	55.93	4.07	51.86	29.03	26.90	10.55	5.73	4.82
1984	56.18	8.12	48.06	29.24	26.94	8.48	6.04	2.44
1985	56.37	8.71	47.66	29.34	27.03	10.62	6.19	4.43
1986	56.56	4.84	51.72	29.41	27.15	14.05	6.17	7.88
1987	57.08	5.04	52.04	29.66	27.42	16.35	6.03	10.32
1988	57.73	7.05	50.68	30.05	27.68	15.58	6.09	9.49
1989	58.33	7.65	50.68	30.19	28.14	17.34	7.43	9.91
1990	58.90	7.87	51.03	30.38	28.52	15.79	6.36	9.43
1991	59.08	7.99	51.09	30.50	28.58	12.12	5.91	6.21
1992	59.47	8.30	51.17	30.69	28.78	11.16	6.79	4.37
1993	59.79	8.80	50.99	30.70	29.09	10.64	5.37	5.27
1994	60.00	9.14	50.86	30.77	29.23	10.04	5.86	4.18
1995	60.17	9.54	50.63	31.05	29.12	8.81	6.21	2.60
1996	60.28	10.12	50.16	31.17	29.11	8.52	5.74	2.78
1997	60.28	10.57	49.71	31.03	29.25	8.03	5.44	2.59
1998	60.29	10.86	49.43	31.25	29.04	6.83	6.59	0.24
1999	60.20	11.50	48.70	31.12	29.08	6.79	5.35	1.44
2000	59.58	13.21	46.37	30.79	28.79	7.36	7.18	0.18
2001	59.43	13.28	46.15	30.52	28.91	6.16	4.27	1.89
2002	**59.44**	**13.91**	**45.53**	**30.75**	**28.69**	**5.93**	**4.35**	**1.58**

统计指标解释

人口

人口数为每年 12 月 31 日常住户口人数,不包括户口不在本市的临时户口人数。

出生率(又称粗出生率)

指在一定时期内(通常为一年)平均每千人所出生的人数的比率,一般用千分率表示。计算公式:

$$出生率=\frac{年出生人数}{年平均人数}\times 1000‰$$

出生人数是指活产婴儿,即胎儿脱离母体时(不管怀孕月数),有过呼吸或其他生命现象。

年平均人数是年初、年底人口数的平均数,也可用年中人口数代替。

死亡率(又称粗死亡率)

指在一定时期内(通常为一年)一定地区的死亡人数与同期平均人数(或期中人数)之比,一般用千分率表示。计算公式:

$$死亡率=\frac{年死亡人数}{年平均人数}\times 1000‰$$

人口自然增长率

指在一定时期内(通常为一年)人口自然增加数(出生人数减死亡人数)与该时期内平均人数(或期中人数)之比,一般用千分率表示。计算公式:

$$人口自然增长率=\frac{本年出生人数-本年死亡人数}{年平均人数}\times 1000‰$$

$$人口自然增长率=人口出生率-人口死亡率$$

劳动、工资、福利

3－1　全部单位年末从业人员

单位：人

项目	全部从业人员	在岗职工	#女性	其他从业人员	离开本单位仍保留劳动关系的职工	#内部退养职工	#女性
总计	**310 248**	**299 945**	**116 157**	**10 303**	**54 036**	**25 514**	**23 664**
一、按地区分							
市区	188 397	179 919	68 325	8 478	41 112	18 808	17 885
#京口区	9 710	9 408	5 545	302	1 499	222	743
润洲区	7 462	7 349	3 848	113	1 194	469	658
丹徒区	27 874	27 140	9 910	734	3 921	2 254	1 399
丹阳市	58 200	57 543	23 209	657	4 750	2 955	2 036
扬中市	27 653	27 508	10 734	145	1 805	948	640
句容市	35 998	34 975	13 889	1 023	6 369	2 803	3 103
二、按企业、事业、机关分组							
企业	213 232	205 304	80 080	7 928	51 821	24 019	22 983
事业	71 904	69 976	30 223	1 928	1 541	969	450
机关	25 112	24 665	5 854	447	674	526	231
三、按国民经济行业分组							
农、林、牧、渔业	6 185	6 011	2 315	174	377	208	184
采掘业	3 187	3 168	759	19	2 879	1 671	702
制造业	116 434	115 613	47 913	821	31 252	13 648	14 630
电力、煤气及水的生产和供应业	7 210	7 166	2 070	44	115	91	55
建筑业	16 082	15 905	2 634	177	2 901	1 587	707
地质勘查业、水利管理业	3 026	3 012	508	14	416	293	68
交通运输、仓储及邮电通信业	21 895	20 755	5 257	1 140	3 782	1 813	1 184
批发零售贸易、餐饮业	26 109	25 143	13 406	966	8 897	4 603	4 709
金融、保险业	11 129	8 405	3 522	2 724	371	370	146
房地产业	3 557	3 446	1 246	111	209	122	92
社会服务业	14 064	12 182	5 282	1 882	955	325	475
卫生、体育和社会福利业	15 663	14 949	8 703	714	182	127	77
教育、文化艺术和广播电影电视业	37 422	36 913	16 043	509	471	175	156
科学研究和综合技术服务业	2 354	2 239	716	115	72	41	18
国家机关、政党机关和社会团体	23 221	22 395	4 977	826	517	383	132
其他行业	2 710	2 643	806	67	640	57	329

3－2　国有单位年末从业人员

单位:人

项　　目	全部从业人员	在岗职工	#女性	其他从业人员	离开本单位仍保留劳动关系的职工	#内部退养职工	#女性
总　计	**185 561**	**178 661**	**64 985**	**6 900**	**26 708**	**13 225**	**10 217**
一、按地区分							
市　区	111 169	105 743	37 708	5 426	20 935	9 732	8 057
#京口区	4 610	4 450	2 348	160	619	62	307
润洲区	4 628	4 537	2 219	91	348	195	145
丹徒区	17 128	16 481	5 889	647	1 919	1 301	495
丹阳市	37 969	37 436	13 983	533	2 319	1 488	634
扬中市	13 231	13 132	5 305	99	961	508	320
句容市	23 192	22 350	7 989	842	2 493	1 497	1 206
二、按企业、事业、机关分组							
企业	95 299	90 546	32 244	4 753	24 789	11 906	9 616
事业	65 188	63 488	26 890	1 700	1 245	793	370
机关	25 074	24 627	5 851	447	674	526	231
三、按国民经济行业分组							
农、林、牧、渔业	6 166	5 992	2 310	174	354	206	180
采掘业	1 917	1 898	546	19	1 840	691	244
制造业	41 265	41 083	14 564	182	13 168	6 331	5 377
电力、煤气及水的生产和供应业	5 897	5 856	1 763	41	115	91	55
建筑业	7 598	7 438	1 257	160	1 975	887	471
地质勘查业、水利管理业	3 023	3 009	508	14	411	291	68
交通运输、仓储及邮电通信业	13 286	12 418	3 351	868	1 717	721	538
批发零售贸易、餐饮业	9 888	9 582	4 952	306	4 475	2 608	2 245
金融、保险业	7 070	5 828	2 477	1 242	344	343	143
房地产业	2 582	2 526	929	56	185	115	81
社会服务业	11 612	9 747	4 119	1 865	842	273	420
卫生、体育和社会福利业	10 621	10 126	6 110	495	73	51	37
教育、文化艺术和广播电影电视业	37 032	36 558	15 812	474	430	157	139
科学研究和综合技术服务业	2 273	2 158	697	115	72	41	18
国家机关、政党机关和社会团体	23 182	22 356	4 971	826	517	383	132
其他行业	2 149	2 086	619	63	190	36	69

3－3 集体单位年末从业人员

单位：人

项目	全部从业人员	在岗职工	#女性	其他从业人员	离开本单位仍保留劳动关系的职工	#内部退养职工	#女性
总计	**47 325**	**46 987**	**20 681**	**338**	**15 419**	**5 390**	**7 666**
一、按地区分							
市区	21 905	21 800	9 220	105	10 376	3 461	5 146
#京口区	2 529	2 508	1 354	21	782	101	371
润洲区	1 349	1 332	677	17	771	256	473
丹徒区	8 673	8 627	3 256	46	1 899	880	878
丹阳市	11 678	11 613	5 263	65	1 317	863	700
扬中市	5 885	5 866	2 343	19	632	323	251
句容市	7 857	7 708	3 855	149	3 094	743	1 569
二、按企业、事业、机关分组							
企业	40 571	40 461	17 345	110	15 123	5 214	7 586
事业	6 716	6 488	3 333	228	296	176	80
机关	38	38	3				
三、按国民经济行业分组							
农、林、牧、渔业	9	9	4		2	1	1
采掘业	142	142	53		128	128	14
制造业	21 190	21 124	9 767	66	9 681	2 713	4 977
电力、煤气及水的生产和供应业	658	658	206				
建筑业	3 756	3 747	789	9	839	616	217
地质勘查业、水利管理业	3	3			5	2	
交通运输、仓储及邮电通信业	2 627	2 622	459	5	570	312	170
批发零售贸易、餐饮业	9 323	9 308	4 928	15	3 484	1 449	1 926
金融、保险业	1 607	1 607	558		17	17	
房地产业	325	313	89	12	10	1	3
社会服务业	1 750	1 747	849	3	83	36	41
卫生、体育和社会福利业	4 974	4 758	2 559	216	109	76	40
教育、文化艺术和广播电影电视业	289	281	211	8	41	18	17
科学研究和综合技术服务业	81	81	19				
国家机关、政党机关和社会团体	39	39	6				
其他行业	552	548	184	4	450	21	260

3－4　其他单位年末从业人员

单位：人

项　目	全部从业人员	在岗职工	#女性	其他从业人员	离开本单位仍保留劳动关系的职工	#内部退养职工	#女性
总　计	**77 362**	**74 297**	**30 491**	**3 065**	**11 909**	**6 899**	**5 781**
一、按地区分							
市　区	55 323	52 376	21 397	2 947	9 801	5 615	4 682
#京口区	2 571	2 450	1 843	121	98	59	65
润洲区	1 485	1 480	952	5	75	18	40
丹徒区	2 073	2 032	765	41	103	73	26
丹阳市	8 553	8 494	3 963	59	1 114	604	702
扬中市	8 537	8 510	3 086	27	212	117	69
句容市	4 949	4 917	2 045	32	782	563	328
二、按企业、事业、机关分组							
企业	77 362	74 297	30 491	3 065	11 909	6 899	5 781
事业							
机关							
三、按国民经济行业分组							
农、林、牧、渔业	10	10	1		21	1	3
采掘业	1 128	1 128	160		911	852	444
制造业	53 979	53 406	23 582	573	8 403	4 604	4 276
电力、煤气及水的生产和供应业	655	652	101	3			
建筑业	4 728	4 720	588	8	87	84	19
地质勘查业、水利管理业							
交通运输、仓储及邮电通信业	5 982	5 715	1 447	267	1 495	780	476
批发零售贸易、餐饮业	6 898	6 253	3 526	645	938	546	538
金融、保险业	2 452	970	487	1 482	10	10	3
房地产业	650	607	228	43	14	6	8
社会服务业	702	688	314	14	30	16	14
卫生、体育和社会福利业	68	65	34	3			
教育、文化艺术和广播电影电视业	101	74	20	27			
科学研究和综合技术服务业							
国家机关、政党机关和社会团体							
其他行业	9	9	3				

3－5　全部单位劳动报酬

单位：千元

项　　目	全　部从业人员劳动报酬	在岗职工工资总额	其　它从业人员劳动报酬	离开本单位仍保留劳动关系职工的生活费	#内部退养职　工	在岗职工平均工资（元）
总　计	**4 170 449**	**4 049 763**	**120 686**	**215 061**	**155 862**	**13 198**
一、按地区分						
市　区	2 802 395	2 697 010	105 385	169 037	121 197	14 647
#京口区	107 627	104 971	2 656	2 780	890	11 058
润洲区	88 741	87 944	797	3 369	2 515	12 059
丹徒区	294 716	287 945	6 771	13 714	10 939	10 413
丹阳市	672 899	665 677	7 222	20 605	15 932	11 372
扬中市	325 760	324 985	775	7 295	5 604	11 566
句容市	369 395	362 091	7 304	18 124	13 129	10 034
二、按企业、事业、机关分组						
企业	2 516 729	2 416 255	100 474	200 453	142 957	11 388
事业	1 191 303	1 174 233	17 070	8 735	7 778	16 829
机关	462 417	459 275	3 142	5 873	5 127	18 436
三、按国民经济行业分组						
农、林、牧、渔业	51 158	48 988	2 170	1 323	1 219	8 030
采掘业	46 414	46 260	154	14 548	11 125	13 042
制造业	1 241 117	1 205 060	36 057	113 451	78 794	10 101
电力、煤气及水的生产和供应业	169 679	169 289	390	1 066	1 066	24 108
建筑业	237 528	235 304	2 224	13 936	11 320	14 642
地质勘查业、水利管理业	42 201	42 108	93	2 278	2 121	13 729
交通运输、仓储及邮电通信业	337 654	330 776	6 878	21 509	12 929	15 414
批发零售贸易、餐饮业	239 752	229 556	10 196	29 121	22 334	8 460
金融、保险业	171 152	135 433	35 719	4 213	4 213	16 090
房地产业	56 966	55 873	1 093	1 424	1 112	16 172
社会服务业	163 675	156 309	7 366	3 521	2 813	12 760
卫生、体育和社会福利业	258 845	253 001	5 844	1 137	957	17 065
教育、文化艺术和广播电影电视业	645 636	641 555	4 081	1 244	1 018	17 472
科学研究和综合技术服务业	44 695	42 526	2 169	370	355	18 627
国家机关、政党机关和社会团体	423 404	417 781	5 623	4 855	4 069	18 563
其他行业	40 573	39 944	629	1 065	417	14 816

3－6 国有单位劳动报酬

单位:千元

项目	全部从业人员劳动报酬	在岗职工工资总额	其它从业人员劳动报酬	离开本单位仍保留劳动关系职工的生活费	#内部退养职工	在岗职工平均工资(元)
总计	**2 753 474**	**2 700 485**	**52 989**	**126 128**	**91 549**	**14 936**
一、按地区分						
市区	1 774 322	1 734 449	39 873	100 555	71 099	16 192
#京口区	66 047	64 892	1 155	909	321	14 507
润洲区	67 069	66 381	688	1 873	1 788	14 647
丹徒区	208 704	202 832	5 872	8 666	6 988	12 262
丹阳市	495 410	489 231	6 179	11 029	8 427	12 931
扬中市	195 285	194 735	550	4 798	3 711	14 718
句容市	288 457	282 070	6 387	9 746	8 312	12 473
二、按企业、事业、机关分组						
企业	1 178 594	1 144 574	34 020	112 537	79 483	12 357
事业	1 113 046	1 097 219	15 827	7 718	6 939	17 334
机关	461 834	458 692	3 142	5 873	5 127	18 441
三、按国民经济行业分组						
农、林、牧、渔业	51 018	48 848	2 170	1 280	1 210	8 037
采掘业	19 199	19 045	154	7 876	4 453	9 638
制造业	437 256	435 584	1 672	55 871	40 372	10 403
电力、煤气及水的生产和供应业	141 530	141 151	379	1 066	1 066	24 586
建筑业	129 168	127 141	2 027	10 831	8 552	16 939
地质勘查业、水利管理业	42 201	42 108	93	2 266	2 121	13 729
交通运输、仓储及邮电通信业	224 916	218 944	5 972	14 037	7 549	17 367
批发零售贸易、餐饮业	91 680	87 545	4 135	17 077	12 595	8 243
金融、保险业	103 940	92 095	11 845	3 907	3 907	15 721
房地产业	40 170	39 588	582	1 308	1 017	15 672
社会服务业	132 506	125 268	7 238	3 194	2 536	12 820
卫生、体育和社会福利业	200 083	195 399	4 684	632	489	19 345
教育、文化艺术和广播电影电视业	640 702	636 704	3 998	1 145	957	17 513
科学研究和综合技术服务业	42 018	40 182	1 836	370	355	18 829
国家机关、政党机关和社会团体	423 107	417 484	5 623	4 855	4 069	18 577
其他行业	33 980	33 399	581	413	301	15 784

3－7　集体单位劳动报酬

单位：千元

项　　目	全　部 从业人员 劳动报酬	在岗职工 工资总额	其　它 从业人员 劳动报酬	离开本单位 仍保留劳动 关系职工的 生　活　费	#内部退养 职　　工	在岗职工 平均工资 （元）
总　计	**410 196**	**408 030**	**2 166**	**36 355**	**21 278**	**8 240**
一、按地区分						
市　区	208 547	207 609	938	24 095	13 501	9 076
#京口区	20 240	20 093	147	1 696	402	7 873
润洲区	11 414	11 337	77	1 349	595	7 917
丹徒区	67 013	66 544	469	4 705	3 678	7 356
丹阳市	102 865	102 280	585	4 532	3 860	8 454
扬中市	58 765	58 636	129	1 786	1 353	9 625
句容市	40 019	39 505	514	5 942	2 564	4 672
二、按企业、事业、机关分组						
企业	331 356	330 433	923	35 338	20 439	7 683
事业	78 257	77 014	1 243	1 017	839	11 894
机关	583	583				14 949
三、按国民经济行业分组						
农、林、牧、渔业	60	60		7	7	6 667
采掘业	1 002	1 002		820	820	6 958
制造业	148 225	147 660	565	21 546	10 057	6 548
电力、煤气及水的生产和供应业	6 971	6 971				10 546
建筑业	38 644	38 486	158	2 740	2 403	10 214
地质勘查业、水利管理业				12		
交通运输、仓储及邮电通信业	43 713	43 690	23	2 250	1 428	14 578
批发零售贸易、餐饮业	56 000	55 917	83	7 359	5 579	5 574
金融、保险业	21 494	21 494		158	158	13 417
房地产业	5 623	5 539	84	8	1	17 984
社会服务业	18 237	18 227	10	199	180	10 398
卫生、体育和社会福利业	58 762	57 602	1 160	505	468	12 191
教育、文化艺术和广播电影电视业	3 829	3 794	35	99	61	13 312
科学研究和综合技术服务业	849	849				10 885
国家机关、政党机关和社会团体	297	297				9 000
其他行业	6 490	6 442	48	652	116	11 243

3－8　其他单位劳动报酬

单位：千元

项　　目	全　部从业人员劳动报酬	在岗职工工资总额	其　它从业人员劳动报酬	离开本单位仍保留劳动关系职工的生活费	#内部退养职工	在岗职工平均工资（元）
总　计	**1 006 779**	**941 248**	**65 531**	**52 578**	**43 035**	**12 298**
一、按地区分						
市　区	819 526	754 952	64 574	44 387	36 597	13 945
#京口区	21 340	19 986	1 354	175	167	8 098
润洲区	10 258	10 226	32	147	132	7 695
丹徒区	18 999	18 569	430	343	273	8 992
丹阳市	74 624	74 166	458	5 044	3 645	8 620
扬中市	71 710	71 614	96	711	540	8 160
句容市	40 919	40 516	403	2 436	2 253	8 076
二、按企业、事业、机关分组						
企业	1 006 779	941 248	65 531	52 578	43 035	12 298
事业						
机关						
三、按国民经济行业分组						
农、林、牧、渔业	80	80		36	2	5 714
采掘业	26 213	26 213		5 852	5 852	18 369
制造业	655 636	621 816	33 820	36 034	28 365	11 330
电力、煤气及水的生产和供应业	21 178	21 167	11			34 140
建筑业	69 716	69 677	39	365	365	14 528
地质勘查业、水利管理业						
交通运输、仓储及邮电通信业	69 025	68 142	883	5 222	3 952	11 638
批发零售贸易、餐饮业	92 072	86 094	5 978	4 685	4 160	13 286
金融、保险业	45 718	21 844	23 874	148	148	22 825
房地产业	11 173	10 746	427	108	94	17 304
社会服务业	12 932	12 814	118	128	97	17 650
卫生、体育和社会福利业						
教育、文化艺术和广播电影电视业	1 105	1 057	48			13 380
科学研究和综合技术服务业	1 828	1 495	333			21 056
国家机关、政党机关和社会团体						
其他行业	103	103				14 714

3－9　从业人员增加情况

单位：人

项　　目	增加人数合　　计	从农村招	从城镇招	录　　用退伍军人	录用大、中专、技工学校的毕业生	调入	其他
总　计	**20 145**	**2 048**	**2 915**	**445**	**4 433**	**6 196**	**4 108**
一、按地区分							
市　区	13 688	1 403	1 808	226	2 452	4 232	3 567
#京口区	612	226	13	1	20	247	105
润洲区	682	181	93	4	82	208	114
丹徒区	1 570	127	218	15	241	413	556
丹阳市	2 982	191	610	147	1 035	801	198
扬中市	1 297	208	158	42	457	375	57
句容市	2 178	246	339	30	489	788	286
二、按登记注册类型分组							
国有单位	12 497	962	986	295	3 264	4 067	2 923
城镇集体单位	2 149	438	412	84	393	482	340
其他单位	5 499	648	1 517	66	776	1 647	845
三、按国民经济行业分组							
农、林、牧、渔业	311	156	10	7	78	24	36
采掘业	26			3		23	
制造业	5 547	973	1 649	124	1 523	729	549
电力、煤气及水的生产和供应业	703	1	8	13	129	552	
建筑业	1 511	660	90	8	167	346	240
地质勘查业、水利管理业	31	2	3	1	4	9	12
交通运输、仓储及邮电通信业	1 431	46	253	52	159	388	533
批发零售贸易、餐饮业	1 730	39	308	17	204	1 048	114
金融、保险业	306		61	14	104	69	58
房地产业	434	32	105	8	68	142	79
社会服务业	2 300	67	215	54	120	244	1 600
卫生、体育和社会福利业	688	25	51	18	272	208	114
教育、文化艺术和广播电影电视业	3 176	17	14	17	1 329	1 458	341
科学研究和综合技术服务业	212		9	4	57	103	39
国家机关、政党机关和社会团体	1 573	30	137	104	203	765	334
其他行业	166		2	1	16	88	59

3－10　从业人员减少情况

单位:人

项　　目	减少人数合计	离休退休退职	开除除名辞退	终止解除合同	离开本单位仍保留劳动关系的职工	调出	其他
总　计	**37 640**	**6 052**	**1 297**	**12 972**	**8 157**	**5 636**	**3 526**
一、按地区分							
市　区	22 285	3 754	750	5 715	6 466	3 850	1 750
#京口区	977	324	52	241	94	187	79
润洲区	978	186	8	319	228	207	30
丹徒区	3 356	712	145	907	969	372	251
丹阳市	7 708	1 185	379	3 596	1 004	649	895
扬中市	3 554	491	46	1 832	209	427	549
句容市	4 093	622	122	1 829	478	710	332
二、按登记注册类型分组							
国有单位	17 505	4 143	704	4 496	3 214	3 582	1 366
城镇集体单位	9 850	1 088	331	4 847	2 234	518	832
其他单位	10 285	821	262	3 629	2 709	1 536	1 328
三、按国民经济行业分组							
农、林、牧、渔业	792	286	195	35	84	62	130
采掘业	760	75	8	134	536	6	1
制造业	13 892	1 820	685	4 487	4 423	1 159	1 318
电力、煤气及水的生产和供应业	229	86		13	12	98	20
建筑业	2 005	245	22	608	375	252	503
地质勘查业、水利管理业	549	124	9	142	130	38	106
交通运输、仓储及邮电通信业	2 316	411	25	771	389	422	298
批发零售贸易、餐饮业	9 442	768	161	5 549	1 596	718	650
金融、保险业	684	56	33	428	51	78	38
房地产业	287	63	3	40	59	61	61
社会服务业	1 092	222	18	475	159	161	57
卫生、体育和社会福利业	576	207	32	41	39	197	60
教育、文化艺术和广播电影电视业	2 870	948	55	145	42	1 565	115
科学研究和综合技术服务业	120	31	2	23	22	29	13
国家机关、政党机关和社会团体	1 684	547	46	44	217	710	120
其他行业	342	163	3	37	23	80	36

3－11 职工福利费用

单位:千元

项 目	合计	集体福利设施及集体福利事业补贴	医 疗 卫生费	文 体 宣传费	其他
总 计	**296 840**	**68 524**	**140 218**	**8 085**	**80 013**
一、按隶属关系分组					
中央	29 166	12 222	11 048	1 812	4 084
省、自治区、直辖市	34 581	5 274	7 246	1 117	20 944
地区	175 691	35 420	89 158	2 668	48 445
县级县以下	57 402	15 608	32 766	2 488	6 540
二、按企业登记注册类型分组					
(一)内资企业	238 611	61 117	126 086	7 312	44 096
1. 国有企业	172 537	39 594	91 782	5 066	36 094
2. 集体企业	31 449	9 425	16 516	1 199	4 278
3. 其他企业	34 626	12 097	17 758	1 047	3 724
(二)港澳、台商投资企业	4 280	1 564	1 636	302	778
(三)外商投资企业	53 949	5 843	12 496	471	35 139
三、按经济类型、地区分组					
(一)国有单位合计	172 537	39 594	91 782	5 066	36 094
市 区	146 807	32 464	77 375	3 876	33 091
#京口区	1 343	39	1 259	15	30
润州区	710	95	611	2	2
丹徒区	5 422	1 594	2 608	33	1 187

3－11(续)

单位:千元

项　　目	合计	集体福利设施及集体福利事业补贴	医　疗卫生费	文　体宣传费	其他
丹阳市	17 535	5 289	10 053	532	1 661
扬中市	7 295	1 481	4 275	429	1 110
句容市	900	360	79	229	232
(二)城镇集体单位合计	31 449	9 425	16 546	1 199	4 278
市　区	20 572	5 906	11 256	506	2 903
#京口区	1 067	39	908	2	117
润州区	1 729	71	1 503	13	142
丹徒区	4 821	1 022	3 204	239	356
丹阳市	4 580	1 565	2 151	264	600
扬中市	5 195	1 506	3 049	145	495
句容市	1 102	448	90	284	280
(三)其他单位合计	92 854	19 504	31 890	1 820	39 641
市　区	88 222	17 525	30 353	1 218	39 126
#京口区	397	194	93	0	110
润州区	163	0	163	0	0
丹徒区	4 753	1 768	2 525	108	352
丹阳市	1 627	624	613	84	306
扬中市	1 574	573	744	105	152
句容市	1 432	782	180	413	57

3－12 离休、退休、退职人员

单位:人

项目	合计	离休人员	退休人员	领取定期生活费的退职人员
总计	**120 978**	**2 635**	**113 488**	**4 855**
全市企业单位合计	**95 036**	**1 137**	**89 406**	**4 493**
市区	64 986	820	61 493	2 673
#京口区	3 158	12	2 490	656
润州区	1 321	7	1 237	77
丹徒区	9 367	103	8 658	606
丹阳市	18 472	180	17 237	1 055
扬中市	4 870	56	4 532	282
句容市	6 708	81	6 144	483
全市事业单位合计	**19 100**	**760**	**18 085**	**255**
市区	11 328	571	10 577	180
#京口区	986	24	949	13
润州区	1 014	36	977	1
丹徒区	3 555	106	3 336	113
丹阳市	3 385	78	3 307	0
扬中市	1 418	22	1 367	29
句容市	2 969	89	2 834	46
全市机关单位合计	**6 842**	**738**	**5 997**	**107**
市区	2 133	279	1 785	69
#京口区	319	47	272	0
润州区	252	17	223	12
丹徒区	692	54	583	55
丹阳市	3 207	249	2 958	0
扬中市	653	88	535	30
句容市	849	122	719	8

3－13　离、退休人员福利费用

单位：千元

项　　目	合　　计	离休金	退休金	退　职 生活费	医　疗 卫生费	其　他
总　　计	**1 138 323**	**58 839**	**996 210**	**17 777**	**41 058**	**24 438**
全市企业单位合计	**716 520**	**24 423**	**639 803**	**15 677**	**25 765**	**10 851**
市　区	489 445	17 762	445 380	8 268	10 634	7 400
#京口区	17 423	246	15 801	923	122	331
润州区	8 625	151	8 009	337	68	60
丹徒区	64 006	2 388	57 791	876	2 225	726
丹阳市	134 450	4 029	116 614	4 483	7 118	2 206
扬中市	35 512	1 107	30 877	825	1 984	719
句容市	57 113	1 525	46 932	2 101	6 029	526
全市事业单位合计	**301 248**	**16 965**	**263 163**	**1 508**	**10 798**	**8 814**
市　区	179 296	12 989	153 348	1 090	6 277	5 592
#京口区	15 038	546	13 600	62	541	289
润州区	15 270	698	14 140	10	291	131
丹徒区	44 960	1 989	39 783	601	1 828	759
丹阳市	54 449	1 748	49 198	0	1 175	2 328
扬中市	20 861	448	18 674	59	1 325	355
句容市	46 642	1 780	41 943	359	2 021	539
全市机关单位合计	**120 555**	**17 451**	**93 244**	**592**	**4 495**	**4 773**
市　区	41 067	7 292	30 367	372	1 934	1 102
#京口区	6 909	1 161	4 870	0	500	378
润州区	4 331	381	3 572	79	275	24
丹徒区	10 504	1 373	8 507	169	357	98
丹阳市	50 238	5 408	41 038	0	678	3 114
扬中市	13 590	1 999	9 975	157	1 037	422
句容市	15 660	2 752	11 864	63	846	135

3－14　主要年份社会劳动者人数

单位：万人

年　份	总　计	职工人数				农　村劳动者	城镇私营与个体	城镇其他从业人员
			国有经济	集体经济	其他经济			
1949	59.29	3.54	3.54			55.78		
1952	61.87	4.84	4.84			57.03		
1962	67.94	9.96	9.96			57.98		
1965	75.95	7.62	7.62			68.33		
1971	100.54	19.11	12.28	6.83		81.43		
1975	105.58	23.25	13.48	9.77		82.33		
1976	108.89	25.68	14.80	10.88		83.21		
1977	108.61	25.21	14.91	10.30		83.40		
1978	114.75	29.39	18.90	10.49		85.36		
1979	114.81	30.20	19.46	10.74		84.61		
1980	118.94	31.86	20.42	11.44		87.08		
1981	122.37	33.42	21.51	11.91		88.95		
1982	126.45	34.84	21.94	12.90		91.61		
1983	129.44	36.01	22.95	13.06		93.43		
1984	134.64	36.68	21.84	14.45	0.39	97.93		
1985	138.52	39.48	23.46	15.70	0.32	98.59	0.45	
1986	140.77	40.82	24.37	16.03	0.42	99.54	0.41	

3－14(续)　　　　　　　　　　　　　　　　　　　　　　　　　单位:万人

年　份	总　计	职工人数				农　村劳动者	城镇私营与个体	城镇其他从业人员
			国有经济	集体经济	其他经济			
1987	140.23	42.03	25.18	16.38	0.47	97.66	0.54	
1988	143.35	43.73	26.35	16.85	0.53	99.03	0.59	
1989	147.18	43.13	26.50	16.11	0.52	103.69	0.36	
1990	149.85	44.01	27.28	16.20	0.53	105.06	0.78	
1991	150.88	45.33	28.09	16.61	0.63	105.05	0.50	
1992	156.35	44.12	28.84	14.49	0.79	110.87	1.36	
1993	154.10	44.23	29.06	13.33	1.84	108.58	0.97	0.32
1994	151.98	44.46	28.99	12.76	2.71	105.65	1.65	0.22
1995	151.39	45.55	28.61	13.54	3.40	103.80	1.77	0.27
1996	150.36	44.61	28.24	12.94	3.43	103.03	2.47	0.25
1997	153.11	43.30	27.35	11.92	4.03	105.94	3.46	0.41
1998	152.47	42.25	25.31	11.25	5.69	104.12	5.60	0.50
1999	146.8	41.20	24.82	10.21	6.17	101.1	4.01	0.49
2000	140.82	34.18	20.77	7.71	5.70	100.29	5.73	0.62
2001	140.42	31.56	18.99	6.19	6.38	100.10	8.00	0.76
2002	**140.98**	**29.99**	**17.86**	**4.70**	**7.43**	**99.46**	**10.5**	**1.03**

注:从1998年起职工人数为在岗职工人数,不包括离开本单位仍保留劳动关系的职工人数。

3－15 主要年份职工工资总额

单位:万元

年份	全市	市区	丹阳市	扬中市	句容市
1949	1 489	1 149	300	8	32
1952	2 004	1 348	533	46	77
1962	3 846	2 562	689	160	435
1965	4 122	2 766	758	166	432
1971	8 475	5 998	1 440	363	674
1975	11 472	7 991	2 018	499	964
1976	11 818	8 234	2 009	521	1 054
1977	12 297	8 596	2 076	582	1 043
1978	15 369	10 814	2 623	678	1 252
1979	17 104	12 023	2 823	768	1 490
1980	20 615	14 332	3 489	950	1 844
1981	22 068	15 279	3 792	1 087	1 910
1982	24 276	16 761	4 133	1 242	2 140
1983	25 947	18 073	4 258	1 331	2 285
1984	34 529	23 720	5 698	1 718	3 393
1985	39 574	27 382	6 594	2 266	3 332
1986	48 608	33 651	7 934	2 789	4 234

3－15(续)　　单位:万元

年　份	全　市	市区	丹阳市	扬中市	句容市
1987	55 905	38 545	9 402	3 207	4 751
1988	69 298	47 636	11 629	4 035	5 998
1989	80 124	54 573	13 732	4 643	7 176
1990	91 594	62 193	15 925	5 218	8 258
1991	100 791	68 525	17 661	5 844	8 761
1992	125 092	87 449	19 806	6 984	10 853
1993	162 712	113 420	26 429	9 249	13 614
1994	222 620	149 107	38 763	14 499	20 251
1995	271 933	177 003	48 674	20 722	25 534
1996	296 904	190 121	54 357	25 251	27 175
1997	310 088	196 889	58 561	25 062	29 576
1998	311 082	197 333	57 034	26 011	30 704
1999	335 504	216 346	58 537	27 687	32 934
2000	356 073	231 206	61 226	29 322	34 319
2001	380 815	251 253	65 005	31 050	33 508
2002	**404 976**	**269 701**	**66 568**	**32 499**	**36 209**

注:从1998年起职工工资为在岗职工工资,不包括离开本单位仍保留劳动关系的职工生活补助费。

3－16 主要年份职工平均工资

单位:元

年 份	全 市	市 区	丹阳市	扬中市	句容市
1978	515	542	481	484	471
1979	567	594	525	515	589
1980	694	698	605	594	649
1981	706	707	635	611	639
1982	713	736	684	644	680
1983	730	753	682	677	685
1984	960	985	888	846	993
1985	1 039	1 085	966	932	926
1986	1 225	1 293	1 274	1 090	1 105
1987	1 363	1 433	1 272	1 240	1 151
1988	1 634	1 719	1 520	1 505	1 375
1989	1 874	1 972	1 743	1 699	1 611
1990	2 116	2 227	1 957	1 881	1 852
1991	2 266	2 398	2 092	2 063	1 893
1992	2 871	3 074	2 655	2 408	2 272
1993	3 709	3 965	3 513	3 012	2 915
1994	5 023	5 242	4 987	4 394	4 219
1995	6 018	6 292	5 882	5 260	5 273
1996	6 668	6 979	6 370	6 212	5 800
1997	7 160	7 393	7 102	6 756	6 267
1998	8 184	8 693	7 693	7 354	7 046
1999	9 294	10 006	8 417	8 458	7 747
2000	10 276	11 170	9 131	9 323	8 364
2001	11 742	12 914	10 293	10 403	9 117
2002	**13 198**	**14 647**	**11 372**	**11 566**	**10 034**

注:从 1998 年起职工平均工资为在岗职工平均工资,不包括离开本单位仍保留劳动关系的职工生活补助费。

统计指标解释

从业人员

指从事一定社会劳动并取得劳动报酬或经营收入的全部劳动力。包括：

(1)单位从业人员;(2)城镇私营企业从业人员;(3)城镇个体劳动者;(4)农村社会劳动者。这一指标反映了一定时期内全部劳动力资源的实际利用情况,是研究我国基本国情国力的重要指标。

单位从业人员

指在各级国家机关、政党机关、社会团体及企业、事业单位中工作,并取得劳动报酬的全部人员。包括在职职工、再就业的离退休人员、民办教师以及在各单位中工作的外方人员和港、澳、台方人员、兼职人员、借用的外单位人员和第二职业者,不包括离开本单位仍保留劳动关系的职工。

各单位的从业人员反映了各单位实际参加生产或工作的全部劳动力。

在岗职工

指在本单位工作并由本单位支付工资的人员,以及有工作岗位,但由于学习、病伤产假等原因暂未工作,仍由单位支付工资的人员。

离开本单位仍保留劳动关系的职工

指由于各种原因,已经离开本人的生产或工作岗位,并已不在本单位从事其他工作,但仍与用人单位保留劳动关系的职工。

离开本单位仍保留劳动关系职工的生活费

指离开本单位仍保留劳动关系职工在离开本单位仍保留劳动关系期间从本单位领取的生活费用。

下岗职工

指实行劳动合同制以前参加工作的正式职工(不含从农村招收的临时合同工),以及实行劳动合同制以后参加工作合同期未满的职工,由于企业的生产和经营状况等原因,已经离开本人的生产和工作岗位,并已不在本企业从事其他工作,但尚未与企业解除劳动关系,没有在社会上找到其他工作的人员。

城镇失业人员

指有非农业户口,在一定的劳动年龄内(16 岁以上及男 50 岁以下、女 45 岁以下),有劳动能力,无业而要求就业,并在当地就业服务机构进行待业登记的人员。

在岗职工工资总额

指各单位在一定时期内直接支付给本单位在岗职工的劳动报酬总额。工资总额包括计时工资、计件工资、奖金、计件超额工资、各种津贴和补贴、加班加点工资、特殊情况下支付的工资(其他工资)等。

工资总额的计算原则应以直接支付给在岗职工的全部劳动报酬为依据。各单位支付给在岗职工的劳动报酬以及其他根据有关规定支付的工资,不论是计入成本的还是不计入成本的,不论是按国家规定列入计征奖金税项目的,还是未列入计征奖金税项目的,不论是以货币形式支付的还是以实物形式支付的,均包括在工资总额内。

在岗职工平均工资

指企业、事业、机关单位的在岗职工在一定时期内平均每人所得的货币工资额。它表明一定时期在岗职工工资收入的高低程度,是反映在岗职工工资水平的主要指标。计算公式为：

$$\text{在岗职工平均工资}=\frac{\text{报告期实际支付的在岗职工工资总额}}{\text{报告期在岗职工平均人数}}$$

劳保福利费用

指企业、事业、机关根据国家有关劳保福利规定,在工资以外实际支付给职工个人和用于集体的劳动保险和福利设施的费用。具体包括:(1)退职、退休、离休费等;(2)医疗卫生费;(3)职工生活困难补助费;(4)职工及供养直系亲属死亡丧葬费、抚恤费、救济费;(5)农业生产补贴;(6)文艺;体育、宣传费;(7)集体福利事业的补贴;(8)集体福利设施费用;(9)其他福利费用。

劳保福利费用不包括用于职工的劳动保护费用。劳动保护用品的支出是安全生产的需要,不属于福利费用范围。

科 技

4－1　科技成果获奖数

单位:项

项　　目	全　市	市　区	丹阳市	扬中市	句容市
总　　计	**88**	**64**	**6**	**15**	**3**
一、国家科技进步奖					
三等奖					
二、省级科技进步奖	**15**	**11**	**1**	**3**	
一等奖					
二等奖	1	1			
三等奖	14	10	1	3	
三、市级科技进步奖	**73**	**53**	**5**	**12**	**3**
一等奖	5	4		1	
二等奖	24	19	1	4	
三等奖	44	30	4	7	3

4－2　专利授权(公开)数

单位:件

项　　目	全　市	市　区	丹阳市	扬中市	句容市
总　　计	**295**	**146**	**92**	**44**	**13**
一、发明专利(公开)	**5**	**4**		**1**	
生活用品	1	1			
作业运输	2	1		1	
化学冶金	2	2			
二、实用新型专利(授权)	**158**	**99**	**24**	**27**	**8**
生活用品	51	31	5	12	3
作业运输	46	33	8	4	1
纺织造纸	1	1			
固定建筑物	4			3	1
机械工程、照明、采暖	28	14	9	4	1
物理类	9	7		1	1
电学类	19	13	2	3	1
三、外观设计专利(授权)	**132**	**43**	**68**	**16**	**5**

4－3 技术合同签订情况

项目	2002年		2001年	
	合同数（项）	合同金额（万元）	合同数（项）	合同金额（万元）
总计	**710**	**19 884**	**840**	**20 507**
一、按合同类别分				
转让	51	1 721	112	1 385
开发	286	5 633	287	7 209
服务	252	11 760	344	11 474
咨询	121	770	97	439
二、按社会经济目标分				
陆地、海洋和大气的开发与评估	2	19	4	8
农业、林业和渔业的发展	94	11 613	124	8 818
促进工业的发展	126	3 759	232	4 309
能源的生产、储存和分配	33	706	55	664
交通、通讯事业的发展	91	954	148	3 638
教育事业的发展	9	161	5	59
卫生事业的发展	12	242	25	228
社会发展和社会经济服务	30	316	9	19
环境保护	129	611	111	1 022
知识的全面发展	9	56		
其他目标（民用）	175	1 447	127	1 742

4－4 地方财政（预算内）科技经费支出

单位：万元

项目	全市	市区	丹阳市	扬中市	句容市
总计	**4 146**	**2 293**	**964**	**594**	**295**
科学事业费	698	524	64	65	45
科技三项费	3 283	1 769	900	364	250
科技基建费	165			165	

4-5　火炬计划项目数

单位:项

年　份	全　市	市　区	丹阳市	扬中市	句容市
1990	3	2	1		
1991	1	0		1	
1992	8	7		1	
1993	10	6	2	2	
1994	10	5	2	2	1
1995	18	12	3	1	2
1996	11	6	4	1	
1997	11	7	2	1	1
1998	14	7	3	2	2
1999	21	11	5	4	1
2000	28	18	3	6	1
2001	31	13	8	9	1
2002	**41**	**22**	**6**	**11**	**2**
1990－2002 年累计	**207**	**116**	**39**	**41**	**11**

4-6　星火计划项目数

单位:项

年　份	全　市	市　区	丹阳市	扬中市	句容市
1990	7	3	2	1	1
1991	8	3	2		3
1992	8	5	2	1	
1993	14	8	4	2	
1994	22	7	8	4	3
1995	21	10	7	1	3
1996	23	13	7	2	1
1997	14	3	8	1	2
1998	12	4	5	1	2
1999	12	5	3	2	2
2000	14	4	4	3	3
2001	12	2	4	6	
2002	**16**	**4**	**5**	**7**	
1990－2002 年累计	**183**	**71**	**61**	**31**	**20**

4－7 大中型工业企业技术资源状况

项目	企业数（个）	有科技活动企业数	从业人员平均人数（人）	工程技术人员（人）	年末固定资产原值（万元）	企业办科技机构数（个）
总计	**118**	**69**	**106 268**	**14 408**	**3 356 441**	**50**
一、按企业规模分组						
大型企业	52	37	66 159	10 028	2 902 405	29
特大型企业	1	1	1 593	385	231 984	
大一型企业	22	15	27 978	5 148	2 002 790	14
大二型企业	29	21	36 588	4 495	667 631	15
中型企业	66	32	40 109	4 380	454 036	21
中一型企业	17	8	13 177	1 449	235 983	4
中二型企业	49	24	26 932	2 931	218 053	17
二、按登记注册类型分组						
内资企业	98	60	93 343	12 542	1 770 334	45
国有	33	22	28 796	5 119	934 926	20
#大型企业	15	14	18 574	3 668	799 143	13
集体	22	9	12 337	1 057	137 319	6
股份合作	5	5	2 707	475	19 716	4
国有联营						
#大型企业						
集体联营	1		1 900	10	5 710	
国有与集体联营						
其他联营						
国有独资公司	3	2	8 154	1 009	222 156	2
#大型企业	3	2	8 154	1 009	222 156	2
其他有限责任公司	25	15	22 149	2 913	347 818	11
股份有限公司	3	2	2 277	221	23 563	1

4－7(续1)

项　　目	企业数（个）	有科技活动企业数	从业人员平均人数（人）	工　程技术人员（人）	年末固定资产原值（万元）	企业办科技机构数（个）
私营独资	2	1	5 114	698	23 359	
私营合伙						
私营有限责任公司	3	3	8 550	1 010	52 441	1
私营股份有限公司	1	1	1 359	30	3 328	
其他内资						
港澳台商投资	6	2	3 288	631	241 440	1
#大型企业	3		894	159	226 177	
与港澳台商合资经营	3	1	1 004	177	27 658	1
与港澳台商合作经营						
港澳台商独资	3	1	2 284	454	213 782	
港澳台商投资股份有限公司						
外商投资	14	7	9 637	1 235	1 344 667	4
#大型企业	12	6	8 695	1 203	1 339 544	4
中外合作经营						
中外合资经营	11	6	9 000	1 157	1 297 933	4
外商独资	3	1	637	78	46 734	
外商投资股份有限公司						
三、按工业行业大类分组						
煤炭采选业						
石油和天然气开采业						
黑色金属矿采选业	1	1	1 041	59	15 971	1
有色金属矿采选业						
非金属矿采选业	3		2 007	126	32 229	
其他矿采选业						

4－7(续2)

项　　目	企业数(个)	有科技活动企业数	从业人员平均人数(人)	工程技术人员(人)	年末固定资产原值(万元)	企业办科技机构数(个)
木材及竹材采运业						
食品加工业	4		1 602	37	52 898	
食品制造业	3	3	1 592	230	46 289	3
饮料制造业	2		1 081	106	21 879	
烟草加工业						
纺织业	7	2	9 953	904	106 900	1
服装及其他纤维制品制造业	3		1 732	79	7 320	
皮革、毛皮、羽绒及其制品业	1		588	23	1 652	
木材加工及竹、藤、棕、草制品业	1	1	1 763		46 755	1
家具制造业						
造纸及纸制品业	4	3	7 303	1 065	1 171 471	3
印刷业、记录媒介的复制						
文教体育用品制造业	2	1	1 477	42	5 149	
石油加工及炼焦业	1	1	1 869	310	27 612	2
化学原料及化学制品制造业	13	6	9 896	1 616	370 006	6
医药制造业	1	1	541	60	10 713	1
化学纤维制造业	1	1	290	65	3 797	1
橡胶制品业	1		760	10	2 764	
塑料制品业						
非金属矿物制品业	9	4	6 758	812	257 746	2
黑色金属冶炼及压延加工业	2		1 245	82	13 503	
有色金属冶炼及压延加工业	2	2	4 549	459	107 778	1
金属制品业	8	5	11 431	1 496	97 158	2
普通机械制造业	7	4	4 436	335	29 669	3

4－7(续3)

项　　目	企业数（个）	有科技活动企业数	从业人员平均人数（人）	工程技术人员（人）	年末固定资产原值（万元）	企业办科技机构数（个）
专用设备制造业	5	4	3 670	491	41 653	3
交通运输设备制造业	11	9	9 346	947	93 224	4
武器弹药制造业						
电气机械及器材制造业	14	10	9 319	2 261	100 003	8
电子及通信设备制造业	7	7	7 159	1 432	51 313	4
仪器仪表及文化办公用机械制造业	1	1	355	73	2 555	1
其他制造业						
电力、蒸汽、热水的生产和供应业	3	2	3 976	1 190	598 278	2
煤气生产和供应业						
自来水的生产和供应业	1	1	529	98	40 157	1
四、按隶属关系分组						
中央属	9	8	7 339	1 601	597 715	
省(直辖市)属	5	4	3 361	775	41 519	
地区属	46	30	42 208	5 734	1 840 308	
县属	29	11	21 242	2 052	622 416	
其他属	29	16	32 118	4 246	254 483	
五、按地区分组						
市区	64	40	51 827	7 926	2 607 594	33
#京口区						
润州区						
丹徒区	14	5	10 583	907	99 832	2
丹阳市	19	9	29 471	2 753	315 053	3
扬中市	16	11	9 544	2 306	98 800	10
句容市	5	4	4 843	516	235 162	2

4－8　大中型工业企业科技人员数

单位:人

项　　目	从事科技活动人员	#高、中级职称人员	#无高、中级职称的大学本科及以上学历人员	#研究与实验发展人员	企业办科技机构人员	#高、中级职称人员	#无高、中级职称的大学本科及以上学历人员	#研究与实验发展人员
总　　计	**6 936**	**2 582**	**1 269**	**4 387**	**2 861**	**1 304**	**613**	**1 590**
一、按企业规模分组								
大型企业	4 358	1 743	958	2 621	2 056	785	521	1 105
特大型企业	189	101	61	20				
大一型企业	1 874	756	369	1 048	436	201	136	372
大二型企业	2 295	886	528	1 553	1 620	584	385	733
中型企业	2 578	839	311	1 766	805	519	92	485
中一型企业	833	286	186	409	120	91	21	39
中二型企业	1 745	553	125	1 357	685	428	71	446
二、按登记注册类型分组								
内资企业	6 266	2 343	1 087	3 874	2 752	1 255	571	1 519
国有	2 813	1 284	461	1 320	1 307	594	230	724
#大型企业	2 319	1 084	381	1 141	1 113	460	201	617
集体	526	256	69	277	293	199	49	181
股份合作	444	120	174	282	436	112	174	171
国有联营								
#大型企业								
集体联营								
国有与集体联营								
其他联营								
国有独资公司	349	125	25	299	275	100	20	135
#大型企业	349	125	25	299	275	100	20	135
其他有限责任公司	1 506	378	270	1 278	356	211	67	263
股份有限公司	171	58	36	74	60	22	26	20

4－8(续1)　　单位:人

项　目	从事科技活动人员	#高、中级职称人员	#无高、中级职称的大学本科及以上学历人员	#研究与实验发展人员	企业办科技机构人员	#高、中级职称人员	#无高、中级职称的大学本科及以上学历人员	#研究与实验发展人员
私营独资	172	20		150				
私营合伙								
私营有限责任公司	255	100	52	194	25	17	5	25
私营股份有限公司	30	2						
其他内资								
港澳台商投资	465	136	109	357	36	29	7	33
#大型企业								
与港澳台商合资经营	36	29	7	36	36	29	7	33
与港澳台商合作经营								
港澳台商独资	429	107	102	321				
港澳台商投资股份有限公司								
外商投资	205	103	73	156	73	20	35	38
#大型企业	189	94	73	156	73	20	35	38
中外合作经营								
中外合资经营	160	65	66	111	73	20	35	38
外商独资	45	38	7	45				
外商投资股份有限公司								
三、按工业行业大类分组								
煤炭采选业								
石油和天然气开采业								
黑色金属矿采选业	59	33	26	41	41	33	7	41
有色金属矿采选业								
非金属矿采选业								
其他矿采选业								

4－8(续2)　　单位:人

项　目	从事科技活动人员	#高、中级职称人员	#无高、中级职称的大学本科及以上学历人员	#研究与实验发展人员	企业办科技机构人员	#高、中级职称人员	#无高、中级职称的大学本科及以上学历人员	#研究与实验发展人员
木材及竹材采运业								
食品加工业								
食品制造业	196	93	21	18	28	19	3	16
饮料制造业								
烟草加工业								
纺织业	94	49	23	46	10	6	4	8
服装及其他纤维制品制造业								
皮革、毛皮、羽绒及其制品业								
木材加工及竹、藤、棕、草制品业	88	32	9	72	83	27	8	68
家具制造业								
造纸及纸制品业	121	48	56	97	65	16	34	38
印刷业、记录媒介的复制								
文教体育用品制造业	30	2						
石油加工及炼焦业	92	92		42	92	92		42
化学原料及化学制品制造业	877	387	86	478	734	337	36	301
医药制造业	30	12		18	10	8		6
化学纤维制造业	38	31	1	38	38	31	1	38
橡胶制品业								
塑料制品业								
非金属矿物制品业	254	72	23	46	60	22	5	46
黑色金属冶炼及压延加工业								
有色金属冶炼及压延加工业	373	140	27	200	31	14	11	28
金属制品业	455	117	50	322	52	14	20	2
普通机械制造业	252	105	27	242	188	78	25	90

4－8(续3)　　单位:人

项目	从事科技活动人员	#高、中级职称人员	#无高、中级职称的大学本科及以上学历人员	#研究与实验发展人员	企业办科技机构人员	#高、中级职称人员	#无高、中级职称的大学本科及以上学历人员	#研究与实验发展人员
专用设备制造业	402	187	45	202	135	58	42	95
交通运输设备制造业	1 242	241	89	1 025	166	83	32	154
武器弹药制造业								
电气机械及器材制造业	916	241	442	547	587	203	257	272
电子及通信设备制造业	973	418	253	847	455	216	112	290
仪器仪表及文化办公用机械制造业	30	22	6	30	30	12	6	26
其他制造业								
电力、蒸汽、热水的生产和供应业	378	228	81	43	26	14	6	23
煤气生产和供应业								
自来水的生产和供应业	36	32	4	33	30	21	4	6
四、按隶属关系分组								
中央属	881	408	178	317				
省(直辖市)属	516	159	56	169				
地区属	3 232	1 250	425	2 210				
县属	622	239	84	431				
其他属	1 685	526	526	1 260				
五、按地区分组								
市　区	4 411	1 750	641	2 650	1 953	913	327	975
#京口区								
润州区								
丹徒区	629	156	113	364	22	15	1	8
丹阳市	755	273	88	638	146	75	14	131
扬中市	862	323	406	658	681	275	265	417
句容市	279	80	21	77	59	26	6	59

4－9　大中型工业企业科技活动经费筹集情况

单位:万元

项　　目	科技活动经费筹集总额	企业资金	金融机构贷款	来自政府部门资金	来自国外的资金	其他资金
总　　计	**67 848**	**49 613**	**12 377**	**582**	**5 096**	**180**
一、按企业规模分组						
大型企业	54 238	40 804	12 070	527	837	
特大型企业	987	987				
大一型企业	30 930	23 568	6 400	125	837	
大二型企业	22 321	16 249	5 670	402		
中型企业	13 610	8 809	307	55	4 259	180
中一型企业	2 868	2 859		9		
中二型企业	10 742	5 950	307	46	4 259	180
二、按登记注册类型分组						
内资企业	61 792	44 394	12 377	582	4 259	180
国有	33 647	27 889	5 417	341		
#大型企业	32 035	26 544	5 200	291		
集体	2 496	2 145		171		180
股份合作	1 022	812	210			
国有联营						
#大型企业						
集体联营						
国有与集体联营						
其他联营						
国有独资公司	2 416	2 356		60		
#大型企业	2 416	2 356		60		
其他有限责任公司	17 143	6 128	6 750	5	4 259	
股份有限公司	801	796		5		

4－9(续1)　　　　单位:万元

项　　目	科技活动经费筹集总额	企业资金	金融机构贷款	来自政府部门资金	来自国外的资金	其他资金
私营独资	1 388	1 388				
私营合伙						
私营有限责任公司	2 849	2 849				
私营股份有限公司	30	30				
其他内资						
港澳台商投资	1 628	1 628				
#大型企业						
与港澳台商合资经营	389	389				
与港澳台商合作经营						
港澳台商独资	1 239	1 239				
港澳台商投资股份有限公司						
外商投资	4 428	3 591			837	
#大型企业	4 378	3 541			837	
中外合作经营						
中外合资经营	2 356	2 356				
外商独资	2 072	1 235			837	
外商投资股份有限公司						
三、按工业行业大类分组						
煤炭采选业						
石油和天然气开采业						
黑色金属矿采选业	126	120		6		
有色金属矿采选业						
非金属矿采选业						
其他矿采选业						

4－9(续2)　　单位:万元

项　　目	科技活动经费筹集总额	企业资金	金融机构贷　　款	来自政府部门资金	来自国外的资金	其他资金
木材及竹材采运业						
食品加工业						
食品制造业	348	338		10		
饮料制造业						
烟草加工业						
纺织业	229	229				
服装及其他纤维制品制造业						
皮革、毛皮、羽绒及其制品业						
木材加工及竹、藤、棕、草制品业	5 164	1 164	4 000			
家具制造业						
造纸及纸制品业	2 206	2 206				
印刷业、记录媒介的复制						
文教体育用品制造业	30	30				
石油加工及炼焦业	720	720				
化学原料及化学制品制造业	5 503	5 205	117	181		
医药制造业	41	41				
化学纤维制造业	320	320				
橡胶制品业						
塑料制品业						
非金属矿物制品业	294	289		5		
黑色金属冶炼及压延加工业						
有色金属冶炼及压延加工业	4 059	4 059				
金属制品业	3 575	3 575				
普通机械制造业	770	672	90	8		

4－9(续3)　　单位:万元

项　　目	科技活动经费筹集总额	企业资金	金融机构贷款	来自政府部门资金	来自国外的资金	其他资金
专用设备制造业	3 093	3 028		65		
交通运输设备制造业	10 267	5 171			5 096	
武器弹药制造业						
电气机械及器材制造业	11 334	4 515	6 520	119		180
电子及通信设备制造业	14 850	13 147	1 550	153		
仪器仪表及文化办公用机械制造业	285	150	100	35		
其他制造业						
电力、蒸汽、热水的生产和供应业	4 479	4 479				
煤气生产和供应业						
自来水的生产和供应业	155	155				
四、按隶属关系分组						
中央属	7 026	7 021		5		
省(直辖市)属	897	798	90	9		
地区属	32 946	25 877	1 550	423	5 096	
县属	10 215	5 963	4 217	35		
其他属	16 764	9 954	6 520	110		180
五、按地区分组						
市　区	40 636	33 462	1 640	437	5 096	
#京口区						
润州区						
丹徒区	1 710	1 592	117			
丹阳市	13 844	9 844	4 000			
扬中市	11 348	4 402	6 620	145		180
句容市	311	311				

4－10　大中型工业企业科技经费支出情况

单位：万元

项　　目	本年经费支出总额	内部支出	#研究与实验发展经费支出	#新产品开发经费支出	外部支出
总　　计	**66 446**	**57 821**	**46 766**	**41 626**	**8 625**
一、按企业规模分组					
大型企业	54 618	47 216	37 792	33 963	7 401
特大型企业	972	135	15		837
大一型企业	31 374	27 861	20 434	20 208	3 512
大二型企业	22 272	19 220	17 343	13 755	3 052
中型企业	11 828	10 604	8 974	7 664	1 224
中一型企业	2 826	2 474	1 738	887	352
中二型企业	9 002	8 130	7 236	6 777	872
二、按登记注册类型分组					
内资企业	60 463	52 162	41 727	37 718	8 302
国有	34 156	27 531	21 977	19 540	6 626
#大型企业	32 544	26 113	21 249	18 975	6 431
集体	2 393	1 715	1 562	1 124	678
股份合作	1 022	820	724	570	201
国有联营					
#大型企业					
集体联营					
国有与集体联营					
其他联营					
国有独资公司	2 416	2 266	2 240	1 420	150
#大型企业	2 416	2 266	2 240	1 420	150
其他有限责任公司	15 409	15 130	10 853	10 693	279
股份有限公司	801	753	707	707	48

4－10(续1)　　单位:万元

项　　目	本年经费支出总额	内部支出	#研究与实验发展经费支出	#新产品开发经费支出	外部支出
私营独资	1 388	1 388	1 370	1 370	
私营合伙					
私营有限责任公司	2 849	2 529	2 295	2 295	320
私营股份有限公司	29	29			
其他内资					
港澳台商投资	1 586	1 303	1 190		283
#大型企业					
与港澳台商合资经营	389	389	389		
与港澳台商合作经营					
港澳台商独资	1 197	914	801		283
港澳台商投资股份有限公司					
外商投资	4 397	4 356	3 848	3 908	41
#大型企业	4 347	4 306	3 848	3 878	41
中外合作经营					
中外合资经营	2 325	2 284	1 776	1 836	41
外商独资	2 072	2 072	2 072	2 072	
外商投资股份有限公司					
三、按工业行业大类分组					
煤炭采选业					
石油和天然气开采业					
黑色金属矿采选业	126	110	95		16
有色金属矿采选业					
非金属矿采选业					
其他矿采选业					

4－10(续2)

单位:万元

项目	本年经费支出总额	内部支出	#研究与实验发展经费支出	#新产品开发经费支出	外部支出
木材及竹材采运业					
食品加工业					
食品制造业	408	354	175	190	54
饮料制造业					
烟草加工业					
纺织业	229	229	180	180	
服装及其他纤维制品制造业					
皮革、毛皮、羽绒及其制品业					
木材加工及竹、藤、棕、草制品业	5 164	3 034	2 765	2 765	2 130
家具制造业					
造纸及纸制品业	2 175	2 144	1 731	1 731	31
印刷业、记录媒介的复制					
文教体育用品制造业	29	29			
石油加工及炼焦业	720	652	352	460	68
化学原料及化学制品制造业	5 500	5 219	5 035	4 200	281
医药制造业	61	61	42	30	
化学纤维制造业	320	320	320	320	
橡胶制品业					
塑料制品业					
非金属矿物制品业	509	503	44	44	6
黑色金属冶炼及压延加工业					
有色金属冶炼及压延加工业	4 320	4 087	4 039	2 204	234
金属制品业	3 575	3 310	2 596	2 566	265
普通机械制造业	760	613	516	462	147

4－10(续3)　　单位:万元

项　　目	本年经费支出总额	内部支出	#研究与实验发展经费支出	#新产品开发经费支出	外部支出
专用设备制造业	3 093	3 045	2 948	2 765	48
交通运输设备制造业	8 634	8 495	7 939	7 568	139
武器弹药制造业					
电气机械及器材制造业	11 128	10 378	6 459	5 691	751
电子及通信设备制造业	14 803	11 409	11 195	10 291	3 394
仪器仪表及文化办公用机械制造业	285	160	160	160	125
其他制造业					
电力、蒸汽、热水的生产和供应业	4 452	3 535	40		917
煤气生产和供应业					
自来水的生产和供应业	155	135	135		20
四、按隶属关系分组					
中央属	6 999	5 925	1 427	1 016	1 074
省(直辖市)属	1 112	1 017	150	142	96
地区属	31 599	28 085	26 777	25 710	3 514
县属	10 215	7 675	7 234	5 319	2 540
其他属	16 522	15 120	11 179	9 440	1 402
五、按地区分组					
市　区	39 262	34 585	28 310	26 863	4 677
#京口区					
润州区					
丹徒区	1 668	1 350	1 082	250	318
丹阳市	13 844	11 169	10 630	8 765	2 676
扬中市	11 148	10 199	6 652	5 714	949
句容市	526	519	92	34	6

4－11 大中型工业企业科技活动产出情况

项目	专利申请（件）	#发明专利	拥有发明专利（件）	新产品产值（万元）	新产品销售收入（万元）	新产品销售利润（万元）
总计	**36**	**8**	**14**	**959 946**	**916 792**	**82 487**
一、按企业规模分组						
大型企业	28	5	5	893 276	854 824	70 006
特大型企业						
大一型企业	9	3	2	821 632	785 862	64 536
大二型企业	19	2	3	71 644	68 962	5 470
中型企业	8	3	9	66 670	61 967	12 481
中一型企业	4		2	10 599	9 471	1 001
中二型企业	4	3	7	56 071	52 496	11 480
二、按登记注册类型分组						
内资企业	36	8	12	325 442	316 462	40 105
国有	11	1	2	204 464	201 881	19 167
#大型企业	10	1	1	199 354	197 057	18 629
集体	5			11 676	11 151	565
股份合作	7	2	2	4 949	4 805	414
国有联营						
#大型企业						
集体联营						
国有与集体联营						
其他联营						
国有独资公司	2	2	2	13 884	12 977	984
#大型企业	2	2	2	13 884	12 977	984
其他有限责任公司	6	1	4	86 614	82 145	18 666
股份有限公司				3 234	2 923	150

4－11(续1)

项　　目	专利申请（件）	#发明专利	拥　有发明专利（件）	新产品产　值（万元）	新产品销售收入（万元）	新产品销售利润（万元）
私营独资	2	2				
私营合伙						
私营有限责任公司	3		2	500	480	150
私营股份有限公司				120	100	8
其他内资						
港澳台商投资				8 179	8 179	977
#大型企业						
与港澳台商合资经营				1 760	1 760	210
与港澳台商合作经营						
港澳台商独资				6 419	6 419	767
港澳台商投资股份有限公司						
外商投资			2	626 326	592 151	41 405
#大型企业			2	626 276	592 105	41 392
中外合作经营						
中外合资经营				608 329	574 208	37 921
外商独资			2	17 996	17 943	3 484
外商投资股份有限公司						
三、按工业行业大类分组						
煤炭采选业						
石油和天然气开采业						
黑色金属矿采选业				929	656	－7
有色金属矿采选业						
非金属矿采选业						
其他矿采选业						

4－11(续2)

项　　目	专利申请（件）	#发明专利	拥　有发明专利（件）	新产品产　值（万元）	新产品销售收入（万元）	新产品销售利润（万元）
木材及竹材采运业						
食品加工业						
食品制造业	2			8 961	8 765	1 730
饮料制造业						
烟草加工业						
纺织业				10 549	9 261	1 628
服装及其他纤维制品制造业						
皮革、毛皮、羽绒及其制品业						
木材加工及竹、藤、棕、草制品业			1	2 977	3 348	126
家具制造业						
造纸及纸制品业				496 302	464 742	34 745
印刷业、记录媒介的复制						
文教体育用品制造业				120	100	8
石油加工及炼焦业	1	1	1	26 000	25 680	8 000
化学原料及化学制品制造业	10	2	4	120 492	117 879	3 979
医药制造业						
化学纤维制造业				729	850	245
橡胶制品业						
塑料制品业						
非金属矿物制品业				3 996	4 719	388
黑色金属冶炼及压延加工业						
有色金属冶炼及压延加工业				7 988	7 613	836
金属制品业	5	4	2	866	872	104
普通机械制造业				6 061	5 646	278

4－11(续3)

项　　目	专利申请(件)	#发明专利	拥　有发明专利(件)	新产品产　值(万元)	新产品销售收入(万元)	新产品销售利润(万元)
专用设备制造业	1			25 719	22 507	2 379
交通运输设备制造业			5	36 999	33 031	5 658
武器弹药制造业						
电气机械及器材制造业	5			35 274	34 919	7 050
电子及通信设备制造业	12	1		171 861	172 080	14 792
仪器仪表及文化办公用机械制造业			1	4 124	4 124	548
其他制造业						
电力、蒸汽、热水的生产和供应业						
煤气生产和供应业						
自来水的生产和供应业						
四、按隶属关系分组						
中央属				15 062	13 485	1 148
省(直辖市)属	1			6 816	7 274	547
地区属	23	4	8	765 077	726 278	66 844
县属			2	130 860	128 190	6 096
其他属	12	4	4	42 131	41 565	7 853
五、按地区分组						
市　区	24	4	8	893 357	850 118	71 080
#京口区						
润州区						
丹徒区				6 575	6 581	798
丹阳市	5	2	3	17 982	17 896	2 740
扬中市	7	2	3	39 280	38 754	7 488
句容市				2 752	3 442	382

4－12 大中型工业企业技术改造及引进、吸收

单位:万元

项目	技术改造经费支出	技术引进经费支出	#引进技术资料及关键设备的支出	消化吸收经费支出	购买国内技术经费支出
总计	**45 134**	**3 871**	**2 357**	**706**	**282**
一、按企业规模分组					
大型企业	38 401	3 490	2 160	465	173
特大型企业	6 937				
大一型企业	12 505	870	725	220	62
大二型企业	18 960	2 620	1 436	245	111
中型企业	6 732	381	196	241	109
中一型企业	607	88	88		
中二型企业	6 126	292	108	241	109
二、按登记注册类型分组					
内资企业	44 242	3 055	1 818	406	282
国有	11 924	689	595	100	92
#大型企业	9 452	622	575	100	62
集体	1 626	346	98	266	121
股份合作	733	75	75	40	44
国有联营					
#大型企业					
集体联营					
国有与集体联营					
其他联营					
国有独资公司	13 166	45	45		
#大型企业	13 166	45	45		
其他有限责任公司	6 603	1 010	1 006		25
股份有限公司	241	90			

4－12(续1)　　单位:万元

项　　目	技术改造经费支出	技术引进经费支出	#引进技术资料及关键设备的支出	消化吸收经费支出	购买国内技术经费支出
私营独资	3 320				
私营合伙					
私营有限责任公司	6 630	800			
私营股份有限公司					
其他内资					
港澳台商投资	340	78	78		
#大型企业					
与港澳台商合资经营	268				
与港澳台商合作经营					
港澳台商独资	72	78	78		
港澳台商投资股份有限公司					
外商投资	552	738	460	300	
#大型企业	522	738	460	300	
中外合作经营					
中外合资经营	410	640	460	180	
外商独资	142	98		120	
外商投资股份有限公司					
三、按工业行业大类分组					
煤炭采选业					
石油和天然气开采业					
黑色金属矿采选业	667				
有色金属矿采选业					
非金属矿采选业	1 632	805	805		
其他矿采选业					

4－12(续2)　　　　单位:万元

项　　目	技术改造经费支出	技术引进经费支出	#引进技术资料及关键设备的支出	消化吸收经费支出	购买国内技术经费支出
木材及竹材采运业					
食品加工业					
食品制造业	11	52	5	2	40
饮料制造业					
烟草加工业					
纺织业	52				
服装及其他纤维制品制造业					
皮革、毛皮、羽绒及其制品业					
木材加工及竹、藤、棕、草制品业	560				
家具制造业					
造纸及纸制品业	380	640	460	180	
印刷业、记录媒介的复制					
文教体育用品制造业					
石油加工及炼焦业	1 800				
化学原料及化学制品制造业	14 826	133	65	185	30
医药制造业					
化学纤维制造业	158				
橡胶制品业					
塑料制品业					
非金属矿物制品业	1 117				
黑色金属冶炼及压延加工业					
有色金属冶炼及压延加工业	175				
金属制品业	9 171	4	3		
普通机械制造业	1 019				4

4－12(续3)　　单位:万元

项　　目	技术改造经费支出	技术引进经费支出	#引进技术资料及关键设备的支出	消化吸收经费支出	购买国内技术经费支出
专用设备制造业	1 202	570	570	98	22
交通运输设备制造业	1 581	973	75	120	
武器弹药制造业					
电气机械及器材制造业	3 125	585	276	121	161
电子及通信设备制造业	100	78	78		25
仪器仪表及文化办公用机械制造业	50	20	10		
其他制造业					
电力、蒸汽、热水的生产和供应业	7 508				
煤气生产和供应业					
自来水的生产和供应业		10	10		
四、按隶属关系分组					
中央属	8 207	75	75		
省(直辖市)属	843				4
地区属	19 817	2 206	1 850	400	87
县属	3 014	86	33		30
其他属	13 253	1 504	398	306	161
五、按地区分组					
市　区	28 565	2 281	1 925	400	91
#京口区					
润州区					
丹徒区	2 318	119	81		30
丹阳市	10 668	890			
扬中市	3 281	581	350	306	161
句容市	302				

统计指标解释

独立研究与开发机构

指有明确的任务和研究方向,有一定学术水平的业务骨干和一定数量的研究人员,具有研究、开发、开展学术工作的基本条件,主要进行科学研究与技术开发活动,并且在行政上有独立的组织形式、财务上独立核算盈亏,有权与其他单位签订合同,在银行有单独户头的单位。包括国务院各部门、中国科学院、中国社会科学院和各省、自治区、直辖市以及地(市)以上[含地(市)]各部门所属的国有独立的科学研究与技术开发机构。

独立研究与开发机构职工

指在科学研究与技术开发机构工作,并由其支付工资的各种人员。包括长期职工和临时职工,不包括编制以外的离休、退休人员和停薪留职人员,但包括招聘人员。

研究与发展经费支出

指报告期内用于研究与实验发展课题活动(基础研究、应用研究、实验发展)的全部实际支出。包括用于研究与发展课题活动的直接支出,还包括间接用于研究与发展活动的一切支出(院、所管理费,维持院、所正常运转的必需费用和与研究发展有关的基本建设支出)。

科学家和工程师

指具有大学本科及以上学历的和不具备上述学历但有高、中级职称的人员。

其他科技人员

指大专、中专毕业和具有初级职称的从事科技活动人员。

专业技术人员

指已取得科学技术职称,或大学、中专的理、工、农、医科系毕业,以及国民经济各部门从工作实践中提拔,从事理、工、农、医等自然科学技术的研究、教学、生产的专业人员和在机关、企业、事业中从事科学技术业务管理工作的专业人员。

工程技术人员

指在国民经济各行业从事工程技术工作的自然科学技术专业人员,包括:高级工程师、工程师、助理工程师、技术员和未评定职称的技术人员。

农业技术人员

指在国民经济各行业从事农业技术工作的自然科学技术专业人员,包括:高级农艺师、农艺师、助理农艺师、技术员和未评定职称的技术人员。

卫生技术人员

指在国民经济各行业从事卫生医务工作的自然科学技术专业人员,包括:正副主任医师、主治医师、医师、医(护)士和未评定职称的技术人员。

科学研究人员

指在国民经济各行业从事科学技术活动的自然科学技术专业人员,包括:正副研究员、助理研究员、研究实习员、技术员和未评定职称的技术人员。

自然科学教学人员

指在国民经济各行业从事自然科学技术方面教学活动的专业人员,包括:正副教授、讲师、助教、教师和在中学从事自然科学技术方面教学活动的人员。

发明

专利法及其实施细则所称的发明,指对有关产品、方法或其改进所提出的新的技术方案。

实用新型

指专利法及其实施细则所称的实用新型,指对产品的形状、构造或者其结构所提出的适于实用的新的技术方案。

教育

5－1 各类学校基本情况

项目	全市	市区	丹阳市	扬中市	句容市
学校数(所)	**560**	**255**	**151**	**30**	**124**
普通高等学校	4	3			1
普通中等专业学校	7	5	2		
普通中学	130	51	39	15	25
#高中	33	14	10	5	4
初中	97	37	29	10	21
职业中学	22	12	6	1	3
小学	392	182	103	13	94
特殊教育学校	5	2	1	1	1
招生数(人)	**110 249**	**46 479**	**31 985**	**9 735**	**22 050**
普通高等学校	12 203	11 533			670
普通中等专业学校	5 416	4 205	450		761
普通中学	59 537	18 725	20 258	7 147	13 407
#高中	16 619	5 265	5 965	2 537	2 852
初中	42 918	13 460	14 293	4 610	10 555
职业中学	6 655	2 288	2 503	326	1 538
小学	26 351	9 700	8 734	2 248	5 669
特殊教育学校	87	28	40	14	5
在校学生数(人)	**434 594**	**177 162**	**129 102**	**40 678**	**87 652**
普通高等学校	37 751	37 081			670
普通中等专业学校	18 370	13 892	1 970		2 508
普通中学	165 947	55 466	54 830	19 243	36 408
#高中	39 676	14 184	13 568	5 667	6 257
初中	126 271	41 282	41 262	13 576	30 151
职业中学	14 257	4 621	5 338	702	3 596
小学	197 521	65 849	66 651	20 630	44 391

5-1(续)

项　　目	全市	市区	丹阳市	扬中市	句容市
特殊教育学校	748	253	313	103	79
毕业生数(人)	**103 587**	**40 864**	**31 035**	**10 167**	**21 521**
普通高等学校	5 590	5 590			
普通中等专业学校	5 633	4 850	457		326
普通中学	46 902	16 129	15 258	5 394	10 121
#高中	9 992	3 677	3 594	1 065	1 656
初中	36 910	12 452	11 664	4 329	8 465
职业中学	2 247	965	727	155	400
小学	43 101	13 277	14 551	4 609	10 664
特殊教育学校	114	53	42	9	10
教职员工数(人)	**30 709**	**14 253**	**7 956**	**3 030**	**5 470**
普通高等学校	5 023	4 813			210
普通中等专业学校	699	377	322		
普通中学	11 541	4 014	3 734	1 470	2 323
职业中学	1 561	853	387	121	200
小学	11 744	4 120	3 481	1 420	2 723
特殊教育学校	141	76	32	19	14
专任教师数(人)	**23 623**	**10 277**	**6 757**	**2 403**	**4 186**
普通高等学校	2 642	2 497			145
普通中等专业学校	418	168	250		
普通中学	9 224	3 281	3 068	1 154	1 721
#高中	2 567	922	863	356	426
初中	6 657	2 359	2 205	798	1 295
职业中学	1 187	641	323	90	133
小学	10 046	3 629	3 092	1 147	2 178
特殊教育学校	106	61	24	12	9

5－2 普通高等学校基本情况

单位:人

项目	在校学生数	招生数	毕业生数	教职工数	#专任教师
总计	**37 751**	**12 203**	**5 590**	**5 023**	**2 642**
江苏大学	22 291	6 511	3 517	2 968	1 515
华东船舶工业学院	10 793	3 733	1 096	1 388	724
镇江市高等专科学校	3 997	1 289	977	457	258
江苏农林职业技术学院	670	670	－	210	145

5－3 成人高等学校基本情况

单位:人

项目	在校学生数	招生数	毕业生数
总计	**21 189**	**8 682**	**4 021**
江苏大学	16 139	6 409	2 981
华东船舶工业学院	4 218	2 124	727
镇江市高等专科学校	832	149	313

5－4　普通中等专业学校基本情况

单位：人

项　　目	在校学生数	招生数	毕业生数	教职工数	#专任教师
合　　计	**18 097**	**5 416**	**5 633**	**699**	**418**
镇江卫生学校	847	174	294	67	32
华东船院职业技术学院	252		461		
镇江市电子工业学校	1 040	616	33	47	29
江苏大学冶金学院	899	279	592		
丹阳市中等专业学校	698	229	195	197	161
江苏省司法警官学校	51		401	84	15
镇江市高专中专部	224	46	327		
江苏省丹阳师范学校	1 272	221	262	125	89
镇江市体育运动学校	102	40	26	34	26
江苏农林技术学院	2 508	761	326		
镇江市中等专业学校	7 561	2 845	1 930		
中国药科大学高职院	1 617		748	145	66
镇江市电大中专部	1 026	205	38		

5－5 成人中等学校基本情况

单位：人

项目	在校学生数	招生数	毕业生数	教职工数	#专任教师
合计	**1 384**	**608**	**1 089**	**315**	**194**
镇江市机械职工中专	115	115	54	18	7
镇江市化工职工中专	189		74	22	17
镇江市建筑材料中专			3	23	13
镇江市商业职业中专	376	217	18	32	15
镇江市纺织职工中专	344	140	112	23	19
丹阳卫校职工中专				8	2
句容卫校职工中专	76	76			
镇江卫校（成人中专部）	55	10	147		
江苏省监狱管理干部中专学校			350		
镇江市教师进修学校				21	18
丹徒县教师进修学校				58	31
丹阳市教师进修学校	86		34	63	45
句容市教师进修学校	143	50	297	47	27

5－6 市直

项目	在校学生数		招生数	
	初中	高中	初中	高中
合计	**16 065**	**7 014**	**5 101**	**2 616**
镇中		1 565		548
一中		1 578		627
二中	897	1 178	193	425
三中	1 967		611	
四中	1 509	953	456	339
六中	1 596		516	
十一中	1 386		455	
十二中	2 365		867	
十三中	1 001		282	
十八中	1 224		268	
江滨	1 287		312	
南徐	78		17	
特教		12		3
实验学校	1 368		411	
实验高中		1 553		624
中山中学	477		206	
江南学校	640	175	408	50
江大附中	270		99	

属中学基本情况

单位：人

毕业生数		教职工数	#专任教师		学校占地面积（平方米）	校舍建筑面积（平方米）
初中	高中		#初中	#高中		
4 366	**1 739**	**1 731**	**888**	**475**	**438 953**	**185 634**
	320	176		98	99 303	32 397
	417	144	5	109	68 568	23 569
332	257	147	47	79	45 000	14 151
480		132	103		14 317	11 023
434	334	200	87	64	20 162	15 490
529		113	102		15 068	11 882
444		97	74		7 433	6 188
463		146	126		25 074	12 159
331		78	62		8 000	5 480
454		89	77		15 919	4 032
425		109	86		12 000	7 445
30		15	11			
216		41	38			
	275	133		107	62 319	21 288
103		51	42		16 835	7 370
82	136	37	6	18	23 745	9 360
43		23	22		5 210	3 800

5-7 幼儿教育基本情况

项目	幼儿园（所）	幼儿班数（个）	幼儿数（人）	专任教师（人）
全市	**175**	**1 737**	**48 039**	**1 844**
市区	81	692	18 741	893
丹阳市	36	495	14 249	416
句容市	39	386	10 036	170
扬中市	19	164	5 013	365

5-8 初中、小学、儿童入学率和升学率

单位:%

项目	2002年			2001年		
	学龄儿童入学率	小学毕业生升学率	初中毕业生升学率	学龄儿童入学率	小学毕业生升学率	初中毕业生升学率
全市	**99.98**	**99.19**	**93.01**	**99.96**	**99.29**	**90.90**
市区	100.00	100.10	95.95	100.00	99.71	98.60
丹阳市	99.90	98.23	91.75	100.00	98.86	91.11
扬中市	99.90	99.96	93.30	99.81	98.72	95.60
句容市	100.00	99.98	90.25	99.94	98.65	80.86

5－9　师资配备情况

单位:人

项　　目	普通中学			职业中学	
	每一教工负担学生	每一教师负担学生		每一教工负担学生	每一教师负担学生
		高中	初中		
合　计	**14.17**	**15.46**	**18.97**	**9.01**	**12.01**
市　区	13.66	15.38	17.5	5.33	7.21
#市直属	13.33	14.77	18.09	3.09	4.10
京口区	14.69	17.95	15.04	2.31	2.47
润州区	12.37	17.49	12.92	8.63	11.13
新　区	14.27	11.17	17.28	–	–
丹徒区	13.96	15.66	18.45	8.47	12.21
丹阳市	14.44	15.72	18.71	13.72	16.53
扬中市	12.68	15.92	17.01	5.57	7.80
句容市	15.59	14.69	23.28	17.98	27.04

5－9(续)

单位:人

项　　目	小学		幼儿园		特教	
	每一教工负担学生	每一教师负担学生	每一教工负担学生	每一教师负担学生	每一教工负担学生	每一教师负担学生
合　计	**16.66**	**19.66**	**15.43**	**20.48**	**5.30**	**7.06**
市　区	15.96	18.15	12.98	18.28	3.33	4.15
#市直属	19.00	19.00	–	–	2.67	3.27
京口区	18.27	19.43	12.45	18.60	3.60	4.91
润州区	15.97	17.59	9.78	15.89	–	
新　区	19.30	22.39	17.24	18.62	–	–
丹徒区	13.99	16.98	16.40	19.56	39.00	39.00
丹阳市	18.82	21.56	19.47	24.69	9.78	13.04
扬中市	14.20	17.99	19.66	29.49	5.42	8.58
句容市	16.24	20.38	14.72	17.48	5.64	8.78

统计指标解释

普通高等学校

指按照国家规定的设置标准和审批程序批准举办，通过国家统一招生考试，招收高中毕业生为主要培养对象，实施高等教育的全日制大学、独立设置的学院和高等专科学校、短期职业大学。

成人高等学校

指按照国家有关规定审批，招收通过全国成人高教统一招生考试的具有高中毕业或同等学历的在职从业人员利用脱产、半脱产、业余或函授等多种形式对其实施高等学历教育，培养高等教育专科或本科毕业水平的专门人才，修业年限、课程设置和总学时数均按高等学历教育要求付诸实施的学校。包括广播电视大学、职工高等学校、农民高等学校、管理干部学院、教育学院、独立设置的函授学院等。

小学学龄儿童入学率

指调查范围内已入小学学习的学龄儿童占校内外学龄儿童总数（包括弱智儿童在内，但不包括盲聋哑儿童）的比重。计算公式：

$$\text{小学学龄儿童入学率}=\frac{\text{已入学的小学学龄儿童数}}{\text{校内外小学学龄儿童总数}}\times 100\%$$

文化、卫生、体育

6-1　文化事业机构数

单位:个

项　　目	全　市	市　区	丹阳市	扬中市	句容市
总　计	**214**	**82**	**65**	**24**	**43**
一、文化事业	115	47	33	10	25
艺术事业	5	2	1	1	1
图书馆事业	5	2	1	1	1
群众文化事业	80	31	24	7	18
#文化馆	5	2	1	1	1
文化站	75	29	23	6	17
其他文化事业	25	12	7	1	5
二、文物事业	13	7	3	1	2
三、电影事业	86	28	29	13	16

6-2　电影事业基本情况

项　　目	单位	全　市	市　区	丹阳市	扬中市	句容市
电影放映单位数	个	86	28	29	13	16
#电影院	个	71	19	29	11	12
影剧院	个	6	4		1	1
开放礼堂俱乐部	个	6	5		1	
对内俱乐部	个	3				3
座席数	张	78 458	27 112	26 219	11 517	13 610
电影观众	万人次	21.62	10.25	10.12	0.24	1.01

6－3　图书馆、博物馆基本情况

项　　目	单位	全　市	市　区	丹阳市	扬中市	句容市
一、图书馆机构数	个	5	2	1	1	1
藏书册数	万册	120	72	20	18	10
图书流通人次	千人次	681	391	146	85	59
阅览座席数	张	800	380	100	160	160
二、博物馆机构数	个	7	5	1		1
文物藏品	件	32 423	30 423			2 000
#一级品	件	87	83			4
参观人数	千人次	565	565			

6－4　艺术事业基本情况

项　　目	单位	全　市	市　区	丹阳市	扬中市	句容市
一、剧团数	个	5	2	1	1	1
镇江歌舞团	个	1	1			
丹徒区锡剧团	个	1	1			
丹阳市丹剧团	个	1		1		
句容市黄梅剧团	个	1				1
扬中市锡剧团	个	1			1	
二、演职员工数	人	184	119	57	8	
三、演出场次	场次	248	88	160		
四、观众人数	千人次	205	77	128		

6－5　广播电视事业

项　目	单 位	全　市	#市　区
一、广播			
广播电台数	座	5	1
对内广播节目套数	套	8	4
广播平均播出时间	时分	100:46	47:51
广播电台平均自办节目时间	时分	78:41	38:11
广播电台自制节目时间	小时	19 557	11 977
广播电台加工节目时间	小时	5 324	3 697
中、短波发射台数	座	1	1
广播人口综合覆盖率	%	100	100
二、电视			
电视台数	座	5	1
电视台节目套数	套	8	5
平均每周播出时间	时分	640:45	385:35
平均每周自办时间	时分	636:54	384:74
自制节目时间	小时	6 014	1 367
加工节目时间	小时	234	170
电视台发射台数	座	8	1
电视综合覆盖率	%	100	100

6－6　广播电视从业人员

单位:人

项　　目	全　市	市　区	丹阳市	扬中市	句容市
总　　计	**1 441**	**655**	**346**	**160**	**280**
行政管理人员	175	66	57	31	21
经济管理人员	64	33	11		20
#财会人员	64	37	10		17
编播人员	380	197	84	53	46
#播音员	86	55	10	7	14
工程技术人员	317	97	95	64	61
有线广播电视机线人员	140	70			70
其他人员	365	192	99	12	62

6－7　卫生机构从业人员

单位:人

项　　目	全　市	市　区	丹阳市	扬中市	句容市
总　　计	**15 573**	**7 647**	**3 991**	**1 832**	**2 103**
医院	7 851	5 393	959	711	788
卫生院	4 579	891	1 784	920	984
门诊部	90	90			
急救中心(站)	11	11			
采供血机构	180	44	78		58
妇幼保健院(所、站)	309	80	149	25	55
专科疾病防治院(所.站)	91	38	38		15
疾病预防控制中心(防疫站)	525	239	90	123	73
诊所,卫生所,医务室,社区卫生服务站	1 828	796	893	53	86
其他	109	65			44

6－8　卫生事业机构

单位：个

项　　目	全　市	市　区	丹阳市	扬中市	句容市
总　　计	**148**	**64**	**35**	**16**	**33**
一、医院	32	21	3	2	6
县及县以上医院	25	14	3	2	6
#综合医院	17	9	2	1	5
二、卫生院	81	23	27	11	20
三、门诊部	2	2	–	–	–
四、急救中心	1	1	–	–	–
五、采、供血机构	3	1	1	–	1
六、妇幼保健院(所)站	7	4	1	1	1
七、专科妇幼保健院(所)站	4	2	1	–	1
八、疾病预防控制中心(防疫站)	7	4	1	1	1
九、卫生监督所	1	1	–	–	–
十、卫生监督检验所(站)	2	1	–	–	1
十一、其他卫生机构	1	1	–	–	–
十二、中等医药教育机构	2	1	–	–	1
十三、药品检验机构	5	2	1	1	1
附：诊所、卫生所、医务室、社区卫生服务站	649	313	265	13	58

6－9　卫生机构床位和人员数

项　　目	单　位	全　市	市区	丹阳市	扬中市	句容市
一、床位数	张	**7 869**	**4 357**	**1 696**	**694**	**1 122**
#医院床位	张	5 222	3 695	674	332	521
二、人员数	人	**14 759**	**7 865**	**3 098**	**1 779**	**2 017**
1. 卫生技术人员	人	11 878	6 472	2 421	1 309	1 676
执业医师	人	4 001	2 105	912	444	540
执业助理医师	人	793	316	237	99	141
注册护士	人	3 685	2 190	694	354	447
药剂人员	人	1 099	482	237	216	164
检验人员	人	606	284	143	76	103
其他	人	1 694	1 095	198	120	281
2. 其他技术人员	人	403	164	124	88	27
3. 管理人员	人	1 130	609	245	164	112
4. 工勤人员	人	1 348	620	308	218	202
附:每万人拥有医院病床数	张	20	37	8	12	9
每万人拥有卫生技术人员	人	44	65	30	48	28
每万人拥有医生数	人	18	24	14	20	11

6－10　县(区)村卫生室基本情况

项　　目	单　位	全　市	#市　区
一、机构数	个	536	240
1. 村办	个	438	230
2. 乡卫生院设置点	个	75	8
3. 其他	个	23	2
二、卫生人员			
执业(助理)医师	人	22	18
乡村医生和卫生员	人	861	391
#乡村医生	人	824	361
卫生员	人	37	30

6－11　医院门诊、住院服务情况

项　　目	单　位	全　市	市　区	丹阳市	扬中市	句容市
医院数	个	32	21	3	2	6
诊疗人次	万人次	410.33	300.16	47.47	30.73	31.97
#门诊	万人次	368.16	267.98	42.79	29.33	28.06
急诊	万人次	30.09	22.6	2.55	1.4	3.54
健康检查	人	139 550	54 540	32 062	212	52 736
出院	人	93 457	61 238	17 979	6 286	7 954
#治愈	人	42 866	28 610	7 323	3 208	3 725
好转	人	37 683	23 951	8 323	2 117	3 292
末愈	人	3 523	2 082	823	296	322
死亡	人	699	621	20	7	51
治愈率	%	45.9	46.7	40.8	51	46.8
好转率	%	40.3	39.1	38.7	33.7	41.4
死亡率	%	0.8	1	0.1	0.1	0.6
年末实有医院床位数	张	5 222	3 695	674	332	521
平均开放病床数	张	4 908	3 448	665	332	463
病床周转次数	次	19	17.8	27	18.9	17.2
病床工作日	日	244	256	265	205	177
病床使用率	%	66.8	69.2	72.7	56.1	48.4
出院者平均住院日	日	13	14	10	10	9

6－12　医院部分医疗设备台数

单位:台、个、张、辆

项　　目	总　计	综合医院	中医医院	专科医院
800MA 及以上医用 X 线诊断机(含 DSA)	5	5		
800MA 及以上医用 X 线诊断机(不含 DSA)	9	7	1	1
500MA—750MA 医用 X 线诊断机	23	16	2	5
医用磁共振成像设备(核磁)	1	1		
超高速计算机断层扫描装置	1	1		
彩色脉冲多普勒超声诊断仪	16	10	4	2
B 型超声诊断仪	35	22	7	6
X 线立体定位治疗系统	4	1		3
X 线电子计算机断层扫描装置	12	10	2	
医用电子直线加速器	2	2		
钴 60 治疗机	1	1		
伽玛射线立体定向头部治疗系统	1	1		
医学图像存档传输系统	1	1		
超声心动图仪	2	2		
危重病人监护系统	18	13	2	3
心电监护仪	147	121	11	15
高压氧仓	9	5	2	2
全自动生化分析仪	22	17	3	2
血液酸碱气体分析仪	10	8	1	1
电子内窥镜	24	20	4	
人工肾透析装置	46	41	5	
电动牙科椅	61	16	3	42
救护车	9	6	2	1

6－13 体育事业情况

项目	单位	全市	市区	丹阳市	扬中市	句容市
一、运动会						
举办县级以上运动会次数	次	6	3	1	1	1
参加县级以上运动会人数	人	10 700	5 000	2 000	1 900	1 800
二、等级运动员发展人数	人	141	101	15	13	12
#女性	人	53	38	6	4	5
三、等级裁判员发展人数	人	26	17	3	3	3
#女性	人	10	6	1	1	2
四、公共体育运动场地						
1. 体育场地数	个	9	4	3	1	1
体育场	个	2	1	1		
体育馆	个	2	1	1		
室外游泳池	个	4	1	1	1	1
室内游泳池	个	1	1			
2. 使用场次	次	2 088	1 240	654	129	65
体育馆	次	1 240	860	380		
体育场	次	387	186	138	63	
室外游泳池	次	339	72	136	66	65
室内游泳池	次	122	122			

6－14 体育竞赛获奖数

单位：枚

项目	总计	金牌	银牌	铜牌
总计	**60**	**23**	**15**	**22**
参加全国比赛获奖数	8	6	2	
参加全省比赛获奖数	52	17	13	22

统计指标解释

文化事业机构

指从事专业文化工作和为专业文化工作服务的独立建制的单独核算的单位。不包括这些单位另外举办独立核算的其他机构和各部门的业余文化组织。

艺术表演团体

指从事戏曲、音乐、舞蹈、杂技等专业艺术表演,有独立帐户,实行单独核算的团体。不包括半工半艺、半农半艺和民间职业剧团。

电影放映单位

指具有放映机器设备、固定或不固定的放映场所和专职与兼职的放映技术人员,经有关部门登记批准,经常为一定的观众对象放映电影的机构。包括批准对外开放进行营业,并与电影发行放映管理机构分帐的专用放映单位和军委系统租片单位。

艺术表演观众人数(人次)

指售票、包场演出或民族地区免费演出的艺术表演观众人次数。不包括彩排审查和内部观摩演出的观看人次数。

医　院

指名称为医院,设有固定床位能收容病人住院并能为病人提供医疗、护理服务的医疗机构。包括县及县以上医院、农村乡卫生院、其他医院三部分。按所属性质分为卫生部门、工业及其他部门、集体经济单位三类。其中县及县以上医院按业务性质分为综合医院和专科医院。

卫生技术人员

指卫生事业机构支付工资的全部固定职工和合同制职工中现任职务为卫生技术工作的专业人员。包括中医师、西医师、中西医结合高级医师、护师、中药师、西药师、检验师、其他技师、中医士、西医士、护士、助产士、中药剂士、西药剂士、检验士、其他技士、其他中医、护理员、中药剂员、西药剂员、检验员,其他初级卫生技术人员。

医　生

指经卫生部门审查合格,从事医疗工作的专业人员。分为中医医生和西医医生。包括卫生技术人员中的中医师、西医师、中西结合高级医师、中医士、西医士和其他中医。

CHAPTER

第 7 篇

城市建设

7－1 城市设施水平

项　　目	单　位	市　区	丹阳市	扬中市	句容市
人均拥有城市维护建设资金	元	1 324	821	3 032	634
人均日生活用水量	升	223	107	252	198
用水普及率	%	95.29	98.85	100.0	64.14
燃气普及率	%	71.75	95.79	97.02	48.28
每万人拥有公共交通车辆	标台	4.37	4.89	7.97	5.10
人均道路面积	平方米	8.52	13.88	14.24	8.69
路网密度	公里/平方公里	0.54	1.91	1.96	2.58
排水管道密度	公里/平方公里	6.43	10.99	9.50	5.00
污水处理率	%	70.53	57.02	70.69	65.32
污水处理厂集中处理率	%	43.83	18.05	-	-
人均公共绿地面积	平方米	5.05	5.70	7.10	1.99
建成区绿地率	%	34.21	20.32	31.68	12.36
建成区绿化覆盖率	%	35.58	20.91	36.01	12.79
生活垃圾无害化处理率	%	100.0	77.78	100.0	100.0
粪便处理率	%	100	100	100	100
水冲公侧比率	%	100	80.58	100	100

7－2　城市人口和建设用地

项　　目	单　位	市　区	丹阳市	扬中市	句容市
城市总户数	万户	35.84	8.82	3.94	5.40
城市人口	万人	100.04	20.88	9.41	14.50
#非农业人口	万人	59.73	14.31	5.15	9.30
城市面积	平方公里	1 083	103.92	56.00	38.00
#建成区面积	平方公里	72.36	22.00	7.96	14.00
城市建设用地面积	平方公里	72.36	15.24	7.96	13.82
#居住用地	平方公里	15.96	5.65	1.95	3.26
公共设施用地	平方公里	9.28	2.05	0.95	3.44
工业用地	平方公里	25.09	3.62	1.44	2.59
仓储用地	平方公里	5.72	0.85	0.34	0.83
对外交通用地	平方公里	5.71	0.85	0.95	0.16
道路广场用地	平方公里	4.67	0.74	0.96	1.84
市政公用设施用地	平方公里	2.30	0.46	0.45	0.26
绿地	平方公里	2.41	0.85	0.82	0.80
特殊用地	平方公里	1.22	0.17	0.10	0.64
本年征用土地面积	平方公里	8.70	0.52	1.23	0.10
#耕地	平方公里	4.93	0.46	0.94	0.06

7－3　城市市政设施

项　　目	单　位	市　区	丹阳市	扬中市	句容市
道路长度	公里	586.34	198.69	110.00	98.00
道路面积	万平方米	852.2	289.8	134.0	126.0
#人行道面积	万平方米	70.7	30.6	26.0	46.0
桥梁数	座	181	56	35	22
路灯盏数	盏	25 712	9 831	6 513	4 367
排水管道长度	公里	465.53	241.69	75.62	70.00
污水处理厂日处理能力	万立方米/日	38.35	2.00	–	–
其他污水处理设施日处理能力	万立方米/日	9.60	5.00	1.50	3.90
防洪堤长度	公里	56.10	21.00	11.50	11.00

7－4　城市园林绿化

项　　目	单　位	市　区	丹阳市	扬中市	句容市
绿化覆盖面积	公倾	4 450	585	874	179
#建成区绿化覆盖面积	公倾	2 575	460	287	179
园林绿地面积	公倾	4 351	490	765	173
#建成区园林绿地面积	公倾	2 476	447	252	173
公共绿地面积	公倾	505	140	67	29
城市公园个数	个	14	2	5	1
公园面积	公倾	206	27	29	4
园林游人量	万人次	222	9	11	2

7－5　城市公共交通

项　　目	单 位	市 区	丹阳市	扬中市	句容市
公共汽车运营车辆数	辆	425	142	148	102
#小公共汽车	辆	－	132	148	92
标准运营车数	标台	437	102	75	74
客运总量	万人次	7 086	360	280	600
#小公共汽车	万人次	－	308	280	542
出租汽车数	辆	1 258	495	257	239

7－6　城市供水情况

项　　目	单 位	市 区	丹阳市	扬中市	句容市
水厂综合生产能力	万立方米/日	63.75	17.00	5.00	5.00
供水管道长度	公里	1 661	220	182	169
供水总量	万立方米	14 737	3 467	1 083	1 107
#生产用量	万立方米	6 373	2 511	195	409
生活用量	万立方米	5 517	594	823	588
售水量	万立方米	9 209	1 482	82	897
用水户数	户	133 314	30 471	39 000	35 000
#家庭用户	户	131 716	28 444	37 000	34 000
用水人口	万人	95.33	20.64	9.41	9.30

7－7　城市燃气和供热情况

项　　目	单 位	市 区	丹阳市	扬中市	句容市
一、煤气					
生产能力	万立方米/日	24	2.10	－	－
储气能力	万立方米、吨	13	2.00	－	－
管道长度	公里	542	90.0	－	－
供气总量	万立方米	4 061	206	－	－
#家庭用量	万立方米	3 100	191	－	－
用气户数	户	81 441	12 147	－	－
#家庭用气	户	81 095	12 113	－	－
用气人口	万人	28.40	3.63	－	－
二、液化石油气					
储气能力	万立方米、吨	5 020	650	205	700
管道长度	公里	－	2	94	－
供气总量	吨	45 531	9 480	5 033	8 000
#家庭用量	吨	17 163	6 980	4 353	6 000
用气户数	户	124 883	73 332	30 122	30 000
#家庭用户	户	123 953	73 031	27 920	28 800
用气人口	万人	43.38	16.37	9.13	7.00
三、集中供热					
供热能力	吨/小时	410	－	－	－
供热总量	万吉焦	553	－	－	－
管道长度	公里	35	－	－	－
供热面积	万平方米	505	－	－	－

统计指标解释

年底自来水生产能力

指年底城建部门管理的自来水厂和自备水源的社会单位取水、净化、送水、出厂输水干管等环节的实际生产能力。

年底供水管道长度

指从送水泵到用户水表之间所有管道的长度。

全年供水总量

指公用自来水厂和自备水源的社会单位全年的供水总量,包括有效供水量及损失水量。

生活用水量

指居民日常生活与公共福利设施的用水量。包括居民、饮食店、旅馆、医院、理发店、浴池、洗衣店、游泳池、商店、学校、机关、部队等单位的用水量。

城市人口用水普及率

指城市用水的非农业人口数(不包括临时人口和流动人口)与城市非农业人口总数之比。计算公式:

$$用水普及率=\frac{城市用水的非农业人口数}{城市非农业人口数}\times 100\%$$

城市用气普及率

指使用煤气(包括人工煤气、液化石油气、天然气)的城市非农业人口数(不包括临时人口和流动人口)与城市非农业人口总数之比。计算公式:

$$城市煤气普及率=\frac{城市用气的非农业人口数}{城市非农业人口总数}\times 100\%$$

年底实有铺装道路长度

指除土路外,路面经过铺装宽度在3.5米以上的道路,包括高级、次高级道路和普通道路。

城市桥梁

指城市范围内,修建在河道上的桥梁和道路与道路立交、道路跨越铁路的立交桥,以及人行天桥,包括永久性桥和半永久性桥,不包括临时性桥、铁路桥、涵洞。

城市下水道总长度

指所有排水总管、干管、支管及暗渠、检查井、连接井进出水口等长度之和。

城市污水处理能力

指污水处理厂每昼夜处理污水量的设计能力。

年末实有公共汽(电)车

指年底可参加营运的全部车辆数,包括年底营运车辆数和库存查封未参加营运的车辆,不包括非营运车辆,如架线车、油罐车、工程车、货车及其他专用车辆和借入的客运车辆。

城市园林绿地面积

指城市公共绿地、专用绿地、生产绿地、防护绿地、郊区风景名胜区的全部面积。

公共绿地

指供游览休息的各种公园、动物园、植物园、陵园以及花园、游园和供游览休息用的林荫道绿地、广场绿地,不包括一般栽植的行道树及林荫道的面积。

环境保护

8－1　城市环境卫生

项　　目	单 位	市 区	丹阳市	扬中市	句容市
实际清扫面积	万平方米	419.5	122.0	77.0	78.0
生活垃圾无害化处理量	万吨	18.20	7.70	3.30	3.90
公共厕所	座	231	103	13	28
#水冲式厕所	座	231	83	13	28
环卫专用车辆	台	107	38	14	19

8－2　城市垃圾处理情况

项　　目	单位	全市
城市垃圾处理厂数	座	4
#全部实施无害化处理的处理厂	座	4
垃圾处理总能力	吨/日	1 410
#无害化处理能力	吨/日	1 360
垃圾处理总量	万吨	31.5
#无害化处理量	万吨	31.5
垃圾回收利用量	万吨	0.05
本年运行费用	万元	1 237

8－3　城市污水处理情况

项　　目	单　　位	全　　市
污水处理厂数	座	2
污水处理厂处理能力	万吨/日	11
污水处理量	万吨	3 368
#生活污水处理量	万吨	3 279
工业污水处理量	万吨	89
化学需氧量去除量	吨	6 415
氨氮去除量	吨	137
总磷去除量	吨	78
污泥产生量	吨	250
污泥处置量	吨	250
本年运行费用	万元	412

8－4　工业污染排放处理利用情况

项　　目	单　　位	全　　市
一、工业废水		
工业用水总量	万吨	59 474
工业重复用水率	%	50.79
废水治理设施数	套	312
废水治理设施处理能力	万吨/日	64.92
废水治理设施设备运行费用	万元	9 023
工业废水排放量	万吨	14 293
工业废水排放达标量	万吨	14 104
工业废水排放达标率	%	98.68
污水排放口数	个	347
二、工业废气		
煤炭消费总量	万吨	1 021.38
燃料油消费量(不含车船用)	万吨	4.67
工业废气排放总量	万标立方米	15 871 734
废气治理设施数	套	393
废气治理设施处理能力	万标立方米/时	2 543
废气治理设施设备运行费用	万元	6 172
二氧化硫排放量	吨	94 073
#排放达标量	吨	85 469
二氧化硫去除量	吨	36 324

8－4(续)

项　　目	单　　位	全　　市
烟尘去除量	吨	3 004 713
烟尘排放量	吨	46 051
#排放达标量	吨	43 562
工业粉尘去除量	吨	182 377
工业粉尘排放量	吨	11 166
#排放达标量	吨	9 454
三、工业固体废物		
工业固体废物产生量	万吨	347.34
工业固体废物综合利用量	万吨	296.82
工业固体废物综合利用率	%	84.02
工业固体废物处置量	万吨	23.34
#危险废物处置量	吨	30 363
四、工业锅炉和炉窑		
锅炉数	台/蒸吨	294/9 367
#烟尘排放达标的	台/蒸吨	274/9 261
二氧化硫排放达标的	台/蒸吨	215/8 596
炉窑数	座	190
#烟尘排放达标的	座	91
二氧化硫排放达标的	座	83

8－5　工业污染治理项目建设情况

项　　目	单　位	全　市
本年施工项目数	**个**	**61**
#废水治理项目	个	23
废气治理项目	个	29
固体废物治理项目	个	2
噪声治理项目	个	4
施工项目本年完成投资额	**万元**	**1 538**
#废水治理项目	万元	749
废气治理项目	万元	518
固体废物治理项目	万元	60
噪声治理项目	万元	66
本年竣工项目数	**个**	**49**
#废水治理项目	个	18
废气治理项目	个	26
固体废物治理项目	个	2
噪声治理项目	个	2
施工项目本年投资来源合计	**万元**	**1 538**
#国家预算内资金	万元	222
环保补助资金	万元	116
环保贷款	万元	91
其他资金	万元	1 109
#国内贷款	万元	277
利用外资	万元	60
本年竣工项目新增设计处理能力		
治理废水	吨/日	2 522
治理废气	万标立方米/时	33.82
治理固体废物	吨/日	112

统计指标解释

工业废水排放量

指经过企业厂区所有排放口排到企业外部的工业废水量。包括生产废水、外排的直接冷却水、超标排放的矿井地下水和与工业废水混排的厂区生活污水，不包括外排的间接冷却水（清污不分流的间接冷却水应计算在内）

工业废水排放达标量

指各项指标都达到国家或地方排放标准的外排工业废水量，包括未经处理外排达标的和经过处理后外排达标的两部分。

工业废水处理量

指报告期内各种水治理设施实际处理的工业废水量，包括处理后外排的和处理后回用的工业废水量。虽经处理但未达到国家或地方排放标准的废水量也应计算在内。计算时，如遇有车间和厂排放口均有治理设施，并对同一废水分级处理时，不应重复计算工业废水处理量。

工业废气排放量

指企业厂区内燃料燃烧和生产工艺过程中产生的各种排入空气的含有污染物的气体的总量，以标准状态[273K,101325Pa]计。

二氧化硫排放量

指企业在燃料燃烧和生产工艺过程中排入大气的二氧化硫量。

工业烟尘排放量

指企业厂区内的燃料燃烧产生的烟气中夹带的颗粒物的量。

工业粉尘排放量

指企业在生产工艺过程中排放的颗粒物重量，如钢铁企业的耐火材料粉尘、焦化企业的筛焦系统粉尘、烧结机的粉尘、石灰窑的粉尘、建材企业的水泥粉尘等。不包括电厂排入大气的烟尘。

工业固体废物产生量

指企业在生产过程中产生的固体状、半固体状和高浓度液体状废弃物的总量，包括危险废物、冶炼废渣、粉煤灰、炉渣、煤矸石、尾矿、放射性废物和其他废物等；不包括矿山开采的剥离废石和掘进废石（煤矸石和呈酸性或碱性的废石除外），酸性或碱性废石是指采掘的废石其流经水、雨淋水的 pH 值小于 4 或 pH 值大于 10.5 者。

工业固体废物处置量

指将固体废物焚烧或者最终置于符合环境保护规定要求的场所并不再回取的工业固体废物量（包括当年处置往年的工业固体废物累计贮存量）。处置方法如：填埋（其中危险废物应安全填埋）、焚烧、专业贮存场（库）封场处理、深层灌注、回填矿井等。

工业固体废物排放量

指将所产生的固体废物排到固体废物污染防治设施、场所以外的量。不包括矿山开采的剥离废石和掘进废石（煤矸石和呈酸性或碱性的废石除外）。

“三废”综合利用产品产值

指利用“三废”（废液、废气、废渣）作为主要原料生产的产品产值（现行价），已经销售或准备销售的，应计算产品产值；但留作生产上自用的，不应计算产品产值。

财政、金融、保险

9－1　财政收支情况

单位:万元

项　　目	全　市	市　区	丹阳市	扬中市	句容市
财政预算内收入	**568 049**	**324 084**	**126 368**	**68 988**	**48 609**
#中央财政预算内收入	272 576	147 794	64 815	38 592	21 375
地方财政预算内收入	295 473	176 290	61 553	30 396	27 234
#各项税收	203 597	115 770	46 259	23 549	18 019
#工商税收	165 049	96 997	34 976	19 568	13 508
农业四税类	16 511	6 339	5 374	1 341	3 457
地方财政预算内支出	**345 723**	**202 075**	**67 552**	**37 252**	**38 844**
#基建支出	9 328	6 553	2 260	120	395
文教科卫事业费	89 218	43 063	23 402	9 816	12 937
#科学事业费	764	544	63	133	24
教育事业费	61 604	26 309	17 949	6 834	10 512
支农支出	8 095	3 225	1 918	612	2 340
福利救济费	6 509	3 598	1 116	598	1 197
科技三项费	4 758	2 575	900	1 033	250

9－2 金融机构货币信贷

单位：万元

项　　目	全　市	市　区	丹阳市	扬中市	句容市
年末金融机构各项存款余额	**4 575 205**	**2 372 534**	**1 132 936**	**659 808**	**409 927**
#国有独资商业银行存款	2 895 454	1 506 936	666 912	441 008	280 598
#企业存款	1 363 355	898 994	236 181	142 206	85 974
城乡居民储蓄	2 812 598	1 270 754	809 849	432 691	299 304
农业存款	100 866	39 848	38 739	8 578	13 701
年末金融机构各项贷款余额	**3 280 336**	**1 927 133**	**788 605**	**346 410**	**218 188**
#国有独资商业银行贷款	2 176 952	1 311 922	500 975	229 091	134 964
#短期贷款	2 517 464	1 425 290	646 294	274 130	171 750
#工业贷款	783 568	474 513	201 789	80 207	27 059
农业贷款	117 524	60 636	14 244	8 489	34 155
中长期贷款	602 123	388 282	112 004	59 959	41 878
金融机构现金收入(年累计)	**10 078 272**	**4 439 898**	**2 961 030**	**1 546 167**	**1 131 177**
金融机构现金支出(年累计)	**10 515 061**	**4 474 811**	**3 113 873**	**1 738 041**	**1 188 336**

9－3　保险业务情况

单位:万元

项　　目	2002 年	2001 年
国内业务		
一、承保额	**11 525 857**	**8 746 657**
1. 财产险	8 454 185	5 051 482
#企业财产险	3 861 216	3 092 807
机动车辆险	1 398 392	333 635
船舶险	16 170	30 694
货运险	2 004 570	1 044 494
工程责任险	700 336	32 082
家庭财产险	473 501	351 444
2. 农业险	480	
3. 人身险	3 071 192	3 695 175
#人身意外伤害险	1 748 404	2 770 113
人身健康险	1 322 788	622 074
二、保费收入	**120 459**	**77 831**
1. 财产险	27 265	23 805
#企业财产险	6 182	7 118
机动车辆险	14 610	12 018
船舶险	148	155

9－3(续)　　　　单位:万元

项　　目	2002 年	2001 年
货运险	3 375	2 597
工程责任险	2 289	894
家庭财产险	661	414
2. 农业险	2	
3. 人身险	93 192	54 026
#人身意外伤害险	1 649	1 546
人身健康险	4 084	2 161
三、赔款金额	**19 638**	**12 008**
1. 财产险	13 292	10 521
#企业财产险	2 596	2 675
机动车辆险	7 832	5 741
船舶险	50	65
货运险	1 897	1 479
工程责任险	727	409
家庭财产险	190	132
2. 农业险	1	
3. 人身险	6 345	1 487

9－4 历年全市财政收、支情况

单位：万元

年份	财政收入	财政支出	#基本建设	#文教科卫事业费
1978	21 924	9 045	220	2 256
1979	21 313	8 547	485	2 467
1980	22 897	8 486	263	2 996
1981	24 048	8 091	428	3 123
1982	27 800	9 611	651	3 646
1983	30 449	12 357	721	4 458
1984	33 843	15 573	698	5 367
1985	39 398	16 810	1 531	6 039
1986	42 609	23 394	1 571	6 971
1987	46 608	22 049	929	7 286
1988	51 756	26 739	746	8 999
1989	56 892	33 078	952	10 017
1990	60 378	36 913	902	11 743
1991	56 664	41 798	1 132	12 804
1992	65 016	42 269	1 442	14 480
1993	110 789	68 224	3 618	18 898
1994	131 284	79 099	2 269	28 165
1995	152 321	90 258	2 330	31 305
1996	178 287	107 296	2 442	39 462
1997	202 953	125 740	2 867	44 627
1998	228 823	142 362	2 899	50 778
1999	252 683	167 649	3 353	53 442
2000	324 072	208 125	6 302	65 498
2001	408 073	247 721	5 471	78 958
2002	**568 049**	**345 723**	**9 328**	**89 218**

9－5　历年各辖区(市)财政收入

单位:万元

年　　份	全　市	#京口区	#润州区	#丹徒区	#丹阳市	#扬中市	#句容市
1990	60 379	1 162	2 783	5 117	17 179	6 041	4 191
1991	56 664	1 043	2 861	4 422	15 677	6 161	3 643
1992	65 017	1 213	3 131	5 478	18 148	7 251	4 857
1993	110 784	3 348	3 840	8 203	28 076	10 794	9 604
1994	131 285	4 102	4 253	10 733	35 926	13 391	11 185
1995	152 321	5 747	5 173	12 495	41 141	16 765	13 116
1996	178 287	6 344	6 082	17 304	46 843	20 451	16 653
1997	202 953	6 554	6 480	18 718	53 220	24 038	18 575
1998	230 959	7 343	6 694	20 676	59 407	28 778	21 128
1999	252 683	8 798	6 826	21 220	60 930	30 881	22 424
2000	324 069	10 199	8 530	27 654	79 653	40 557	30 459
2001	408 073	12 174	10 364	32 019	95 774	51 359	37 600
2002	**568 049**	**17 103**	**15 753**	**39 953**	**126 368**	**68 988**	**48 609**

9－6 历年各辖区(市)财政支出

单位:万元

年份	全市	#京口区	#润州区	#丹徒区	#丹阳市	#扬中市	#句容市
1990	36 913	1 217	1 179	4 455	7 956	4 289	4 538
1991	41 789	1 399	1 474	5 073	8 310	4 703	5 384
1992	42 268	1 621	1 510	5 413	8 657	5 069	6 061
1993	68 224	2 314	2 335	6 361	14 271	7 189	9 285
1994	79 099	2 623	2 986	9 346	19 736	9 630	9 413
1995	90 258	3 561	3 143	10 415	21 968	11 557	11 045
1996	107 296	4 150	3 764	13 626	25 111	13 287	13 325
1997	125 740	4 303	4 206	14 756	27 646	15 136	15 569
1998	142 362	5 598	5 007	15 885	30 407	16 774	16 817
1999	167 649	6 094	6 253	18 446	36 275	18 902	20 483
2000	208 125	7 637	6 950	22 449	45 853	23 952	25 296
2001	247 721	9 165	8 133	24 483	52 632	28 140	29 970
2002	**345 723**	**13 966**	**11 143**	**30 793**	**67 552**	**37 252**	**38 844**

9－7 历年金融机构存贷、现金、城乡储蓄

单位:万元

年　　份	金融机构年末存款余额	金融机构年末贷款余额	银行现金收入	银行现金支出	城乡居民储蓄存款余额
1978	25 191	26 003	42 045	44 489	4 949
1979	26 826	64 090	54 717	60 477	8 166
1980	42 188	88 861	69 942	75 135	11 083
1981	53 995	96 962	82 352	87 232	13 645
1982	67 457	109 732	94 903	101 144	18 056
1983	80 275	127 764	122 441	129 843	24 986
1984	109 449	182 821	163 848	179 157	34 909
1985	114 174	204 836	218 947	234 085	48 145
1986	163 631	264 704	255 757	272 238	68 964
1987	196 747	319 228	335 068	360 815	97 488
1988	259 080	376 016	481 949	540 018	112 221
1989	293 187	416 556	540 526	591 654	151 598
1990	391 290	501 138	628 184	676 532	214 244
1991	519 897	616 525	794 145	850 884	281 635
1992	656 929	739 097	1 177 716	1 278 045	338 371
1993	820 781	875 759	1 827 105	1 956 636	440 176
1994	1 062 564	1 065 348	2 720 337	2 878 891	633 979
1995	1 411 601	1 352 368	3 523 736	3 764 158	874 280
1996	1 834 727	1 552 813	3 732 106	4 037 939	1 151 723
1997	2 211 086	2 005 200	4 374 041	4 732 112	1 365 831
1998	2 608 337	2 201 036	5 664 587	6 031 224	1 595 645
1999	2 965 700	2 379 300	6 627 532	7 042 360	1 800 300
2000	3 372 219	2 521 283	7 851 458	8 265 380	2 039 729
2001	3 853 485	2 817 561	9 412 778	9 784 069	2 367 546
2002	**4 575 205**	**3 280 336**	**10 078 272**	**10 515 061**	**2 812 598**

统计指标解释

财政收入

国家财政参与社会产品分配所取得的收入，是实现国家职能的财力保证。财政收入所包括的内容几经变化，目前主要包括：

(1)各项税收　包括增值税、营业税、消费税、土地增值税、城市维护建设税、资源税、城市土地使用税、印花税、固定资产投资方向调节税、个人所得税、企业所得税、关税、农牧业税和耕地占用税等。

(2)专项收入　包括征收排污费、征收城市水资源费收入、教育费附加收入等。

(3)其他收入　包括基本建设贷款归还收入、国家能源交通重点建设基金收入、国家预算调节基金等。

(4)国有企业计划亏损补贴这项为负收入、冲减财政收入。

财政支出

国家财政将筹集起来的资金进行分配使用，以满足经济建设和各项事业的需要，主要包括：

(1)基本建设支出；(2)企业挖潜改造资金；(3)地质勘探费用；(4)科技三项费用；(5)支援农村生产支出；(6)农林水利气象等部门的事业费用；(7)工业交通商业等部门的事业费；(8)文教科学卫生事业费；(9)抚恤和社会福利救济费国家预算用于抚恤和社会福利救济事业的经费；(10)国防支出；(11)行政管理费；(12)价格补贴支出等。

中央财政收入和地方财政收入

按财政体制划分的中央本级收入和地方本级收入，1994 年分税制财政体制以后，属于中央财政的收入包括关税、海关代征消费税和增值税、中央企业所得税、地方银行和外资银行及非银行金融企业所得税，铁道、银行总行、保险总公司等集中缴纳的营业税、所得税、利润和城市维护建设税，增值税的 75% 部分，海洋石油资源税和证券(印花)税 88% 部分。属于地方财政的收入包括营业税，地方企业所得税、个人所得税、城镇土地使用税、固定资产投资方向调节税、城镇维护建设税、房产税、车船使用税、印花税、屠宰税、农牧业税、农业特产税、耕地占用税、契税，增值税 25% 部分，证券交易税(印花税)的 12% 部分和除海洋石油资源税以外的其他资源税。

存　款

企业、机关、团体或居民根据可以收回的原则，把货币资金存入银行或其他信用机构保管并取得一定利息的一种信用活动形式。根据存款对象的不同可划分为企业存款、财政存款、机关团体存款、基本建设存款、城镇储蓄存款、农村存款等科目，它是银行信贷资金的主要来源。

城乡储蓄存款余额

城乡储蓄存款，包括城镇居民储蓄存款和农民个人储蓄存款两部分，不包括居民的手存现金和工矿企业、部队、机关团体等集团存款。储蓄存款余额，是指城乡居民存人银行及农村信用社储蓄的时点数(存入数扣除取出数的余额)，如月末、季末或年末数额。

贷　款

银行或其他信用机构根据必须归还的原则，按一定利率，为企业、个人等提供资金的一种信用活动形式。我国银行贷款分为流动资金贷款、固定资产贷款、城乡个体工商户贷款以及农业贷款等科目。

承保额

又叫保险金额。它是保险人员对被保险人负提损失补偿或约定给付的金额,它是保险合同上的最高责任额,也是计算保费的依据。

保　费

又叫保险费。是保险人根据保险合同的有关规定,为被保险人取得因约定危险事故发生所造成的经济损失补偿(或给付)权利,付给保险人的代价。包括财产险和人身险储金收入。

赔　款

保险事故发生后,经查证确属保险责任范围以内的保险标的损失,保险人根据保险合同的规定履行赔偿义务,给予被保险人的款项叫做赔款。赔款可分为已决赔款和未决赔款两种。

CHAPTER 第 10 篇

农 业

10－1　农村组织、从业人员情况及土地情况

项　　目	单位	全市	市区	丹阳市	扬中市	句容市
一、组织情况						
乡镇个数	个	67	21	23	6	17
村委会个数	个	936	249	302	129	256
通公路的村数	个	933	246	302	129	256
自来水受益村数	个	849	201	271	129	248
村民小组个数	个	14 476	3 841	4 739	2 342	3 554
乡村户数	万户	58.94	15.90	20.43	7.45	15.16
乡村人口数	万人	176.88	45.82	61.40	21.70	47.96
二、从业人员情况						
劳动年龄内人口数	万人	101.64	27.04	36.68	13.21	24.71
#劳动年龄内上学的学生数	万人	3.33	0.97	1.10	0.58	0.68
乡村实有劳动力合计	万人	99.46	27.19	35.12	12.43	24.72
男	万人	50.26	13.54	17.75	6.20	12.77
女	万人	49.20	13.65	17.37	6.23	11.95
1. 农、林、牧、渔业从业人员	万人	43.41	10.65	14.82	4.36	13.58
#种植业从业人员	万人	37.43	9.12	12.20	3.84	12.27

10－1(续)

项　　目	单位	全市	市区	丹阳市	扬中市	句容市
2.工业从业人员	万人	29.76	8.02	12.66	5.21	3.87
3.建筑业从业人员	万人	7.66	1.79	2.46	0.69	2.72
4.交通运输业.仓储业和邮电通讯业	万人	3.29	1.19	1.03	0.44	0.63
5.批发.零售贸易.餐饮业从业人员	万人	3.90	1.30	1.31	0.57	0.72
6.其他	万人	11.44	4.24	2.84	1.16	3.20
#外出合同工.临时工	万人	4.63	1.63	0.84	0.44	1.72
外来从业人员	万人	8.06	1.61	4.59	0.62	1.24
三、土地情况						
土地总面积	千公顷	383.87	107.30	104.74	33.09	138.74
1.耕地总资源	千公顷	159.91	43.49	55.48	11.72	49.22
2.园地	千公顷	12.46	1.79	7.06	0.11	3.50
3.林地	千公顷	30.79	7.69	1.99	0.66	20.45
4.城镇及工矿用地	千公顷	56.77	17.44	15.63	8.06	15.64
5.交通用地	千公顷	9.89	3.38	2.87	0.40	3.24
6.水域面积	千公顷	79.88	28.50	20.08	10.48	20.82

10－2　农村现代化基本情况

项　　目	单位	全市	市区	丹阳市	扬中市	句容市
一、农村用电量	**万千瓦小时**	**153 034**	**44 125**	**70 132**	**20 708**	**18 069**
二、农用化肥施用量(折纯)	**吨**	**87 750**	**24 877**	**31 608**	**6 513**	**24 752**
1. 氮肥	吨	46 045	14 173	15 650	4 216	12 006
2. 磷肥	吨	5 872	1 911	915	656	2 390
3. 钾肥	吨	4 401	942	2 318	332	809
4. 复合肥	吨	31 432	7 851	12 725	1 309	9 547
三、农用薄膜使用量	**吨**	**2 367**	**719**	**911**	**136**	**601**
#地膜使用量	吨	1 432	351	542	131	408
地膜覆盖面积	公顷	7 306	2 069	1 975	266	2 996
四、农用柴油使用量	**吨**	**19 684**	**7 738**	**5 144**	**532**	**6 270**
五、农药使用量	**吨**	**3 359**	**585**	**1 316**	**391**	**1 067**
六、农业机械总动力	**千瓦**	**1 203 162**	**318 214**	**397 276**	**123 816**	**363 856**
#柴油机	千瓦	592 856	148 792	158 686	54 329	231 049
汽油机	千瓦	69 720	27 511	21 376	4 764	16 069
电动机	千瓦	540 586	141 911	217 214	64 723	116 738
七、农业机械年末拥有量						
1. 大中型拖拉机	台	2 912	528	1 146	581	657
2. 小型拖拉机	台	16 154	3 842	4 476	743	7 093
3. 水泵	台	44 473	14 556	7 126	6 224	16 567
4. 联合收割机	台	1 781	373	986	222	200
5. 机动脱粒机	台	67 924	10 132	40 326	5 320	12 146
6. 机动喷雾(粉)机	台	3 973	499	2 341	455	678
7. 饲料粉碎机	台	1 801	471	872	56	402
8. 农用运输车	辆	5 316	967	1 471	404	2 474
9. 推土机	辆	237	61	103	1	72

10－3　农林牧渔业总产值

（按 1990 年不变价计算）　　单位：万元

项　　目	全市	市区	丹阳市	扬中市	句容市
农林牧渔业总产值	**391 736**	**80 423**	**156 258**	**65 721**	**89 334**
一、农业产值	**268 024**	**53 996**	**95 901**	**54 229**	**63 898**
（一）种植业产值	127 390	28 182	47 736	11 192	40 280
1. 主产品产值	121 073	26 867	45 357	10 609	38 240
(1)粮食作物	71 354	14 763	29 272	6 941	20 378
#谷物	66 930	14 035	27 740	6 598	18 557
豆类	3 299	565	1 171	198	1 365
薯类	1 125	163	361	145	456
(2)油料作物	11 173	2 393	2 509	248	6 023
(3)棉花	900	62	82	–	756
(4)麻类	1	–	1	–	–
(5)糖料作物	178	–	2	–	176
(6)药材	831	–	123	73	635
(7)蔬菜（含菜用瓜）	23 071	7 338	7 671	2 221	5 841
(8)食用菌（干鲜混合）	2 447	304	1 980	97	66
(9)茶桑果	7 978	1 458	1 888	524	4 108
#水果（含果用瓜）	5 786	1 080	678	524	3 504
茶叶	1 079	253	260	–	566
桑叶	1 113	125	950	–	38
(10)花卉园艺	2 174	130	1 683	138	223
(11)其他农作物	966	419	146	367	34
2. 副产品产值	6 317	1 315	2 379	583	2 040
（1）粮食作物副产品	5 578	1 192	2 237	569	1 580

10－3(续)　　(按1990年不变价计算)　　单位:万元

项　　目	全市	市区	丹阳市	扬中市	句容市
(2)其他副产品	739	123	142	14	460
(二)其他农业产值	140 634	25 814	48 165	43 037	23 618
1.野生植物采集	5 519	–	304	–	5 215
2.农民家庭兼营商品性工业	135 115	25 814	47 861	43 037	18 403
二、林业产值	**11 224**	**831**	**4 493**	**1 395**	**4 505**
(一)营林	5 708	164	3 668	267	1 609
(二)林产品	1 168	124	364	490	190
(三)村及村以下竹木采伐	4 348	543	461	638	2 706
三、牧业产值	**51 705**	**12 047**	**20 604**	**5 996**	**13 058**
(一)牲畜	30 957	7 702	12 199	3 940	7 116
1.大牲畜繁殖增长增重	961	35	23	–	903
2.猪	25 661	7 232	10 694	3 461	4 274
3.羊	2 426	423	1 419	295	289
4.其他	1 909	12	63	184	1 650
(二)家禽的饲养	5 381	1 854	1 636	638	1 253
(三)活的畜禽产品	8 703	2 279	2 205	1 235	2 984
(四)捕猎	1 500	4	21	–	1 475
(五)其他动物产品	5 164	208	4 543	183	230
四、渔业产值	**60 783**	**13 549**	**35 260**	**4 101**	**7 873**
1.鱼类	23 118	6 069	9 831	1 973	5 245
2.虾蟹类	9 497	1 798	4 914	717	2 068
3.贝类	21 243	715	19 460	1 007	61
4.其他	6 925	4 967	1 055	404	499

10－4　牧业生产情况

（统计局抽样调查数）

项　　目	单位	全　市	市　区	丹阳市	扬中市	句容市
肉类总产量	吨	69 048	17 602	27 119	7 978	16 349
生猪年内出栏数	万头	66.99	17.66	26.19	8.35	14.79
生猪年末存栏数	万头	60.92	13.14	28.45	7.55	11.78
羊年内出栏数	万只	28.53	4.33	16.72	2.78	4.70
羊年末存栏数	万只	30.45	4.67	18.40	3.45	3.93
家禽年内出栏数	万只	723.88	162.60	275.86	71.68	213.74
家禽年末存栏数	万只	360.90	98.57	97.15	50.25	114.93
禽蛋产量	吨	17 154	4 361	4 766	2 654	5 373

10－5　林业及桑茶果生产情况

项　　目	单位	全　市	市　区	丹阳市	扬中市	句容市
一、林业						
1. 当年造林面积合计	公顷	1 637	341	520	242	534
(1)用材林	公顷	454	135	154	153	12
(2)经济林	公顷	238	139	91	－	8
(3)防护林	公顷	929	62	275	78	514
(4)薪炭林	公顷	16	5	－	11	－
2. 零星(四旁)植树	万株	332	85	105	52	90
3. 育苗面积	公顷	1 731	108	556	67	1 000
4. 当年苗木产量	万株	5 615	3 173	1 630	235	577
5. 主要林产品产量						
竹笋干	吨	2	－	2	－	－
板栗	吨	275	15	8	－	252
木材采伐量	万立方米	0.5	0.1	0.1	0.2	0.1
竹材采伐量	万根	7.3	3.7	1.0	2.0	0.6
二、桑、茶、果						
1. 茶园面积	公顷	2 996	838	329	－	1 829
2. 茶叶产量	吨	1 707	388	429	－	890
3. 果苗面积	公顷	1 820	507	210	142	961
4. 水果产量	吨	15 597	4 803	3 382	2 754	4 658
5. 桑园面积	公顷	2 630	213	2 204	－	213

10－6　农林牧渔业总产值、中间消耗、增加值

（按现行价格计算）　　单位:万元

项　　目	全　市	市　区	丹阳市	扬中市	句容市
一、农林牧渔业总产值	**667 532**	**152 048**	**256 448**	**90 929**	**168 107**
1. 农业	460 892	101 175	167 967	71 542	120 208
①种植业	319 458	75 361	119 737	28 505	95 855
②其他农业	141 434	25 814	48 230	43 037	24 353
#家庭兼营工业	135 115	25 814	47 861	43 037	18 403
2. 林业	17 681	1 853	5 575	2 410	7 843
3. 牧业	95 709	23 516	37 491	10 114	24 588
4. 渔业	93 250	25 504	45 415	6 863	15 468
二、农林牧渔业中间消耗	**320 940**	**74 046**	**118 768**	**51 756**	**76 370**
按消耗方向分					
1. 农业	224 070	46 505	80 225	42 959	54 381
①种植业	121 694	27 318	45 052	10 634	38 690
②其他农业	102 376	19 187	35 173	32 325	15 691
#家庭兼营工业	101 741	19 187	35 136	32 325	15 093
2. 林业	6 180	1 009	1 437	992	2 742
3. 牧业	50 240	14 258	18 807	4 648	12 527
4. 渔业	40 450	12 274	18 299	3 157	6 720
按消耗性质分					

10－6(续)　　(按现行价格计算)　　单位:万元

项　目	全　市	市　区	丹阳市	扬中市	句容市
1. 中间物质消耗	283 710	67 511	102 975	49 200	64 024
2. 对非物质生产部门劳务支出	37 230	6 535	15 793	2 556	12 346
三、农林牧渔业增加值	**346 592**	**78 002**	**137 680**	**39 173**	**91 737**
(一)按生产法计算					
1. 农业	236 822	54 670	87 742	28 583	65 827
①种植业	197 764	48 043	74 685	17 871	57 165
②其他农业	39 058	6 627	13 057	10 712	8 662
#家庭兼营工业	33 374	6 627	12 725	10 712	3 310
2. 林业	11 501	844	4 138	1 418	5 101
3. 牧业	45 469	9 258	18 684	5 466	12 061
4. 渔业	52 800	13 230	27 116	3 706	8 748
(二)按分配法计算					
1. 固定资产折旧	11 323	5 329	3 369	1 175	1 450
2. 劳动者报酬	311 577	62 026	131 938	35 270	82 343
3. 生产税	11 671	5 498	2 698	1 960	1 515
4. 生产补贴(－)	2 772	60	2 712	－	－
5. 营业盈余	14 793	5 209	2 387	768	6 429

10－7 农林牧渔业商品产值

（按现行价格计算） 单位:万元

项 目	全 市	市 区	丹阳市	扬中市	句容市
农林牧渔业商品产值	**470 197**	**102 950**	**184 682**	**68 143**	**114 422**
一、农业	**296 088**	**59 583**	**108 340**	**50 912**	**77 253**
（一）种植业	157 604	34 641	60 475	7 875	54 613
1. 主产品	156 722	34 345	60 469	7 774	54 134
（1）粮食	56 786	11 530	23 371	2 287	19 598
#谷物	51 612	10 826	21 721	2 100	16 965
豆类	3 568	441	1 474	64	1 589
薯类	1 606	263	176	123	1 044
（2）油料	6 803	1 003	984	267	4 549
（3）棉花	833	34	28	–	771
（4）蔬菜	55 687	16 172	21 942	3 173	14 400
（5）桑茶果	22 483	4 488	4 411	716	12 868
#水果（含果用瓜）	9 520	1 584	1 103	716	6 117
茶叶	12 856	2 904	3 224	–	6 728
（6）其他	14 130	1 118	9 733	1 331	1 948
2. 副产品	882	296	6	101	479
（1）粮食作物副产品	834	248	6	101	479
（2）其他副产品	48	48	–	–	–
（二）其他农业	138 484	24 942	47 865	43 037	22 640

10－7(续)　　（按现行价格计算）　　单位:万元

项　　目	全　市	市　区	丹阳市	扬中市	句容市
#农民家庭兼营工业	134 243	24 942	47 861	43 037	18 403
二、林业	**12 912**	**1 137**	**4 919**	**1 828**	**5 028**
(一)出售树苗	761	15	375	116	255
(二)林产品	7 623	362	3 993	630	2 638
(三)村及村以下竹木采伐	4 528	760	551	1 082	2 135
三、牧业	**82 202**	**19 700**	**34 026**	**9 231**	**19 245**
(一)肉畜	47 147	11 591	20 000	6 637	8 919
#生猪	40 586	10 817	17 040	5 802	6 927
羊	4 681	759	2 867	547	508
(二)家禽饲养	15 230	5 141	4 816	1 234	4 039
(三)活的畜禽产品	9 653	2 507	1 872	1 070	4 204
(四)捕猎	1 620	11	31	–	1 578
(五)其他动物产品	8 552	450	7 307	290	505
四、渔业	**78 995**	**22 530**	**37 397**	**6 172**	**12 896**
(一)鱼类	33 882	8 219	14 191	3 617	7 855
(二)虾蟹类	17 497	2 149	9 634	1 477	4 237
(三)贝类	12 812	411	11 865	365	171
(四)其他	14 804	11 751	1 707	713	633

10－8　农村非农行业总产值

（按现行价格计算）　　单位：万元

项　　目	全　市	市　区	丹阳市	扬中市	句容市
农村非农行业总产值合计	**7 761 511**	**2 204 704**	**3 059 955**	**1 057 082**	**1 439 770**
一、农村工业总产值	**6 977 659**	**1 911 109**	**2 884 094**	**922 266**	**1 260 190**
二、农村建筑业总产值	**265 547**	**51 613**	**87 864**	**65 186**	**60 884**
1.建筑安装工程产值	238 392	39 423	87 864	51 606	59 499
(1)兴建房屋产值	186 694	24 210	85 302	40 512	36 670
(2)农用水利工程产值	13 665	3 328	2 562	3 228	4 547
(3)其他建筑安装工程产值	38 033	11 885	–	7 866	18 282
2.其他基本建设产值	27 155	12 190	–	13 580	1 385
#开垦荒地产值	949	689	–	–	260
三、农村运输业总产值	**188 177**	**80 748**	**30 130**	**20 083**	**57 216**
1.乡办	24 127	10 924	2 413	7 464	3 326
2.村办	13 172	10 948	502	–	1 722
3.村以下办	150 878	58 876	27 215	12 619	52 168
四、农村批发零售贸易业餐饮业总产值	**330 128**	**161 234**	**57 867**	**49 547**	**61 480**
1.批发零售贸易业	215 235	108 345	42 126	28 679	36 085
#农村供销社产值	14 120	8 170	498	1 820	3 632
2.餐饮业	114 893	52 889	15 741	20 868	25 395
#农村供销社	3 228	211	–	679	2 338
农民在城里办非农行业产值	**82 215**	**37 090**	**21 258**	**13 645**	**10 222**
1.工业产值	19 387	4 263	5 804	9 200	120
2.建筑业产值	20 818	3 913	7 602	1 300	8 003
3.运输业产值	10 277	7 289	1 596	670	722
4.批发零售贸易业产值	22 319	15 120	4 784	1 435	980
5.餐饮业产值	9 414	6 505	1 472	1 040	397

10－9 农作物面积和产量

单位：千公顷、公斤/公顷、吨

项　　目		全　市	市　区	丹阳市	扬中市	句容市
一、粮食作物	**面积**	**164.06**	**36.75**	**69.30**	**15.04**	**42.97**
	单产	**6 671**	**6 377**	**6 392**	**7 075**	**7 233**
	总产	**1 094 501**	**234 361**	**442 934**	**106 409**	**310 797**
（一）夏粮：	面积	54.48	11.51	28.68	6.65	7.64
	单产	2 996	2 549	3 062	3 510	2 973
	总产	163 201	29 343	87 804	23 344	22 710
# 夏收谷物：	面积	53.40	11.27	28.23	6.55	7.35
	单产	2 999	2 562	3 073	3 455	2 977
	总产	160 151	28 877	86 762	22 629	21 883
# 小麦：	面积	50.51	10.47	26.70	6.50	6.84
	单产	3 019	2 557	3 108	3 459	2 966
	总产	152 513	26 767	82 974	22 485	20 287
元麦：	面积	2.33	0.80	1.47	0.04	0.02
	单产	2 541	2 638	2 476	2 850	2 900
	总产	5 921	2 110	3 639	114	58
（二）秋粮：	面积	109.58	25.24	40.62	8.39	35.33
	单产	8 499	8 123	8 743	9 900	8 154
	总产	931 300	205 018	355 130	83 065	288 087
# 秋收谷物：	面积	99.28	22.63	37.21	7.85	31.59
	单产	8 836	8 679	9 058	9 975	8 403
	总产	877 218	196 407	337 056	78 300	265 455
# 稻谷：	面积	93.26	19.39	36.98	7.84	29.05
	单产	8 951	8 883	9 074	9 886	8 588

10－9(续)　　单位:千公顷、公斤/公顷、吨

项　　目		全　市	市　区	丹阳市	扬中市	句容市
	总产	834 780	172 236	335 546	77 510	249 488
#粳稻:	面积	86.17	17.77	33.67	7.84	26.89
	单产	9 159	8 923	9 527	9 886	8 640
	总产	789 193	158 565	320 788	77 510	232 330
玉米:	面积	5.79	3.24	0.23	–	2.32
	单产	6 908	7 460	6 565	–	6 170
	总产	39 995	24 171	1 510	–	14 314
二、油料	**面积**	**47.45**	**11.96**	**10.18**	**0.78**	**24.53**
	单产	**1 669**	**1 430**	**1 738**	**2 279**	**1 738**
	总产	**79 205**	**17 098**	**17 695**	**1 778**	**42 634**
# 花生	面积	1.62	0.25	0.43	–	0.94
	单产	2 210	2 092	3 026	–	1 869
	总产	3 581	523	1 301	–	1 757
油菜籽	面积	44.68	11.33	9.54	0.78	23.03
	单产	1 661	1 445	1 677	2 279	1 740
	总产	74 220	16 367	16 002	1 778	40 073
芝麻	面积	0.86	0.09	0.21	–	0.56
	单产	1 516	1 200	1 867	–	1 436
	总产	1 304	108	392	–	804
三、棉花(皮棉)	**面积**	**2.26**	**0.07**	**0.10**	**–**	**2.09**
	单产	**664**	**1 486**	**1 370**	**–**	**603**
	总产	**1 501**	**104**	**137**	**–**	**1 260**

10－10 全

名　称	乡　镇总人口（人）	#乡村人口	乡镇从业人员（人）	粮食产量（吨）	油料产量（吨）	农村经济总收入（万元）
丹徒镇	10 956	4 583	4 249	819	132	32 633
谏壁镇	40 757	11 025	20 500	4 484	396	108 571
大港镇	23 867	22 724	15 173	12 788	1 642	25 988
象山乡	8 869	8 496	6 097	–	–	95 413
七里甸镇	24 410	9 062	8 550	–	–	87 630
蒋桥镇	23 700	15 086	8 688	2 008	354	55 311
官塘桥镇	10 512	8 067	4 630	3 497	580	22 957
姚桥镇	44 433	40 068	24 938	20 477	537	58 188
大路镇	29 205	28 707	18 194	11 288	420	33 112
丁岗镇	20 453	19 271	11 796	11 264	592	23 850
高桥镇	20 402	18 426	12 975	10 353	435	31 110
江心镇	8 495	7 106	4 155	1 426	384	11 952
辛丰镇	30 687	26 069	20 107	17 659	1 472	108 046
黄墟镇	21 812	19 871	12 207	9 412	716	194 475
谷阳镇	36 181	32 665	21 521	20 976	2 597	118 419
上党镇	28 158	25 750	14 605	14 839	1 698	26 493
上会镇	24 458	24 054	13 991	14 151	1 735	31 461
宝堰镇	24 064	18 678	15 009	15 539	1 715	34 460
荣炳镇	21 158	19 284	11 866	14 328	1 174	27 035
高资镇	41 937	32 190	22 110	17 466	1 711	98 458
世业镇	13 643	11 371	6 930	9 728	509	17 993
河阳镇	18 856	18 630	10 738	17 018	975	48 461
司徒镇	20 227	20 188	13 740	13 646	823	92 410

市乡镇基本情况

农民人均纯收入（元）	农村国内生产总值（万元）	#第一产业	农业机械总动力（千瓦）	出口产品交货额（万元）	财政收入（万元）	财政支出（万元）	各项储蓄存款余额（万元）
4 366	8 268	580	2 724	4 208	892	797	16 005
4 305	20 000	1 900	10 200	330	1 495	1 024	7 500
4 465	17 483	2 629	22 373	1 540	1 049	760	4 500
4 706	21 680	1 081	3 188	20 783	1 543	635	15 361
3 969	31 900	2 600	8 230	8 249	2 934	1 310	3 630
4 156	34 833	3 433	8 775	2 250	2 441	972	22
4 209	7 990	1 598	3 039	345	600	485	1 300
3 715	41 170	6 540	14 781	1 576	2 482	1 593	19 240
3 771	29 012	4 023	13 326	3 720	1 538	1 057	18 600
3 583	20 412	3 403	16 200	12	1 500	1 140	3 100
3 589	15 109	2 612	11 500	8 210	1 561	601	15 330
3 592	7 243	1 504	1 069	2 773	549	520	2 732
4 028	51 150	4 534	15 440	27 358	1 993	1 347	23 900
4 098	67 715	5 433	11 989	26 033	2 383	1 098	10 486
4 478	43 640	4 961	10 850	21 066	3 672	1 479	14 450
3 600	24 773	5 192	619	–	1 460	1 462	5 976
3 992	25 678	4 159	17 514	2 792	1 121	939	8 768
3 481	19 920	4 141	9 922	2 363	857	857	14 500
3 483	22 200	4 150	13 550	–	899	827	3 097
4 295	51 582	8 100	30 725	710	4 443	2 090	22 745
3 702	13 807	3 211	8 450	1 680	449	698	4 850
3 118	21 395	3 473	14 219	1 365	980	717	5 202
3 998	43 150	4 253	14 407	33 630	2 385	1 424	17 522

10－10(续1)

名称	乡 镇 总人口 (人)	#乡村人口	乡镇从 业人员 (人)	粮食产量 (吨)	油料产量 (吨)	农村经济 总收入 (万元)
全州镇	23 911	23 811	13 675	15 560	924	31 390
行宫镇	22 787	21 824	13 309	16 916	1 093	38 499
麦溪镇	23 104	22 471	12 724	17 159	819	38 627
延陵镇	22 086	20 168	9 352	15 386	774	22 254
珥陵镇	53 474	51 040	27 207	36 306	1 772	93 459
横塘镇	35 092	32 738	18 717	25 538	644	53 762
里庄镇	21 235	19 768	11 289	19 674	454	32 867
导墅镇	31 105	30 005	17 333	25 131	661	110 321
皇塘镇	30 503	27 755	17 352	22 382	427	179 999
蒋墅镇	23 478	22 398	13 108	16 641	375	89 763
吕城镇	28 605	24 772	16 571	16 915	717	137 616
运河镇	23 743	22 636	14 301	16 693	691	53 837
陵口镇	27 318	24 348	16 930	19 976	680	107 385
折柳镇	19 765	18 314	11 371	15 410	570	26 988
窦庄镇	21 918	20 908	14 573	16 818	753	78 853
访仙镇	32 270	28 759	18 143	19 688	309	72 530
界牌镇	20 439	17 574	18 787	9 552	30	216 009
新桥镇	21 468	19 485	10 936	9 396	73	150 653
后巷镇	35 794	33 433	21 719	17 799	450	406 716
埤城镇	37 841	33 470	18 046	20 245	1 088	129 702
云阳镇	54 883	34 974	34 027	18 091	479	158 204
三茅镇	94 079	43 676	64 769	20 662	400	217 949

农民人均纯收入（元）	农村国内生产总值（万元）	#第一产业	农业机械总动力（千瓦）	出口产品交货额（万元）	财政收入（万元）	财政支出（万元）	各项储蓄存款余额（万元）
3 157	24 040	3 876	21 853	7 500	1 234	917	9 383
2 900	21 494	4 403	14 326	10 810	978	787	10 600
3 248	25 259	5 467	22 429	7 200	1 437	946	6 850
3 033	16 785	4 453	18 276	4 027	1 046	931	11 697
3 966	51 568	8 704	18 993	3 612	2 125	2 040	22 178
3 551	32 620	15 538	2 535	1 396	1 266	1 055	9 910
4 083	25 940	3 921	11 030	840	1 440	837	10 770
4 396	64 114	7 451	25 060	18 046	3 813	1 505	29 530
4 456	68 253	6 206	17 109	34 059	2 161	2 229	34 062
4 634	44 184	7 895	17 173	27 640	1 750	1 730	20 475
4 876	55 745	3 218	14 998	24 556	3 929	1 450	33 463
3 682	28 698	2 925	7 524	14 316	2 498	1 744	13 719
3 902	45 643	4 028	11 654	10 820	1 397	1 397	15 330
3 300	16 847	4 112	8 371	8 124	998	699	8 513
4 316	34 650	3 290	18 980	11 687	2 008	956	9 450
4 446	44 907	4 193	23 485	6 465	3 286	1 381	16 745
8 028	100 426	3 578	5 034	2 966	5 769	2 291	57 791
6 516	64 468	3 059	11 387	6 362	2 825	2 687	48 900
4 980	131 253	4 834	22 484	161 000	10 376	2 568	40 200
3 849	71 983	4 762	26 677	14 029	3 297	1 606	17 736
4 100	95 861	7 472	9 739	30 403	8 133	4 065	44 980
4 892	113 039	7 723	25 118	8 709	12 416	6 402	61 500

10－10(续2)

名　　称	乡　镇总人口（人）	#乡村人口	乡镇从业人员（人）	粮食产量（吨）	油料产量（吨）	农村经济总收入（万元）
新坝镇	47 306	44 286	23 490	19 855	626	367 255
兴隆镇	34 692	33 152	19 770	15 355	242	110 638
油坊镇	44 586	42 426	26 596	21 633	178	135 344
八桥镇	34 158	30 741	16 857	16 719	216	98 395
西来桥镇	16 794	16 141	9 588	8 957	46	30 559
华阳镇	45 494	43 994	25 304	24 410	3 571	188 988
黄梅镇	21 775	20 896	11 507	11 346	1 840	66 800
下蜀镇	41 307	34 670	18 681	14 332	1 948	123 758
白兔镇	16 716	16 586	8 898	14 045	1 716	59 111
东昌镇	15 149	13 951	7 643	8 558	1 010	42 498
茅山镇	13 422	12 395	6 474	7 876	1 495	45 933
后白镇	35 998	32 657	18 430	18 056	3 451	124 467
郭庄镇	35 248	33 029	15 530	23 881	1 815	67 747
葛村镇	32 171	30 093	15 126	19 785	2 724	43 110
天王镇	53 659	51 420	23 529	23 408	4 834	105 735
二圣镇	36 654	35 173	17 668	22 326	3 053	75 013
大卓镇	24 687	23 878	12 934	17 599	1 685	68 852
宝华镇	23 053	22 028	11 938	11 769	784	186 120
袁巷镇	16 575	14 797	8 198	14 670	2 593	45 761
行香镇	24 017	22 226	13 411	14 155	2 599	51 898
陈武镇	21 885	21 228	12 384	15 351	1 726	61 313
春城镇	30 762	29 158	14 697	22 885	4 436	56 730

农民人均纯收入（元）	农村国内生产总值（万元）	#第一产业	农业机械总动力（千瓦）	出口产品交货额（万元）	财政收入（万元）	财政支出（万元）	各项储蓄存款余额（万元）
6 928	179 983	7 541	21 604	42 000	20 963	5 938	92 923
4 660	43 396	5 370	20 480	7 754	2 208	1 786	32 320
4 562	53 942	7 948	24 721	19 367	5 348	2 581	43 500
4 155	43 228	6 004	18 484	1 844	4 000	1 580	42 000
3 037	15 504	2 366	8 310	–	767	709	11 327
3 827	52 078	7 520	28 618	28 381	4 137	4 100	13 829
3 500	17 611	3 135	10 200	4 000	548	706	3 245
4 135	44 976	7 210	55 531	3 525	2 256	1 626	21 000
4 215	20 500	4 400	10 660	9 884	1 346	900	6 290
3 935	18 775	4 206	12 194	3 425	1 787	874	7 230
3 738	17 800	3 181	4 762	1 108	676	667	2 950
3 826	33 482	5 070	16 692	25 720	2 296	1 754	12 364
2 983	33 826	6 445	22 059	38 329	1 736	1 252	10 792
3 020	20 081	4 180	15 346	8 810	1 197	496	3 885
3 450	38 777	8 599	32 232	1 483	2 123	1 748	13 000
3 733	25 864	4 848	20 695	25 185	2 065	1 461	7 288
3 980	26 144	4 534	7 148	3 580	923	1 021	3 288
4 291	26 646	2 915	14 214	19 200	2 067	1 077	12 426
3 290	10 900	3 000	13 800	6 965	743	798	3 081
3 900	17 576	4 390	13 084	10 380	1 242	618	6 895
3 600	24 558	4 601	9 520	8 244	1 228	495	4 680
3 800	23 369	6 408	23 731	5 880	1 246	1 194	5 619

10－11　主要年份粮食总产量

单位：吨

年　份	全市	市区	丹阳市	扬中市	句容市
1949	325 519	81 450	136 170	37 259	70 640
1952	546 422	127 300	211 225	49 336	158 561
1957	533 679	111 520	209 835	52 473	159 851
1962	462 051	104 875	204 560	39 854	112 762
1965	784 447	176 000	334 585	79 401	194 461
1970	777 109	175 635	314 355	72 994	214 125
1975	818 199	196 370	311 395	91 650	218 784
1978	988 997	223 805	403 620	125 225	236 347
1979	1 055 841	227 195	427 020	128 795	272 831
1980	977 030	218 560	417 480	101 727	239 263
1981	969 598	215 060	406 175	100 075	248 288
1982	1 085 301	240 630	442 170	109 720	292 781
1983	1 212 125	260 325	503 860	115 551	332 389
1984	1 280 977	277 672	523 053	130 885	349 367
1985	1 153 759	252 533	460 513	117 142	323 571
1986	1 247 167	275 826	501 229	130 052	340 060

10－11(续)　　单位:吨

年　　份	全市	市区	丹阳市	扬中市	句容市
1987	1 185 911	257 478	496 019	120 995	311 419
1988	1 217 694	268 658	491 359	130 433	327 244
1989	1 187 944	268 350	461 882	125 203	332 509
1990	1 226 583	277 903	482 403	122 331	343 946
1991	1 138 889	253 791	450 654	121 277	313 167
1992	1 236 923	278 819	497 476	124 142	336 486
1993	1 222 352	276 003	488 951	121 210	336 188
1994	1 123 920	252 368	474 714	120 881	275 957
1995	1 255 687	291 039	491 570	123 460	349 618
1996	1 344 569	306 244	536 937	127 689	373 699
1997	1 362 477	303 147	549 914	127 853	381 563
1998	1 268 702	292 019	506 870	113 890	355 923
1999	1 256 272	300 766	480 429	121 993	353 084
2000	1 180 251	275 327	460 986	116 837	327 101
2001	1 091 164	236 908	442 586	108 387	303 283
2002	**1 094 501**	**234 361**	**442 934**	**106 409**	**310 797**

10－12　主要年份油料总产量

单位：吨

年　份	全市	市区	丹阳市	扬中市	句容市
1949	3 976	1 977	690		1 309
1952	8 020	1 836	2 360		3 824
1957	7 490	2 243	1 517	12	3 718
1962	1 948	919	200		829
1965	4 696	1 884	369	3	2 440
1970	5 765	1 465	1 748		2 552
1975	10 417	2 559	4 020	545	3 293
1978	9 007	2 384	4 205	598	1 820
1979	11 024	2 711	5 074	953	2 286
1980	8 072	1 415	3 518	1 190	1 949
1981	16 426	3 345	6 713	1 601	4 767
1982	28 920	4 799	8 423	1 271	14 427
1983	27 543	5 036	7 806	874	13 827
1984	25 279	5 020	7 970	464	11 825
1985	47 610	8 822	11 017	488	27 283
1986	41 390	8 329	11 931	429	20 701

10－12(续)

单位:吨

年　份	全市	市区	丹阳市	扬中市	句容市
1987	45 548	9 921	12 950	414	22 263
1988	35 819	7 340	11 376	278	16 825
1989	38 988	8 842	11 304	211	18 631
1990	45 116	10 364	12 137	185	22 430
1991	47 742	10 102	12 406	137	25 097
1992	57 111	12 042	14 373	119	30 577
1993	55 422	11 740	13 401	98	30 183
1994	52 775	11 214	12 005	51	29 505
1995	66 273	15 191	14 635	83	36 364
1996	61 337	15 194	15 402	77	30 664
1997	58 616	13 519	14 001	58	31 038
1998	33 959	8 306	8 039	23	17 591
1999	73 429	16 485	15 195	140	41 609
2000	87 232	21 997	21 067	1 243	42 925
2001	84 986	20 076	19 295	1 956	43 659
2002	**79 205**	**17 098**	**17 695**	**1 778**	**42 634**

10－13　主要年份棉花总产量

单位:吨

年　份	全市	市区	丹阳市	扬中市	句容市
1949	968	99	394		475
1952	2 598	521	1 558	159	360
1957	1 537	283	1 087	67	100
1962	572	112	440		20
1965	1 563	345	1 110	3	105
1970	1 449	600	732		117
1975	2 432	985	860		587
1978	6 824	2 594	2 563		1 667
1979	9 760	3 877	2 294		3 589
1980	8 132	2 514	1 936		3 682
1981	13 196	3 323	3 617	28	6 228
1982	12 961	3 280	4 052	113	5 516
1983	15 925	3 762	6 001	84	6 078
1984	15 827	3 362	6 456	56	5 953
1985	10 665	1 611	4 465		4 589
1986	7 898	703	3 141		4 054

10－13(续)

单位:吨

年　份	全市	市区	丹阳市	扬中市	句容市
1987	7 919	452	3 844		3 623
1988	6 970	455	2 922		3 593
1989	2 834	73	982		1 779
1990	5 168	158	2 010		3 000
1991	5 081	174	2 404		2 503
1992	5 893	386	2 405		3 102
1993	3 122	100	885		2 137
1994	2 551	21	1 267		1 263
1995	3 426	97	854		2 475
1996	2 493	80	622		1 791
1997	2 297	67	176		2 054
1998	3 111	122	199		2 790
1999	1 224	112	82		1 030
2000	1 613	94	112		1 407
2001	1 948	187	126		1 635
2002	**1 501**	**104**	**137**		**1 260**

10－14　主要年份农业主要经济指标

年　份	劳动力（万人）	耕地面积（千公顷）	农业总产值（万元）	#种植业
1949	55.68	195.07	35 030	29 293
1952	57.03	205.86	50 574	42 476
1957	61.98	198.57	62 960	48 254
1962	57.98	172.92	48 131	37 714
1965	68.33	173.25	74 717	57 064
1970	79.18	165.55	81 802	58 631
1975	82.33	164.77	86 956	67 395
1978	85.36	165.07	103 909	81 302
1979	84.61	163.81	116 664	88 851
1980	87.08	164.05	110 579	81 739
1981	88.95	163.96	113 631	85 929
1982	91.61	163.65	132 613	97 684
1983	93.43	163.43	143 222	107 767
1984	97.53	163.04	164 058	116 725
1985	100.60	162.69	170 060	112 047
1986	103.10	162.49	191 485	116 949

10－14(续1)

年　份	劳动力（万人）	耕地面积（千公顷）	农业总产值（万元）	#种植业
1987	105.40	161.75	202 921	114 867
1988	107.20	161.58	218 919	119 232
1989	107.90	161.06	218 192	113 877
1990	108.90	161.01	233 225	120 104
1991	109.90	160.99	234 048	112 848
1992	110.90	160.84	264 323	128 242
1993	111.70	160.44	295 951	130 045
1994	110.60	159.55	333 294	123 175
1995	107.80	159.15	351 103	133 242
1996	106.10	158.23	375 779	139 664
1997	103.70	180.93	342 615	143 104
1998	102.50	180.19	346 236	134 835
1999	101.10	179.71	354 092	137 887
2000	100.29	161.35	368 066	139 475
2001	100.10	160.76	378 295	130 206
2002	**99.46**	**159.91**	**391 736**	**127 390**

10－14(续2)

年份	农民人均纯收入(元)	农机总动力(万千瓦)	化肥使用量(万吨)	农村用电量(万千瓦时)	水产品产量(吨)	茶叶产量(吨)
1978		46.32		17 529	5 079	643
1979		53.02	3.62	18 187	5 651	668
1980		57.75	4.28	20 353	7 043	734
1981		62.28	4.83	23 571	8 084	894
1982		67.75	5.47	26 030	8 927	1 031
1983	419	72.49	5.36	26 032	9 787	1 147
1984	478	81.09	5.49	32 391	12 290	1 202
1985	560	83.30	4.51	38 027	15 393	1 363
1986	705	89.31	5.92	42 720	18 560	1 569
1987	796	96.02	6.16	49 209	24 114	1 775
1988	963	100.85	6.54	52 278	27 736	2 106
1989	988	105.04	6.61	50 545	29 045	1 953
1990	1 083	87.72	7.06	57 831	31 929	2 137
1991	1 116	87.52	7.93	58 692	29 742	1 861
1992	1 353	87.77	8.14	75 662	33 720	2 077
1993	1 713	90.74	8.42	82 261	39 788	2 340
1994	2 271	92.28	8.94	98 193	43 840	1 926
1995	2 879	93.96	10.28	107 065	47 838	1 557
1996	3 523	98.21	10.27	113 754	57 419	1 818
1997	3 855	104.22	10.63	119 854	65 375	1 862
1998	3 931	109.33	10.33	111 671	58 975	1 763
1999	3 958	114.16	10.05	110 305	62 765	1 879
2000	4 042	118.04	9.59	127 666	60 000	1 816
2001	4 191	118.98	8.82	145 044	66 500	1 792
2002	**4 452**	**120.32**	**8.78**	**153 034**	**68 500**	**1 707**

统计指标解释

农林牧渔业总产值

是以货币表现的农、林、牧、渔业全部产品的总量，它反映一定时期内农业生产总规模和总成果。

农、林、牧、渔业的统计范围包括国有经济的各种专业农（林、牧、渔）场以及国家各级机关团体学校、部队办农场；集体所有制的乡、镇、村各级办农场；工矿企业经营的农、林、牧、渔业，农村各种经济组织和农户经营的农林牧渔业和农民家庭兼营的商品性工业等。

（1）农业　包括种植业和其他农业。

种植业　包括谷物、豆类、薯类、棉花、油料、糖料、麻类、烟叶、蔬菜、药材、瓜类和其他农作物的种植，以及茶园、桑园、果园的生产经营。

其他农业　包括采集野生植物的果实、纤维、树胶、树脂、油料以及柴草、野生药材、菌类等及农民家庭兼营的商品性工业。

（2）林业　包括林木的栽培（不包括茶园、桑园和果园的栽培、管理和收获等活动）、林产品的采集和村及村以下合作经济和农户的竹木采伐。

（3）牧业　包括除渔业养殖以外的一切动物饲养和放牧以及野生动物的捕猎和饲养。

（4）渔业　包括水生动物和海藻类植物的养殖和捕捞。

农林牧渔业总产值的计算方法通常是按农林牧渔业产品及其副产品的产量分别乘以各自单位产品价格求得，少数生产周期较长，当年没有产品或产品产量不易统计的，则采用间接方法匡算其产值，然后将四业产品产值相加即为农林牧渔业总产值。

粮食产量

指全社会的产量。包括国有经济经营的、集体统一经营的和农民家庭经营的粮食产量，还包括工矿企业办的农场和其他生产单位的产量。粮食除包括稻谷、小麦、玉米、高粱、谷子及其他杂粮外，还包括薯类和豆类。其产量计算方法，豆类按去豆荚后的干豆计算；薯类（包括甘薯和马铃薯，不包括芋头和木薯）1963 年以前按每 4 公斤鲜薯折 1 公斤粮食计算，从 1964 年开始及以后改为按 5 公斤鲜薯折 1 公斤粮食计算。城市郊区作为蔬菜的薯类（如：马铃薯等）按鲜品计算，并且不做为粮食统计。其他粮食一律按脱粒后的原粮计算。

油料产量

指全部油料作物的生产量。包括花生、油菜籽、芝麻、向日葵籽、胡麻籽（亚麻籽）和其他油料。不包括大豆，也不包括木本油料和野生油料。花生以带壳干花生计算。

水产品产量

指人工养殖的水产品和天然生长的水产品的捕捞量。包括海水的鱼类、虾蟹类、贝类和藻类以及内陆水域的鱼类、虾蟹类和贝类，不包括淡水生植物。

猪、牛、羊肉产量

指当年出栏并已屠宰后除去头蹄下水后带骨肉（即胴体重）的重量。

耕地面积

指年初可以用来种植农作物，经常进行耕锄的田地，除包括熟地、当年新开荒地、连续撂荒未满三年的耕地和当年的休闲地（轮歇地）外，还包括以种植农作物为主并附带种植桑树、茶树、果树和其他林木的土地，以及沿海、沿湖地区已围垦利用的“海涂”、“湖田”等面积。但不包括属于专业性的桑园、茶园、果园、果木苗圃、林地、芦苇地、天然或人工草地面积。

农作物播种面积

指实际播种或移植有农作物的面积。凡是实际种植有农作物的面积，不论种植在耕地上还是种植在非耕地上，均包括在农作物播种面积中。在播种季节基本结束后，因遭灾而重新改种和补种的农作物面积，也包括在内。

有效灌溉面积

指具有一定的水源，地块比较平整、灌溉工程或设备已经配套，在一般年景下当年能够进行正常灌溉的耕地面积。

农用化肥施用量

指本年内实际用于农业生产的化肥数量。包括氮肥、磷肥、钾肥和复合肥。化肥施用量要求按折纯量计算数量。折纯法化肥施用量是把氮肥、磷肥和钾肥分别按含氮、含五氧化二磷、含氧化钾的百分之一百成份折算后的数量。复合肥按其所含主要成分折算。

农业机械总动力

指主要用于农、林、牧、渔业的各种动力机械的动力总和。包括耕作机械、排灌机械、收获机械、农用运输机械、植物保护机械、牧业机械、林业机械、渔业机械和其他农业机械[内燃机按引擎马力折成瓦(特)计算，电动机按功率折成瓦(特)计算]。不包括专门用于乡、镇、村、组办工业、基本建设、非农业运输、科学试验和教学等非农业生产方面用的动力机械与作业机械。

农林牧渔业劳动力

指直接参加农林牧渔业生产劳动的劳动力。

期初(末)畜禽存栏头(只)数

指本期期初(末)农村各种合作经济组织和国营农场、农民个人、机关、团体、学校、工矿企业、部队等单位以及城镇居民饲养的大牲畜、猪、羊、家禽等畜禽的存栏头(只)数。

谷　物

指籽实主要供作粮食的作物。这类作物包括稻谷、小麦、玉米、谷子、高粱和其他谷物，不包括豆类和薯类作物。

工业

11－1　工业总产值前50家企业

（现行价格）　　单位:万元

名　称	实　绩	名　称	实　绩
金东纸业(镇江)有限公司	626 798	江苏华通机械集团公司	35 287
谏壁发电厂	258 265	丹阳市鑫隆纺织有限公司	32 700
镇江江奎集团公司	208 345	江苏太白集团公司	32 046
镇江奇美公司	189 328	丹阳市中诚集团公司	31 511
丹徒县龙山鳗业联合公司	182 731	镇江江南化工厂	29 828
江苏天工实业集团公司	101 888	华东铝加工厂	29 645
江苏飞达工具集团股份有限公司	100 906	丹阳市丹盛纺织有限公司	29 327
江苏大亚集团公司	94 039	镇江美驰轻型车系统有限公司	29 109
江苏长江电器集团有限公司	86 787	丹阳华美塑料有限公司	28 288
江苏索普(集团)有限公司	76 783	外商独资镇江科氏沥青产品有限公司	27 978
丹阳市沃得机电集团有限公司	76 745	江苏恒顺集团有限公司	27 905
镇江国亨化学有限公司	72 605	中外合资镇江金河纸业有限公司	27 056
江苏省电力公司镇江供电公司	68 068	江苏中电设备制造公司	26 346
嘉新京阳水泥有限公司	56 245	江苏大华阳集团有限公司	26 001
中盛粮油工业(镇江)有限公司	49 703	镇江中南实业集团公司	24 869
镇江中船设备有限公司	46 937	江苏丹祈绢丝纺织有限公司	23 900
镇江焦化煤气集团有限公司	46 503	健力宝(镇江)饮料有限公司	23 288
江苏丹棉集团有限公司	45 369	江苏恒丰集团	22 402
江苏大海集团股份有限公司	45 079	丹阳市丝织厂	22 000
江苏镇江发电有限公司	44 639	江苏领先电子有限公司	21 918
华东制罐有限公司	44 094	江苏镇纺集团	21 904
中外合资镇江大东纸业有限公司	41 844	丹阳市飞轮实业总公司	21 400
江苏丹化集团公司	40 476	丹徒县化肥厂	21 004
华鹏集团公司	39 277	镇江市茅迪实业有限公司	20 976
江苏赛博电子有限公司	35 496	江苏船山集团有限责任公司	20 882

11－2　工业增加值前50家企业

（现行价格）　　单位：万元

名　　称	实　　绩	名　　称	实　　绩
金东纸业（镇江）有限公司	176 307	华鹏集团公司	9 672
谏壁发电厂	76 015	镇江美驰轻型车系统有限公司	9 379
镇江奇美公司	53 123	中外合资镇江金河纸业有限公司	9 246
丹徒县龙山鳗业联合公司	44 447	外商独资镇江科氏沥青产品有限公司	9 233
江苏天工实业集团公司	32 780	江苏中电设备制造公司	8 886
江苏大亚集团公司	32 478	中外合资镇江大东纸业有限公司	8 606
江苏飞达工具集团股份有限公司	30 226	健力宝（镇江）饮料有限公司	8 384
江苏省电力公司镇江供电公司	27 257	丹阳华美塑料有限公司	7 614
江苏长江电器集团有限公司	25 160	丹阳市鑫隆纺织有限公司	7 253
江苏镇江发电有限公司	22 015	镇江中南实业集团公司	7 227
江苏索普（集团）有限公司	21 582	丹阳市中诚集团公司	7 128
镇江国亨化学有限公司	20 429	江苏大华阳集团有限公司	6 629
嘉新京阳水泥有限公司	18 525	丹阳市丹盛纺织有限公司	6 504
丹阳市沃得机电集团有限公司	17 513	江苏领先电子有限公司	6 260
江苏丹棉集团有限公司	16 528	丹徒县化肥厂	6 187
江苏恒顺集团有限公司	15 066	泰克（扬中）有限公司	6 129
江苏丹化集团公司	13 488	江苏丹祈绢丝纺织有限公司	5 857
江苏华通机械集团公司	13 466	江苏华威电气集团公司	5 820
镇江江奎集团公司	13 289	江苏中源轴承股份有限公司	5 747
江苏船山集团有限责任公司	12 328	丹阳市丹工实业总公司	5 447
江苏太白集团公司	11 935	江苏镇纺集团	5 294
江苏大海集团股份有限公司	10 963	江苏华厦电器厂	5 237
镇江中船设备有限公司	10 566	镇江强凌电子有限公司	5 056
华东制罐有限公司	10 298	江苏东方光学有限公司	5 054
中盛粮油工业（镇江）有限公司	9 877	镇江市长江水泥厂	4 991

11－3　工业企业固定资产规模前50家企业

单位:万元

名　称	实　绩	名　称	实　绩
金东纸业(镇江)有限公司	1 090 416	江苏省湾山水泥厂	20 639
江苏省电力公司镇江供电公司	272 162	丹阳市沃得机电集团有限公司	19 243
谏壁发电厂	231 984	健力宝(镇江)饮料有限公司	18 507
嘉新京阳水泥有限公司	196 747	丹阳市鑫隆纺织有限公司	17 822
江苏索普(集团)有限公司	167 874	中泰合资丹阳协联热电有限公司	17 762
镇江奇美公司	98 483	江苏华通机械集团公司	17 289
江苏镇江发电有限公司	94 132	中外合资镇江泰兴隆食品有限公司	16 425
江苏大亚集团公司	71 373	江苏恒宝股份有限公司	16 120
中外合资镇江大东纸业有限公司	50 107	江苏金益集团公司	15 971
江苏丹化集团公司	46 755	镇江韦岗铁矿	15 971
江苏长江电器集团有限公司	44 476	江苏太白集团公司	15 609
镇江市自来水公司	40 157	镇江江奎集团公司	15 290
江苏丹棉集团有限公司	38 487	丹阳自来水公司	12 655
丹徒县龙山鳗业联合公司	38 056	丹阳市丝织厂	12 587
镇江中船设备有限公司	38 015	镇江市煤气总公司	12 037
华东铝加工厂	36 406	苏福马股份有限公司镇江分公司	11 933
华东制罐有限公司	34 761	嘉吉饲料(镇江)有限公司	11 683
镇江国亨化学有限公司	27 853	江苏惠通集团有限责任公司	11 505
中外合资镇江金河纸业有限公司	27 748	中外合资镇江银峰铸造有限公司	11 431
镇江焦化煤气集团有限公司	27 612	镇江江南化工厂	11 206
江苏船山集团有限责任公司	27 075	镇江李长荣综合石化工业有限公司	10 924
江苏镇纺集团	25 795	利君集团镇江制药有限责任公司	10 713
江苏恒顺集团有限公司	23 394	丹阳市丹盛纺织有限公司	9 971
江苏天工实业集团公司	23 389	江苏正丹集团公司	9 809
江苏飞达工具集团股份有限公司	22 961	江苏金象集团公司	9 673

11－4　工业企业产品销售收入前50家企业

单位:万元

名　　称	实　　绩	名　　称	实　　绩
金东纸业(镇江)有限公司	608 519	江苏华通机械集团公司	32 051
镇江江奎集团公司	205 496	华东铝加工厂	29 644
镇江奇美公司	196 897	中外合资镇江金河纸业有限公司	27 269
丹徒县龙山鳗业联合公司	163 887	江苏恒顺集团有限公司	27 145
江苏大亚集团公司	94 721	外商独资镇江科氏沥青产品有限公司	27 125
江苏天工实业集团公司	91 801	丹阳市鑫隆纺织有限公司	27 000
江苏飞达工具集团股份有限公司	88 331	丹阳市中诚集团公司	26 548
江苏长江电器集团有限公司	87 821	丹阳市丹盛纺织有限公司	24 200
江苏索普(集团)有限公司	80 775	江苏镇纺集团	24 063
镇江国亨化学有限公司	70 616	华鹏集团公司	22 620
丹阳市沃得机电集团有限公司	66 450	丹阳华美塑料有限公司	22 601
嘉新京阳水泥有限公司	56 152	江苏中电设备制造公司	21 200
江苏丹棉集团有限公司	48 941	江苏船山集团有限责任公司	21 146
中盛粮油工业(镇江)有限公司	48 571	江苏领先电子有限公司	21 118
镇江焦化煤气集团有限公司	46 216	江苏大华阳集团有限公司	20 925
江苏镇江发电有限公司	44 794	镇江中南实业集团公司	20 324
华东制罐有限公司	42 865	镇江市无线电厂	20 103
镇江中船设备有限公司	41 950	江苏丹祈绢丝纺织有限公司	19 500
镇江美驰轻型车系统有限公司	41 434	镇江市茅迪实业有限公司	18 855
江苏丹化集团公司	40 867	江苏恒丰集团	18 225
中外合资镇江大东纸业有限公司	40 138	健力宝(镇江)饮料有限公司	18 181
江苏大海集团股份有限公司	39 129	泰克(扬中)有限公司	18 172
镇江江南化工厂	38 986	丹阳市丹工实业总公司	18 154
江苏赛博电子有限公司	36 347	丹阳市丝织厂	17 500
江苏太白集团公司	34 278	丹阳市飞轮实业总公司	16 205

11－5　工业企业利税总额前50家企业

单位:万元

名　称	实　绩	名　称	实　绩
金东纸业(镇江)有限公司	82 631	镇江市长江水泥厂	3 324
江苏天工实业集团公司	13 429	中盛粮油工业(镇江)有限公司	3 073
嘉新京阳水泥有限公司	13 295	镇江中南实业集团公司	2 818
江苏飞达工具集团股份有限公司	12 967	江苏大海集团股份有限公司	2 766
江苏镇江发电有限公司	12 511	外商独资镇江科氏沥青产品有限公司	2 764
江苏大亚集团公司	12 325	丹阳市沃得机电集团有限公司	2 597
江苏长江电器集团有限公司	11 021	江苏丹化集团公司	2 138
丹徒县龙山鳗业联合公司	10 760	丹阳市丹工实业总公司	2 064
谏壁发电厂	10 432	江苏省湾山水泥厂	2 019
江苏省电力公司镇江供电公司	7 838	镇江中船设备有限公司	1 734
江苏恒顺集团有限公司	7 617	镇江市三明集团公司	1 609
华东制罐有限公司	6 940	镇江碳素有限公司	1 504
镇江奇美公司	6 350	江苏华威电气集团公司	1 467
镇江江奎集团公司	5 231	镇江国亨化学有限公司	1 465
江苏太白集团公司	5 001	丹阳市中诚集团公司	1 391
泰克(扬中)有限公司	4 811	健力宝(镇江)饮料有限公司	1 351
江苏华通机械集团公司	4 709	镇江星辰集团公司	1 339
镇江美驰轻型车系统有限公司	4 661	扬中市三星实业公司	1 311
镇江强凌电子有限公司	4 395	镇江京友建材有限公司	1 279
江苏丹棉集团有限公司	4 165	江苏赛博电子有限公司	1 274
中外合资镇江大东纸业有限公司	4 113	江苏钟腾化工有限公司	1 244
华鹏集团公司	3 935	江苏领先电子有限公司	1 209
江苏中电设备制造公司	3 651	江苏索普(集团)有限公司	1 207
江苏船山集团有限责任公司	3 510	镇江市东昌石油化工厂	1 204
中外合资镇江金河纸业有限公司	3 364	江苏省镇江船厂有限责任公司	1 191

11－6　全部

项　　目	全市	市区	市直	#新区
总　　计	**22 635**	**6 288**	**464**	**313**
一、限额以上企业合计	**1 289**	**408**	**160**	**27**
在合计中：				
1. 轻工业	613	169	61	6
2. 重工业	676	239	99	21
在合计中：				
1. 国有企业	136	67	45	
#地方企业	128	59	37	
2. 集体企业	272	98	18	2
3. 股份合作制企业	56	7	3	
4. 联营企业	7	4	1	
5. 有限责任公司	91	50	36	3
6. 股份有限公司	25	2	2	1
7. 私营企业	449	90	10	5
8. 港澳台投资企业	135	40	14	3
9. 外商投资企业	115	49	31	13
10. 其他企业	3	1		
在合计中：国有控股企业	184	104	76	1
在合计中：农村工业	826	200	7	7
在合计中：特大型企业	1	1	1	
大一型企业	22	17	17	5
大二型企业	29	18	16	1
中一型企业	17	13	10	
中二型企业	49	29	20	
小型企业	1 171	330	96	21
二、限额以下企业合计	**21 346**	**5 880**	**304**	**286**
#个体工业户	15 267	4 096	128	128
总计中：农村工业	**20 508**	**5 364**	**208**	**208**

注：限额以上企业是指全部国有工业及年产品销售收入在500万元以上的非国有工业企业。
　　限额以下企业是指年产品销售收入在500万元以下的非国有工业企业。

工业企业单位数

单位:个

京口区	润州区	丹徒区	丹阳市	扬中市	句容市
741	**496**	**4 587**	**11 015**	**2 360**	**2 972**
42	**44**	**162**	**406**	**242**	**233**
22	17	69	226	71	147
20	27	93	180	171	86
	4	18	29	14	26
	4	18	29	14	26
8	8	64	83	63	28
	2	2	7	35	7
1		2	1	2	
4	1	9	18	23	
			4	19	
17	21	42	204	40	115
8	5	13	36	21	38
4	3	11	24	24	18
		1		1	1
	6	22	35	19	26
38	38	117	294	170	162
			2	1	2
		2	8	3	
		3	2	1	1
		9	7	11	2
42	44	148	387	226	228
699	**452**	**4 425**	**10 609**	**2 118**	**2 739**
500	102	3 366	7 620	1 696	1 855
342	**376**	**4 438**	**10 184**	**2 210**	**2 750**

11－7 全部

（按现行价

项目	全市	市区	市直	#新区
总　计	**11 116 961**	**4 770 670**	**2 614 731**	**519 864**
一、限额以上企业合计	**7 266 090**	**3 445 602**	**2 524 629**	**440 972**
在合计中：				
1. 轻工业	3 376 177	1 728 568	1 230 902	42 893
2. 重工业	3 889 913	1 717 034	1 293 727	398 079
在合计中：				
1. 国有企业	1 212 589	925 321	869 781	
#地方企业	827 587	540 319	484 779	
2. 集体企业	1 110 101	435 777	54 827	12 994
3. 股份合作制企业	165 758	17 392	7 984	
4. 联营企业	27 971	22 545	463	
5. 有限责任公司	751 941	419 520	350 182	4 840
6. 股份有限公司	131 051	15 124	15 124	7 085
7. 私营企业	1 761 785	219 366	39 441	28 337
8. 港澳台投资企业	698 225	212 238	56 380	27 762
9. 外商投资企业	1 399 619	1 175 819	1 130 447	359 954
10. 其他企业	7 050	2 500		
在合计中：国有控股企业	1 771 474	1 382 920	1 275 945	23 288
在合计中：农村工业	3 480 487	762 487	29 560	29 560
在合计中：特大型企业	258 265	258 265	258 265	
大一型企业	1 760 854	1 412 144	1 412 144	285 221
大二型企业	993 078	540 291	354 141	11 661
中一型企业	173 888	134 190	84 621	
中二型企业	387 695	223 355	132 854	
小型企业	3 692 310	877 357	282 604	144 090
二、限额以下企业合计	**3 850 871**	**1 325 068**	**90 102**	**78 892**
#个体工业户	1 658 239	587 879	4 027	4 027
总计中：农村工业	**7 022 532**	**1 910 737**	**59 750**	**59 750**

注：限额以上企业是指全部国有工业及年产品销售收入在500万元以上的非国有工业企业。
　　限额以下企业是指年产品销售收入在500万元以下的非国有工业企业。

工业企业总产值

格计算）　　　　单位:万元

京口区	润州区	丹徒区	丹阳市	扬中市	句容市
290 630	**251 418**	**1 613 891**	**3 785 813**	**1 148 958**	**1 411 520**
176 085	**83 312**	**661 576**	**2 025 550**	**809 278**	**985 660**
98 985	26 768	371 913	931 923	175 607	540 079
77 100	56 544	289 663	1 093 627	633 671	445 581
	4 170	51 370	196 666	34 791	55 811
	4 170	51 370	196 666	34 791	55 811
24 791	17 025	339 134	311 130	267 229	95 965
	3 081	6 327	44 945	89 024	14 397
1 120		20 962	700	4 726	
6 652	1 000	61 686	170 396	162 025	
			72 712	43 215	
42 784	36 832	100 309	973 938	86 432	482 049
93 019	13 869	48 970	178 710	58 999	248 278
7 719	7 335	30 318	76 353	60 194	87 253
		2 500		2 643	1 907
	12 088	94 887	281 270	51 473	55 811
172 427	71 566	488 934	1 364 276	619 917	733 807
			202 794	86 787	59 129
		186 150	385 734	67 053	
		49 569	21 131	4 606	13 961
		90 501	80 155	68 049	16 136
176 085	83 312	335 356	1 335 736	582 783	896 434
114 545	**168 106**	**952 315**	**1 760 263**	**339 680**	**425 860**
43 653	23 238	516 961	785 778	121 984	162 598
259 994	**192 013**	**1 398 980**	**2 907 648**	**933 130**	**1 271 017**

11－8 全部

（按90年不

项 目	全市	市区	市直	#新区
总 计	**11 004 216**	**5 246 315**	**3 297 551**	**475 868**
一、限额以上企业合计	**7 533 041**	**4 051 898**	**3 216 333**	**404 755**
在合计中：				
1. 轻工业	4 050 362	2 565 526	2 112 207	45 927
2. 重工业	3 482 679	1 486 372	1 104 126	358 828
在合计中：				
1. 国有企业	1 995 545	1 700 086	1 641 739	
#地方企业	1 810 718	1 515 259	1 456 912	
2. 集体企业	999 877	392 040	49 445	11 713
3. 股份合作制企业	145 249	15 677	7 197	
4. 联营企业	25 640	20 749	844	
5. 有限责任公司	735 738	435 602	375 885	4 363
6. 股份有限公司	118 117	12 848	12 848	6 387
7. 私营企业	1 587 864	197 735	35 551	25 543
8. 港澳台投资企业	654 293	212 323	71 138	32 287
9. 外商投资企业	1 264 364	1 062 584	1 021 686	324 462
10. 其他企业	6 354	2 254		
在合计中：国有控股企业	2 580 328	2 192 597	2 090 769	28 255
在合计中：农村工业	3 137 187	687 390	26 645	26 645
在合计中：特大型企业	83 914	83 914	83 914	
大一型企业	2 416 499	2 099 096	2 099 096	264 362
大二型企业	1 205 534	759 314	591 519	10 511
中一型企业	129 750	95 757	51 643	
中二型企业	349 869	208 149	120 652	
小型企业	3 347 475	805 668	269 509	129 882
二、限额以下企业合计	**3 471 175**	**1 194 417**	**81 218**	**71 113**
#个体工业户	1 494 737	529 915	3 630	3 630
总计中：农村工业	**6 329 986**	**1 722 422**	**53 858**	**53 858**

注：限额以上企业是指全部国有工业及年产品销售收入在500万元以上的非国有工业企业。

限额以下企业是指年产品销售收入在500万元以下的非国有工业企业。

工业企业总产值

变价格计算）　　　　　　　　　　　　　　　　　　　　　　　　　　单位：万元

京口区	润州区	丹徒区	丹阳市	扬中市	句容市
261 973	**227 820**	**1 458 971**	**3 444 228**	**1 039 862**	**1 273 811**
158 722	**76 289**	**600 554**	**1 857 527**	**733 675**	**889 941**
89 224	24 306	339 789	838 849	158 865	487 122
69 498	51 983	260 765	1 018 678	574 810	402 819
	4 170	54 177	209 381	34 170	51 908
	4 170	54 177	209 381	34 170	51 908
22 346	15 431	304 818	280 453	240 880	86 504
	2 777	5 703	36 347	80 248	12 977
1 009		18 896	631	4 260	
5 997	901	52 819	153 478	146 658	
			65 542	39 727	
38 565	33 201	90 418	877 908	77 910	434 311
83 847	13 197	44 141	164 916	53 181	223 873
6 958	6 612	27 328	68 871	54 259	78 650
		2 254		2 382	1 718
	12 088	89 740	285 233	50 590	51 908
155 426	64 594	440 725	1 229 758	558 793	661 246
			182 799	78 230	56 374
		167 795	384 891	61 329	
		44 114	19 047	4 152	10 794
		87 497	63 710	63 698	14 312
158 722	76 289	301 148	1 207 080	526 266	808 461
103 251	**151 531**	**858 417**	**1 586 701**	**306 187**	**383 870**
39 349	20 947	465 989	708 300	109 956	146 566
234 359	**173 165**	**1 261 040**	**2 620 954**	**841 123**	**1 145 487**

11－9　主要工业产品产量

产品名称	计量单位	实绩	产品名称	计量单位	实绩
一、冶金工业产品			颜　料	吨	20 402
铁矿石(原矿)	万吨	66.58	化学原料药	吨	445
生　铁	万吨	16.08	中成药	吨	502
钢	万吨	0.96	塑料树脂及共聚物	万吨	41.6
成品钢材	万吨	2.55	#聚丙烯	万吨	1.33
铁合金	吨	769	塑料助剂	吨	16 438
铜　材	吨	8 862	橡胶助剂	吨	10 664
铝　材	吨	17 042	油　漆	吨	4 697
二、电力工业产品			商品液氯	吨	16 245
发电量	亿千瓦小时	147.45	合成纤维聚合物	吨	887
#谏壁发电厂	亿千瓦小时	112.76	五、机械工业产品		
售电量	亿千瓦小时	43.77	交流电动机	万千瓦	5
三、炼焦工业产品			电力电缆	公里	1 883
焦　炭	万吨	30.14	电　线	万公里	6.19
#铸造焦	万吨	4.66	泵	台	342
焦化焦	万吨	17.25	金属切削机床	台	572
四、化学工业产品			民用钢质船舶	综合吨	7 380
硫酸(折100%)	万吨	29.01	汽　车	辆	487
盐酸(含量31%以上)	万吨	1.78	改装汽车	辆	3 363
醋　酸	万吨	13.12	内燃机	万千瓦	136.64
烧碱(折100%)	万吨	7.9	场上作业机械	台	1 038
合成氨	万吨	0.83	收获机械	台	4 235
农用化肥(折100%)	万吨	2.46	粮食加工机械	台	11 530
氮　肥	万吨	1.54	轴　承	万套	18 833
磷　肥	万吨	0.92	工业锅炉	蒸发量吨	1 010
化学农药(原药)	吨	12 802	变压器	万千伏安	161.27
染　料	吨	4 378	金属切削工具	亿件	13.84

11－9(续)

产品名称	计量单位	实绩	产品名称	计量单位	实绩
锁	万把	4 913	卫生陶瓷	吨	8 109
高低压开关板	万面	4.56	日用玻璃制品	吨	9 708
锚　链	万吨	3.31	搪瓷制品	吨	4 626
工业链条	万吨	0.2	塑料制品	吨	47 188
金属轧制设备	吨	1 655	房间空气调节器	台	128 674
桥架	吨	125 395	灯　泡	万只	12 326
母线	万米	56.37	灯　具	万只	457
六、建材工业产品			自行车	万辆	14.05
水　泥	万吨	723.49	彩色电视机	万台	51.34
砖(折合量)	亿块	1.86	激光视盘机	万台	335.3
瓦	万块	486.43	电子元件	亿只	13.97
玻璃纤维纱	万吨	1.03	合成洗涤剂	吨	12 253
七、纺织工业产品			饮料酒(混合量)	万吨	1.82
化学纤维	万吨	0.83	软饮料	万吨	6.07
纱	万吨	3.67	罐　头	万吨	0.67
布	万米	13 928	皮　鞋	万双	322.41
#纯棉布	万米	7 040	配混合饲料	万吨	6.91
棉混纺布	万米	6 300	家　具	万件	4.46
纯化纤布	万米	588	人造板	立方米	68 758
印染布	万米	794	方便主食品	吨	26 455
毛　线	吨	1 867	食用植物油	万吨	11.96
丝	吨	258	大　米	万吨	0.39
丝织品	万米	6 377	面　粉	万吨	43.85
服　装	万件	8 099	糖　果	吨	172
八、其它轻工产品			酱　油	万吨	0.73
纸　浆	万吨	6.66	食　醋	万吨	7.6
机制纸及纸板	万吨	122.48	眼　镜	万付	1 110

11－10　全部独立核

项　　目	单位数（个）	#亏损	工业总产值 90不变价	工业总产值 现行价格	工　业增加值
总　　计	**1 289**	**265**	**7 533 041**	**7 266 090**	**1 923 988**
一、按登记注册类型分组:					
内资企业	1 039	212	5 614 383	5 168 246	1 344 875
国有企业	136	41	1 995 545	1 212 589	306 849
中央企业	8	2	184 826	385 002	117 946
地方企业	128	39	1 810 718	827 587	188 903
集体企业	272	63	999 877	1 110 103	283 658
股份合作企业	56	23	145 249	165 758	43 270
联营企业	7	1	25 640	27 971	7 993
有限责任公司	91	26	735 738	751 941	208 471
股份有限公司	25	7	118 117	131 051	34 931
私营企业	449	51	1 587 864	1 761 784	457 972
其他企业	3		6 354	7 050	1 732
港、澳、台商投资企业	135	28	654 294	698 225	188 751
外商投资企业	115	25	1 264 364	1 399 619	390 362
二、按经济组织类型分组:					
独资企业	733	142	4 346 187	3 821 127	990 349
合作、合伙企业	99	26	275 264	309 889	82 170
股份有限公司	47	8	173 165	192 121	50 018
有限责任公司	410	89	2 738 426	2 942 953	801 450
三、在总计中:					
亏损企业	265	265	708 162	733 591	175 651
国有控股企业	184	59	2 580 328	1 771 473	464 149

算工业企业主要经济指标

单位:万元

资产合计	流动资产小计	应收帐款净额	存货	#产成品	流动资产年均余额	固定资产小计
7 563 160	**3 593 186**	**987 329**	**997 260**	**492 806**	**3 503 673**	**3 327 655**
4 962 867	2 663 406	785 846	658 248	333 077	2 571 620	1 797 101
1 635 393	790 355	189 385	131 288	55 486	729 097	719 335
520 079	170 255	8 584	16 916	3 223	173 058	346 516
1 115 314	620 100	180 801	114 372	52 263	556 039	372 819
929 296	611 443	180 314	191 288	86 296	601 435	240 112
141 671	99 847	36 125	23 209	14 153	97 062	31 120
26 552	14 002	4 179	6 340	4 323	13 998	8 299
1 238 615	538 135	157 217	106 331	49 945	524 727	482 950
99 256	56 123	23 399	18 932	12 131	55 117	41 145
885 195	549 357	193 222	180 087	110 386	546 064	271 399
6 890	4 145	2 005	774	358	4 120	2 740
645 803	289 032	86 931	85 348	44 700	278 223	309 057
1 954 490	640 748	114 553	253 664	115 028	653 829	1 221 497
3 558 692	1 899 069	532 439	482 382	216 787	1 808 817	1 387 317
218 699	147 865	56 221	37 564	23 782	144 747	55 345
128 524	73 449	29 473	24 463	15 315	72 293	52 054
3 657 245	1 472 803	369 196	452 851	236 921	1 477 816	1 832 939
1 129 430	481 877	117 585	132 715	67 560	495 302	471 651
2 700 038	1 196 042	274 469	213 701	94 955	1 129 865	1 190 784

11－10(续1)

项目	单位数(个)	#亏损	工业总产值 90不变价	工业总产值 现行价格	工业增加值
农村工业	826	129	3 137 187	3 480 487	911 657
轻工业	613	122	4 050 362	3 376 177	853 268
重工业	676	143	3 482 679	3 889 913	1 070 719
四、在总计中:					
特大型企业	1		83 914	258 265	76 015
大一型企业	22	5	2 416 499	1 760 855	466 127
大二型企业	29	8	1 205 534	993 078	265 312
中一型企业	17	6	129 750	173 888	58 734
中二型企业	49	16	349 869	387 695	95 599
小型企业	1 171	230	3 347 476	3 692 309	962 202
五、按行业大类分组:					
黑色金属矿采选业	2		11 827	14 852	5 076
非金属矿采选业	16		83 102	94 326	32 342
食品加工业	32	7	310 322	350 908	81 853
食品制造业	21	9	67 110	81 863	26 783
饮料制造业	14	4	46 187	43 726	14 360
纺织业	64	16	324 218	350 593	90 874
服装及其他纤维制品制造业	103	21	287 782	318 251	81 715
皮革、毛皮、羽绒及其制品业	36	10	66 841	72 212	18 724
木材加工及竹、藤、棕、草制品业	7	1	60 304	55 755	18 345
家具制造业	4	1	15 236	16 902	4 649
造纸及纸制品业	29	7	698 682	771 993	214 362

单位:万元

资产合计	流动资产小计	应收帐款净额	存货	#产成品	流动资产年均余额	固定资产小计
2 301 654	1 501 372	508 105	462 407	249 402	1 462 000	632 592
3 248 059	1 465 621	351 918	506 323	250 411	1 432 446	1 580 263
4 315 101	2 127 565	635 412	490 936	242 395	2 071 227	1 747 392
111 490	32 155		5 749		37 411	79 335
2 823 926	975 465	238 445	295 619	139 299	973 990	1 676 081
1 586 011	858 453	172 451	206 266	83 460	803 469	472 940
347 654	89 623	30 109	21 620	10 776	92 358	236 832
475 856	260 479	66 710	62 368	36 511	261 792	142 599
2 218 223	1 377 012	479 614	405 637	222 760	1 334 653	719 868
15 005	4 083	1 006	987	589	3 832	10 246
105 558	42 531	11 626	6 932	4 095	41 440	27 562
287 359	200 927	36 243	78 750	23 110	188 732	57 852
125 539	54 888	5 497	11 615	4 805	51 838	47 320
46 129	21 884	3 808	9 769	8 098	21 965	19 720
221 441	102 431	21 889	37 667	22 482	101 213	94 163
132 293	83 360	26 004	26 500	16 680	82 999	41 917
31 139	21 690	5 909	7 139	4 414	22 147	8 374
62 849	32 218	6 863	7 484	6 140	28 100	29 043
7 142	4 539	970	2 710	1 567	3 846	2 584
1 474 764	391 938	48 257	184 748	91 109	402 919	1 025 160

11－10(续2)

项　　目	单位数(个)	#亏损	工业总产值		工　业增加值
			90不变价	现行价格	
印刷业、记录媒介的复制	22	5	43 324	47 072	15 907
文教体育用品制造业	42	4	149 690	166 064	44 994
石油加工及炼焦业	6	1	62 585	77 221	12 011
化学原料及化学制品制造业	124	22	884 247	855 104	225 816
医药制造业	13	2	52 683	52 518	16 794
化学纤维制造业	4		16 968	22 075	5 299
橡胶制品业	10	2	50 755	56 267	15 941
塑料制品业	45	10	119 250	117 842	29 812
非金属矿物制品业	85	14	369 432	408 926	115 756
黑色金属冶炼及压延加工业	15	4	54 793	65 265	16 517
有色金属冶炼及压延加工业	18	1	227 230	217 694	55 855
金属制品业	120	21	594 531	618 287	169 998
普通机械制造业	96	15	252 047	273 467	74 396
专用设备制造业	32	13	127 542	128 955	37 829
交通运输设备制造业	78	20	417 077	455 312	107 957
电气机械及器材制造业	150	37	536 162	588 175	156 933
电子及通信设备制造业	26	6	1 312 266	363 022	45 488
仪器仪表及文化、办公用机械制造业	11	1	51 199	54 187	15 484
其他制造业	48	7	100 576	110 144	30 967
电力、蒸汽、热水的生产和供应业	8	1	125 824	393 129	131 205
煤气生产和供应业	2	2	9 128	12 480	3 613
自来水生产和供应业	6	1	4 125	11 504	6 334

单位:万元

资产合计	流动资产小计	应收帐款净额	存货	#产成品	流动资产年均余额	固定资产小计
49 192	19 738	4 902	5 547	3 171	19 182	28 743
62 397	41 761	9 614	20 670	7 139	42 154	18 810
126 809	66 042	11 963	11 708	8 205	67 997	25 546
820 268	357 278	91 853	81 936	36 789	380 060	355 927
33 931	17 193	7 705	4 070	2 208	18 539	9 079
6 607	2 874	1 146	1 392	914	3 038	3 734
43 445	26 697	11 593	7 223	3 105	29 008	14 898
67 815	43 830	17 194	9 018	4 117	38 876	18 802
491 161	169 255	48 706	48 794	22 149	163 996	280 500
53 962	30 769	9 745	11 234	7 100	29 840	20 913
384 657	216 242	58 803	28 372	9 119	185 233	101 773
400 135	239 635	77 597	84 812	59 751	250 349	130 668
220 751	138 320	50 294	41 916	19 344	134 737	72 725
134 618	77 538	18 366	34 034	12 241	76 218	44 573
425 794	280 391	70 020	81 781	33 762	256 341	113 016
616 700	426 765	181 490	86 330	53 058	417 692	134 209
317 968	247 211	109 230	36 421	17 557	217 804	47 054
23 860	19 400	5 871	4 864	2 558	18 131	3 543
64 185	41 975	13 048	14 432	7 380	41 390	18 124
621 216	152 329	17 856	7 489		147 568	458 215
18 889	3 051	792	594		3 246	12 012
69 584	14 405	1 470	323	54	13 245	50 853

11－10(续3)

项　　目	固定资产原　价	#生产用	固定资产净值年均余额	负债合计	产品销售收　入
总　　计	**4 338 427**	**4 049 620**	**3 068 872**	**5 003 703**	**6 252 382**
一、按登记注册类型分组:					
内资企业	2 489 546	2 233 113	1 541 892	3 268 097	4 269 139
国有企业	1 045 449	937 227	612 094	1 074 902	859 186
中央企业	552 357	532 639	291 498	271 704	59 079
地方企业	493 092	404 588	320 596	803 198	800 108
集体企业	342 141	300 493	210 692	657 017	935 958
股份合作企业	46 568	38 784	29 220	91 224	128 581
联营企业	12 915	12 780	7 824	14 158	15 872
有限责任公司	623 771	575 112	403 457	772 258	711 187
股份有限公司	61 416	53 799	38 149	59 487	111 691
私营企业	353 391	311 839	237 779	594 291	1 500 011
其他企业	3 895	3 079	2 678	4 760	6 653
港、澳、台商投资企业	387 588	373 950	303 160	380 240	624 278
外商投资企业	1 461 293	1 442 557	1 223 820	1 355 366	1 358 965
二、按经济组织类型分组:					
独资企业	1 921 871	1 738 160	1 233 489	2 339 306	3 126 431
合作、合伙企业	82 485	69 463	52 192	140 943	238 962
股份有限公司	76 030	67 566	48 982	78 872	163 866
有限责任公司	2 258 041	2 174 430	1 734 209	2 444 581	2 723 122
三、在总计中:					
亏损企业	649 301	596 318	423 273	875 720	680 031
国有控股企业	1 653 249	1 504 757	1 010 661	1 773 689	1 392 505

单位:万元

产品销售税金及附加	管理费用	财务费用	利润总额	亏损企业亏损额	利税总额	从业人员平均人数(人)
30 722	**323 852**	**152 947**	**193 628**	**42 610**	**478 700**	**304 125**
28 407	227 417	81 067	95 164	29 433	308 412	247 553
3 921	59 855	18 980	20 886	7 912	72 859	44 058
95	3 584	1 466	2 644	47	26 197	5 283
3 826	56 272	17 514	18 241	7 866	46 662	38 775
6 852	44 584	18 004	19 529	7 226	63 356	52 995
1 674	8 354	2 817	1 364	1 337	9 825	10 589
78	1 131	300	680	15	1 533	2 622
5 613	60 155	23 914	9 543	10 958	51 149	41 771
1 076	5 590	2 135	3 289	129	9 374	5 676
9 125	47 458	14 874	39 786	1 856	99 843	89 142
69	291	45	88		473	700
1 283	27 957	8 738	16 772	3 671	42 341	30 220
1 032	68 478	63 142	81 692	9 506	127 946	26 352
16 156	151 184	52 351	84 324	20 339	228 459	157 659
2 247	12 734	3 607	3 061	1 561	16 484	20 300
1 398	7 431	2 555	4 256	133	12 461	10 298
10 921	152 503	94 434	101 987	20 577	221 296	115 868
3 292	59 202	24 463	-42 610	42 610	-13 757	60 289
7 456	108 621	40 888	27 002	17 569	110 733	76 722

11－10(续4)

项目	固定资产原价	#生产用	固定资产净值年均余额	负债合计	产品销售收入
农村工业	842 798	743 714	565 643	1 493 149	2 962 092
轻工业	1 978 399	1 864 122	1 536 905	2 257 387	3 045 258
重工业	2 360 029	2 185 497	1 531 967	2 746 316	3 207 124
四、在总计中:					
特大型企业	231 984	219 023	77 429	28 149	
大一型企业	2 002 790	1 974 803	1 626 895	1 916 592	1 666 286
大二型企业	667 631	627 722	427 599	1 009 838	930 492
中一型企业	235 983	178 551	171 392	208 108	167 403
中二型企业	218 053	180 960	121 391	325 128	324 607
小型企业	981 986	868 561	644 166	1 515 888	3 163 594
五、按行业大类分组:					
黑色金属矿采选业	16 052	14 341	9 619	10 215	14 922
非金属矿采选业	42 902	35 018	27 336	36 952	85 573
食品加工业	76 858	73 059	53 150	206 161	315 494
食品制造业	60 843	59 732	42 968	53 356	75 916
饮料制造业	29 591	28 798	20 379	25 108	31 655
纺织业	152 825	144 475	82 946	156 054	311 072
服装及其他纤维制品制造业	54 343	45 080	37 305	86 731	272 810
皮革、毛皮、羽绒及其制品业	11 168	9 227	7 645	21 066	66 008
木材加工及竹、藤、棕、草制品业	48 727	39 216	23 724	46 559	52 487
家具制造业	3 424	3 424	2 370	4 579	15 311
造纸及纸制品业	1 196 243	1 186 186	1 036 843	1 082 827	743 132

单位:万元

产品销售税金及附加	管理费用	财务费用	利润总额	亏损企业亏损额	利税总额	从业人员平均人数（人）
18 851	109 168	39 526	79 317	6 049	206 380	168 882
11 589	137 330	86 238	104 429	11 526	219 430	140 015
19 132	186 522	66 708	89 199	31 084	259 269	164 110
					10 432	1 593
3 055	80 492	75 199	109 187	8 612	175 565	27 978
5 196	60 461	29 939	19 407	9 230	65 360	36 588
1 017	11 109	5 679	5 921	4 086	16 268	13 177
2 165	26 214	7 502	2 011	4 536	18 265	26 932
19 289	145 577	34 627	57 101	16 146	192 810	197 857
123	1 625	269	179		1 258	1 201
1 144	8 809	352	1 678		6 808	5 473
942	4 723	7 590	6 933	1 717	14 749	4 280
302	4 509	816	4 478	1 011	8 549	3 761
460	2 043	305	239	369	2 193	2 714
1 403	14 516	3 534	1 243	2 606	14 283	23 713
1 300	10 428	1 960	2 870	793	13 989	23 433
235	2 655	612	768	216	2 913	6 391
326	2 651	1 533	182	206	2 785	2 868
159	409	30	261	2	1 013	621
554	42 606	55 458	65 202	1 052	92 623	9 934

11－10(续5)

项　　目	固定资产原　价	#生产用	固定资产净值年均余额	负债合计	产品销售收　入
印刷业、记录媒介的复制	40 965	36 548	25 504	32 255	38 406
文教体育用品制造业	25 624	22 122	18 439	37 413	141 137
石油加工及炼焦业	40 837	36 696	20 640	85 594	68 696
化学原料及化学制品制造业	458 516	432 133	326 776	567 939	804 004
医药制造业	17 679	16 153	9 133	24 919	45 930
化学纤维制造业	5 344	5 205	3 147	5 057	18 164
橡胶制品业	16 565	14 553	10 969	24 925	43 838
塑料制品业	27 704	24 485	17 599	37 824	105 415
非金属矿物制品业	357 221	337 429	265 388	286 888	374 272
黑色金属冶炼及压延加工业	25 803	20 607	16 865	40 518	54 662
有色金属冶炼及压延加工业	125 087	117 653	91 855	252 261	199 093
金属制品业	179 663	156 116	117 093	263 343	545 383
普通机械制造业	107 834	96 613	67 348	163 700	229 888
专用设备制造业	68 776	56 044	39 339	108 772	110 948
交通运输设备制造业	151 375	135 460	95 388	288 667	412 874
电气机械及器材制造业	188 864	162 768	120 180	392 303	485 408
电子及通信设备制造业	65 750	61 351	43 354	238 399	358 793
仪器仪表及文化、办公用机械制造业	5 007	4 442	3 379	13 094	46 881
其他制造业	21 885	19 547	14 771	42 407	97 209
电力、蒸汽、热水的生产和供应业	634 419	616 229	365 372	327 541	62 788
煤气生产和供应业	17 107	16 894	7 262	5 403	12 480
自来水生产和供应业	63 430	22 015	44 788	34 873	11 735

单位:万元

产品销售税金及附加	管理费用	财务费用	利润总额	亏损企业亏损额	利税总额	从业人员平均人数(人)
258	2 176	1 011	738	93	3 306	4 959
488	5 420	684	2 231	456	7 804	11 669
139	4 869	2 433	-891	1 316	469	2 413
2 980	40 764	18 867	226	12 164	30 569	23 533
451	4 294	882	499	261	4 182	2 845
38	652	114	133		691	1 064
346	2 196	484	2 852	21	4 644	3 062
532	6 957	930	3 186	602	7 189	5 401
1 876	18 345	7 286	17 165	1 621	39 367	21 391
382	1 897	848	-136	834	2 455	2 501
799	10 492	5 195	8 003	3 624	16 209	7 244
3 109	19 811	9 583	24 575	2 964	50 514	30 624
1 711	14 679	3 283	6 583	581	19 692	19 057
411	12 366	2 454	199	3 033	5 790	8 914
1 590	21 748	5 180	6 188	2 540	19 524	21 079
6 020	35 779	9 314	13 642	2 759	43 078	25 604
371	14 886	6 234	11 712	755	16 531	10 586
125	1 968	250	5 063	2	7 020	1 434
1 341	4 364	849	973	352	5 779	9 555
660	1 850	3 526	7 121	144	31 992	5 170
22	674	123	-432	432	-132	357
125	2 691	959	-35	87	864	1 274

11－11 全部独立核

项目	单位数（个）	#亏损	工业总产值 90不变价	工业总产值 现行价格	工业增加值
总计	**136**	**41**	**1 995 545**	**1 212 589**	**306 849**
#亏损企业	41	41	83 681	85 506	14 820
在总计中:按隶属关系分					
中央企业	8	2	184 826	385 002	117 946
地方企业	128	39	1 810 718	827 587	188 903
在总计中:按轻重工业分					
轻工业	61	18	1 421 221	485 569	91 715
以农产品为原料	41	15	102 188	121 022	38 805
以非农产品为原料	20	3	1 319 033	364 548	52 910
重工业	75	23	574 324	727 019	215 134
采掘工业	5		13 825	15 913	5 767
原料工业	17	3	317 215	537 767	165 518
加工工业	53	20	243 284	173 340	43 849
在总计中:按企业规模分					
特大型企业	1		83 914	258 265	76 015
大一型企业	7	2	1 177 435	401 963	76 170
大二型企业	7	1	481 883	269 151	73 763
中一型企业	5	2	20 859	27 867	10 631
中二型企业	13	5	84 711	89 107	26 796
小型企业	103	31	146 744	166 235	43 475
在总计中:按行业大类分					
黑色金属矿采选业	1		5 081	7 368	3 286
非金属矿采选业	4		8 745	8 545	2 481
食品加工业	11	3	21 955	30 952	8 221
食品制造业	8	4	25 228	35 291	16 844

算国有工业企业主要经济指标

单位:万元

资产合计	流动资产小计	应收帐款净额	存货	#产成品	流动资产年均余额	固定资产小计
1 635 393	**790 355**	**189 385**	**131 288**	**55 486**	**729 097**	**719 335**
184 258	69 067	15 213	21 884	10 560	70 351	82 436
520 079	170 255	8 584	16 916	3 223	173 058	346 516
1 115 314	620 100	180 801	114 372	52 263	556 039	372 819
484 598	287 907	91 119	46 670	22 912	265 833	158 316
128 332	53 052	8 039	14 598	7 791	50 880	53 706
356 266	234 855	83 080	32 072	15 121	214 953	104 610
1 150 795	502 448	98 266	84 618	32 574	463 264	561 018
17 684	4 904	1 113	1 347	932	4 644	12 005
909 454	362 082	59 306	39 936	11 488	324 075	477 584
223 656	135 462	37 848	43 336	20 154	134 545	71 429
111 490	32 155		5 749		37 411	79 335
653 161	297 140	93 029	35 544	14 008	275 965	315 768
500 111	307 263	59 228	42 002	14 485	260 372	135 867
91 765	24 240	6 658	6 424	1 868	24 196	63 410
109 342	49 097	10 230	17 002	11 127	48 084	46 588
169 523	80 459	20 240	24 567	13 997	83 070	78 366
14 447	3 542	605	960	589	3 291	10 235
3 237	1 362	508	387	343	1 353	1 770
16 070	6 654	2 149	866	294	6 805	6 476
72 005	29 220	3 297	5 622	2 362	26 057	25 610

11－11(续1)

项　　目	单位数（个）	#亏损	工业总产值 90不变价	工业总产值 现行价格	工　业增加值
饮料制造业	9	2	12 027	12 914	3 897
纺织业	3	2	9 727	8 787	1 994
服装及其他纤维制品制造业	1		17 845	18 786	4 414
皮革、毛皮、羽绒及其制品业	1		8 782	7 544	1 524
木材加工及竹、藤、棕、草制品业	2		47 117	41 126	13 721
印刷业、记录媒介的复制	6	4	4 881	5 116	1 444
化学原料及化学制品制造业	13	1	174 002	97 513	25 944
医药制造业	1		1 284	983	235
橡胶制品业	1		453	463	177
塑料制品业	1		282	368	141
非金属矿物制品业	11	3	26 498	28 260	9 616
黑色金属冶炼及压延加工业	2	1	9 226	14 714	5 182
有色金属冶炼及压延加工业	3	1	144 104	125 476	34 439
金属制品业	6	1	82 807	50 753	12 191
普通机械制造业	8	4	13 435	11 261	2 526
专用设备制造业	9	6	51 221	43 620	14 983
交通运输设备制造业	8	4	10 747	13 571	3 326
电气机械及器材制造业	9	2	20 487	21 584	6 262
电子及通信设备制造业	4	1	1 178 343	264 627	18 284
仪器仪表及文化、办公用机械制造业	1		10 058	8 546	2 281
其他制造业	2		8 257	7 727	1 600
电力、蒸汽、热水的生产和供应业	4		97 868	331 775	104 245
煤气生产和供应业	1	1	961	3 419	1 257
自来水生产和供应业	6	1	4 125	11 504	6 334

单位:万元

资产合计	流动资产小　计	应收帐款净　额	存货	#产成品	流动资产年均余额	固定资产小　计
10 177	6 176	466	5 047	4 167	6 043	3 626
17 223	5 464	997	1 160	286	5 550	11 365
4 430	1 922	196	300		2 182	2 247
1 617	389	3	295	294	852	1 228
56 009	26 929	5 961	4 816	3 746	22 890	27 512
5 592	2 474	557	1 205	330	2 652	2 760
73 115	46 352	16 469	8 673	5 151	48 968	24 290
917	580	357	53	34	581	265
1 487	1 123	265	576	381	1 101	365
786	400	67	142	89	386	386
42 824	16 410	5 224	5 960	2 535	16 601	25 829
27 871	13 240	3 998	3 295	1 996	13 569	12 760
333 540	179 812	41 351	22 252	5 198	147 750	90 285
56 730	30 657	793	8 035	2 433	35 876	24 210
15 599	10 178	1 865	3 532	1 591	9 578	3 650
66 633	37 065	7 327	17 936	6 571	35 347	22 058
23 477	11 941	3 095	5 269	1 690	13 144	9 510
29 517	21 228	5 126	5 525	3 562	20 592	7 859
214 934	179 601	79 540	19 636	8 853	155 237	23 102
8 445	6 009	1 344	1 150	1 018	4 828	1 762
4 148	3 400	915	2 026	1 922	3 396	731
453 113	132 382	5 363	6 100		129 430	320 631
11 866	1 441	81	147		1 796	7 961
69 584	14 405	1 470	323	54	13 245	50 853

11－11(续2)

项　　目	固定资产原　价	#生产用	固定资产净值年均余额	负债合计	产品销售收　入
总　　计	**1 045 449**	**937 227**	**612 094**	**1 074 902**	**859 186**
#亏损企业	115 125	104 951	68 644	188 197	79 760
在总计中:按隶属关系分					
中央企业	552 357	532 639	291 498	271 704	59 079
地方企业	493 092	404 588	320 596	803 198	800 108
在总计中:按轻重工业分					
轻工业	204 382	154 252	134 030	330 423	458 357
以农产品为原料	60 787	56 676	40 865	81 144	101 447
以非农产品为原料	143 595	97 576	93 165	249 280	356 909
重工业	841 067	782 975	478 064	744 479	400 830
采掘工业	18 473	16 159	10 981	12 517	15 882
原料工业	718 251	683 623	403 870	536 111	212 348
加工工业	104 343	83 193	63 213	195 851	172 600
在总计中:按企业规模分					
特大型企业	231 984	219 023	77 429	28 149	
大一型企业	383 583	372 006	263 432	430 584	336 641
大二型企业	183 576	168 005	114 082	336 772	272 376
中一型企业	71 813	28 756	49 083	48 409	28 878
中二型企业	63 970	55 329	39 075	82 114	79 114
小型企业	110 523	94 108	68 994	148 875	142 177
在总计中:按行业大类分					
黑色金属矿采选业	15 971	14 260	9 616	10 161	8 519
非金属矿采选业	2 503	1 899	1 365	2 356	7 363
食品加工业	8 820	7 836	4 949	16 028	24 470
食品制造业	29 788	29 287	22 476	28 569	33 796

单位:万元

产品销售税金及附加	管理费用	财务费用	利润总额	亏损企业亏损额	利税总额	从业人员平均人数(人)
3 921	**59 855**	**18 980**	**20 886**	**7 912**	**72 859**	**44 058**
372	9 721	3 423	-7 912	7 912	-4 349	12 341
95	3 584	1 466	2 644	47	26 197	5 283
3 826	56 272	17 514	18 241	7 866	46 662	38 775
1 962	24 359	9 031	14 814	814	29 839	14 953
564	6 369	1 057	4 782	656	9 325	8 590
1 398	17 990	7 974	10 033	157	20 515	6 363
1 958	35 496	9 949	6 071	7 099	43 020	29 105
200	2 152	299	172		1 343	1 582
1 092	13 571	6 557	4 569	4 737	33 799	13 928
667	19 773	3 093	1 330	2 362	7 878	13 595
					10 432	1 593
468	16 329	7 729	9 092	3 696	23 199	7 961
998	18 546	7 064	13 660	48	28 158	9 020
180	4 517	736	-437	991	1 936	3 317
478	7 597	1 442	-639	1 157	2 979	6 905
1 797	12 866	2 009	-790	2 021	6 155	15 262
111	1 601	264	100		1 070	1 041
89	551	35	72		274	541
20	803	145	-172	222	-74	742
215	3 043	395	4 944	50	7 849	1 802

11－11(续3)

项目	固定资产原价	#生产用	固定资产净值年均余额	负债合计	产品销售收入
饮料制造业	5 623	4 904	3 568	5 431	9 546
纺织业	6 232	5 958	3 842	20 510	6 490
服装及其他纤维制品制造业	3 612	3 022	2 246	2 734	14 440
皮革、毛皮、羽绒及其制品业	1 897	1 328	1 074	1 785	8 062
木材加工及竹、藤、棕、草制品业	46 997	37 486	22 365	41 271	41 022
印刷业、记录媒介的复制	4 136	3 823	2 310	5 064	3 472
化学原料及化学制品制造业	38 790	32 559	24 586	55 537	101 424
医药制造业	437	437	269	714	1 017
橡胶制品业	836	776	388	865	467
塑料制品业	505	500	398	90	375
非金属矿物制品业	36 982	34 707	22 813	28 677	29 766
黑色金属冶炼及压延加工业	13 503	9 563	9 436	22 728	14 342
有色金属冶炼及压延加工业	108 955	106 952	79 709	219 453	126 140
金属制品业	36 358	34 111	20 564	31 212	48 289
普通机械制造业	8 079	6 874	3 870	23 553	9 355
专用设备制造业	32 069	23 494	18 148	61 395	40 101
交通运输设备制造业	14 843	12 706	8 450	18 316	13 593
电气机械及器材制造业	9 342	6 500	6 308	18 446	19 895
电子及通信设备制造业	27 997	26 167	19 209	180 976	262 471
仪器仪表及文化、办公用机械制造业	2 555	2 172	1 778	5 559	6 819
其他制造业	970	950	731	2 759	7 226
电力、蒸汽、热水的生产和供应业	512 184	495 043	269 983	233 379	5 575
煤气生产和供应业	12 037	11 898	6 857	2 463	3 419
自来水生产和供应业	63 430	22 015	44 788	34 873	11 735

单位:万元

产品销售税金及附加	管理费用	财务费用	利润总额	亏损企业亏损额	利税总额	从业人员平均人数（人）
217	463	126	41	22	437	1 640
28	836	157	-115	286	298	1 433
31	359	81	22		365	688
	270	65	47		62	280
265	2 315	1 489	144		2 155	1 885
26	438	88	-76	76	198	1 796
352	8 279	1 308	2 046	191	5 275	4 240
15	89		86		174	87
2	17	7	8		25	88
1	18	3			15	50
256	3 356	586	573	135	3 417	3 730
132	1 037	167	-766	768	463	1 245
481	7 288	4 501	4 990	3 624	10 032	4 684
26	1 790	1 339	2 480	38	7 108	840
44	1 671	221	-226	367	236	1 697
60	7 340	882	1 265	1 377	3 638	3 687
41	1 970	234	-91	160	460	1 791
308	1 896	272	147	126	1 265	1 323
180	9 654	5 345	5 567	37	6 878	2 668
18	640	80	124		542	355
808	390	149	41		1 206	256
46	553	84	18		18 766	3 876
21	499	-3	-346	346	-136	319
125	2 691	959	-35	87	864	1 274

11－12 工业经济效益综合指数

项　目	综合指数（%）	总资产贡献率（%）	资本保值增值率（%）	资产负债率（%）	流动资产周转次数（次）	成本费用利润率（%）	全员劳动生产率（元/人）	产品销售率（%）
全市合计	**122.70**	**8.32**	**108.83**	**66.16**	**1.78**	**3.21**	**63 263**	**96.48**
#不含谏壁电厂和供电公司	121.90	8.56	109.15	67.08	1.85	3.21	60 574	96.31
1.辖市(区)	120.44	9.86	110.49	65.13	1.99	2.74	54 018	95.25
丹阳市	119.50	10.02	109.41	66.27	2.11	2.47	52 453	95.73
扬中市	119.34	9.88	112.72	63.61	1.22	3.84	56 444	95.51
句容市	131.95	10.36	110.60	61.90	3.04	2.33	55 389	94.64
2.市　区	130.36	7.25	107.63	67.18	1.61	3.75	78 542	97.67
京口区	140.04	8.32	143.05	62.45	2.74	2.68	69 559	98.15
润州区	135.39	11.64	188.73	73.75	2.61	2.09	54 306	94.77
丹徒区	113.93	8.81	99.30	68.11	1.85	3.04	51 310	93.66
市直工业	139.62	6.98	107.27	67.10	1.49	4.08	93 786	98.79
#新　区	282.32	6.31	125.77	61.40	2.52	1.18	317 452	98.97
机　械	96.62	10.23	83.95	93.71	1.33	2.81	44 024	96.22
冶金建材	55.68	2.08	91.18	53.66	1.37	－5.38	32 960	101.20
电　子	102.39	7.31	116.54	77.43	1.60	2.89	41 648	100.09
纺　织	58.53	4.21	70.94	88.96	2.10	－2.48	20 107	102.60
轻　工	190.39	8.65	99.94	73.65	1.69	9.06	141 653	96.85
华　耀	111.91	9.64	97.30	73.42	1.89	1.89	53 415	100.48
交　通	100.22	9.91	128.12	70.20	1.18	1.79	37 837	99.71
贸　易	190.50	12.26	97.19	41.44	1.21	17.79	79 797	99.05
粮　食	96.73	4.70	97.08	28.14	1.62	0.63	49 336	100.72
汽　车	60.44	4.37	87.44	97.17	1.47	0.25	17 451	98.58
中　船	83.92	3.12	97.03	61.57	0.89	0.05	49 980	97.83

11－13 各辖市、区全部独立核算工业企业主要经济指标

单位:万元

项 目	单位数(个)	#亏损	工业总产值		工 业增加值	资产合计
			现行价格	90不变价		
全 市	**1 289**	**265**	**7 266 090**	**7 533 041**	**1 923 988**	**7 563 160**
市 直	160	69	2 524 629	3 216 333	663 057	3 954 394
#新 区	27	11	440 972	404 755	111 386	445 436
京口区	42	14	176 085	158 722	41 652	113 735
润州区	44	11	83 312	76 290	23 042	61 170
丹徒区	162	12	661 576	600 554	173 550	492 688
丹阳市	406	66	2 025 550	1 857 527	542 862	1 464 304
扬中市	242	66	809 278	733 675	222 825	824 442
句容市	233	27	985 660	889 941	257 000	652 426

11－13(续)

单位:万元

项 目	应收帐款净 额	产成品存 货	负债合计	产品销售收 入	利税总额	#利润总额
全 市	**987 329**	**492 806**	**5 003 703**	**6 252 382**	**478 700**	**193 628**
市 直	312 985	167 184	2 653 256	2 179 328	191 544	85 630
#新 区	48 369	14 353	225 726	441 458	19 927	8 472
京口区	27 949	5 437	71 032	161 521	7 234	4 211
润州区	11 139	6 177	45 115	80 188	5 643	1 627
丹徒区	77 335	44 551	335 554	581 909	39 576	17 116
丹阳市	259 943	154 999	970 448	1 720 104	111 026	40 958
扬中市	209 620	64 526	524 451	658 957	66 017	24 303
句容市	88 359	49 931	403 847	870 376	57 659	19 784

11－14　市直全部独立核算工业企业主要经济指标

单位:万元

项　　目	单位数（个）	工业总产值		工　业增加值	资产合计
		现行价格	90 不变价		
机械资产经营公司	13	71 816	80 710	25 648	89 107
冶金建材资产经营公司	11	80 819	74 917	22 086	188 439
电子资产经营公司	13	307 222	1 265 678	30 116	280 053
纺织资产经营公司	13	46 278	45 988	11 523	51 218
轻工资产经营公司	29	782 380	708 263	216 134	1 562 218
华耀资产经营公司	11	99 487	174 692	28 497	96 969
交通局	4	24 571	28 794	5 369	21 171
贸易局	6	32 702	23 036	16 055	72 777
粮食局	5	29 343	39 509	5 491	30 262
供销社	2	2 148	1 936	73	1 945
汽车公司	4	17 419	14 657	2 045	24 206
中船公司	4	46 937	44 223	10 566	83 607

11－14(续1)

单位:万元

项　　目	固定资产小　计	固定资产原　值	#生产用	固定资产净值平均余额	流动资产小　计
机械资产经营公司	31 466	55 873	46 797	30 906	52 280
冶金建材资产经营公司	68 699	107 240	93 916	67 128	61 869
电子资产经营公司	37 048	51 331	46 928	33 314	221 455
纺织资产经营公司	29 394	38 178	33 125	21 165	20 174
轻工资产经营公司	1 042 103	1 227 355	1 207 969	1 052 778	449 722
华耀资产经营公司	33 480	46 431	39 203	28 788	54 594
交通局	3 902	7 914	5 208	2 568	16 506
贸易局	25 140	30 633	30 140	21 973	29 087
粮食局	11 395	19 862	18 812	11 284	17 640
供销社	1 290	1 089	978	678	472
汽车公司	11 248	12 025	9 562	6 370	11 971
中船公司	24 547	38 014	37 831	21 674	48 985

11－14(续2)

单位:万元

项　　目	流动资产年平均余额	应收帐款净　额	存货	#产成品
机械资产经营公司	51 517	14 658	21 190	7 043
冶金建材资产经营公司	61 666	15 249	10 689	4 576
电子资产经营公司	191 054	95 859	30 571	13 723
纺织资产经营公司	21 625	7 029	5 657	2 782
轻工资产经营公司	459 162	59 632	204 573	97 990
华耀资产经营公司	57 945	18 150	10 322	6 091
交通局	14 125	1 678	1 680	124
贸易局	26 092	3 339	5 229	1 941
粮食局	17 661	3 157	2 032	507
供销社	472	180	102	10
汽车公司	12 217	4 084	4 606	1 201
中船公司	47 332	9 160	15 655	6 389

11－14(续3)

单位:万元

项　　目	负债合计	产品销售收　入	利税总额	#利润总额
机械资产经营公司	83 504	68 376	6 783	1 890
冶金建材资产经营公司	101 119	84 442	1 515	－4 744
电子资产经营公司	216 847	305 782	12 506	8 649
纺织资产经营公司	45 565	45 433	1 451	－1 168
轻工资产经营公司	1 150 549	776 758	91 316	64 564
华耀资产经营公司	71 194	109 274	7 829	2 011
交通局	14 862	16 709	1 656	293
贸易局	30 155	31 669	7 608	4 727
粮食局	8 517	28 654	1 333	183
供销社	2 422	2 275	－133	－133
汽车公司	23 520	17 923	692	46
中船公司	51 477	41 950	1 734	22

11－15 大

名　　称	法定代表人	企业规模	经济类型	隶属关系
谏壁发电厂	朱跃良	特大	国有	中央
苏福马股份有限公司镇江分公司	周光军	大一	股份制	中央
江苏华通机械集团公司	何晨冠	大一	国有	市属
华东铝加工厂	殷小平	大一	国有	市属
镇江江奎集团公司	王　伟	大一	国有	市属
镇江美驰轻型车系统有限公司	CRAIG E PRYOR	大一	三资	市属
中外合资镇江大东纸业有限公司	黄亦方	大一	三资	市属
金东纸业（镇江）有限公司	黄志源	大一	三资	市属
镇江江南化工厂	李远祥	大一	国有	市属
利君集团镇江制药有限责任公司	马志鸿	大一	股份制	市属
江苏恒顺集团有限公司	叶有伟	大一	国有	市属
中外合资镇江泰兴隆食品有限公司	蔡锡河	大一	三资	市属
江苏省电力公司镇江供电公司	刘人楷	大一	国有	中央
健力宝（镇江）饮料有限公司	于善福	大一	三资	县属
中外合资镇江奇美化工有限公司	许春华	大一	三资	县属
中外合资镇江奇美塑料有限公司	许春华	大一	三资	县属
中外合资镇江奇美树脂有限公司	廖锦祥	大一	三资	县属
镇江国亨化学有限公司	吴春台	大一	三资	县属
江苏飞达工具集团股份有限公司	朱国平	大一	私营	村属
江苏天工实业集团公司	朱小坤	大一	私营	乡属
江苏长江电器集团有限公司	徐广福	大一	股份制	乡属
江苏省京江陶瓷厂	潘孝银	大一	国有	省属
嘉新京阳水泥有限公司	张永平	大一	三资	县属
江苏精机集团公司	尹邦新	大二	国有	市属
镇江飞亚轴承有限责任公司	康顺杰	大二	股份制	市属
江苏船山集团有限责任公司	冷青松	大二	股份制	市属
镇江市无线电厂	徐忠俊	大二	国有	市属
江苏赛博电子有限公司	夏仁宇	大二	国有	市属
江苏惠通集团有限责任公司	刘正东	大二	股份制	市属
亚泰凯隆（镇江）电子有限公司	Mark Steel	大二	三资	市属

中型工业企业一览表

电话号码	主要产品	邮政编码	单位地址
5352222	发电量、供热量	212006	江苏省镇江市京口区谏壁镇
8781320	人造板设备、叉车	212016	江苏省镇江市学府路 300 号
4425951	摊铺机、叉车、轧机	212003	江苏省镇江市丁卯桥路 22 号
5481131	铝材、生铁、铝涂层材	212004	江苏省镇江市黄山支路 15 号
8885745	影音光碟机、电子镇流器、开关电源板	212009	江苏省镇江市丁卯开发区经九路 1 号
8885999	汽车配件	212008	江苏省镇江市丁卯开发区纬 5 路 2 号
8820202	机制纸、加工纸	212003	江苏省镇江市东吴路 61 号
3375800	机制纸	212132	江苏省镇江市大港镇兴港东路 8 号
5515247	固体草甘膦、疫霜灵、杀螨灵	212002	江苏省镇江市新河西岸江南桥
8813300	红霉素、琥飞红霉素、呋喃妥因	212001	江苏省镇江市东吴路 56 号
5233758	食醋、酱油、酱腌菜	212004	江苏省镇江市中山西路 84 号
8886070	方便面	212009	江苏省镇江市丁卯开发区纬一路 8 号
5312404	售电量	212001	江苏省镇江市电力路 182 号
8882999	碳酸饮料、纯净水	212009	江苏省镇江市新区丁卯开发区健力宝路
3121300	聚苯乙烯树脂	212132	江苏省镇江市大港开发区韩峰路 18 号
3121300	ABS 树脂	212132	江苏省镇江市新区大港镇港韩路
3121300	AS 树脂	212132	江苏省镇江市新区大港镇港韩路
3121771	ABS 树脂、SAN 树脂	212132	江苏省镇江市大港开发区韩峰路 2 号
6321001	麻花钻、钢材	212312	江苏省丹阳市后巷镇
6312598	麻花钻、钢材、天线	212312	江苏省丹阳市后巷镇中心大街
8411200	开关柜、桥架、母线	212211	江苏省扬中市新坝镇南街 154 号
7612144	卫生陶瓷	212416	江苏省句容市小茅山
7762222	水泥	212411	江苏省句容市下蜀镇
4422480	金属切削机床、摩托车	212003	江苏省镇江市矿机路 1 号
5626191	轴承、工业滚针	212005	江苏省镇江市朱方路 235 号
5821888	石灰石、模架	212113	江苏省镇江市润州区韦岗镇
5637999	通信车	212005	江苏省镇江市朱方路四摆渡
5623753	彩色电视机	212005	江苏省镇江市朱方路 998 号
8814833	遥控器、显像管管座、高低频连接器	212003	江苏省镇江市桃花坞新村二区 24 号
8802749	电连接元件	212003	江苏省镇江市桃花坞新村二区 24 号

11－15(续1)

名　　称	法定代表人	企业规模	经济类型	隶属关系
江苏金益集团公司	张本荣	大二	集体	市属
中外合资镇江金河纸业有限公司	黄亦方	大二	三资	市属
中外合资江苏联合金属容器有限公司	姜体臣	大二	三资	市属
江苏太白集团公司	赵以诚	大二	国有	市属
华东制罐有限公司	符国栋	大二	国有	中央
江苏索普(集团)有限公司	宋勤华	大二	股份制	市属
正茂集团有限责任公司	徐　翔	大二	股份制	中央
镇江中船设备有限公司	郭长武	大二	股份制	中央
嘉吉饲料(镇江)有限公司	郑丙焕	大二	三资	县属
镇江李长荣综合石化工业有限公司	李伟谋	大二	三资	县属
丹徒县龙山鳗业联合公司	黄澄清	大二	集体	乡属
江苏大亚集团公司	陈兴康	大二	国有	县属
江苏丹化集团公司	曾晓宁	大二	国有	县属
丹阳市丹盛纺织有限公司	邵育浩	大二	股份制	县属
丹阳市鑫隆纺织有限公司	张欣午	大二	股份制	县属
丹阳市丝织厂	张润科	大二	集体	县属
江苏丹棉集团有限公司	周坚东	大二	股份制	县属
江苏大海集团股份有限公司	朱忠汉	大二	股份制	乡属
丹阳市沃得机电集团有限公司	王伟耀	大二	私营	乡属
江苏华厦电器厂	卞　雨	大二	集体	乡属
华鹏集团公司	郭道鹏	大二	股份合作	乡属
江苏南自通华电气集团有限公司	倪道红	大二	股份制	县属
镇江金威集团有限责任公司	柯振华	中一	国有	市属
镇江色织总厂	赵淮丰	中一	国有	市属
江苏镇纺集团有限责任公司	唐承军	中一	股份制	市属
镇江市通用器材总厂	童本洪	中一	集体	市属
镇江恒泰实业有限公司	任国良	中一	股份制	市属
镇江金山搪瓷有限责任公司	金子荣	中一	股份制	市属
镇江精细化工有限责任公司	曹政权	中一	股份制	市属
镇江华东电力设备制造厂	唐正华	中一	国有	省属

电话号码	主要产品	邮政编码	单位地址
3361470	聚氯乙烯树脂、PVC 人造革、PVC 地板砖	212006	江苏省镇江市谏壁镇越河街 54 号
3362295	漂白浆板、机制纸	212006	江苏省镇江市谏壁镇越河街 41 号
8889737	金属制包装用听、罐、盒	212009	江苏省镇江市经济技术开发区 14 号
5290302	钛白粉、涤纶树脂、硫酸	212001	江苏省镇江市长江路 27 号
5028970	易拉罐、易拉盖	212001	江苏省镇江市解放路 191 号
3366136	醋酸、ADC 发泡剂、漂精粉	212006	江苏省镇江市京口区谏壁镇越河街50号
4511775	锚链	212011	江苏省镇江市南门五峰口
4511316	中速柴油机	212011	江苏省镇江市南门五峰口
3375731	饲料	212132	江苏省镇江市大港开发区临江路 6 号
5682077	甲醛、环氧树脂	212114	江苏省镇江市丹徒区高资镇
3511560	烤鳗、甲鱼饲料	212142	江苏省镇江市丹徒区黄墟镇龙山村
6882222	铝箔纸、铝箔、丙纤丝束	212313	江苏省丹阳市开发区善巷村
6522311	中密度纤维板、乙基苯、碳酸氢氨	212300	江苏省丹阳市北环路 12 号
6525466	布	212300	江苏省丹阳市新民西路 285 号
6523816	丝织品	212300	江苏省丹阳市南门大街 167 号
6523470	丝织品	212300	江苏省丹阳市新民西路 122 号
6522211	纱、布、线	212300	江苏省丹阳市阜阳路 4 号
6312404	空调器、青霉素、钻头	212312	江苏省丹阳市后巷镇五星村
6348008	锻压设备、收获机械、汽车零部件	212311	江苏省丹阳市后巷镇西丰村
8324864	开关柜、母线槽	212200	江苏省扬中市民主路
8411156	桥架、母线、开关柜	212211	江苏省扬中市新坝镇
8322054	开关柜	212200	江苏省扬中市扬子东路 109 号
8881801	钢带、铁合金、粘合剂	212003	江苏省镇江市丁卯开发区纬 1 路
5013982	色织布	212001	江苏省镇江市解放路 362 号
8807326	纱、布	212003	江苏省镇江市东吴路 197 号
5489472	汽车配件、消防器材	212004	江苏省镇江市李家大山四区 6 号
4422374	饮料罐盖、涂料铁	212003	江苏省镇江市丹徒路 97 号
8823640	日用搪瓷制品、强化玻璃盖	212003	江苏省镇江市东吴路 88 号
3362264	邻硝对甲苯胺、大红色基 G、对硝基苯胺	212006	江苏省镇江市镇澄路化工开发区
5626501	消声器、封闭母线、化水装置	212017	江苏省镇江市七里甸

11－15(续2)

名　　称	法定代表人	企业规模	经济类型	隶属关系
镇江市自来水公司	谭章荣	中一	国有	市属
江苏镇江发电有限公司	阮前途	中一	股份制	市属
镇江青龙山矿业化工有限责任公司	田振武	中一	股份制	县属
江苏恒丰集团	李建国	中一	股份制	县属
江苏领先电子有限公司	林碧珍	中一	三资	乡属
江苏正丹集团公司	曹正国	中一	私营	乡属
江苏堂皇床上用品集团公司	荆玉堂	中一	集体	乡属
江苏飞跃橡胶集团有限公司	常本贵	中一	股份制	乡属
江苏省湾山水泥厂	吴　刚	中一	国有	省属
镇江脱粒机制造厂	罗　敏	中二	国有	市属
镇江液压件总厂	潘正东	中二	股份合作	省属
中外合资镇江斯伊格机械有限公司	邵忠明	中二	三资	市属
镇江菊花线缆有限责任公司	王卫槐	中二	股份制	市属
镇江韦岗铁矿	翟志高	中二	国有	市属
镇江华龙管道有限责任公司	张寿祖	中二	股份制	市属
镇江鹤林水泥有限责任公司	凌仁泉	中二	股份制	市属
中外合资江苏联合水泥有限公司	张永平	中二	三资	市属
镇江市电容器厂	范广松	中二	集体	市属
江苏省镇江新新工厂	魏钟定	中二	国有	省属
中外合资镇江金鹏鞋业有限公司	陆卫国	中二	三资	市属
镇江市文教用品总厂	蔡　政	中二	集体	市属
镇江纸箱总厂	张　峻	中二	集体	市属
江苏省镇江船厂有限责任公司	郭　琰	中二	股份制	市属
镇江肉类联合加工厂	顾荣健	中二	国有	市属
镇江五峰山船厂	陈育斌	中二	国有	中央
镇江焦化煤气集团有限公司	苏启善	中二	股份制	市属
镇江飞驰汽车集团有限责任公司	邬书棋	中二	股份制	中央
镇江汽车制造厂	邬书棋	中二	国有	中央
镇江金环集团有限责任公司	张平原	中二	集体	市属

电话号码	主要产品	邮政编码	单位地址
5017570	自来水	212001	江苏省镇江市解放路49号
5686008	发电量	212114	江苏省镇江市丹徒区高资镇
3372862	白云石成品矿	212138	江苏省镇江市大港镇祝赵村
4561427	食醋、大米、酱油	212143	江苏省镇江市丹徒区谷阳镇
4562474	电子元件	212143	江苏省镇江市丹徒区谷阳镇张巷村
6682626	对二乙基苯、间苯二甲酸、偏苯三酸酐	212361	江苏省丹阳市导墅镇
6639888	被、床罩、印染布	213027	江苏省句容市白兔镇
8411135	力车胎	212211	江苏省句容市南街
7731888	水泥	212412	江苏省句容市下蜀镇
5510524	机动脱粒机、船用齿轮箱	212002	江苏省镇江市新河西岸60号
5626691	液压件	212005	江苏省镇江市朱方路300号
4424412	气泵	212003	江苏省镇江市学府路101号
8888830	电线、电缆	212009	江苏省镇江市丁卯开发区经五路
5822017	铁精矿粉、硫酸	212113	江苏省镇江市润州区韦岗镇
4410565	水泥压力管、水泥排水管	212003	江苏省镇江市丹徒路78号
4425420	水泥、水泥瓦、钢丝	212001	江苏省镇江市林隐路10号
5821810	水泥、熟料	212113	江苏省镇江市润州区韦岗镇
4514622	电容器	212011	江苏省镇江市南门外吕家湾
4421500	棉布、元钉、镀锌铁丝	212003	江苏省镇江市学府路7号
5621160	皮鞋	212005	江苏省镇江市和平路二道巷99号
4425961	铁丝、封箱钉、订书钉、工业钉	212003	江苏省镇江市桃花坞一区3号
5481809	纸制品	212004	江苏省镇江市李家大山
8823271	民用钢质船舶	212001	江苏省镇江市东吴路1号
5624517	宰杀生猪、鲜冻猪肉	212004	江苏省镇江市朱方路74号
3121358	船舶修理、金属结构制品	212133	江苏省镇江市丹徒区大路镇五峰山
8825060	冶金焦、铸造焦、焦化焦	212003	江苏省镇江市东吴路120号
8786813	保温汽车、冷藏汽车、厢式货车	212016	江苏省镇江市学府路92号
4425908	汽车、汽车配件	212003	江苏省镇江市运河路61号
4423735	汽车钢圈	212003	江苏省镇江市丁卯桥路73号

11－15(续3)

名　　称	法定代表人	企业规模	经济类型	隶属关系
江苏省镇江市三和集团	王文治	中二	集体	县属
镇江雩山水泥有限责任公司	佘明全	中二	股份制	县属
江苏三维服装集团有限公司	刘国志	中二	集体	县属
丹徒县化肥厂	龚俊华	中二	国有	县属
镇江金香花油脂集团有限责任公司	张道川	中二	国有	县属
镇江市特种轴承厂	朱建平	中二	集体	乡属
江苏中源轴承股份有限公司	王保华	中二	其他	村属
丹徒县荣炳盐矿	吴网春	中二	集体	乡属
镇江市长江水泥厂	赵育林	中二	集体	乡属
丹阳钢铁厂	陈三友	中二	国有	县属
丹阳华酒有限公司	许朝中	中二	国有	县属
丹阳市合成纤维厂	樊建平	中二	股份合作	县属
跃进汽车集团宏运农用车厂	蒋耀坤	中二	集体	乡属
江苏蓓花被服有限公司	孙云良	中二	股份制	乡属
丹阳市玻璃纤维厂	郭正宪	中二	私营	乡属
丹阳市申阳电梯装璜厂	姜锁宝	中二	集体	县属
镇江市永固电控成套设备厂	刘仁洪	中二	集体	乡属
江苏联大集团有限公司	周鹤群	中二	股份制	乡属
江苏美联集团公司	周龙根	中二	三资	乡属
江苏大力城集团公司	马福生	中二	集体	乡属
江苏华威电气集团公司	孙和平	中二	集体	村属
江苏康洋集团公司	朱康洋	中二	集体	乡属
江苏星河集团公司	匡锡和	中二	集体	乡属
镇江化工仪表电器集团公司	陈红明	中二	股份合作	乡属
江苏神威集团有限公司	虞德顺	中二	股份合作	乡属
江苏东升电器集团公司	陈志斌	中二	国有	县属
江苏扬中电子仪器厂	王金堂	中二	国有	县属
江苏天爱集团有限公司	杨桂萍	中二	私营	其他
江苏金猴机械集团公司	陈桂荣	中二	国有	县属

电话号码	主要产品	邮政编码	单位地址
8787015	金属切削工具、车刨刀、铣削刀	212014	江苏省镇江市丹徒路 374 号
3361770	水泥	212006	江苏省镇江市谏壁镇雩山村
5614696	服装	212004	江苏省镇江市中山西路 101 号
8781820	水杨酸、2.3 酸、合成氨	212014	江苏省镇江市京口区丹徒镇复兴居委会
8781530	食用油脂	212014	江苏省镇江市京口区丹徒镇
3321168	轴承	212141	江苏省镇江市丹徒区辛丰镇
3324108	轴承	212141	江苏省镇江市丹徒区辛丰镇
4351089	矿井盐卤	212126	江苏省镇江市丹徒区荣炳镇高庄村
5681055	水泥、水泥编织袋	212114	江苏省镇江市丹徒区高资镇
6523255	生铁、纺器钢丝	212300	江苏省丹阳市港口东路 34 号
6523211	饮料酒、印染助剂、服装	212300	江苏省丹阳市华阳路 25 号
6522480	合成纤维、非织造布	212300	江苏省丹阳市丝绸路 32 号
6478617	车架、农用汽车、底盘	212361	江苏省丹阳市导墅镇和巷村
6456887	踏花被、睡袋	212352	江苏省丹阳市运河镇
6525483	玻璃纤维制品	212300	江苏省丹阳市云阳镇姜家园 67 号
6682652	电梯铝(钢)型配件、自动扶梯铁件导轨	212361	江苏省丹阳市导墅镇
8434672	桥架	212213	江苏省扬中市三茅镇永固村
8433576	桥架	212213	江苏省扬中市丰裕镇南
8431520	桥架	212213	江苏省扬中市三茅镇五星村
8418266	桥架	212211	江苏省扬中市新坝镇治安村
8401898	桥架	212211	江苏省扬中市新坝镇华威村
8424848	白碳黑	212212	江苏省扬中市新坝镇联合
8451452	阀门	212215	江苏省扬中市兴隆镇
8522577	桥架	212216	江苏省扬中市长旺镇
8541541	钢丝绳	212219	江苏省扬中市八桥镇
8322840	开关柜	212200	江苏省扬中市新坝镇英雄村
8322022	电子测量仪器	212200	江苏省扬中市三茅镇金星路 88 号
7403204	长毛绒玩具	212444	江苏省句容市后白镇
9223161	翻斗车、农用运输车、砼搅拌机	212400	江苏省句容市南大街 26 号

11－16　大中型工业企业主要经济指标

名　　称	现价总产值	工业增加值	固定资产原值	产品销售收入	利税总额
苏福马股份有限公司镇江分公司	8 040	2 437	11 933	8 067	599
江苏华通机械集团公司	35 287	13 466	17 289	32 051	4 709
华东铝加工厂	29 645	1 241	36 406	29 644	－2 586
镇江江奎集团公司	208 345	13 289	15 290	205 496	5 231
镇江美驰轻型车系统有限公司	29 109	9 379	7 198	41 434	4 661
中外合资镇江大东纸业有限公司	41 844	8 606	50 107	40 138	4 113
金东纸业(镇江)有限公司	626 798	176 307	1 090 416	608 519	82 631
镇江江南化工厂	29 828	4 972	11 206	38 986	77
利君集团镇江制药有限责任公司	9 307	2 300	10 713	9 302	497
江苏恒顺集团有限公司	27 905	15 066	23 394	27 145	7 617
中外合资镇江泰兴隆食品有限公司	12 747	2 301	16 425	12 386	－14
健力宝(镇江)饮料有限公司	23 288	8 384	18 507	18 181	1 351
中外合资镇江奇美化工有限公司	108 998	32 049	38 657	110 397	6 678
镇江国亨化学有限公司	72 605	20 429	27 853	70 616	1 465
中外合资镇江奇美树脂有限公司	6 974	1 953	25 407	6 973	2 507
中外合资镇江奇美塑料有限公司	73 356	19 122	34 419	79 527	－2 835
江苏飞达工具集团股份有限公司	100 906	30 226	22 961	88 331	12 967
江苏天工实业集团公司	101 888	32 780	23 389	91 801	13 429
江苏长江电器集团有限公司	86 787	25 160	44 476	87 821	11 021
江苏省京江陶瓷厂	2 884	880	7 835	3 319	313
嘉新京阳水泥有限公司	56 245	18 525	196 747	56 152	13 295
江苏精机集团公司	2 718	637	3 763	3 195	115
镇江飞亚轴承有限责任公司	3 364	1 810	4 678	3 168	649
江苏船山集团有限责任公司	20 882	12 328	27 075	21 146	3 510
镇江市无线电厂	20 284	3 056	6 661	20 103	365
江苏赛博电子有限公司	35 496	1 871	4 655	36 347	1 274
江苏惠通集团有限责任公司	11 151	2 977	11 505	11 806	742
亚泰凯隆(镇江)电子有限公司	6 923	1 355	4 523	7 137	
江苏金益集团公司	16 352	3 328	15 971	15 563	－819

11－16(续1)

名　　称	现　价 总产值	工　业 增加值	固定资产 原　值	产　品 销售收入	利税 总额
中外合资镇江金河纸业有限公司	27 056	9 246	27 748	27 269	3 364
中外合资江苏联合金属容器有限公司	2 751	502	5 110	3 003	241
江苏太白集团公司	32 046	11 935	15 609	34 278	5 001
华东制罐有限公司	44 094	10 298	34 761	42 865	6 940
江苏索普(集团)有限公司	76 783	21 582	167 874	80 775	1 207
正茂集团有限责任公司	18 834	3 350	17 836	18 337	－723
镇江中船设备有限公司	23 750	6 100	15 795	19 820	2 388
嘉吉饲料(镇江)有限公司	11 661	2 915	11 683	12 976	－1 112
镇江李长荣综合石化工业有限公司	3 419	855	10 924	3 369	－684
丹徒县龙山鳗业联合公司	182 731	44 447	38 056	163 887	10 760
江苏大亚集团公司	94 039	32 478	71 373	94 721	12 325
江苏丹化集团公司	40 476	13 488	46 755	40 867	2 138
丹阳市丹盛纺织有限公司	29 327	6 504	9 971	24 200	960
丹阳市鑫隆纺织有限公司	32 700	7 253	17 822	27 000	1 160
丹阳市丝织厂	22 000	4 538	12 587	17 500	298
江苏丹棉集团有限公司	45 369	16 528	38 487	48 941	4 165
江苏大海集团股份有限公司	45 079	10 963	8 865	39 129	2 766
丹阳市沃得机电集团有限公司	76 745	17 513	19 243	66 450	2 597
江苏华厦电器厂	18 676	5 237	6 763	15 764	1 118
华鹏集团公司	39 277	9 672	7 241	22 620	3 935
江苏南自通华电气集团有限公司	9 100	2 548	4 300	8 256	682
镇江金威集团有限责任公司	826	214	3 856	821	－713
镇江色织总厂	1 968	203	1 526	1 754	－126
江苏镇纺集团有限责任公司	13 847	2 715	22 143	15 135	－601
镇江市通用器材总厂	918	－79	4 121	1 201	－623
镇江恒泰实业有限公司	1 500	66	2 255	1 575	－604
镇江金山搪瓷有限责任公司	5 267	1 502	4 193	5 148	－261
镇江精细化工有限责任公司	4 544	771	5 099	5 727	210
镇江华东电力设备制造厂	5 352	1 505	5 636	5 369	240

11－16(续2)

名　　称	现　价 总产值	工　业 增加值	固定资产 原　　值	产　　品 销售收入	利税 总额
镇江市自来水公司	5 760	4 165	40 157	6 856	515
江苏镇江发电有限公司	44 639	22 015	94 132	44 794	12 511
镇江青龙山矿业化工有限责任公司	5 249	2 366	3 597	5 141	198
江苏恒丰集团	22 402	4 968	6 470	18 225	384
江苏领先电子有限公司	21 918	6 260	6 112	21 118	1 209
江苏正丹集团公司	11 080	2 936	9 809	9 026	671
江苏堂皇床上用品集团公司	10 051	2 935	3 476	7 645	961
江苏飞跃橡胶集团有限公司	4 606	1 648	2 764	3 791	276
江苏省湾山水泥厂	13 961	4 544	20 639	14 077	2 019
镇江脱粒机制造厂	654	96	2 348	691	－298
镇江液压件总厂	5 706	2 310	3 044	5 648	928
中外合资镇江斯伊格机械有限公司	2 117	969	3 470	2 004	－500
镇江菊花线缆有限责任公司	3 998	983	3 113	3 943	188
镇江韦岗铁矿	7 368	3 286	15 971	8 519	1 070
镇江华龙管道有限责任公司	3 250	950	2 213	2 119	159
镇江鹤林水泥有限责任公司	5 247	560	9 583	6 096	－130
中外合资江苏联合水泥有限公司	5 091	1 153	6 019	5 089	－16
镇江市电容器厂	2 783	777	2 567	2 698	277
江苏省镇江新新工厂	6 317	1 655	4 365	4 291	453
中外合资镇江金鹏鞋业有限公司	2 066	755	1 652	2 150	－64
镇江市文教用品总厂	736	146	1 821	868	－298
镇江纸箱总厂	929	102	3 200	955	－389
江苏省镇江船厂有限责任公司	20 049	3 724	5 599	12 792	1 191
镇江肉类联合加工厂	592	15	1 255	508	－37
镇江五峰山船厂	4 333	1 287	6 778	4 582	137
镇江焦化煤气集团有限公司	46 503	4 693	27 612	46 216	696
镇江飞驰汽车集团有限责任公司	6 206	557	4 298	6 208	271
镇江汽车制造厂	2 594	248	2 168	2 761	16
镇江金环集团有限责任公司	6 318	665	2 789	6 370	292

11－16(续3)

名　　称	现　价 总产值	工　业 增加值	固定资产 原　　值	产　　品 销售收入	利税 总额
江苏省镇江市三和集团	3 483	1 108	1 324	2 333	－49
镇江雩山水泥有限责任公司	12 625	3 198	4 907	11 754	872
江苏三维服装集团有限公司	6 191	1 503	1 943	4 895	161
丹徒县化肥厂	21 004	6 187	6 001	15 173	4
镇江金香花油脂集团有限责任公司	7 940	2 422	1 904	7 981	
镇江市特种轴承厂	6 451	2 162	1 923	5 474	526
江苏中源轴承股份有限公司	19 872	5 747	5 710	8 935	850
丹徒县荣炳盐矿	996	291	1 557	996	266
镇江市长江水泥厂	11 939	4 991	9 405	12 021	3 324
丹阳钢铁厂	13 888	4 968	9 647	13 520	1 176
丹阳华酒有限公司	9 010	2 873	3 372	7 993	389
丹阳市合成纤维厂	14 305	3 072	3 797	11 066	450
跃进汽车集团宏运农用车厂	17 964	4 106	7 399	14 524	585
江苏蓓花被服有限公司	8 962	1 830	1 901	7 806	311
丹阳市玻璃纤维厂	4 526	1 271	398	4 068	132
丹阳市申阳电梯装璜厂	11 500	2 720	3 802	8 461	711
镇江市永固电控成套设备厂	669	131	1 370	466	－178
江苏联大集团有限公司	694	210	2 327	696	－265
江苏美联集团公司	6 200	1 040	3 132	4 869	510
江苏大力城集团公司	16 000	3 680	3 332	9 215	1 094
江苏华威电气集团公司	19 810	5 820	5 986	12 150	1 467
江苏康洋集团公司	3 103	1 243	1 177	3 322	275
江苏星河集团公司	8 060	2 730	6 750	7 013	1 153
镇江化工仪表电器集团公司	1 860	581	2 470	1 542	－34
江苏神威集团有限公司	621	178	3 165	739	－75
江苏东升电器集团公司	2 486	690	994	2 199	68
江苏扬中电子仪器厂	8 546	2 281	2 555	6 819	542
江苏天爱集团有限公司	11 760	2 847	3 328	9 996	596
江苏金猴机械集团公司	4 376	787	6 613	4 078	－541

11－17 大中型工

项　　目	综合指数（%）	总资产贡献率（%）	资本保值增值率（%）
苏福马股份有限公司镇江分公司	92.80	8.58	105.24
江苏华通机械集团公司	166.05	16.01	107.89
华东铝加工厂	23.24	－1.53	55.42
镇江江奎集团公司	193.40	7.67	164.55
镇江美驰轻型车系统有限公司	301.80	15.25	107.68
中外合资镇江大东纸业有限公司	104.95	9.40	81.55
金东纸业（镇江）有限公司	404.60	9.22	102.90
镇江江南化工厂	111.35	1.90	88.01
利君集团镇江制药有限责任公司	93.88	9.48	88.19
江苏恒顺集团有限公司	260.45	14.64	97.68
中外合资镇江泰兴隆食品有限公司	73.31	－0.06	96.29
健力宝（镇江）饮料有限公司	241.48	6.82	99.36
中外合资镇江奇美化工有限公司	1 030.80	10.95	121.63
镇江国亨化学有限公司	1 055.97	5.02	98.27
中外合资镇江奇美树脂有限公司	587.62	8.48	223.63
中外合资镇江奇美塑料有限公司	5 261.86	－2.10	95.18
江苏飞达工具集团股份有限公司	205.32	32.27	55.73
江苏天工实业集团公司	201.77	27.51	72.44
江苏长江电器集团有限公司	154.08	8.08	103.08
江苏省京江陶瓷厂	54.47	3.80	135.77
嘉新京阳水泥有限公司	358.99	7.38	108.41
江苏精机集团公司	－0.69	4.03	107.91
镇江飞亚轴承有限责任公司	293.29	16.70	1 422.53
江苏船山集团有限责任公司	139.42	4.72	97.08
镇江市无线电厂	82.01	4.25	103.48
江苏赛博电子有限公司	62.66	4.43	74.53
江苏惠通集团有限责任公司	63.85	3.25	99.92
亚泰凯隆（镇江）电子有限公司	45.62	1.47	57.37
江苏金益集团公司	14.44	－2.02	42.56

业企业经济效益综合指数

资　产 负债率 （%）	流动资产 周转次数 （次）	成本费用 利 润 率 （%）	全员劳动 生 产 率 （元/人）	产　品 销售率 （%）
83.69	1.66	0.51	41 307	100.34
80.70	1.44	8.68	90 136	91.19
90.33	3.80	-10.74	8 282	100.71
80.83	1.94	2.55	173 711	99.44
67.13	1.80	11.38	278 312	99.72
117.23	1.89	5.67	62 454	97.93
71.67	1.80	11.32	464 209	96.01
74.77	1.74	0.20	89 421	106.29
90.73	2.97	-2.08	42 512	99.30
29.67	1.13	22.65	156 119	98.60
22.95	1.07	-4.78	67 674	100.00
49.52	1.55	1.42	270 439	95.35
67.58	2.54	3.54	1 483 745	101.29
54.46	4.10	0.74	1 535 977	97.26
15.31	0.85	26.25	650 900	100.00
81.47	2.80	-4.87	8 313 826	108.41
67.48	3.22	11.55	62 971	95.18
63.46	3.17	11.20	69 010	94.72
59.99	0.90	5.51	111 377	100.29
86.99	1.12	-1.94	12 055	103.84
55.10	1.74	16.13	361 824	98.72
221.83	1.27	-1.39	13 027	94.90
83.60	1.12	6.99	26 978	96.74
21.92	0.87	3.82	109 287	103.34
81.15	1.99	0.54	31 058	99.08
89.75	0.96	1.01	22 543	102.69
49.58	0.82	0.21	14 681	105.97
68.42	1.31	-5.68	32 255	103.36
95.21	0.77	-6.48	22 936	100.04

11－17(续1)

项　　目	综合指数(%)	总资产贡献率(%)	资本保值增值率(%)
中外合资镇江金河纸业有限公司	125.93	13.78	67.03
中外合资江苏联合金属容器有限公司	105.26	3.92	102.39
江苏太白集团公司	179.31	22.92	112.19
华东制罐有限公司	286.85	14.75	113.57
江苏索普(集团)有限公司	75.30	3.98	152.19
正茂集团有限责任公司	63.85	－0.23	93.67
镇江中船设备有限公司	106.29	7.68	104.72
嘉吉饲料(镇江)有限公司	159.58	－10.57	38.58
镇江李长荣综合石化工业有限公司	51.32	－3.72	100.00
丹徒县龙山鳗业联合公司	298.79	5.15	71.69
江苏大亚集团公司	161.64	6.35	107.34
江苏丹化集团公司	115.32	6.91	108.37
丹阳市丹盛纺织有限公司	154.74	9.59	125.92
丹阳市鑫隆纺织有限公司	147.30	8.78	129.20
丹阳市丝织厂	137.00	2.16	33.36
江苏丹棉集团有限公司	120.47	9.05	107.50
江苏大海集团股份有限公司	176.87	13.69	99.29
丹阳市沃得机电集团有限公司	110.84	5.74	183.18
江苏华厦电器厂	121.58	7.96	101.43
华鹏集团公司	139.16	9.40	125.05
江苏南自通华电气集团有限公司	106.95	6.72	109.06
镇江金威集团有限责任公司	－223.85	－6.68	
镇江色织总厂	－21.34	－1.63	104.17
江苏镇纺集团有限责任公司	28.90	－0.62	77.36
镇江市通用器材总厂	－133.34	－6.40	
镇江恒泰实业有限公司	－89.02	－12.28	77.44
镇江金山搪瓷有限责任公司	31.54	－1.79	2.81
镇江精细化工有限责任公司	62.80	2.59	100.00
镇江华东电力设备制造厂	76.91	2.96	97.84

资　产 负债率 （%）	流动资产 周转次数 （次）	成本费用 利 润 率 （%）	全员劳动 生 产 率 （元/人）	产　品 销售率 （%）
74.27	1.93	4.75	52 353	100.79
39.26	0.65	3.85	57 713	111.33
52.83	2.31	6.59	76 952	99.63
53.78	1.29	5.87	292 557	99.30
70.83	1.02	-5.83	59 339	99.50
55.80	0.74	-3.84	54 383	94.59
68.35	0.99	3.54	50 123	102.34
93.21	8.09	-8.10	174 563	97.55
40.66	1.03	-17.39	118 722	101.96
69.34	1.08	3.31	374 766	87.04
61.88	0.68	9.92	106 449	95.93
73.53	1.80	0.33	76 506	95.53
34.48	5.29	0.25	66 634	96.06
59.64	5.66	0.12	51 510	95.92
90.45	6.91	-0.67	74 881	95.52
48.36	1.94	3.61	50 085	95.94
43.94	2.24	4.43	118 259	95.35
59.78	1.24	1.74	50 910	95.26
65.04	1.00	3.32	76 564	90.00
52.73	0.54	5.80	83 021	100.00
58.97	0.84	5.33	41 364	99.37
105.49	0.13	-60.47	5 240	102.66
168.11	2.90	-10.90	2 694	95.68
71.37	2.15	-8.54	11 317	111.16
100.07	0.25	-36.43	-785	104.42
46.02	0.77	-29.71	2 849	105.81
99.62	2.16	-5.39	29 974	107.80
83.77	1.81	0.03	11 564	107.19
54.24	0.62	0.57	38 015	104.64

11－17(续2)

项　　目	综合指数（%）	总资产贡献率（%）	资本保值增值率（%）
镇江市自来水公司	117.81	2.22	125.04
江苏镇江发电有限公司	498.30	10.30	148.13
镇江青龙山矿业化工有限责任公司	99.99	7.81	100.49
江苏恒丰集团	194.20	3.24	151.19
江苏领先电子有限公司	134.80	9.60	217.49
江苏正丹集团公司	120.64	6.55	116.15
江苏堂皇床上用品集团公司	125.36	12.27	94.43
江苏飞跃橡胶集团有限公司	79.06	3.27	98.44
江苏省湾山水泥厂	124.46	11.25	120.71
镇江脱粒机制造厂	－119.36	－4.39	246.97
镇江液压件总厂	153.05	28.77	123.80
中外合资镇江斯伊格机械有限公司	－75.80	－9.32	48.57
镇江菊花线缆有限责任公司	98.64	8.70	102.91
镇江韦岗铁矿	106.63	9.30	117.11
镇江华龙管道有限责任公司	52.32	4.48	34.17
镇江鹤林水泥有限责任公司	18.93	－0.72	91.28
中外合资江苏联合水泥有限公司	42.27	－0.13	96.41
镇江市电容器厂	73.92	6.42	97.22
江苏省镇江新新工厂	96.21	7.14	110.32
中外合资镇江金鹏鞋业有限公司	36.58	－0.65	89.33
镇江市文教用品总厂	－107.20	－12.32	57.94
镇江纸箱总厂	－105.08	－6.17	
江苏省镇江船厂有限责任公司	96.81	8.98	135.02
镇江肉类联合加工厂	－34.97	－2.29	
镇江五峰山船厂	72.72	2.19	101.90
镇江焦化煤气集团有限公司	66.73	2.51	100.13
镇江飞驰汽车集团有限责任公司	93.18	8.02	
镇江汽车制造厂	50.50	2.28	104.12
镇江金环集团有限责任公司	42.47	3.15	75.57

资产负债率（%）	流动资产周转次数（次）	成本费用利润率（%）	全员劳动生产率（元/人）	产品销售率（%）
14.64	2.17	0.15	78 726	100.00
61.23	3.95	19.47	511 979	100.00
85.27	3.32	0.90	28 886	97.95
56.85	2.58	1.80	173 091	110.60
51.28	1.71	5.91	36 824	100.00
48.89	1.34	0.94	81 567	95.16
44.51	1.17	7.10	42 236	95.71
37.35	1.21	2.31	21 682	100.00
61.84	2.52	3.74	36 941	101.19
143.10	0.37	-31.47	4 382	104.28
80.02	1.85	3.96	46 667	105.27
4.52	0.70	-28.19	27 364	94.38
86.33	3.00	0.37	32 336	97.80
70.33	2.59	1.29	31 566	106.91
92.89	0.77	0.48	25 676	86.49
59.88	0.78	-7.47	5 416	97.46
14.02	1.17	-6.80	29 126	99.54
90.79	0.66	4.10	17 986	95.34
74.39	1.22	3.88	32 453	98.96
57.03	1.33	-5.70	12 840	104.86
73.02	1.56	-36.09	12 373	96.17
100.61	0.24	-29.20	2 837	93.53
72.73	1.05	1.45	38 950	100.00
176.24	1.12	-8.68	967	98.06
61.53	1.11	1.44	21 594	100.00
66.54	0.79	0.45	25 108	98.83
97.71	2.43	2.32	24 217	100.03
87.87	0.91	-0.47	12 927	98.86
104.89	1.15	0.76	17 973	92.62

11－17(续3)

项　　目	综合指数(%)	总资产贡献率(%)	资本保值增值率(%)
江苏省镇江市三和集团	32.46	0.34	108.75
镇江雩山水泥有限责任公司	90.08	10.58	100.00
江苏三维服装集团有限公司	76.98	3.32	112.39
丹徒县化肥厂	133.14	2.59	61.18
镇江金香花油脂集团有限责任公司	276.68	0.42	99.88
镇江市特种轴承厂	142.70	16.60	
江苏中源轴承股份有限公司	111.71	9.98	107.76
丹徒县荣炳盐矿	170.20	17.17	101.22
镇江市长江水泥厂	217.22	22.36	118.94
丹阳钢铁厂	117.75	8.19	184.13
丹阳华酒有限公司	94.44	7.10	109.23
丹阳市合成纤维厂	242.86	15.07	210.03
跃进汽车集团宏运农用车厂	162.00	6.95	199.07
江苏蓓花被服有限公司	102.92	7.38	101.27
丹阳市玻璃纤维厂	137.72	6.92	
丹阳市申阳电梯装璜厂	139.05	9.08	167.53
镇江市永固电控成套设备厂	－105.59	－2.48	
江苏联大集团有限公司	－76.15	－0.62	73.78
江苏美联集团公司	91.67	8.53	104.06
江苏大力城集团公司	144.07	10.69	105.12
江苏华威电气集团公司	118.29	8.97	177.74
江苏康洋集团公司	79.71	8.90	80.92
江苏星河集团公司	193.80	13.47	124.70
镇江化工仪表电器集团公司	5.54	1.26	52.33
江苏神威集团有限公司	－4.25	0.15	90.11
江苏东升电器集团公司	41.78	0.95	97.94
江苏扬中电子仪器厂	122.25	8.98	159.54
江苏天爱集团有限公司	125.32	13.25	73.94
江苏金猴机械集团公司	－29.43	－1.98	55.74

资 产 负债率 （%）	流动资产 周转次数 （次）	成本费用 利 润 率 （%）	全员劳动 生 产 率 （元/人）	产 品 销售率 （%）
67.33	0.60	-5.14	18 781	67.91
85.22	2.12	0.08	29 835	92.87
72.38	1.42	0.88	28 846	88.91
82.14	5.32	0.03	78 115	96.65
67.12	8.50		247 153	100.00
72.24	2.09	4.94	56 013	95.12
52.88	1.74	4.85	30 248	90.15
71.30	1.51	15.12	48 533	100.00
34.42	2.92	20.30	45 373	100.69
68.27	1.83	0.01	59 360	95.84
38.41	1.58	0.70	37 263	95.74
69.17	9.52	1.04	105 921	96.16
42.93	2.72	0.83	107 487	95.68
57.84	2.60	0.64	35 457	98.00
34.98	5.71	0.55	40 484	95.41
34.52	0.99	1.34	95 449	95.56
115.23	0.23	-32.52	16 744	100.00
85.76	0.09	-29.02	9 523	100.00
71.55	0.79	2.49	34 896	104.82
74.61	0.90	3.70	105 143	100.00
68.72	0.64	3.68	55 220	100.00
73.10	1.14		30 458	102.09
52.18	1.68	7.65	130 005	95.00
71.94	1.26	-11.53	9 107	96.99
74.57	0.29	-13.23	14 992	99.52
50.53	0.35	-4.01	20 915	99.52
65.82	1.41	1.84	64 254	93.94
52.80	3.88	3.81	20 952	95.00
103.41	0.92	-13.88	7 778	101.20

11－18 工

项　　目	计量单位	全市	市区	市直	#新区
原煤	吨	9 387 716	8 034 274	7 590 199	3 564
洗精煤	吨	304 629	299 727	290 237	
型煤	吨	7 257	6 079	98	5
焦炭	吨	313 935	184 378	80 075	
其他焦化产品	吨	6 074	6 067	476	
焦炉煤气	万立方米	28	28	28	
汽油	吨	14 002	5 128	3 199	170
煤油	吨	1 650	1 266	100	6
柴油	吨	37 176	26 327	22 872	799
燃料油	吨	18 564	10 630	10 630	4 349
液化石油气	吨	28 427	25 946	24 855	340
其他石油制品	吨	301 215	287 331	286 779	7
热力	百万千焦	974 949	668 003	668 003	26 487
电力	万千瓦时	289 795	147 768	109 659	16 115
其他燃料	吨标准煤	440			
能源合计	**吨标准煤**	**9 211 237**	**7 419 619**	**6 796 085**	**76 783**

业企业能源消费

京口区	润州区	丹徒区	丹阳市	扬中市	句容市
31 535	125 674	286 866	615 485	215 180	522 777
5 120		4 370	137		4 765
5 885		96	1 178		
78 896	7 002	18 405	128 531	264	762
		5 591			7
671	143	1 115	6 916	1 276	682
18	36	1 112	307	7	70
817	171	2 467	7 368	1 421	2 060
			3 952	65	3 917
323	78	690	1 435	365	681
	30	522	112	11	13 761
			306 946		
6 156	5 041	26 912	78 199	15 072	48 756
			440		
134 931	**117 625**	**370 978**	**922 579**	**219 739**	**649 300**

11－19　主要能

项　　目	原煤	洗精煤	焦炭	汽油
总　　计	**9 387 716**	**304 629**	**313 935**	**14 002**
黑色金属矿采选业	222			64
非金属矿采选业	5 571			146
食品加工业	9 518		10	117
食品制造业	19 677			221
饮料制造业	2 153			33
纺织业	39 185		10	898
服装及其他纤维制品制造业	7 134	117	10	589
皮革、毛皮、羽绒及其制品业	3 542			118
木材加工及竹、藤、棕、草制品业	72 346			161
家具制造业	294			8
造纸及纸制品业	927 968			334
印刷业、记录媒介的复制	4 319			235
文教体育用品制造业	386			157
石油加工及炼焦业	72 757	290 214		194
化学原料及化学制品制造业	446 012		37 217	2 010
医药制造业	22 661			39

源按行业分组消费量

单位:吨

煤油	柴油	燃料油	液化石油气	电 力（万千瓦小时）	能源合计（吨标准煤）
1 650	**37 176**	**18 564**	**28 427**	**289 795**	**9 211 237**
	186			2 797	11 825
	2 158			5 300	28 803
	617		123	5 132	32 428
	94		30	1 153	20 703
	7		1	763	5 695
5	688			25 548	138 107
20	453	454	4	3 148	21 588
1	48			767	5 898
	638			1 443	58 675
				126	731
4	4 429	363	23 630	16 012	831 504
17	90			1 221	8 521
7	42	5	470	953	5 255
	805		27	3 135	683 067
60	8 951	4 321	15	57 495	641 409
1	53			5 284	40 795

11－19(续1)

项　　目	原煤	洗精煤	焦炭	汽油
化学纤维制造业	8 050			
橡胶制品业	40 815			121
塑料制品业	3 103		10	203
非金属矿物制品业	1 005 649	4 765	99 832	962
黑色金属冶炼及压延加工业	27 809	5 120	113 353	188
有色金属冶炼及压延加工业	6 905		47 950	186
金属制品业	81 199	4 390	1 669	2 275
普通机械制造业	9 011		3 189	755
专用设备制造业	1 344		1 581	268
交通运输设备制造业	6 244	22	8 887	1 117
电气机械及器材制造业	5 343		106	1 327
电子及通信设备制造业	901		5	649
仪器仪表及文化、办公用机械制造业	1 302		106	78
其他制造业	730			295
电力、蒸汽、热水的生产和供应业	6 555 566			217
煤气生产和供应业				27
自来水生产和供应业				9

单位:吨

煤油	柴油	燃料油	液化石油气	电 力（万千瓦小时）	能源合计（吨标准煤）
				2 031	13 955
	44			1 909	37 109
	91	20		4 227	19 805
9	3 084	7 043	1 395	64 647	1 174 890
	679	28	215	4 763	155 501
	3 036			8 655	94 729
32	1 619	850	738	31 247	198 146
1 175	944	18	280	11 294	60 340
11	202			2 394	12 929
103	2 930	1 790	211	12 664	73 340
78	1 204		1 215	6 332	35 465
13	402		46	3 107	14 863
48	90			455	3 188
66	126		27	2 011	9 408
1	3 459	3 672		182	4 757 972
	7			120	534
				3 477	14 058

11－20 工业企业能源购进、消费及库存

项目	计量单位	年初库存	购进量		消费量	年末库存
			实物量	金额（万元）		
原煤	吨	275 584	9 428 221	267 604	9 387 716	316 090
洗精煤	吨	23 547	301 508	11 250	304 629	20 426
型煤	吨	275	7 064	226	7 257	82
焦炭	吨	14 756	306 874	17 651	313 935	7 696
其他焦化产品	吨	21	6 063	610	6 074	10
焦炉煤气	万立方米		28	31	28	
汽油	吨	195	14 022	4 071	14 002	215
煤油	吨	23	1 650	511	1 650	22
柴油	吨	2 670	36 616	9 802	37 176	2 110
燃料油	吨	1 322	17 388	3 505	18 564	146
液化石油气	吨	594	28 474	9 012	28 427	642
其他石油制品	吨	7 447	300 784	26 924	301 215	7 016
热力	百万千焦		974 949	2 848	974 949	
电力	万千瓦时		289 795	153 975	289 795	
其他燃料	吨标准煤		440	100	440	
能源合计	**吨标准煤**	**259 076**	**9 226 377**	**508 122**	**9 211 237**	**274 216**

11－21　主要年份工业总产值

（按90年不变价格计算）　　　　单位:万元

年　份	工业总产值	#农村工业
1949	3 755	
1952	9 514	
1957	16 565	
1962	23 226	210
1965	36 173	195
1970	76 807	3 316
1975	157 228	23 175
1978	243 431	56 803
1979	269 490	61 927
1980	326 254	90 930
1981	361 635	101 857
1982	387 430	104 421
1983	435 471	123 280
1984	548 845	174 915
1985	726 572	80 083
1986	853 736	370 685
987	1 100 563	532 756
1988	1 344 724	699 569
1989	1 404 576	732 790
1990	1 564 880	821 218
1991	1 737 419	926 583
1992	2 283 691	1 304 812
1993	3 429 800	2 176 364
1994	4 689 044	3 109 588
1995	4 812 067	3 159 417
1996	6 186 030	4 151 085
1997	6 635 326	4 510 723
1998	7 108 590	4 657 308
1999	7 822 660	5 359 002
2000	8 543 316	5 453 824
2001	9 508 392	5 896 415
2002	**11 004 216**	**6 329 986**

统计指标解释

工　业

指从事自然资源的开采,对采掘品和农产品进行加工和再加工的物质生产部门。具体包括:(1)对自然资源的开采,如采矿、晒盐、森林采伐等(但不包括禽兽捕猎和水产捕捞);(2)对农副产品的加工、再加工,如粮油加工、食品加工、轧花、缫丝、纺织、制革等;(3)对采掘品的加工、再加工,如炼铁、炼钢、化工生产、石油加工、机器制造、木材加工等,以及电力、自来水、煤气的生产和供应等;(4)对工业品的修理、翻新,如机器设备的修理、交通运输工具(包括小卧车)的修理等。

工业统计调查单位

工业统计调查单位分为两类:独立核算法人工业企业和工业活动单位。

(1)独立核算法人工业企业　是指从事工业生产经营活动的单位。独立核算法人工业企业应同时具备以下条件:

①依法成立,有自己的名称、组织机构和场所,能够承担民事责任;②独立拥有和使用资产,承担负债,有权与其他单位签订合同;③独立核算盈亏,并能够编制资产负债表。

(2)工业活动单位　是指在一个场所从事一种或主要从事一种工业生产活动的经济单位。它包括独立核算工业企业按主营业务活动(即工业生产活动)划分的主营业务活动单位和非工业企业所属的工业生产活动单位(即原非独立核算工业生产单位)。工业活动单位,一般应同时具备以下三个条件:①具有一个场所,从事一种或主要从事一种工业活动;②单独组织工业生产、经营或业务活动;③单独核算收入和支出。

限额以上工业统计调查单位

是指全部国有及年产品销售收入500万元及以上的非国有工业企业。

轻工业

指主要提供生活消费品和制作手工工具的工业。按其所使用的原料不同,可分为两大类:(1)以农产品为原料的轻工业,是指直接或间接以农产品为基本原料的轻工业。主要包括食品制造、饮料制造、烟草加工、纺织、缝纫、皮革和毛皮制作、造纸以及印刷等工业;(2)以非农产品为原料的轻工业,是指以工业品为原料的轻工业。主要包括文教体育用品、化学药品制造、合成纤维制造、日用化学制品、日用玻璃制品、日用金属制品、手工工具制造、医疗器械制造、文化和办公用机械制造等工业。

重工业

是指为国民经济各部门提供物质技术基础的主要生产资料的工业。按其生产性质和产品用途,可以分为下列三类:(1)采掘(伐)工业,是指对自然资源的开采,包括石油开采、煤炭开采、非金属矿开采和木材采伐等工业;(2)原材料工业,指向国民经济各部门提供基本材料、动力和燃料的工业。包括金属冶炼及加工、炼焦及焦炭化学、化工原料、水泥、人造板以及电力、石油和煤炭加工等工业;(3)加工工业,是指对工业原材料进行再加工制造的工业。包括装备国民经济各部门的机械设备制造工业、金属结构、水泥制品等工业,以及为农业提供的生产资料如化肥、农药等工业。

根据上述划分原则,修理业中以重工业产品为修理作业对象的划为重工业,反之划为轻工业。

工业总产值

是以货币表现的工业企业在一定时期内生产的已出售或可供出售的工业产品总量,它反映一定时期内工业生产的总规模和总水平。它包括：在本企业内不再进行加工，经检验、包装入库（规定不需包装的产品除外）的成品价值，对外加工费收入，自制半成品、在产品期末期初差额价值。工业总产值采用"工厂法"计算，即以工业企业作为一个整体，按企业工业生产活动的最终成果来计算，企业内部不允许重复计算，不能把企业内部各个车间（分厂）生产的成果相加。但在企业之间、行业之间、地区之间存在着重复计算。

轻重工业总产值的划分也是按"工厂法"计算的，即一个工业企业在正常情况下生产的主要产品的性质属于轻工业，则该企业的全部总产值作为轻工业总产值；一个工业企业生产的主要产品的性质属于重工业，则该企业的全部总产值作为重工业总产值。

工业经济效益综合指数

是衡量工业经济效益各方面在数量上总体水平的一种特殊相对数，是反映工业经济运行质量的综合指标。它是以每项指标的实际值分别除以该项指标的全国标准值，并乘以其权数，加总后再除以总权数而求得。

计算公式为：

$$工业经济效益综合指数 = \Sigma\left(\frac{某项指标的报告期数值}{该指标全国标准值} \times 该指标权数\right) \div 总权数$$

工业增加值

是指工业企业在报告期内以货币表现的工业生产活动的最终成果。

固定资产原值

指企业在建造、购置、安装、改建、扩建、技术改造某项固定资产时所支出的全部货币总额。它一般包括买价、包装费、运杂费和安装费等。

固定资产净值

是指固定资产原值减去历年已提折旧额后的净额。

流动资产

是指可以在一年或者超过一年的一个营业周期内变现或者耗用的资产，包括现金及各种存款、短期投资、应收及预付货款、存货等。

利税总额

指企业利润总额、产品销售税金及附加和应交增值税之和。

资金利税率

指在一定时期内已实现的利润、税金总额与同期的资产（固定资产净值和流动资产）之比。计算公式：

$$资金利税率(\%) = \frac{报告期累计实现利税总额}{固定资产净值平均余额 + 流动资产平均余额} \times 100\%$$

资金利税率反映每单位（通常是每万元）资金所提供的利润税金额·。它是考察和评价部门或企业资金运用的经济效益，分析资金投入效果的主要指标。

工业成本费用利润率

指在一定时期内实现的利润与成本费用之比，是反映工业生产成本及费用投入的经济效益指标，同时也是反映降低成本的经济效益的指标。计算公式：

$$工业成本费用利润率(\%) = \frac{利润总额}{成本费用总额} \times 100\%$$

工业增加值率

是指在一定时期内工业增加值占同期工业总产值的比重,反映降低中间消耗的经济效益。
计算公式:

$$工业增加值率(\%)=\frac{工业增加值(现价)}{工业总产值(现价)+销项税额}\times100\%$$

流动资产周转次数

指在一定时期内流动资产完成的周转次数,反映流动资产的周转速度。计算公式:

$$流动资产周转次数=\frac{产品销售收入}{全部流动资产平均余额}$$

产品销售率

指一定时期内销售产值与同期全部工业总产值之比,反映工业产品已实现销售的程度。
计算公式:

$$工业产品销售率(\%)=\frac{报告期现价工业销售产值}{报告期现价工业总产值}\times100\%$$

产品销售收入

指企业销售产品的销售收入和提供劳务等主要经营业务取得的业务总额。

产品销售成本

指企业销售产品和提供劳务等主要经营业务的实际成本。

产品销售税金及附加

指企业销售产品和提供工业性劳务等主要经营业务应负担的城市维护建设税、消费税、资源税和教育费附加。

产品销售利润

指企业销售产品和提供工业性劳务等主要经营业务收入扣除其成本、费用、税金后的利润。

利润总额

指企业实现的利润。

应交增值税

指企业在报告期内应交纳的增值税额。

全员劳动生产率

指根据产品的价值量指标计算的平均每一个职工在单位时间内的产品生产量。是考核企业经济活动的重要指标,是企业生产技术水平、经营管理水平、职工技术熟练程度和劳动积极性的综合表现。目前我国的全员劳动生产率是将工业企业的工业增加值除以同一时期全部从业人员的平均人数来计算的。计算公式:

$$全员劳动生产率=\frac{工业增加值}{全部从业人员平均人数}$$

实收资本

指企业实际收到投资者投入企业的可作为长期周转使用的主要经营资本,包括国家资本、法人资本、集体资本、个人资本和外商及港澳台资本。

总资产

指企业拥有或控制的全部资产。包括流动资产、长期投资、固定资产、无形及递延资产、其他长期资产、递延税项等，即为企业资产负债表的资产总计项。

（1）固定资产　指企业固定资产净值、固定资产清理、在建工程、待处理固定资产损失所占用的资金合计。

（2）无形资产　指企业长期使用而没有实物形态的资产。包括专利权、非专利技术、商标权、著作权、土地使用权、商誉等。

总负债

指企业承担并需要偿还的全部债务。包括流动负债和长期负债、递延税项等，即为企业资产负债表的负债合计项。

（1）流动负债　指企业在一年内或者超过一年的一个营业周期内需要偿还的债务合计，包括短期借款、应付及预收款项、应付工资、应交税金和应交利润等。

（2）长期负债　指企业在一年以上或者超过一年的一个营业周期以上需要偿还的债务合计，包括长期借款、应付债务、长期应付款项等。

所有者权益

指企业投资人对企业净资产的所有权。企业净资产等于企业全部资产减去全部负债后的余额，包括投资者对企业的最初投入，以及资本公积金、盈余公积金和未分配利润，对股份制企业即为股东权益。

能源生产总量

指一定时期内全国（地区）一次能源生产量的总和，是观察全国（地区）能源生产水平、规模、构成和发展速度的总量指标。一次能源生产量包括原煤、原油、天然气、水电及其他动力能（如风能、地热能等）发电量。不包括低热值燃料生产量、生物质能、太阳能等的利用和由一次能源加工转换而成的二次能源产量。

能源消费总量

指一定时期内全国（地区）物质生产部门、非物质生产部门和生活消费的各种能源的总和，是观察能源消费水平、构成和增长速度的总量指标，能源消费总量包括原煤和原油及其制品、天然气、电力。不包括低热值燃料、生物质能和太阳能等的利用。能源消费总量分为三部分，即终端能源消费量、能源加工转换损失量和损失量。（1）终端能源消费量指一定时期内全国（地区）物质生产部门、非物质生产部门和生活消费的各种能源在扣除了用于加工转换二次能源消费量和损失量以后的数量。（2）能源加工转换损失量指一定时期内全国（地区）投入加工转换的各种能源数量之和与产出各种能源产品之和的差额。它是观察能源在加工转换过程中损失量变化的指标。（3）能源损失量指一定时期内能源在输送、分配、储存过程中发生的损失和由客观原因造成的各种损失量。不包括各种气体能源放空、放散量。

能源生产弹性系数

是研究能源生产量的增长与国民经济增长之间关系的指标。计算公式：

能源生产弹性系数＝能源生产总量年平均增长速度/国民经济年平均增长速度

国民经济年平均增长速度，一般采用国内生产总值指标来计算。

电力生产弹性系数

是研究电力生产量的增长与国民经济增长之间关系的指标。一般来说，电力的发展应当快于国民经济的发展，也就是说电力应超前发展。计算公式：

电力生产弹性系数 = 电力生产量年平均增长速度/国民经济年平均增长速度

能源消费弹性系数

是反映能源消费增长速度与国民经济增长速度之间比例关系的指标。计算公式：

能源消费弹性系数 = 能源消费量年平均增长速度/国民经济年平均增长速度

电力消费弹性系数

是反映电力消费增长速度与国民经济增长速度之间比例关系的指标。计算公式：

电力消费弹性系数 = 电力消费量年平均增长速度/国民经济年平均增长速度

能源加工转换效率

指一定时期内能源经过加工转换后，产出的各种能源产品的数量与同期内投入加工转换的各种能源数量的比率。它是观察能源加工转换装置和生产工艺先进与落后、管理水平高低等的重要指标。计算公式：

能源加工转换效率 = 加工转换产出量/加工转换投入量 ×100%

交通运输、邮电

12－1　公路、内河航道、码头情况

项　　目	计量单位	2002 年
一、公路线路里程	**公里**	**4 696**
等级公路	公里	2 921
高　速	公里	81
一　级	公里	175
二　级	公里	565
三　级	公里	328
四　级	公里	1 772
等外公路	公里	1 775
有路面公路	公里	4 696
高　级	公里	1 313
次 高 级	公里	1 174
中　级	公里	1 521
低　级	公里	688
无路面公路	公里	–
公路桥梁	座/米	704/32 057
二、内河航道里程	**公里**	**592**
#水深 1 米以上	公里	470
等级航道	公里	325
四级及以上	公里	184
五　级	公里	18
六　级	公里	74
七　级	公里	49
等外航道	公里	408
航道闸坝	座	23
#碍航闸坝	座	21
三、港口码头泊位数	**个**	**161**
#万吨级	个	19
#生产用	个	161
码头长度	米	10 170
#生产用	米	10 170

12－2　民用机动车及运输船舶拥有量

项　　目	计量单位	2002 年
民用车辆总计	**辆**	**328 738**
一、汽车	**辆**	**44 734**
#个人	辆	15 098
1. 载客汽车	辆	25 981
#个人	辆	9 826
#出租	辆	3 024
#大型	辆	1 538
中型	辆	3 491
小型	辆	16 776
微型	辆	4 176
2. 普通载货汽车	辆	18 170
#重型	辆	518
中型	辆	8 940
轻型	辆	6 989
微型	辆	1 723
3. 其他汽车	辆	583
二、摩托车	**辆**	**264 601**
1. 普通	辆	222 134
2. 轻便	辆	42 467
三、农用运输车	**辆**	**12 086**
1. 三轮	辆	4 634
2. 四轮	辆	7 452
四、拖拉机	**辆**	**2 474**
#小型	辆	2 452
五、挂车	**辆**	**904**
六、其他类型车	**辆**	**3 939**
民用运输轮驳船总计	**艘**	**1 173**
一、机动船舶数	**艘**	**984**
1. 客　船	艘/客位	71/6 208
2. 货　船	艘/吨位	840/99 746
3. 拖　船	艘/千瓦	73/12 963
二、驳　船	**艘/吨位**	**189/45 778**

补充资料:年末机动车驾驶员 325944 人,其中:汽车驾驶员 88028 人。

12－3　客、货运输量

项　　目	计量单位	2002 年	2002 年比 2001 年±%
一、客运量合计	**万人**	**6 148**	**4.1**
铁　路	万人	507	2.8
公　路	万人	5 615	4.2
水　路	万人	26	23.8
二、旅客周转量合计	**万人公里**	**250 228**	**2.4**
铁　路	万人公里	-	-
公　路	万人公里	249 803	2.4
水　路	万人公里	425	13.6
三、货运量合计	**万吨**	**4 385**	**3.0**
铁　路	万吨	437	15.0
#地方铁路公司	万吨	49	8.8 倍
公　路	万吨	3 632	5.0
水　路	万吨	316	-24.6
四、货物周转量合计	**万吨公里**	**256 626**	**-7.1**
铁　路	万吨公里	1 228	14.5 倍
#地方铁路公司	万吨公里	1 228	14.5 倍
公　路	万吨公里	178 882	3.9
水　路	万吨公里	76 516	-26.4
五、港口旅客吞吐量	**万人**	**1.3**	**-60.0**
六、港口货物吞吐量	**万吨**	**3 247**	**10.1**
#镇江港务局	万吨	2 630	18.6
#外　贸	万吨	609	35.0
七、地方铁路总延展里程	**公里**	**37.3**	**16.2**
#正线延展里程	公里	24.8	-

12－4 公路货运量

单位:万吨、万吨公里

项目	合计		交通部门		非交通部门			
					小计		#个体	
	运量	周转量	运量	周转量	运量	周转量	运量	周转量
合计	**3 632**	**178 882**	**201**	**4 013**	**3 431**	**174 869**	**1 385**	**40 420**
市区	1 907	93 912	99	1 597	1 808	92 315	396	11 544
#丹徒区	548	26 989	4	284	544	26 705	184	5 374
丹阳市	1 001	49 277	75	876	926	48 401	510	14 894
扬中市	224	11 064	5	31	219	11 033	155	4 516
句容市	500	24 629	22	1 509	478	23 120	324	9 466

12－5 水路货运量

单位:万吨、万吨公里

项目	合计		交通部门		非交通部门			
					小计		#个体	
	运量	周转量	运量	周转量	运量	周转量	运量	周转量
合计	**316**	**76 516**	**131**	**52 086**	**185**	**24 430**	**21**	**1 495**
市区	248	60 097	96	40 864	152	19 233	12	844
#丹徒区	33	7 888			33	7 888	12	844
丹阳市	9	2 119			9	2 119	9	651
扬中市								
句容市	59	14 300	35	11 222	24	3 078		

注:非交通部门运输量根据抽样调查推算而得。

12－6　公路客运量

单位：万人、万人公里

项　　目	合计		交通部门		非交通部门			
					小计		#个体	
	运量	周转量	运量	周转量	运量	周转量	运量	周转量
合　计	**5 615**	**249 803**	**1 892**	**77 506**	**3 723**	**172 297**	**1 350**	**56 080**
市　区	3 181	141 533	1 522	71 857	1 659	69 676	163	6 776
#丹徒区	398	17 723	258	8 084	140	9 639	103	4 289
丹阳市	1 272	56 592			1 272	56 592	1 016	42 205
扬中市	513	22 807			513	22 807	95	3 931
句容市	649	28 871	370	5 649	279	23 222	76	3 168

12－7　水路客运量

单位：万人、万人公里

项　　目	合计		交通部门		非交通部门			
					小计		#个体	
	运量	周转量	运量	周转量	运量	周转量	运量	周转量
合　计	**26**	**425**	**26**	**425**				
市　区	26	425	26	425				
#丹徒区	23	407	23	407				
丹阳市								
扬中市								
句容市								

注：非交通部门运输量根据抽样调查推算而得。

12－8　邮电基本情况

项　　目	计量单位	合计	镇江局	丹阳局	扬中局	句容局
电信局所总数	处	185	81	51	21	32
#农村局所	处	59		28	9	22
#自办局所	处	61	18	22	7	14
代办局所	处	124	63	29	14	18
邮政局所总数	处	135	53	37	13	32
#农村局所	处	95	26	30	10	29
#邮政全功能的	处	128	47	37	12	32
#电子化局所	处	120	38	37	13	32
#自办局所	处	118	42	36	13	27
代办局所	处	17	11	1		5
中营本地局用交换机容量	门	621 126	439 708	88 032	50 698	42 688
中营本地局用交换机实占容量	门	504 059	345 303	72 608	49 116	37 032
地营本地局用交换机容量	门	454 668	2 500	230 432	76 960	144 776
地营本地局用交换机实占容量	门	360 348	1 000	185 487	59 840	114 021
中营本地电话机总数	部	912 861	654 820	114 838	81 843	61 360
#接入局用交换机的话机	部	906 446	651 391	113 098	81 295	60 662

12－8(续)

项　　目	计量单位	合计	镇江局	丹阳局	扬中局	句容局
接入用户交换机的话机	部	6 415	3 429	1 740	548	698
地营本地电话机总数	部	591 590		300 083	126 322	165 185
#接入局用交换机的话机	部	590 034		299 703	126 252	164 079
接入用户交换机的话机	部	1 556		380	70	1 106
行政村总数	个	936	249	302	129	256
#电话村	个	936	249	302	129	256
公用电话点	处	25 927	10 989	10 077	2 341	2 520
计算机互联网用户	户	129 119	88 593	21 683	10 506	8 337
数字数据用户(DDN)	户	2 930	1 691	570	390	279
分组交换通信用户	户	1 047	543	239	180	85
城市电话用户	户	504 059	345 303	72 608	49 116	37 032
#住宅电话	户	393 236	268 002	55 202	39 625	30 407
农村电话用户	户	359 348		185 487	59 840	114 021
#住宅电话	户	323 176		164 421	52 793	105 962
全社会无线寻呼用户	户	24 658	20 829	2 020	1 251	558
全社会移动电话用户	户	607 670	312 307	154 528	75 201	65 634

12－9　邮电主要设备

项　　目	计量单位	合计	镇江局	丹阳局	扬中局	句容局
计算机	台	2 218	1 273	432	289	224
局用网服务器	台	145	112	14	10	9
局用网交换机	台	79	54	14	7	4
局用网路由器	台	177	96	50	23	8
自有房屋建筑面积	万平方米	41.87	18.64	10.74	5.77	6.72
#生产用	万平方米	38.45	18.28	10.69	4.74	4.74
本地电话中继电路	路	51 063	19 767	22 272	4 899	4 125
电缆长度	皮长公里	27 178	9 158	5 996	5 841	6 183
分组交换节点机端口数	个	576	352	80	64	80
数字数据网节点机端口数	个	2 282	1 418	358	326	180
长途电话交换机容量	路端	20 320	20 320			
长途电话交换机实占容量	路端	9 527	9 527			
长途数字终端复用设备容量	路	236 460	236 460			
长途数字终端复用设备实占容量	路	17 157	17 157			
出局用户线对数	对	1 472 130	561 730	422 160	145 540	342 700
用户交换机容量	门	13 129	6 188	2 245	1 114	3 582
局用数字终端复用设备容量	路	15 368	10 466	1 578	1 796	1 528
无线寻呼系统容量	户	360 000	360 000			
无线寻呼基站数	个	39	39			
GSM 数字蜂窝移动电话交换机容量	路	1 028 000	1 028 000			
GSM 数字蜂窝移动基站数	个	345	234	51	22	38
GSM 数字蜂窝移动通信信道	个	22 267	13 607	4 181	2 003	2 476
邮路总条数	条	47	23	16	5	3
邮路总长度	公里	3 628	2 219	915	148	346
农村投递线路总长度	公里	11 114	3 383	4 138	1 346	2 247
邮政汽车	辆	149	77	32	21	19
邮 资 机	台	13	7	3	2	1
ATM 自动柜员机	台	46	39	2	2	3

12－10 邮电业务量

项 目	计量单位	合计	镇江局	丹阳局	扬中局	句容局
邮政业务总量	万元	18 786	9 699	4 842	2 415	1 830
#计 费	万元	18 786	9 699	4 842	2 415	1 830
电信业务总量	万元	233 521	115 808	63 514	27 693	26 506
#计 费	万元	65 786	38 219	14 109	6 318	7 140
函 件	万件	1 712	1 041	407	68	196
包 裹	万件	33.20	12.56	10.77	5.31	4.56
汇 票	万张	57.07	33.56	13.94	4.02	5.55
机要邮件	万件	2.11	1.40	0.55	0.09	0.07
特快专递	万件	51.53	23.28	14.51	9.25	4.49
订销报纸累计份数	万份	8 772	3 857	2 334	1 415	1 166
订销杂志累计份数	万份	450.86	292.40	88.00	43.78	26.68
报纸期发份数	万份	40.95	18.33	11.33	5.84	5.45
杂志期发份数	万份	35.88	23.97	6.65	3.06	2.20
报刊流转额	万元	6 614	3 522	1 535	867	690
邮政信箱箱格口数	个	160 035	125 835	8 580	19 588	6 032
邮政投递点	个	150 018	119 905	5 395	19 468	5 250
邮政储蓄收储余额	万元	312 416	124 385	105 578	49 095	33 358
集 邮	万枚	866	613	101	106	46
公众电报	万份	0.85	0.46	0.15	0.13	0.11
用户电报	次	1 731	1 731			
传 真	份	33 729	20 843	4 782	5 948	2 156
分组交换通信	时长(小时)	297 313	248 354	9 463	35 174	4 322
长途电话	万次	8 678	4 484	2 251	974	969
公用电话	部	25 927	10 989	10 077	2 341	2 520
专线用户	对	188	183	2		3

12－11　主要年份运输、邮电生产完成情况

年份	货运量总计（万吨）	#铁路	#公路	客运量总计（万人）	#铁路	#公路	港口货物吞吐量（万吨）	邮电业务总量（万元）
1949	20		20				12	192
1952	83	15	68	11		11	45	239
1957	129	21	108	320	184	136	108	360
1962	210	40	170	482	403	79	160	660
1965	345	71	274	270	209	61	280	686
1970	588	97	245	781	272	339	233	765
1975	869	176	364	1 279	348	735	509	995
1978	1 170	226	541	1 736	388	1 209	706	1 204
1979	1 196	218	570	1 987	415	1 410	673	1 280
1980	1 207	215	573	2 289	464	1 652	709	1 414
1981	1 149	218	533	2 596	465	1 963	752	1 534
1982	1 248	243	577	2 919	459	2 285	794	1 631
1983	1 942	262	1 095	3 195	488	2 536	890	1 798
1984	1 928	281	1 070	3 348	535	2 666	1 009	1 986
1985	3 370	304	2 266	4 008	556	3 307	1 076	2 508
1986	3 342	309	2 303	3 936	563	3 252	1 260	3 304

12－11(续)

年　　份	货运量总计(万吨)	#铁路	#公路	客运量总计(万人)	#铁路	#公路	港口货物吞吐量(万吨)	邮电业务总量(万元)
1987	3 714	302	2 711	3 921	619	3 196	1 519	3 664
1988	3 421	261	2 479	3 917	712	3 087	1 687	4 798
1989	3 713	315	2 764	3 818	662	3 064	1 803	5 312
1990	3 631	326	2 828	3 509	569	2 867	1 669	6 199
1991	3 874	304	3 058	3 648	550	3 020	1 635	8 472
1992	6 181	313	5 249	4 419	573	3 764	1 896	12 608
1993	3 498	330	2 492	3 433	589	2 770	2 154	20 087
1994	3 664	308	2 808	4 231	584	3 584	2 080	30 714
1995	4 220	318	3 271	4 839	523	4 276	1 971	42 214
1996	3 517	298	3 109	5 160	479	4 638	2 211	51 500
1997	3 931	367	3 132	5 286	421	4 833	2 246	68 851
1998	3 705	298	3 054	5 358	424	4 909	2 226	86 144
1999	3 933	292	3 259	5 526	458	5 045	2 437	97 086
2000	4 100	383	3 343	5 638	436	5 175	2 996	162 069
2001	4 259	380	3 460	5 904	493	5 390	2 949	229 122
2002	**4 385**	**437**	**3 632**	**6 148**	**507**	**5 615**	**3 247**	**252 307**

注:1966 年以前公路为水路、陆路合计数。邮电业务总量按 1990 年不变价格计算。

1997－2002 年铁路货运量包括地方铁路。

统计指标解释

货(客)运量

指在一定时期内,各种运输工具实际运送的货物(旅客)数量。是反映运输业为国民经济和人民生活服务的数量指标,也是编制和检查运输生产计划,研究运输发展规模和速度的重要指标。货运按吨计算,客运按人计算。货物不论运输距离长短,货物类别,均按实际重量统计;旅客不论行程远近或票价多少,均按一人一次作为客运量统计。半价票、小孩票也按一人统计。

货物(旅客)周转量

指在一定时期内,由各种运输工具运送的货物(旅客)数量与其相应运输距离的乘积之总和,是反映运输业生产总成果的重要指标,也是编制和检查运输生产计划,计算运输效率、劳动生产率以及核算运输单位成本的主要基础资料。通常以吨公里和人公里为计算单位。计算货物周转量通常按发出站与到达站之间的最短距离,也就是计费距离计算。

港口货物吞吐量

指由水运进出港区范围,并经过装卸的货物数量,包括邮件及办理托运手续的行李、包裹以及补给运输船舶的燃、物料和淡水。其计量单位为吨。货物吞吐量的货种分类及其主要流向流量,反映了港口在国内外物资交流和对外贸易运输中的地位和作用。吞吐量可以分为进口、出口,又可以分为国内贸易和对外贸易。

邮电业务总量

指以货币表现的邮电部门用于传递信息和提供其他邮电服务的总数量。它综合反映了一定时期邮电工作的总成果,是研究邮电业务量构成和发展趋势的重要指标。根据邮电管理体制不同,分为中央国营业务总量和地方国营业务总量。它用各种邮电分类业务量,如函件件数、电报份数、长话次数、市内电话和农村电话的年均户数、订销报刊累计份数等,分别乘以相应的平均单价(不变价),加总后再加上出租电路和设备的收入、代用户维护电话交换机和线路等设备的收入、其他业务收入求得。

市内电话

指接入县城(包括个别城镇)及县以上城市的市内电话网上,并按市内电话进行经营管理的电话。按计算办法分为包月制和计次制两种。

(1)住宅电话　指话机装在居民住宅里的电话。它包括私人付费、公费和免费三个部分。

(2)私人付费电话　指住宅居民自费安装并自己缴纳通话费的电话。

无线寻呼电话用户

指携带小型寻呼机,接收市话用户通过无线寻呼中心,在规定范围内向其发出声音、数字;或文字显示信息的用户。目前在邮电部门办理登记手续的无线寻呼电话用户,每一部寻呼机按一户计算。

移动电话用户

指在邮电部门登记,通过移动电话交换机进入移动电话网、占有移动电话号码的电话用户。用户数量以实际办理登记手续进入邮电部门移动电话网的户数进行计算,一部或一台移动电话统计为一户。

固定资产、建筑、房地产

13－1 2002年重大项目建设情况

单位:万元

项 目	计 划 总投资	累计 完成 投资	本年 计划 投资	本年 完成 投资
结转项目(14项)				
湖西引排工程	25 099	15 476	5 000	5 100
镇扬、扬中河段整治工程	21 550	19 247	4 000	4 200
句容骏升显示器STN流水线改造	5 789	1 145	4 644	0
年产11万吨ABS、AS和丁苯粉	4 225	3 460	2 000	3 260
1万吨硅橡胶混炼胶技改	30 000	35 500	20 000	25 500
光通讯有源器件和微光机电敏感器件	5 900	5 580	3 000	3 580
醋酸二期15万吨技改建设	101 732	13 000	20 000	9 000
化纤、造纸钛白粉替代进口技改	19 600	11 000	7 000	8 000
茅东路总长38公里	36 000	11 000	15 000	10 000
丹徒铭基商贸城一期工程	7 500	6 223	4 500	3 223
润扬长江公路大桥接线工程16.44公里	68 400	33 800	13 000	14 800
联通扩容建设。	28 000	23 400	16 000	11 400
天然气利用工程	53 992	3 601	4 600	2 601
第一人民医院门诊大楼	8 420	15 626	6 918	7 326
新开工项目(12项)				
城市防洪外线工程	104 500	2 800	4 000	2 800
8000吨/年高精超薄铝箔	16 300	5 000	1 500	5 000
2×135MW燃煤机组	10 600	49 892	35 000	49 892
数码相机DSC关键主件产业化专项项目	5 000	1 000	1 000	1 000
车载电子信息系统工程	4 550	2 500	2 500	2 500
扬中夹江二桥建设	17 000	1 700	2 000	1 700
南徐路拓宽改造工程(长5.1公里)	37 000	37 000	22 000	37 000
沿江干道拓宽改造三期工程	17 550	29 550	17 550	29 550
引资大道入城道路南门天桥立交工程	9 240	6 060	6 000	6 060
迁建沪宁铁路三线镇江段项目	15 000	5 000	5 000	5 000
市污水处理厂一期工程	14 073	6 104	7 000	6 104
镇江市老城区改造	42 000	17 833	28 000	17 833

13－2　全社

项　　目	合计	增减(%)	市区	#京口区
全社会合计	**1 855 394**	**23.0**	**943 061**	**60 138**
#城镇集体以上投资	919 251	26.6	632 001	7 210
在城镇集体以上投资中				
一、内资	798 934	52.6	537 462	7 210
1. 国有	712 424	57.7	486 354	5 000
2. 集体	20 424	2.9	3 190	930
3. 股份	29 274	2.6	22 163	460
4. 私营	12 947	316.3	7 735	
5. 其他	23 865	17.6	18 020	820
二、港澳台商投资	80 051	29.2	64 217	
三、外商投资	39 656	－71.7	30 322	
四、个体经营投资	610	52.5		
在全社会投资中：				
1. 基建	642 629	24.4	467 686	5 000
2. 技改	231 103	33.7	148 633	
3. 其他	16 334	78.8	9 602	2 210
4. 房地产	197 973	32.5	131 575	20 689

会投资完成情况表

单位:万元

#润州区	#丹徒区	丹阳市	扬中市	句容市
53 016	**213 734**	**393 276**	**272 927**	**246 130**
14 128	77 943	126 512	77 031	83 707
11 946	63 281	102 781	75 034	83 657
3 851	60 306	88 667	63 883	73 520
660	1 600	3 477	5 520	8 237
	600	2 005	3 266	1 840
7 435	300	3 232	1 980	
	475	5 400	385	60
1 382	5 198	14 404	1 380	50
800	9 464	9 327	7	
			610	
4 001	43 786	57 233	57 293	60 417
2 832	31 091	61 697	6 890	13 883
	1 077	2 100	4 632	
18 672	25 684	33 250	15 391	17 757

13－2(续)

项　　目	合计	增减(%)	市区	#京口区
5. 城镇	60 937	49.6	14 746	4 582
#集体	24 005	2.1	3 190	930
城镇私个	28 931	138.9	11 087	3 352
#私营	19 951	120.6	9 437	1 702
个体	8 980	193.0	1 650	1 650
个人	8 001	56.6	469	300
6. 农村	694 472	14.2	167 884	26 512
#集体	219 429	－15.4	40 841	9 602
农村个私	359 173	48.5	105 130	16 150
#私营	291 612	75.7	84 328	14 695
个体	67 561	－10.9	20 802	1 455
个人	115 870	8.3	21 913	760
7. 零星投资	11 946	1.5	2 935	1 145
新增固定资产				
#城镇集体以上	655 415		426 918	1 690
#国有单位	547 187		363 418	
#基本建设	496 580		346 844	

单位:万元

#润州区	#丹徒区	丹阳市	扬中市	句容市
8 264	1 900	19 644	14 304	12 243
660	1 600	5 482	5 926	9 407
7 435	300	13 994	2 290	1 560
7 435	300	8 153	1 421	940
		5 841	869	620
169		168	6 088	1 276
18 237	109 416	211 502	173 866	141 220
5 894	24 565	58 019	41 779	78 790
11 190	64 851	95 019	113 878	45 146
10 940	46 474	63 297	102 899	41 088
250	18 377	31 722	10 979	4 058
1 153	20 000	58 464	18 209	17 284
1 010	780	7 850	551	610
12 957	17 812	98 273	63 824	66 400
1 850	17 365	66 578	55 721	61 470
2 000	16 845	44 457	49 982	55 297

13－3 基本

项　　目	单位	合 计	市 区	市 直
一、施工项目个数	**个**	**226**	**165**	**91**
本年新开工	个	139	94	55
本年投产项目个数	个	126	79	47
二、计划总投资	**万元**	**1 537 327**	**1 291 000**	**1 172 478**
本年新开工	万元	547 715	439 597	395 765
实际需要的总投资	万元	1 558 911	1 310 038	1 191 516
累计完成投资	万元	1 041 586	842 601	764 784
累计新增固定资产	万元	564 582	404 058	379 293
三、本年计划投资	**万元**	**691 392**	**509 322**	**443 062**
#本年新开工	万元	357 727	280 683	237 781
本年完成投资	**万元**	**642 629**	**467 686**	**414 899**
#本年新开工	万元	336 805	267 356	231 625
#住宅	万元	16 501	13 807	12 602
1. 建筑工程	万元	431 756	301 865	251 559
2. 安装工程	万元	45 671	31 925	31 925
3. 设备工器具购置	万元	73 663	72 679	72 679
4. 其他费用	万元	91 539	61 217	58 736
本年新增固定资产	万元	496 880	346 844	327 999
四、本年施工房屋面积	**平方米**	**1 148 712**	**737 099**	**637 619**

建设投资完成情况

京口区	润州区	丹徒区	丹阳市	扬中市	句容市
3	**7**	**64**	**29**	**21**	**11**
3	5	31	26	13	6
	4	28	24	13	10
17 200	**5 350**	**95 972**	**88 159**	**91 557**	**66 611**
7 200	4 000	32 632	59 255	30 977	17 886
17 200	5 350	95 972	88 164	94 098	66 611
5 000	4 585	68 232	65 313	70 901	62 771
	2 000	22 765	47 471	50 282	62 771
7 200	**4 750**	**54 310**	**60 193**	**61 460**	**60 417**
7 200	4 000	31 702	41 704	16 477	18 863
5 000	**4 001**	**43 786**	**57 233**	**57 293**	**60 417**
5 000	3 652	27 079	39 686	13 300	16 463
	750	455	495	759	1 440
3 200	3 320	43 786	36 880	47 674	45 337
			1 113	60	12 573
			661	300	23
1 800	681		18 579	9 259	2 484
	2 000	16 845	44 457	50 282	55 297
14 412	**32 348**	**52 720**	**77 002**	**80 082**	**254 529**

13－3(续)

项　　目	单位	合　计	市　区	市　直
#住宅	平方米	255 306	213 730	199 730
本年竣工房屋面积	平方米	715 887	313 774	273 094
#住宅	平方米	146 050	104 474	100 474
本年竣工房屋价值	万元	102 764	36 256	31 637
#住宅	万元	8 816	6 122	5 742
五、本年资金来源合计	**万元**	**636 469**	**463 377**	**410 712**
1. 上年末结余资金	万元	19 817	11 702	11 702
2. 本年资金来源小计	万元	616 652	451 675	399 010
(1)国家预算内资金	万元	7 536	5 586	5 250
(2)国内贷款	万元	145 723	118 763	118 350
(3)利用外资	万元	46 622	46 622	46 622
#外商直接投资	万元	46 282	46 282	46 282
(4)自筹资金	万元	387 771	267 956	217 967
中央各部门自筹	万元	245		
省自筹	万元	76 212	76 187	76 167
地(市)自筹	万元	38 596	33 071	33 071
县自筹	万元	37 673	12 027	3 110
企事业单位自有资金	万元	235 045	146 671	105 619
(5) 其他资金来源	万元	29 000	12 748	10 821

京口区	润州区	丹徒区	丹阳市	扬中市	句容市
	10 000	4 000	7 866	10 110	23 600
	8 380	32 300	77 002	70 582	254 529
		4 000	7 866	10 110	23 600
	860	3 759	11 417	8 717	46 374
		380	495	759	1 440
4 878	**4 001**	**43 786**	**58 319**	**52 498**	**62 275**
			570	5 691	1 854
4 878	4 001	43 786	57 749	46 807	60 421
	336		1 630		320
	413		7 938	6 830	12 192
4 878	1 780	43 331	38 089	39 839	41 887
				245	
	20			25	
				5 525	
		8 917	8 067	16 719	860
4 878	1 760	34 414	30 022	17 325	41 027
	1 472	455	10 092	138	6 022

13－4 基本

项　　目	合 计	市 区	市 直	京口区
本年完成投资合计	**642 629**	**467 686**	**414 899**	**5 000**
一、按登记注册类型				
1. 内资	582 435	407 492	355 505	5 000
国有	568 211	394 318	342 511	5 000
国有独资公司	180	180		
其他有限责任公司	8 433	8 433	8 433	
股份有限公司	4 561	4 561	4 561	
私营	1 050			
2. 港澳台商投资	50 593	50 593	50 593	
独资	50 593	50 593	50 593	
3. 外商投资	9 601	9 601	8 801	
合资经营	5 798	5 798	4 998	
独资	3 803	3 803	3 803	
二、按国民经济行业				
(一)农、林、牧、渔业	850	850		
(二)制造业	49 983	48 283	46 440	
(三)电力、煤气及水的水生产和供应业	68 925	67 702	66 744	
1. 电力、蒸气、水的生产和供应业	62 524	62 524	62 524	
2. 煤气生产和供应业	1 100	1 100	1 100	

建设投资构成情况

单位:万元

润州区	丹徒区	丹阳市	扬中市	句容市
4 001	**43 786**	**57 233**	**57 293**	**60 417**
3 201	43 786	57 233	57 293	60 417
3 201	43 606	56 483	56 993	60 417
	180			
		750	300	
800				
800				
850				
800	1 043	1 000	300	400
	958		1 223	

13－4(续)

项　　目	合　计	市　区	市　直	京口区
3. 自来水的生产和供应业	5 301	4 078	3 120	
(四)建筑业	33 845	2 452		
(五)地质勘查业、水利管理业	15 840	14 213	12 213	
(六)交通运输、仓储及邮电通信业	197 410	165 753	150 840	
(七)批发和零售贸易、餐饮业	3 963	3 963	2 623	
(八)金融、保险业	2 196	180		
(九)房地产业	1 350	1 350		
(十)社会服务业	102 123	59 667	53 645	
(十一)卫生、体育和社会福利业	16 848	15 098	14 797	
(十二)教育、文化艺术及广播电影电视业	52 914	43 114	37 090	1 000
(十三)国家机关、政党机关和社会团体	71 152	19 831	9 780	
(十四)其他行业	25 230	25 230	20 727	4 000
三、按隶属关系分				
1. 中央	24 448	22 432	22 432	
2. 省	180 136	174 946	174 946	
3. 市	214 358	214 358	214 358	
4. 县(市)、区	218 674	51 987		5 000
5. 其他	5 013	3 963	3 163	

单位:万元

润州区	丹徒区	丹阳市	扬中市	句容市
	958		1 223	
	2 452		31 393	
	2 000	1 550		77
	14 913	17 091		14 566
	1 340			
	180	2 016		
	1 350			
	6 022	7 456		35 000
	301			1 750
400	4 624	1 935	7 865	
1 551	8 500	26 185	16 512	8 624
400	103			
		2 016		
		5 190		
3 201	43 786	49 277	56 993	60 417
800		750	300	

13－5　基本建

项　　目	合　计	市　区	市　直	京口区
本年新增固定资产	**496 880**	**346 844**	**327 999**	
一、按登记注册类型				
1. 内资	481 212	331 176	313 131	
国有	467 158	318 172	300 127	
其他有限责任公司	8 443	8 443	8 443	
股份有限公司	4 561	4 561	4 561	
私营	1 050			
2. 港澳台商投资	14 788	14 788	14 788	
独资	14 788	14 788	14 788	
3. 外商投资	880	880	80	
合资经营	800	800		
独资	80	80	80	
二、按国民经济行业				
（一）农、林、牧、渔业	400	400		
（二）制造业	5 023	3 323	2 523	
（三）电力、煤气及水的水生产和供应业	72 752	72 752	72 752	
1. 电力、蒸气、水的生产和供应业	69 832	69 832	69 832	

设投资新增固定资产

单位:万元

润州区	丹徒区	丹阳市	扬中市	句容市
2 000	**16 845**	**44 457**	**50 282**	**55 297**
1 200	16 845	44 457	50 282	55 297
1 200	16 845	43 707	49 982	55 297
		750	300	
800				
800				
400				
800		1 000	300	400

13－5(续)

项　　目	合　计	市　区	市　直	京口区
2. 自来水的生产和供应业	2 920	2 920	2 920	
(四)建筑业	28 865			
(五)地质勘查业、水利管理业	15 840	14 213	12 213	
(六)交通运输、仓储及邮电通信业	117 298	98 361	91 127	
(七)批发和零售贸易、餐饮业	2 673	2 673	2 623	
(八)金融、保险业	2 016			
(九)社会服务业	105 983	69 303	67 181	
(十)卫生、体育和社会福利业	4 911	3 161	3 161	
(十一)教育、文化艺术及广播电影电视业	61 212	51 472	49 148	
(十二)国家机关、政党机关和社会团体	59 340	10 619	7 104	
(十三)其他行业	20 567	20 567	20 167	
三、按隶属关系分				
1. 中央	98 663	96 647	96 647	
2. 省	70 456	65 266	65 266	
3. 市	166 086	166 086	166 086	
4. 县(市)、区	159 825	18 045		
5. 其他	1 850	800		

单位:万元

		丹阳市	扬中市	句容市
润州区	丹徒区			
			28 865	
	2 000	1 550		77
	7 234	10 091		8 846
	50			
		2 016		
	2 122	1 680		35 000
				1 750
400	1 924	1 935	7 805	
	3 515	26 185	13 312	9 224
400				
		2 016		
		5 190		
1 200	16 845	36 501	49 982	55 297
800		750	300	

13－6 更新

项　　目	单位	合　计	市　区	市　直
一、施工项目个数	**个**	**226**	**173**	**129**
本年新开工	个	161	137	99
本年投产项目个数	个	155	118	108
二、计划总投资	**万元**	**542 256**	**364 176**	**291 412**
本年新开工	万元	261 107	143 657	108 763
实际需要的总投资	万元	542 274	364 194	291 430
累计完成投资	万元	280 951	191 590	150 545
累计新增固定资产	万元	152 764	90 392	86 267
三、本年计划投资	**万元**	**292 633**	**193 252**	**137 872**
#本年新开工	万元	193 761	120 197	80 303
本年完成投资	**万元**	**231 103**	**148 633**	**115 121**
#本年新开工	万元	137 816	83 145	57 514
1. 建筑工程	万元	41 346	27 026	15 717
2. 安装工程	万元	19 961	15 220	14 660
3. 设备工器具购置	万元	147 154	90 150	70 465
4. 其他费用	万元	22 642	16 237	14 279
本年新增固定资产	万元	126 415	67 339	63 760

改造投资完成情况

京口区	润州区	丹徒区	丹阳市	扬中市	句容市
	8	**36**	**35**	**6**	**12**
	7	31	16	6	2
	8	2	27	4	6
	2 612	**70 152**	**147 882**	**11 839**	**18 359**
	1 812	33 082	93 457	9 839	14 154
	2 612	70 152	147 882	11 839	18 359
	2 612	38 433	68 588	6 890	13 883
	2 612	1 513	47 084	5 739	9 549
	2 032	**53 348**	**72 387**	**11 839**	**15 155**
	1 812	38 082	52 162	9 839	11 563
	2 032	31 480	61 697	6 890	13 883
	1 812	23 819	42 433	5 889	6 349
	220	11 089	9 517	655	4 148
	240	320	3 523	40	1 178
	972	18 713	46 001	6 145	4 858
	600	1 358	2 656	50	3 699
	2 612	967	46 384	5 739	6 953

13－6(续)

项　　目	单位	合　计	市　区	市　直
四、本年施工房屋面积	**平方米**	**139 741**	**12 921**	**4 221**
本年竣工房屋面积	平方米	100 041	6 221	4 221
本年竣工房屋价值	万元	9 304	1 344	754
五、本年资金来源合计	**万元**	**245 335**	**152 803**	**119 291**
1. 上年末结余资金	万元	1 447	347	347
2. 本年资金来源小计	万元	243 888	152 456	118 944
(1)国家预算内资金	万元	11 970	10 160	10 160
(2)国内贷款	万元	25 769	17 244	15 244
(3)利用外资	万元	27 559	14 546	8 106
#外商直接投资	万元	27 157	14 144	7 704
(4)自筹资金	万元	175 403	109 139	84 529
中央各部门自筹	万元	17 710	17 710	17 710
省自筹	万元	14 085	10 439	10 439
县自筹	万元	912	812	
企事业单位自有资金	万元	142 696	80 178	56 380
(5)其他资金来源	万元	3 187	1 367	905

京口区	润州区	丹徒区	丹阳市	扬中市	句容市
	2 000	**6 700**	**118 620**	**8 200**	
	2 000		85 620	8 200	
	590		7 305	655	
	2 032	**31 480**	**71 759**	**6 890**	**13 883**
					1 100
	2 032	31 480	71 759	6 890	12 783
				1 760	50
		2 000	5 210		3 315
		6 440	12 433		580
		6 440	12 433		580
	1 570	23 040	54 116	4 810	7 338
				1 001	2 645
		812		100	
	1 570	22 228	54 116	3 709	4 693
	462			320	1 500

13－7　更新

项　　目	合　计	市　区	市　直	京口区
本年完成投资合计	**231 103**	**148 633**	**115 121**	
一、按登记注册类型				
1. 内资	173 179	114 290	96 820	
国有	132 032	81 855	64 685	
国有独资公司	12 001	10 001	10 001	
其他有限责任公司	9 152	5 592	5 592	
股份有限公司	17 212	16 542	16 542	
私营	2 782	300		
2. 港澳台商投资	27 877	13 623	7 044	
合资经营	9 495	2 445	1 412	
独资	18 382	11 178	5 632	
3. 外商投资	30 047	20 720	11 257	
合资经营	19 330	12 623	11 257	
合作经营	7 650	7 650		
独资	3 067	447		
二、按国民经济行业				
(一)农、林、牧、渔业	1 020	1 020		
(二)采掘业	3 178	3 178	3 178	
(三)制造业	128 298	80 317	64 572	
(四)电力、煤气及水的水生产和供应业	51 339	34 369	19 685	

改造投资构成情况

单位:万元

润州区	丹徒区	丹阳市	扬中市	句容市
2 032	**31 480**	**61 697**	**6 890**	**13 883**
650	16 820	38 166	6 890	13 833
650	16 520	30 184	6 890	13 103
		2 000		
		3 500		60
				670
	300	2 482		
1 382	5 197	14 204		50
662	371	7 000		50
720	4 826	7 204		
	9 463	9 327		
	1 366	6 707		
	7 650			
	447	2 620		
300	720			
1 382	14 363	41 076	1 295	5 610
	14 684	10 039	1 001	5 930

13－7(续)

项目	合计	市区	市直	京口区
1. 电力、蒸气、水的生产和供应业	50 900	34 369	19 685	
2. 自来水的生产和供应业	439			
(五)建筑业	687	687	240	
(六)交通运输、仓储及邮电通信业	28 278	19 796	19 796	
(七)批发和零售贸易、餐饮业	1 316	503	153	
(八)金融、保险业	700	700	700	
(九)房地产业	950	950	950	
(十)社会服务业	6 784	4 200	4 200	
(十一)卫生、体育和社会福利业	1 276	1 276	1 276	
(十二)教育、文化艺术及广播电影电视业	821	371	371	
(十三)科学研究和综合技术服务业	2 600			
(十四)国家机关、政党机关和社会团体	3 126	1 266		
(十五)其他行业	730			
三、按隶属关系分				
1. 中央	35 266	28 335	28 335	
2. 省	24 543	9 911	9 911	
3. 市	76 875	76 875	76 875	
4. 县(市)、区	90 887	32 462		
5. 其他	3 532	1 050		

单位：万元

润州区	丹徒区	丹阳市	扬中市	句容市
	14 684	9 600	1 001	5 930
		439		
	447			
		7 982		500
350				813
			2 584	
			150	300
		2 600		
	1 266		1 860	
				730
			1 001	5 930
		13 632		1 000
1 282	31 180	45 583	5 889	6 953
750	300	2 482		

13－8　更新改

项　　目	合　计	市　　区		
			市　　直	京口区
本年新增固定资产	**126 415**	**67 339**	**63 760**	
一、按登记注册类型				
内资	99 158	57 663	56 493	
1. 国有	77 029	44 246	43 076	
2. 国有独资公司	3 000	1 000	1 000	
3. 其他有限责任公司	6 985	3 425	3 425	
4. 股份有限公司	9 662	8 992	8 992	
5. 私营	2 482			
港澳台商投资	15 643	7 389	5 427	
1. 合资经营	8 989	1 939	1 277	
2. 独资	6 654	5 450	4 150	
外商投资	11 614	2 287	1 840	
1. 合资经营	8 547	1 840	1 840	
2. 独资	3 067	447		
二、按国民经济行业				
(一)农、林、牧、渔业	300	300		
(二)采掘业	3 178	3 178	3 178	
(三)制造业	63 922	32 104	29 722	
(四)电力、煤气及水的水生产和供应业	13 370	3 531	3 431	

造投资新增固定资产

单位:万元

润州区	丹徒区	丹阳市	扬中市	句容市
2 612	**967**	**46 384**	**5 739**	**6 953**
650	520	28 853	5 739	6 903
650	520	20 871	5 739	6 173
		2 000		
		3 500		60
				670
		2 482		
1 962		8 204		50
662		7 000		50
1 300		1 204		
	447	9 327		
		6 707		
	447	2 620		
300				
1 962	420	25 963	1 245	4 610
	100	9 839		

13－8(续)

项　　目	合 计	市　　区	市　　直	京口区
1. 电力、蒸气、水的生产和供应业	12 931	3 531	3 431	
2. 自来水的生产和供应业	439			
(五)建筑业	687	687	240	
(六)交通运输、仓储及邮电通信业	28 021	19 539	19 539	
(七)批发和零售贸易、餐饮业	1 316	503	153	
(八)金融、保险业	700	700	700	
(九)房地产业	950	950	950	
(十)社会服务业	6 784	4 200	4 200	
(十一)卫生、体育和社会福利业	1 276	1 276	1 276	
(十二)教育、文化艺术及广播电影电视业	821	371	371	
(十三)科学研究和综合技术服务业	2 600			
(十四)国家机关、政党机关和社会团体	1 760			
(十五)其他行业	730			
三、按隶属关系分				
1. 中央	9 991	9 991	9 991	
2. 省	23 543	9 911	9 911	
3. 市	43 858	43 858	43 858	
4. 县(市)、区	45 791	2 829		
5. 其他	3 232	750		

单位:万元

润州区	丹徒区	丹阳市	扬中市	句容市
	100	9 400		
		439		
	447			
		7 982		500
350				813
			2 584	
			150	300
		2 600		
			1 760	
				730
		13 632		
1 862	967	30 270	5 739	6 953
750		2 482		

13－9 其

项　　目	单位	合　计	市　区	市　直
一、施工项目个数	**个**	**108**	**52**	**1**
本年新开工	个	95	49	1
本年投产项目个数	个	78	44	1
二、计划总投资	**万元**	**71 061**	**21 606**	**2 700**
本年新开工	万元	50 412	20 706	2 700
实际需要的总投资	万元	71 391	21 606	2 700
累计完成投资	万元	50 862	16 025	2 700
累计新增固定资产	万元	40 655	12 735	2 700
三、本年计划投资	**万元**	**62 362**	**21 261**	**2 700**
#本年新开工	万元	47 212	20 706	2 700
本年完成投资	**万元**	**45 519**	**15 682**	**2 700**
#本年新开工	万元	39 883	15 480	2 700
#住宅	万元	1 900		
1. 建筑工程	万元	7 930	2 438	
2. 安装工程	万元	2 586	1 416	
3. 设备工器具购置	万元	25 953	7 319	

他投资完成情况

京口区	润州区	丹徒区	丹阳市	扬中市	句容市
13	**31**	**7**	**17**	**33**	**6**
13	30	5	15	30	1
12	31		14	17	3
2 390	**8 345**	**8 171**	**9 505**	**20 875**	**19 075**
2 390	7 945	7 671	9 505	16 051	4 150
2 390	8 345	8 171	9 505	21 205	19 075
2 210	8 345	2 770	7 582	14 648	12 607
1 690	8 345		7 432	10 106	10 382
2 390	**8 095**	**8 076**	**7 795**	**17 431**	**15 875**
2 390	7 945	7 671	7 795	14 561	4 150
2 210	8 095	2 677	7 582	12 848	9 407
2 210	7 895	2 675	7 582	12 671	4 150
			500	20	1 380
523	890	1 025	2 917	776	1 799
302	1 114		150	670	350
1 016	4 841	1 462	3 855	9 590	5 189

13－9(续)

项　　目	单位	合　计	市　　区	市　　直
4.其他费用	万元	9 050	4 509	2 700
本年新增固定资产	万元	33 183	12 735	2 700
四、本年施工房屋面积	**平方米**	**102 642**	**14 360**	
#住宅	平方米	16 544		
本年竣工房屋面积	平方米	48 700	10 650	
#住宅	平方米	4 500		
本年竣工房屋价值	万元	3 538	650	
#住宅	万元	500		
五、本年资金来源合计	**万元**	**44 510**	**15 193**	**2 700**
(1)国内贷款	万元	4 005	1 500	1 500
(2)利用外资	万元	205		
#外商直接投资	万元	205		
(3)自筹资金	万元	37 956	13 693	1 200
县自筹	万元	20		
企事业单位自有资金	万元	37 936	13 693	1 200
(4)其他资金来源	万元	2 344		

京口区	润州区	丹徒区	丹阳市	扬中市	句容市
369	1 250	190	660	1 812	2 069
1 690	8 345		7 432	8 866	4 150
3 360	**9 400**	**1 600**	**45 900**	**29 282**	**13 100**
			4 500	1 844	10 200
1 250	9 400		36 100	1 950	
			4 500		
115	535		2 820	68	
			500		
1 721	**8 095**	**2 677**	**7 117**	**12 793**	**9 407**
			1 060	20	1 425
			25		180
			25		180
1 721	8 095	2 677	5 862	12 773	5 628
				20	
1 721	8 095	2 677	5 862	12 753	5 628
			170		2 174

13－10 其

项　　目	合　计	市　　区		
			市　　直	京口区
本年完成投资合计	**45 519**	**15 682**	**2 700**	**2 210**
一、按登记注册类型				
内资	43 320	15 680	2 700	2 210
1. 集体	20 424	3 190		930
2. 股份合作	3 581			
3. 国有与集体联营	85			
4. 其他有限责任公司	5 595	3 995	2 700	820
5. 股份有限公司	3 920	1 060		460
6. 私营	9 115	7 435		
7. 其他	600			
港澳台商投资	1 581	1		
独资	1 581	1		
外商投资	8	1		
独资	8	1		
个体经营	610			
个体户	610			
二、按国民经济行业				
(一)农、林、牧、渔业	520	520		520
(二)制造业	35 309	9 622		600
(三)建筑业	760	60		60
(四)交通运输、仓储及邮电通信业	1 150	1 150		150
(五)批发和零售贸易、餐饮业	1 320	1 320		570
(六)社会服务业	3 030	3 010	2 700	310
(七)卫生、体育和社会福利业	850			
(八)国家机关、政党机关和社会团体	500			
(九)其他行业	2 080			
三、按隶属关系分				
1. 市	2 700	2 700	2 700	
2. 县(市)、区	31 637	4 887		2 210
3. 其他	11 182	8 095		

他投资构成情况

单位:万元

润州区	丹徒区	丹阳市	扬中市	句容市
8 095	**2 677**	**7 582**	**12 848**	**9 407**
8 095	2 675	7 382	10 851	9 407
660	1 600	3 477	5 520	8 237
		2 005	406	1 170
			85	
	475	1 500	100	
	600		2 860	
7 435			1 680	
		400	200	
	1	200	1 380	
	1	200	1 380	
	1		7	
	1		7	
			610	
			610	
7 745	1 277	6 232	12 128	7 327
			700	
	1 000			
350	400			
			20	
		850		
		500		
				2 080
	2 677	6 785	10 558	9 407
8 095		797	2 290	

13－11 其

项　　目	合　计	市　　区	市　　直	京口区
本年新增固定资产	**33 183**	**12 735**	**2 700**	**1 690**
一、按登记注册类型				
内资	31 603	12 735	2 700	1 690
1. 集体	10 817	1 590		930
2. 股份合作	3 561			
3. 国有与集体联营	70			
4. 其他有限责任公司	4 500	3 000	2 700	300
5. 股份有限公司	3 220	460		460
6. 私营	8 835	7 685		
7. 其他	600			
港澳台商投资	1 580			
#独资	1 580			
二、按国民经济行业				
(一)制造业	25 063	8 595		600
(二)建筑业	760	60		60
(三)交通运输、仓储及邮电通信业	150	150		150
(四)批发和零售贸易、餐饮业	920	920		570
(五)社会服务业	3 010	3 010	2 700	310
(六)卫生、体育和社会福利业	700			
(七)国家机关、政党机关和社会团体	500			
(八)其他行业	2 080			
三、按隶属关系分				
1. 市	2 700	2 700	2 700	
2. 县(市)、区	20 191	1 690		1 690
3. 其他	10 292	8 345		

他投资新增固定资产

单位:万元

			丹阳市	扬中市	句容市
	润州区	丹徒区			
	8 345		**7 432**	**8 866**	**4 150**
	8 345		7 232	7 486	4 150
	660		3 327	2 920	2 980
			2 005	386	1 170
				70	
			1 500		
				2 760	
	7 685			1 150	
			400	200	
			200	1 380	
			200	1 380	
	7 995		6 232	8 166	2 070
				700	
	350				
			700		
			500		
					2 080
			6 635	7 716	4 150
	8 345		797	1 150	

13－12 农村固

项　　目	单位	合　计	市　区	新　区
全口径农村投资完成情况	**万元**	**694 472**	**167 884**	**13 719**
1. 农村集体	万元	219 429	40 841	780
2. 农村私营	万元	291 612	84 328	12 219
3. 农村个体	万元	67 561	20 802	720
4. 农民个人	万元	115 870	21 913	
农村投资规模500万元以上项目情况				
本年施工项目	个	195	54	9
本年投产项目	个	164	40	7
本年完成投资	万元	303 233	60 073	12 578
按所有制分:1. 集体	万元	68 064	19 305	4 000
2. 集体联营	万元	4 590	3 740	
3. 私营	万元	84 450	13 070	2 000
4. 港澳台商投资	万元	68 314	12 423	4 578
5. 外商投资	万元	28 675	4 895	1 200
6. 其他	万元	49 140	6 640	800
住宅	万元	2 010	1 860	
按建设内容分:1. 建筑工程	万元	74 901	20 005	3 528
2. 安装工程	万元	16 507	7 104	3 300

定资产投资完成情况

京口区	润州区	丹徒区	丹阳市	扬中市	句容市
26 512	**18 237**	**109 416**	**211 502**	**173 866**	**141 220**
9 602	5 894	24 565	58 019	41 779	78 790
14 695	10 940	46 474	63 297	102 899	41 088
1 455	250	18 377	31 722	10 979	4 058
760	1 153	20 000	58 464	18 209	17 284
12	8	25	59	49	33
9	5	19	51	49	24
15 396	5 490	26 609	125 444	63 883	53 833
3 055		12 250	28 359	10 150	10 250
		3 740	850		
1 600	3 390	6 080	50 645	10 920	9 815
6 221	600	1 024	22 560	9 233	24 098
1 680		2 015	3 590	13 160	7 030
2 840	1 500	1 500	19 440	20 420	2 640
310	1 000	550	150		
4 453	1 780	10 244	27 790	11 700	15 406
1 674	600	1 530	2 000	1 183	6 220

13－12(续)

项　　目	单位	合　计	市　区	新　区
3. 设备购置	万元	182 825	28 028	4 700
按行业分:1. 农林牧渔业	万元	5 520		
2. 工业	万元	268 803	48 693	8 778
3. 建筑业	万元	7 420	3 500	3 000
4. 第三产业	万元	21 490	7 880	800
#房地产	万元	1 550	1 550	
批发零售贸易餐饮业	万元	5 030	2 190	800
社会服务业	万元	1 800		
本年新增固定资产	万元	263 193	45 840	11 800
本年施工房屋面积	平方米	930 466	174 079	25 000
#住宅	平方米	31 348	28 348	
本年竣工房屋面积	平方米	810 218	150 531	25 000
#住宅	平方米	12 700	9 700	
按资金来源分:资金合计	万元	301 953	59 323	12 578
国内贷款	万元	42 770		
利用外资	万元	64 621	8 433	5 278
自筹资金	万元	192 842	50 790	7 300
其他	万元	1 720	100	

京口区	润州区	丹徒区	丹阳市	扬中市	句容市
7 648	2 740	12 940	85 309	40 701	28 787
					5 520
13 106	4 490	22 319	117 674	62 883	39 553
500					3 920
1 790	1 000	4 290	7 770	1 000	4 840
	1 000	550			
800		590	800		2 040
					1 800
9 865	4 300	19 875	99 637	63 883	53 833
42 829	29 800	76 450	548 150	151 437	56 800
2 648	20 000	5 700	3 000		
32 281	24 800	68 450	451 450	151 437	56 800
2 000	2 000	5 700	3 000		
15 646	5 490	25 609	125 394	63 403	53 833
			23 230	15 740	3 800
3 020	135		24 180	7 910	24 098
12 626	5 255	25 609	77 834	39 543	24 675
	100		150	210	1 260

13－13 房

项目	单位	合计	市区	市直
企业个数	个	**140**	**80**	**47**
年末从业人员	人	**3 939**	**1 778**	**1 013**
全年劳动报酬	万元	**4 467**	**2 388**	**1 306**
计划总投资	万元	**448 200**	**341 313**	**188 370**
实际需要的总投资	万元	**448 450**	**341 463**	**188 520**
自开始建设累计完成投资	万元	**277 722**	**200 863**	**108 415**
自开始建设累计新增固定资产	万元	**159 334**	**103 372**	**55 533**
未完工程累计投资	万元	**104 187**	**84 707**	**43 117**
本年计划投资	万元	**242 974**	**167 708**	**82 126**
本年完成投资	万元	**197 973**	**131 575**	**66 521**
#商品房建设投资额	万元	141 757	94 434	37 411
土地开发投资额	万元	43 425	27 315	23 238
按构成分:				
建筑工程	万元	107 690	62 079	29 772
安装工程	万元	2 523	2 012	1 812
设备工器具购置	万元	401	300	85
其他费用	万元	87 359	67 964	35 632
#旧建筑物购置费	万元	2 805	824	
土地购置费	万元	66 619	49 953	25 124
按工程用途分				
住宅	万元	131 522	98 055	51 396
#别墅、高档公寓	万元	4 419		
经济适用房	万元	22 494	14 476	5 452
办公楼	万元	5 359	1 507	417
商业营业用房	万元	39 102	22 890	14 461
其他	万元	21 990	9 123	247
本年新增固定资产	万元	**134 560**	**85 218**	**50 880**
开发经营情况				

地　产　开　发

			丹阳市	扬中市	句容市
京口区	润州区	丹徒区			
7	**8**	**18**	**31**	**14**	**15**
143	**225**	**397**	**1 108**	**264**	**789**
179	**270**	**633**	**918**	**333**	**828**
39 915	**41 620**	**71 408**	**52 847**	**22 173**	**31 867**
39 915	**41 620**	**71 408**	**52 847**	**22 273**	**31 867**
21 399	**29 645**	**41 404**	**41 368**	**17 649**	**17 842**
4 106	**16 168**	**27 565**	**27 598**	**10 522**	**17 842**
17 293	**13 047**	**11 250**	**13 770**	**5 710**	
24 486	**27 379**	**33 717**	**37 683**	**16 954**	**20 629**
20 689	**18 672**	**25 693**	**33 250**	**15 391**	**17 757**
19 689	13 816	23 518	24 810	13 655	8 858
1 000	1 082	1 995	8 440	1 636	6 034
9 625	10 379	12 303	21 524	11 064	10 408
	50	150	120	50	341
215			25		76
10 849	8 243	13 240	8 581	4 277	6 537
		824	1 767		214
10 726	3 310	10 793	6 581	4 167	5 918
8 803	18 023	19 833	15 829	7 729	9 909
			100	3 619	700
8 803		221	2 910	3 858	1 250
		1 090	1 198	887	1 767
3 010	649	4 770	7 799	6 254	2 159
8 876			8 424	521	3 922
4 106	**13 386**	**16 846**	**24 236**	**10 522**	**14 584**

13－13(续1)

项目	单位	合计	市区	市直
一、实收资本合计	**万元**	**151 066**	**105 605**	**71 907**
#国家资本	万元	55 460	47 684	37 123
二、年末资产负债情况				
资产总计	万元	604 288	447 089	313 971
固定资产累计折旧	万元	7 411	3 033	1 839
#本年折旧	万元	1 108	706	469
负债总计	万元	441 280	326 865	217 835
所有者权益	万元	163 008	120 224	96 136
三、损益情况				
1.经营收入总计	万元	126 593	83 387	49 165
(1)土地转让收入	万元	1 260	1 059	524
(2)商品房销售收入	万元	123 438	81 254	47 610
#销售给个人	万元	118 634	77 598	46 260
商品住宅销售收入	万元	107 177	70 970	41 744
#销售给个人	万元	106 715	70 970	41 744
(3)房屋出租收入	万元	157	150	107
(4)其他收入	万元	1 738	924	924
2.(1)经营成本	万元	106 642	71 593	43 067
(2)销售费用	万元	1 270	773	420
(3)经营税金及附加	万元	6 802	4 060	1 922
(4)其他业务利润	万元	1 731	568	367
(5)管理费用及财务费用	万元	16 701	11 287	6 500
(6)投资收益及营业外收入	万元	571	263	142
(7)营业外支出	万元	996	622	419
3.利润总额	万元	－3 516	－4 117	－2 654
资金来源				
一、资金来源合计	**万元**	**215 452**	**157 254**	**82 944**

京口区	润州区	丹徒区	丹阳市	扬中市	句容市
10 269	**8 812**	**14 617**	**25 065**	**9 322**	**11 074**
	6 373	4 188	1 512	4 733	1 531
42 730	38 589	51 799	89 072	41 392	26 735
219	293	682	1 790	1 063	1 525
57	58	122	233	98	71
35 403	31 658	41 969	63 417	32 128	18 870
7 327	6 931	9 830	25 655	9 264	7 865
3 401	15 397	15 424	27 867	8 778	6 561
	535		40	161	
3 401	14 819	15 424	27 031	8 617	6 536
3 401	14 515	13 422	26 586	8 346	6 104
3 401	14 257	11 568	24 342	7 932	3 933
3 401	14 257	11 568	23 906	7 906	3 933
	43		7		
			789		25
3 084	13 232	12 210	22 845	7 256	4 948
58	101	194	348	12	137
137	874	1 127	1 766	488	488
3	56	142	1 180	-22	5
614	1 644	2 529	3 219	1 200	995
5	135	-19	198	108	2
23	89	91	210	82	82
-507	-352	-604	857	-174	-82
21 762	**22 607**	**29 941**	**26 073**	**14 347**	**17 778**

13－13(续2)

项　　目	单位	合　计	市　区	市　直
1. 上年末节余资金	万元	14 556	10 415	7 520
2. 本年资金来源小计	万元	200 896	146 839	75 424
(1)国内贷款	万元	35 104	23 184	14 125
(2)利用外资	万元	11 215	10 937	4 737
#外商直接投资	万元	11 215	10 937	4 737
(3)自筹资金	万元	70 438	46 292	15 668
#自有资金	万元	24 775	12 888	6 175
(4)其他资金来源	万元	84 139	66 426	40 894
#集资	万元	752	552	552
定金及预收款	万元	68 019	53 764	29 849
二、本年各项应收款合计	**万元**	**42 204**	**22 632**	**17 155**
#工程款	万元	35 167	18 157	13 790
设备、材料款	万元	1 239	901	486
土地开发				
本年完成土地开发面积	平方米	879 726	516 570	298 296
正在开发的土地面积	平方米			
待开发土地面积	平方米	200 640	173 533	73 346
本年购置土地面积	平方米	962 937	704 425	257 801
竣工房屋住宅套数合计	套	7 967	4 513	2 241
#别墅、高档公寓套数	套	283		
安居工程套数	套	1 756	925	512
拆迁还建竣工房屋面积	平方米	10 196	10 196	
统建代建竣工房屋面积	平方米	40 856	6 452	6 452
商品房空置面积	平方米	426 440	162 208	106 725
1. 住宅	平方米	288 351	93 413	68 932
2. 办公楼	平方米	30 824	17 744	9 187
3. 营业用房	平方米	89 298	47 067	24 622

京口区	润州区	丹徒区	丹阳市	扬中市	句容市
1 414	444	1 037	4 016	125	
20 348	22 163	28 904	22 057	14 222	17 778
1 379	4 050	3 630	4 068	4 588	3 264
6 000		200			278
6 000		200			278
11 237	4 561	14 826	6 373	5 873	11 900
250	1 009	5 454	2 944	3 501	5 442
1 732	13 552	10 248	11 616	3 761	2 336
				200	
1 732	13 552	8 631	11 616	2 319	320
1 659	**2 498**	**1 320**	**17 446**	**2 126**	
1 344	1 703	1 320	15 669	1 341	
315	100		338		
61 620	40 270	116 384	252 288	50 950	59 918
60 402	11 905	27 880	9 169	2 416	15 522
49 812	45 875	350 937	118 391	57 321	82 800
413	874	985	2 187	481	786
				283	
413			442	229	160
6 056	1 690	2 450			
			25 607	5 797	3 000
2 359	37 274	15 850	210 998	53 234	
1 539	16 550	6 392	167 728	27 210	
	2 410	6 147	9 697	3 383	
820	18 314	3 311	19 590	22 641	

13－13(续3)

项目	单位	合计	市区	市直
4. 其他	平方米	17 967	3 984	3 984
空置一年以上面积(含一年)	平方米	263 811	83 136	44 518
1. 住宅	平方米	169 909	35 083	25 199
2. 办公楼	平方米	30 824	17 744	9 187
3. 营业用房	平方米	59 638	30 309	10 132
4. 其他	平方米	3 440		
房地产施工与销售				
一、房屋施工面积				
房屋施工面积合计	平方米	2 232 520	1 419 513	715 143
#11 层及以上高层建筑	平方米	65 365	48 098	48 098
按用途分:				
1. 住宅	平方米	1 795 155	1 177 743	595 383
#别墅、高档公寓套数	平方米	39 757		
经济适用房	平方米	335 007	161 472	77 119
2. 办公楼	平方米	50 981	14 411	4 449
3. 商业营业用房	平方米	342 536	219 172	107 818
4. 其他	平方米	43 848	8 187	7 493
二、新开工面积				
房屋建筑面积合计	平方米	1 566 462	941 044	430 977
按用途分:				
1. 住宅	平方米	1 224 977	774 314	371 897
#别墅、高档公寓	平方米	39 757		
经济适用房	平方米	187 357	96 358	61 133
2. 办公楼	平方米	41 870	5 300	
3. 商业营业用房	平方米	274 976	156 752	55 096
4. 其他	平方米	24 639	4 678	3 984
三、竣工面积				

			丹阳市	扬中市	句容市
京口区	润州区	丹徒区			
			13 983		
2 359	22 274	13 985	147 678	32 997	
1 539	2 480	5 865	119 353	15 473	
	2 410	6 147	9 697	3 383	
820	17 384	1 973	15 188	14 141	
			3 440		
120 372	242 137	341 861	471 050	175 109	166 848
			13 974		3 293
80 873	234 017	267 470	378 877	111 410	127 125
			719	33 208	5 830
80′873		3 480	76 831	76 954	19 750
		9 962	15 710	12 200	8 660
38 805	8 120	64 429	62 662	36 599	24 103
694			13 801	14 900	6 960
71 244	165 445	273 378	339 406	121 164	164 848
31 745	161 215	209 457	250 833	73 705	126 125
			719	33 208	5 830
31 745		3 480	32 000	39 249	19 750
		5 300	15 710	12 200	8 660
38 805	4 230	58 621	59 862	35 259	23 103
694			13 001		6 960

13－13(续4)

项　　目	单位	合　计	市　区	市　直
房屋建筑面积合计	平方米	1 106 153	597 048	316 374
#11层及以上高层建筑	平方米	21 391	18 098	18 098
按用途分:				
1. 住宅	平方米	921 220	501 146	259 297
#别墅、高档公寓	平方米	33 208		
经济适用房	平方米	178 988	91 681	50 043
2. 办公楼	平方米	21 382	1 202	1 202
3. 商业营业用房	平方米	146 136	88 041	49 216
4. 其他	平方米	17 415	6 659	6 659
四、竣工房屋价值				
房屋建筑合计	万元	100 745	56 993	32 336
#11层及以上高层建筑	万元	2 880	1 900	1 900
按用途分:				
1. 住宅	万元	73 709	39 538	18 774
#别墅、高档公寓	万元	3 619		
经济适用房	万元	13 576	7 497	3 554
2. 办公楼	万元	1 910	69	69
3. 商业营业用房	万元	22 831	15 898	12 005
4. 其他	万元	2 295	1 488	1 488
五、实际销售				
房屋面积合计	平方米	787 729	483 575	242 596
#11层及以上高层建筑	平方米	18 409	18 409	18 409
1. 住宅	平方米	704 226	427 561	205 726
2. 办公楼	平方米	3 621	1 823	1 697
3. 商业营业用房	平方米	79 547	54 191	35 173
六、个人购买的各类商品房	**平方米**	**762 129**	**461 455**	**222 241**
1. 住宅	平方米	702 932	427 561	205 726
#别墅、高档公寓	平方米	23 388		

京口区	润州区	丹徒区	丹阳市	扬中市	句容市
41 638	108 232	130 804	287 083	97 930	124 092
					3 293
41 638	105 612	94 599	259 329	64 480	96 265
				33 208	
41 638			43 335	31 272	12 700
				12 200	7 980
	2 620	36 205	18 258	21 250	18 587
			9 496		1 260
3 943	6 548	14 166	21 864	9 122	12 766
					980
3 943	6 393	10 428	18 806	5 843	9 522
				3 619	
3 943			3 000	2 224	855
				842	999
	155	3 738	2 451	2 437	2 045
			607		200
21 260	119 687	100 032	202 606	59 705	41 843
21 260	116 850	83 725	186 518	55 360	34 787
	126			1 798	
	2 711	16 307	15 753	2 547	7 056
21 260	**118 417**	**99 537**	**201 078**	**57 753**	**41 843**
21 260	116 850	83 725	185 378	55 206	34 787
			2 200	21 188	

13－13(续5)

项　　目	单位	合　计	市　　区	市　　直
经济适用房	平方米	116 026	84 745	63 485
2. 办公楼	平方米	710	710	584
3. 商业营业用房	平方米	58 152	33 184	15 931
4. 其他	平方米	355		
七、预售				
房屋面积合计	平方米	279 712	205 259	118 396
1. 住宅	平方米	225 669	164 527	96 164
2. 办公楼	平方米	4 200	4 200	4 200
3. 商业营业用房	平方米	48 199	36 532	18 032
4. 其他	平方米	1 644		
八、实际销售额				
房屋合计	万元	119 547	78 708	41 264
#11 层及以上高层建筑	万元	4 793	4 793	4 793
1. 住宅	万元	93 353	60 964	27 845
#别墅、高档公寓	万元	3 184		
经济适用房	万元	13 597	9 872	6 915
2. 办公楼	万元	740	495	462
3. 商业营业用房	万元	25 367	17 249	12 957
4. 其他	万元	87		
九、实际销售额中个人购买				
房屋合计	万元	113 050	72 750	35 826
#11 层及以上高层建筑	万元			
1. 住宅	万元	93 147	60 964	27 845
#别墅、高档公寓	万元	3 184		
经济适用房	万元	13 597	9 872	6 915
2. 办公楼	万元	204	204	171
3. 商业营业用房	万元	19 612	11 582	7 810
4. 其他	万元	87		

京口区	润州区	丹徒区	丹阳市	扬中市	句容市
21 260			19 682	9 099	2 500
	126				
	1 441	15 812	15 365	2 547	7 056
			355		
225	31 546	55 092	40 650	16 648	17 155
225	31 546	36 592	35 655	11 757	13 730
		18 500	4 011	4 891	2 765
			984		660
2 957	18 669	15 818	26 173	8 757	5 909
2 957	17 918	12 244	21 181	7 469	3 739
			265	2 919	
2 957			2 478	1 022	225
	33			245	
	718	3 574	4 905	1 043	2 170
			87		
2 957	18 275	15 692	25 905	8 486	5 909
2 957	17 918	12 244	21 001	7 443	3 739
			265	2 919	
957			2 478	1 022	225
	33				
	324	3 448	4 817	1 043	2 170
			87		

13－14 建

项　　目	建筑业总产值（万元）	#在外省完成的产值	#建筑工程	竣工产值（万元）
总　　计	**726 125**	**76 804**	**557 844**	**397 019**
#国有及国有控股	442 164	67 419	330 598	157 650
一、按登记注册类型				
内资企业	713 808	66 856	557 844	384 702
国有企业	411 507	57 471	321 627	130 428
集体企业	135 458	5 136	96 111	103 271
股份合作企业	1 064		1 064	3 717
联营企业				
国有联营企业				
集体联营企业				
国有与集体联营企业				
其他联营企业				
有限责任公司	68 330	1 591	52 441	58 637
国有独资公司	73			73
其他有限责任公司	68 257	1 591	52 441	58 564
股份有限公司	16 463		15 183	13 990
私营企业	80 986	2 658	71 418	74 659
私营独资企业	17 826		17 816	13 603
私营合伙企业				
私营有限责任公司	50 097	260	42 388	48 983
私营股份有限公司	13 063	2 398	11 214	12 073
其他企业				
港、澳、台商投资企业	2 117			2 117
合资经营企业	2 117			2 117
合作经营企业				
港、澳、台商独资经营				
港、澳、台商投资股份				
外商投资企业	10 200	9 948		10 200
中外合资经营企业	10 200	9 948		10 200

筑业企业生产情况

单位工程施工数（个）	#本年新开工数	单位工程竣工数（个）	房屋建筑施工面积（平方米）	#本年新开工面积	房屋建筑竣工面积（平方米）
3 839	**2 602**	**2 684**	**4 874 266**	**3 400 687**	**3 168 113**
1 686	847	1 248	868 626	543 794	594 583
3 836	2 601	2 681	4 790 606	3 327 987	3 084 453
1 123	758	736	700 775	421 156	452 369
1 056	872	603	1 753 356	1 121 750	1 076 736
25	22	20	96 650	87 316	77 326
1 042	458	919	722 242	533 824	556 933
10	10	10			
1 032	448	909	722 242	533 824	556 933
93	76	64	291 592	246 593	154 789
497	415	339	1 225 991	917 348	766 300
87	71	66	391 674	271 792	260 385
306	252	193	662 848	498 047	408 145
104	92	80	171 469	147 509	97 770
3	1	3	83 660	72 700	83 660
3	1	3	83 660	72 700	83 660

13－14(续1)

项　　目	建筑业总产值（万元）	#在外省完成的产值	#建筑工程	竣工产值（万元）
中外合作经营企业				
外资企业				
外商投资股份有限公司				
二、按经济组织类型				
独资企业	564 791	62 607	435 554	247 302
国有企业	411 507	57 471	321 627	130 428
集体企业	135 458	5 136	96 111	103 271
私营独资企业	17 826		17 816	13 603
港、澳、台商独资经营				
外资企业				
合作、合伙企业	1 064		1 064	3 717
股份合作企业	1 064		1 064	3 717
国有联营企业				
集体联营企业				
国有与集体联营企业				
其他联营企业				
私营合伙企业				
港或澳、台资合作经营				
中外合作经营企业				
其他企业(内资)				
股份有限公司	29 526	2 398	26 397	26 063
股份有限公司(内资)	16 463		15 183	13 990
私营股份有限公司	13 063	2 398	11 214	12 073
港、澳、台商投资股份				
外商投资股份有限公司				
有限责任公司	130 744	11 799	94 829	119 937
国有独资公司	73			73
私营有限责任公司	50 097	260	42 388	48 983
港澳台合资经营企业	2 117			2 117

单位工程施工数（个）	#本年新开工数	单位工程竣工数（个）	房屋建筑施工面积（平方米）	#本年新开工面积	房屋建筑竣工面积（平方米）
2 266	1 701	1 405	2 845 805	1 814 698	1 789 490
1 123	758	736	700 775	421 156	452 369
1 056	872	603	1 753 356	1 121 750	1 076 736
87	71	66	391 674	271 792	260 385
25	22	20	96 650	87 316	77 326
25	22	20	96 650	87 316	77 326
197	168	144	463 061	394 102	252 559
93	76	64	291 592	246 593	154 789
104	92	80	171 469	147 509	97 770
1 351	711	1 115	1 468 750	1 104 571	1 048 738
10	10	10			
306	252	193	662 848	498 047	408 145

13－14(续2)

项　　目	建筑业总产值（万元）	#在外省完成的产值	#建筑工程	竣工产值（万元）
中外合资经营企业	10 200	9 948		10 200
其他有限责任公司	68 257	1 591	52 441	58 564
三、按国民经济行业				
土木工程建筑业	600 456	70 750	511 377	310 518
房屋建筑业	287 748	49 505	270 686	211 445
矿山建筑业				
铁路、公路、隧道和桥	212 907		198 557	54 646
堤坝、电站、码头建筑	55 545	19 760	23 544	12 507
其他土木工程建筑业	44 256	1 485	18 590	31 920
线路、管道和设备安装业	100 242	2 677	41 076	66 519
线路、管道安装业	12 077	50	4 800	6 676
设备安装业	88 165	2 627	36 276	59 843
装修装饰业	25 427	3 377	5 391	19 982
四、按法人批准机关或登记注册				
1. 工商行政管理部门	726 125	76 804	557 844	397 019
2. 编　委				
3. 民政部门				
9. 其　他				
五、按国有经济控股情况				
1. 国有绝对控股	442 059	67 419	330 598	157 650
2. 国有相对控股	105			
9. 其他国有	283 961	9 385	227 246	239 369
六、按隶属关系				
中　央	99 346	18 169	45 097	42 033
省	156 758	1 362	149 778	32 700
地　区	195 442	41 132	153 486	85 946
县	128 623	11 942	91 849	99 482
街　道				

单位工程施工数（个）	#本年新开工数	单位工程竣工数（个）	房屋建筑施工面积（平方米）	#本年新开工面积	房屋建筑竣工面积（平方米）
3	1	3	83 660	72 700	83 660
1 032	448	909	722 242	533 824	556 933
2 341	1 862	1 463	4 755 314	3 334 833	3 124 325
1 406	1 045	950	4 672 014	3 271 033	3 053 255
195	160	133			
128	106	89			
612	551	291	83 300	63 800	71 070
1 498	740	1 221	118 952	65 854	43 788
662	168	608			
836	572	613	118 952	65 854	43 788
3 839	2 602	2 684	4 874 266	3 400 687	3 168 113
1 686	847	1 248	868 626	543 794	594 583
2 153	1 755	1 436	4 005 640	2 856 893	2 573 530
399	193	210	114 369	65 854	43 788
608	168	581	51 210	34 162	46 330
936	731	452	986 437	563 444	656 610
688	499	516	1 473 308	1 047 447	980 804

13－14(续3)

项目	建筑业总产值（万元）	#在外省完成的产值	#建筑工程	竣工产值（万元）
镇	43 023		29 947	34 995
乡				
居委会	6 907		6 699	9 121
村委会	2 078		1 677	7 112
其他	93 948	4 199	79 311	85 630
七、按营业状态				
营业	726 125	76 804	557 844	397 019
停业				
筹建				
当年撤消				
其他				
八、按企业资质等级(原标)				
一级	383 100	57 813	307 173	115 408
二级	138 981	3 060	93 728	115 228
三级	157 002	12 299	118 120	129 384
四级	38 289	3 632	31 625	29 256
其他	8 753		7 198	7 743
九、按企业资质等级(新标)				
施工总承包	574 674	54 138	504 409	311 023
特级				
一级	320 658	38 785	289 844	99 388
二级	111 863	2 641	86 271	92 089
三级	142 153	12 712	128 294	119 546
专业承包	91 645	5 337	29 112	69 614
特级	3 900		3 900	1 510
一级	24 802	1 945	3 131	14 904
二级	26 218	1 851	10 336	21 121
三级	36 725	1 541	11 745	32 079

单位工程施工数（个）	#本年新开工数	单位工程竣工数（个）	房屋建筑施工面积（平方米）	#本年新开工面积	房屋建筑竣工面积（平方米）
270	219	188	597 153	454 929	411 459
75	66	61	240 026	204 761	173 359
26	13	16	123 587	72 110	53 277
837	713	660	1 288 176	957 980	802 486
3 839	2 602	2 684	4 874 266	3 400 687	3 168 113
733	452	422	614 928	276 629	351 552
1 082	915	627	1 582 610	1 105 625	1 017 653
1 632	952	1 364	2 128 848	1 562 887	1 397 472
326	221	234	547 880	455 546	401 436
66	62	37			
2 477	1 835	1 786	4 532 234	3 139 558	2 962 009
678	409	399	614 928	276 629	351 552
678	559	527	1 310 619	912 804	816 200
1 121	867	860	2 606 687	1 950 125	1 794 257
1 148	613	775	197 163	148 378	123 236
5	2	1			
83	70	45			
382	351	99	96 792	69 217	42 285
678	190	630	100 371	79 161	80 951

13－14(续4)

项　　目	年末自有机械设备			增 加 值	总产值算的劳动生产率	企业数
	净　值（万元）	总台数（台）	总 功 率（千瓦）	（万元）	（元/人）	（个）
总　　计	**74 561**	**26 206**	**303 493**	**147 685**	**102 624**	**200**
#国有及国有控股	31 999	10 830	162 905	75 294	173 854	50
一、按登记注册类型						
内资企业	74 290	25 948	302 680	145 025	102 742	198
国有企业	28 062	10 219	155 978	66 735	196 096	37
集体企业	16 950	7 052	61 058	32 471	70 507	68
股份合作企业	350	371	2 815	992	5 547	2
联营企业						1
国有联营企业						
集体联营企业						1
国有与集体联营企业						
其他联营企业						
有限责任公司	10 692	2 483	42 182	23 658	59 392	36
国有独资公司	76	29	302	14	60 833	1
其他有限责任公司	10 616	2 454	41 880	23 644	59 390	35
股份有限公司	2 691	1 329	6 515	3 795	53 175	6
私营企业	15 545	4 494	34 132	17 374	63 469	48
私营独资企业	5 956	594	6 200	3 497	57 952	6
私营合伙企业						
私营有限责任公司	8 201	3 574	21 300	11 633	63 891	35
私营股份有限公司	1 388	326	6 632	2 244	70 879	7
其他企业						
港、澳、台商投资企业	95	82	134	707	117 611	1
合资经营企业	95	82	134	707	117 611	1
合作经营企业						
港、澳、台商独资经营						
港、澳、台商投资股份						
外商投资企业	176	176	679	1 953	92 727	1
中外合资经营企业	176	176	679	1 953	92 727	1

13－14(续5)

项　　目	年末自有机械设备			增加值	总产值算的劳动生产率	企业数
	净　值（万元）	总台数（台）	总功率（千瓦）	（万元）	（元/人）	（个）
中外合作经营企业						
外资企业						
外商投资股份有限公司						
二、按经济组织类型						
独资企业	50 968	17 865	223 236	102 703	130 518	111
国有企业	28 062	10 219	155 978	66 735	196 096	37
集体企业	16 950	7 052	61 058	32 471	70 507	68
私营独资企业	5 956	594	6 200	3 497	57 952	6
港、澳、台商独资经营						
外资企业						
合作、合伙企业	350	371	2 815	992	5 547	3
股份合作企业	350	371	2 815	992	5 547	2
国有联营企业						
集体联营企业						1
国有与集体联营企业						
其他联营企业						
私营合伙企业						
港或澳、台资合作经营						
中外合作经营企业						
其他企业(内资)						
股份有限公司	4 079	1 655	13 147	6 039	59 781	13
股份有限公司(内资)	2 691	1 329	6 515	3 795	53 175	6
私营股份有限公司	1 388	326	6 632	2 244	70 879	7
港、澳、台商投资股份						
外商投资股份有限公司						
有限责任公司	19 164	6 315	64 295	37 951	63 388	73
国有独资公司	76	29	302	14	60 833	1
私营有限责任公司	8 201	3 574	21 300	11 633	63 891	35
港澳台合资经营企业	95	82	134	707	117 611	1

13－14(续6)

项　　目	年末自有机械设备			增加值	总产值算的劳动生产率	企业数
	净值（万元）	总台数（台）	总功率（千瓦）	（万元）	（元/人）	（个）
中外合资经营企业	176	176	679	1 953	92 727	1
其他有限责任公司	10 616	2 454	41 880	23 644	59 390	35
三、按国民经济行业						
土木工程建筑业	68 026	21 504	258 463	103 553	100 809	138
房屋建筑业	37 051	12 348	92 229	54 003	67 570	94
矿山建筑业						
铁路、公路、隧道和桥	23 248	6 118	123 645	26 768	211 050	12
堤坝、电站、码头建筑	2 433	359	15 895	9 765	154 851	5
其他土木工程建筑业	5 294	2 679	26 694	13 017	133 947	27
线路、管道和设备安装业	2 686	2 937	35 638	35 701	137 941	23
线路、管道安装业	707	186	1 652	3 840	77 417	6
设备安装业	1 979	2 751	33 986	31 861	154 486	17
装修装饰业	3 849	1 765	9 392	8 431	64 782	39
四、按法人批准机关或登记注册						
工商行政管理部门	74 561	26 206	303 493	147 685	102 624	200
编　委						
民政部门						
其　他						
五、按国有经济控股情况						
国有绝对控股	31 999	10 830	162 905	75 258	174 121	49
国有相对控股				36	23 333	1
其他国有	42 562	15 376	140 588	72 391	62 653	150
六、按隶属关系						
中　央	2 128	1 802	30 798	27 017	206 283	3
省	16 836	4 474	59 054	22 969	232 268	5
地　区	9 412	5 519	79 634	30 088	126 132	46
县	23 018	5 156	69 613	26 365	70 263	49
街　道						

13－14(续7)

项　　目	年末自有机械设备			增加值	总产值算的劳动生产率	企业数
	净　值（万元）	总台数（台）	总功率（千瓦）	（万元）	（元/人）	（个）
镇	4 678	2 885	17 347	8 588	66 837	24
乡						
居委会	858	786	4 299	3 676	25 089	4
村委会	1 441	498	3 002	1 238	15 291	10
其　他	16 190	5 086	39 746	27 744	63 303	59
七、按营业状态分组						
营　业	74 561	26 206	303 493	143 004	102 624	181
停　业				4 681		19
筹　建						
当年撤消						
其　他						
八、按企业资质等级分组(原标)						
一　级	19 699	8 350	133 333	62 893	222 642	11
二　级	18 324	7 578	71 672	29 163	62 078	43
三　级	26 563	8 286	58 530	43 180	65 197	93
四　级	7 215	1 652	18 636	10 219	64 590	46
其　他	2 760	340	21 322	2 230	75 981	7
九、按企业资质等级分组(新标)						
施工总承包	56 640	20 686	241 492	104 922	103 125	93
特　级						
一　级	17 565	7 940	119 402	49 100	230 606	6
二　级	10 072	4 460	62 608	20 780	72 314	20
三　级	29 003	8 286	59 482	35 042	53 944	67
专业承包	15 009	4 825	41 759	27 336	83 223	76
特　级	390	58	480	320	216 667	1
一　级	715	539	5 175	1 016	177 411	3
二　级	10 021	2 677	16 322	10 184	53 170	23
三　级	3 883	1 551	19 782	15 816	81 557	49

13－15 建筑业企业财务状况

单位:万元

项目	资产合计	流动资产小计	#在建工程	长期投资	固定资产小计	固定资产原价	#生产经营用
总计	**850 388**	**643 798**	**113 363**	**23 374**	**154 569**	**209 249**	**182 071**
# 国有及国有控股	494 459	389 100	25 315	10 095	85 220	139 859	125 231
一、按登记注册类型							
内资企业	843 593	639 168	112 433	23 337	152 472	207 879	180 701
国有企业	424 374	342 481	23 684	10 039	61 920	103 842	94 940
集体企业	171 813	118 050	36 436	8 851	31 931	32 046	25 104
股份合作企业	2 610	852	426	133	1 542	1 598	1 553
有限责任公司	127 648	94 980	24 214	1 605	29 838	45 138	37 961
国有独资公司	456	360			96	88	68
其他有限责任公司	127 192	94 620	24 214	1 605	29 742	45 050	37 893
股份有限公司	21 949	18 385	3 649		3 564	4 654	3 318
私营企业	95 199	64 420	24 024	2 709	23 677	20 601	17 825
私营独资企业	22 845	13 591	7 195	600	6 818	3 835	3 370
私营有限责任公司	58 794	40 332	13 076	1 967	14 539	13 567	11 931
私营股份有限公司	13 560	10 497	3 753	142	2 320	3 199	2 524
港、澳、台商投资企业	2 107	1 752	930	37	287	450	450
合资经营企业(港或澳、台资)	2 107	1 752	930	37	287	450	450
外商投资企业	4 688	2 878			1 810	920	920
中外合资经营企业	4 688	2 878			1 810	920	920
二、按经济组织类型							
独资企业	619 032	474 122	67 315	19 490	100 669	139 723	123 414
国有企业	424 374	342 481	23 684	10 039	61 920	103 842	94 940
集体企业	171 813	118 050	36 436	8 851	31 931	32 046	25 104
私营独资企业	22 845	13 591	7 195	600	6 818	3 835	3 370
合作、合伙企业	2 610	852	426	133	1 542	1 598	1 553
股份合作企业	2 610	852	426	133	1 542	1 598	1 553

13－15(续1)　　单位:万元

项　　目	资产合计	流动资产小计	#在建工程	长期投资	固定资产小计	固定资产原价	#生产经营用
股份有限公司	35 509	28 882	7 402	142	5 884	7 853	5 842
股份有限公司(内资)	21 949	18 385	3 649		3 564	4 654	3 318
私营股份有限公司	13 560	10 497	3 753	142	2 320	3 199	2 524
有限责任公司	193 237	139 942	38 220	3 609	46 474	60 075	51 262
国有独资公司	456	360			96	88	68
私营有限责任公司	58 794	40 332	13 076	1 967	14 539	13 567	11 931
港澳台合资经营企业	2 107	1 752	930	37	287	450	450
中外合资经营企业	4 688	2 878			1 810	920	920
其他有限责任公司	127 192	94 620	24 214	1 605	29 742	45 050	37 893
三、按国民经济行业							
土木工程建筑业	661 233	505 718	100 783	17 548	114 518	141 725	122 937
房屋建筑业	336 604	243 139	80 670	13 385	61 861	55 665	44 373
铁路、公路、隧道和桥梁建筑业	241 892	200 979	15 585	3 575	35 474	55 662	52 333
堤坝、电站、码头建筑业	39 068	32 329	1 852	84	6 319	13 547	12 320
其他土木工程建筑业	43 669	29 271	2 676	504	10 864	16 851	13 911
线路、管道和设备安装业	114 558	82 679	5 093	5 219	22 971	39 257	37 492
线路、管道安装业	14 453	7 013	544	42	7 307	8 754	8 754
设备安装业	100 105	75 666	4 549	5 177	15 664	30 503	28 738
装修装饰业	74 597	55 401	7 487	607	17 080	28 267	21 642
四、按法人批准机关或登记注册机关							
工商行政管理部门	850 388	643 798	113 363	23 374	154 569	209 249	182 071
五、按国有经济控股情况							
国有绝对控股	494 125	388 850	25 315	10 095	85 162	139 787	125 159
国有相对控股	334	250			58	72	72
其他国有	355 929	254 698	88 048	13 279	69 349	69 390	56 840
六、按隶属关系							

13－14(续2)　　单位:万元

项　　目	资产合计	流动资产小计	#在建工程	长期投资	固定资产小计	固定资产原价	#生产经营用
中　央	79 235	59 590	1 835	4 077	14 495	32 675	30 759
省	187 996	159 695	4 947	2 349	24 987	41 791	40 751
地　区	241 391	185 071	31 062	4 333	40 469	63 298	51 849
县	158 425	113 693	42 078	4 624	34 193	32 016	25 437
镇	51 656	35 010	4 403	3 983	8 613	11 852	9 896
居委会	9 734	4 657	2 432	133	4 381	2 976	2 379
村委会	9 159	6 787	550	114	2 167	1 792	1 133
其　他	112 792	79 295	26 056	3 761	25 264	22 849	19 867
七、按营业状态							
营　业	850 388	643 798	113 363	23 374	154 569	209 249	182 071
八、按企业资质等级(原标准)							
一　级	369 227	303 453	22 277	9 568	46 042	87 602	81 704
二　级	227 587	160 692	43 333	9 297	46 112	61 470	48 671
三　级	182 676	127 465	38 789	3 539	45 558	42 112	35 549
四　级	61 326	46 581	5 485	970	13 541	13 926	12 357
其　他	9 572	5 607	3 479		3 316	4 139	3 790
九、按企业资质等级(新标准)							
施工总承包	643 665	496 213	93 718	21 463	103 445	135 570	119 098
一　级	318 094	261 078	16 648	9 269	39 544	73 805	69 067
二　级	147 798	110 830	38 436	8 591	19 947	27 835	22 784
三　级	177 773	124 305	38 634	3 603	43 954	33 930	27 247
专业承包	162 416	112 406	16 810	1 808	43 094	58 678	49 238
特　级	5 961	2 937		50	2 946	3 722	3 244
一　级	33 938	26 875	7 588	386	2 898	5 171	4 843
二　级	78 439	53 026	6 032	402	24 199	32 721	24 947
三　级	44 078	29 568	3 190	970	13 051	17 064	16 204

13－15(续3)　　单位:万元

项　　目	负债合计	所有者权益合计	#实收资本	#国家资本	#集体资本	#法人资本	#个人资本
总　　计	**581 079**	**269 309**	**190 314**	**44 405**	**37 472**	**66 481**	**41 166**
# 国有及国有控股	396 161	98 298	71 692	44 305	1 938	22 494	2 165
一、按登记注册类型							
内资企业	578 392	265 201	187 514	44 405	35 862	66 481	40 766
国有企业	348 130	76 244	58 835	40 358		18 477	
集体企业	92 910	78 903	51 942		34 110	17 832	
股份合作企业	85	2 525	1 025			503	522
有限责任公司	75 062	52 586	33 129	4 047	1 688	14 719	12 675
国有独资公司	60	396	300	300			
其他有限责任公司	75 002	52 190	32 829	3 747	1 688	14 719	12 675
股份有限公司	15 961	5 988	5 499		64	3 456	1 979
私营企业	46 244	48 955	37 084			11 494	25 590
私营独资企业	10 298	12 547	7 327			7 054	273
私营有限责任公司	28 107	30 687	24 682			2 809	21 873
私营股份有限公司	7 839	5 721	5 075			1 631	3 444
港、澳、台商投资企业	1 151	956	500				400
合资经营企业(港或澳、台资)	1 151	956	500				400
外商投资企业	1 536	3 152	2 300		1 610		
中外合资经营企业	1 536	3 152	2 300		1 610		
二、按经济组织类型							
独资企业	451 338	167 694	118 104	40 358	34 110	43 363	273
国有企业	348 130	76 244	58 835	40 358		18 477	
集体企业	92 910	78 903	51 942		34 110	17 832	
私营独资企业	10 298	12 547	7 327			7 054	273
合作、合伙企业	85	2 525	1 025			503	522
股份合作企业	85	2 525	1 025			503	522

13－15(续4)　　　　单位:万元

项　　目	负债合计	所有者权益合计	#实收资本	#国家资本	#集体资本	#法人资本	#个人资本
股份有限公司	23 800	11 709	10 574		64	5 087	5 423
股份有限公司(内资)	15 961	5 988	5 499		64	3 456	1 979
私营股份有限公司	7 839	5 721	5 075			1 631	3 444
有限责任公司	105 856	87 381	60 611	4 047	3 298	17 528	34 948
国有独资公司	60	396	300	300			
私营有限责任公司	28 107	30 687	24 682			2 809	21 873
港澳台合资经营企业	1 151	956	500				400
中外合资经营企业	1 536	3 152	2 300		1 610		
其他有限责任公司	75 002	52 190	32 829	3 747	1 688	14 719	12 675
三、按国民经济行业							
土木工程建筑业	461 580	199 653	139 318	27 222	33 540	50 511	27 355
房屋建筑业	186 821	149 783	97 372	5 656	26 937	40 541	23 548
铁路、公路、隧道和桥梁建筑业	217 299	24 593	22 011	16 240	1 526	3 933	312
堤坝、电站、码头建筑业	31 343	7 725	4 709	1 638	958	2 113	
其他土木工程建筑业	26 117	17 552	15 226	3 688	4 119	3 924	3 495
线路、管道和设备安装业	60 135	54 423	37 455	15 216	3 321	11 888	7 030
线路、管道安装业	2 553	11 900	4 225	2 300		1 670	255
设备安装业	57 582	42 523	33 230	12 916	3 321	10 218	6 775
装修装饰业	59 364	15 233	13 541	1 967	611	4 082	6 781
四、按法人批准机关或登记注册机关							
工商行政管理部门	581 079	269 309	190 314	44 405	37 472	66 481	41 166
五、按国有经济控股情况							
国有绝对控股	396 161	97 964	71 358	44 305	1 938	22 160	2 165
国有相对控股		334	334			334	
其他国有	184 918	171 011	118 622	100	35 534	43 987	39 001
六、按隶属关系							

13－15(续5)　　单位:万元

项　　目	负债合计	所有者权益合计	#实收资本	#国家资本	#集体资本	#法人资本	#个人资本
中　央	58 144	21 091	10 333	57		10 276	
省	169 104	18 892	9 948	8 348		1 465	135
地　区	180 508	60 883	55 727	26 837	12 130	15 130	1 630
县	84 666	73 759	42 531	8 934	12 797	16 243	3 767
镇	29 770	21 886	18 524		5 775	11 020	1 729
居委会	2 686	7 048	4 841		3 216	503	1 122
村委会	2 846	6 313	2 198	229	1 969		
其　他	53 355	59 437	46 212		1 585	11 844	32 783
七、按营业状态							
营　业	581 079	269 309	190 314	44 405	37 472	66 481	41 166
八、按企业资质等级(原标准)							
一　级	317 099	52 128	38 341	11 190	9 037	18 114	
二　级	136 142	91 445	67 753	12 850	15 119	24 083	15 601
三　级	88 781	93 895	55 661	4 942	12 566	17 906	19 557
四　级	35 674	25 652	23 937	15 123	144	3 390	5 280
其　他	3 383	6 189	4 622	300	606	2 988	728
九、按企业资质等级(新标准)							
施工总承包	446 151	197 514	137 134	30 760	29 838	51 108	24 738
一　级	275 349	42 745	32 168	11 190	6 425	14 553	
二　级	82 677	65 121	47 284	7 401	8 969	20 078	10 836
三　级	88 125	89 648	57 682	12 169	14 444	16 477	13 902
专业承包	103 111	59 305	44 575	11 342	4 766	12 841	15 526
特　级	2 961	3 000	3 000	3 000			
一　级	26 418	7 520	7 214	2 503	2 612	2 099	
二　级	56 996	21 443	15 919	2 220	1 452	5 841	6 306
三　级	16 736	27 342	18 442	3 619	702	4 901	9 220

13－14(续6)　　单位:万元

项　　目	工程结算收入	工程结算成本	工程结算税金及附加	工程结算利润	其他业务利润	管理费用	财务费用
总　　计	**659 322**	**595 590**	**26 991**	**36 741**	**2 625**	**34 989**	**3 735**
# 国有及国有控股	425 400	392 891	13 075	19 434	1 831	19 781	2 423
一、按登记注册类型							
内资企业	649 160	587 595	26 618	34 947	2 625	34 498	3 341
国有企业	399 401	370 949	12 325	16 127	1 819	17 959	1 449
集体企业	96 136	85 676	3 516	6 944	766	7 624	663
股份合作企业	3 168	2 741	126	301		221	1
有限责任公司	72 787	59 200	7 393	6 194	－76	4 336	772
国有独资公司	73	62	1	10		9	
其他有限责任公司	72 714	59 138	7 392	6 184	－76	4 327	772
股份有限公司	14 406	12 721	676	1 009		935	93
私营企业	63 262	56 308	2 582	4 372	116	3 423	363
私营独资企业	14 628	13 281	586	761	1	514	52
私营有限责任公司	39 938	35 200	1 597	3 141	103	2 476	230
私营股份有限公司	8 696	7 827	399	470	12	433	81
港、澳、台商投资企业	1 512	1 050	60	402		169	144
合资经营企业(港或澳、台资)	1 512	1 050	60	402		169	144
外商投资企业	8 650	6 945	313	1 392		322	250
中外合资经营企业	8 650	6 945	313	1 392		322	250
二、按经济组织类型							
独资企业	510 165	469 906	16 427	23 832	2 586	26 097	2 164
国有企业	399 401	370 949	12 325	16 127	1 819	17 959	1 449
集体企业	96 136	85 676	3 516	6 944	766	7 624	663
私营独资企业	14 628	13 281	586	761	1	514	52
合作、合伙企业	3 168	2 741	126	301		221	1
股份合作企业	3 168	2 741	126	301		221	1

13－15(续7)

单位:万元

项目	工程结算收入	工程结算成本	工程结算税金及附加	工程结算利润	其他业务利润	管理费用	财务费用
股份有限公司	23 102	20 548	1 075	1 479	12	1 368	174
股份有限公司(内资)	14 406	12 721	676	1 009		935	93
私营股份有限公司	8 696	7 827	399	470	12	433	81
有限责任公司	122 887	102 395	9 363	11 129	27	7 303	1 396
国有独资公司	73	62	1	10		9	
私营有限责任公司	39 938	35 200	1 597	3 141	103	2 476	230
港澳台合资经营企业	1 512	1 050	60	402		169	144
中外合资经营企业	8 650	6 945	313	1 392		322	250
其他有限责任公司	72 714	59 138	7 392	6 184	－76	4 327	772
三、按国民经济行业							
土木工程建筑业	524 994	483 656	17 034	24 304	3 052	23 319	2 891
房屋建筑业	257 990	234 563	9 118	14 309	1 118	12 508	1 353
铁路、公路、隧道和桥梁建筑业	186 615	177 957	5 143	3 515	1 631	5 982	891
堤坝、电站、码头建筑业	50 618	46 035	1 685	2 898	118	1 819	190
其他土木工程建筑业	29 771	25 101	1 088	3 582	185	3 010	457
线路、管道和设备安装业	116 134	96 786	9 326	10 022	－458	9 620	－71
线路、管道安装业	11 155	9 340	379	1 436	102	1 477	
设备安装业	104 979	87 446	8 947	8 586	－560	8 143	－71
装修装饰业	18 194	15 148	631	2 415	31	2 050	915
四、按法人批准机关或登记注册机关							
工商行政管理部门	659 322	595 590	26 991	36 741	2 625	34 989	3 735
五、按国有经济控股情况							
国有绝对控股	424 281	391 797	13 066	19 418	1 831	19 706	2 422
国有相对控股	1 119	1 094	9	16		75	1
其他国有	233 922	202 699	13 916	17 307	794	15 208	1 312
六、按隶属关系							

13－15（续8）　　单位：万元

项目	工程结算收入	工程结算成本	工程结算税金及附加	工程结算利润	其他业务利润	管理费用	财务费用
中　央	99 038	86 990	3 291	8 757	199	6 684	－197
省	151 558	145 415	4 183	1 960	1 541	5 010	568
地　区	187 730	174 314	5 834	7 582	655	9 168	1 659
县	90 523	79 765	3 082	7 676	－13	5 982	777
镇	29 904	26 265	1 223	2 416	39	2 253	357
居委会	9 349	7 275	491	1 583	16	754	28
村委会	3 950	3 491	116	343		259	171
其　他	87 270	72 075	8 771	6 424	188	4 879	372
七、按营业状态							
营　业	659 322	595 590	26 991	36 741	2 625	34 989	3 735
八、按企业资质等级（原标准）							
一　级	355 210	330 782	10 370	14 058	2 983	15 823	1 133
二　级	106 527	95 630	3 954	6 943	－636	8 211	1 337
三　级	141 373	118 424	10 583	12 366	150	8 379	847
四　级	47 704	43 045	1 949	2 710	112	2 223	356
其　他	8 508	7 709	135	664	16	353	62
九、按企业资质等级（新标准）							
施工总承包	536 267	492 609	17 341	26 317	2 978	25 631	2 168
一　级	303 537	283 859	8 672	11 006	2 834	13 453	816
二　级	87 096	78 092	3 059	5 945	－98	5 980	561
三　级	145 634	130 658	5 610	9 366	242	6 198	791
专业承包	66 847	52 336	7 688	6 823	－527	6 806	1 384
特　级	1 175	1 015	49	111		101	10
一　级	7 784	7 877	228	－321	－805	1 266	253
二　级	23 247	19 684	867	2 696	208	2 241	818
三　级	34 641	23 760	6 544	4 337	70	3 198	303

13－15(续9)

单位:万元

项　　目	营业利润	利润总额	本年应付工资总额	本年应付福利费总额	年末拖欠工程款	亏损企业数(个)	亏损额
总　　计	**642**	**－2 112**	**62 605**	**11 189**	**109 247**	**52**	**－8 836**
# 国有及国有控股	－939	－2 830	30 655	7 501	59 043	22	－5 984
一、按登记注册类型							
内资企业	－267	－3 022	62 165	11 141	107 519	52	－8 836
国有企业	－1 462	－3 942	27 345	6 785	56 420	16	－5 836
集体企业	－577	－1 532	14 989	1 708	16 637	13	－2 441
股份合作企业	79	80	553	55	431		
有限责任公司	1 010	1 581	7 914	1 416	13 383	12	－276
国有独资公司	1	7	8	1			
其他有限责任公司	1 009	1 574	7 906	1 415	13 383	12	－276
股份有限公司	－19	－20	2 477	161	4 140	2	－155
私营企业	702	811	8 887	1 016	16 508	9	－128
私营独资企业	196	202	1 883	258	2 348		
私营有限责任公司	538	591	5 998	614	10 009	5	－29
私营股份有限公司	－32	18	1 006	144	4 151	4	－99
港、澳、台商投资企业	89	90	210	30	253		
合资经营企业(港或澳、台资)	89	90	210	30	253		
外商投资企业	820	820	230	18	1 475		
中外合资经营企业	820	820	230	18	1 475		
二、按经济组织类型							
独资企业	－1 843	－5 272	44 217	8 751	75 405	29	－8 277
国有企业	－1 462	－3 942	27 345	6 785	56 420	16	－5 836
集体企业	－577	－1 532	14 989	1 708	16 637	13	－2 441
私营独资企业	196	202	1 883	258	2 348		
合作、合伙企业	79	80	553	55	431		
股份合作企业	79	80	553	55	431		

13－15(续10)

单位:万元

项　　目	营业利润	利润总额	本年应付工资总额	本年应付福利费总额	年末拖欠工程款	亏损企业数(个)	亏损额
股份有限公司	－51	－2	3 483	305	8 291	6	－254
股份有限公司(内资)	－19	－20	2 477	161	4 140	2	－155
私营股份有限公司	－32	18	1 006	144	4 151	4	－99
有限责任公司	2 457	3 082	14 352	2 078	25 120	17	－305
国有独资公司	1	7	8	1			
私营有限责任公司	538	591	5 998	614	10 009	5	－29
港澳台合资经营企业	89	90	210	30	253		
中外合资经营企业	820	820	230	18	1 475		
其他有限责任公司	1 009	1 574	7 906	1 415	13 383	12	－276
三、按国民经济行业							
土木工程建筑业	1 146	－1 674	46 650	8 562	101 828	36	－5 772
房屋建筑业	1 566	477	27 788	2 983	48 299	25	－1 747
铁路、公路、隧道和桥梁建筑业	－1 727	－3 163	11 957	4 591	34 573	6	－3 555
堤坝、电站、码头建筑业	1 007	985	4 154	465	12 202	1	－74
其他土木工程建筑业	300	27	2 751	523	6 754	4	－396
线路、管道和设备安装业	15	－180	12 659	1 820	5 523	6	－2 198
线路、管道安装业	61	193	1 363	185	90	1	－10
设备安装业	－46	－373	11 296	1 635	5 433	5	－2 188
装修装饰业	－519	－258	3 296	807	1 896	10	－866
四、按法人批准机关或登记注册机关							
工商行政管理部门	642	－2 112	62 605	11 189	109 247	52	－8 836
五、按国有经济控股情况							
国有绝对控股	－879	－2 794	30 645	7 501	59 043	21	－5 948
国有相对控股	－60	－36	10			1	－36
其他国有	1 581	718	31 950	3 688	50 204	30	－2 852
六、按隶属关系							

13－15(续11)　　单位:万元

项　　目	营业利润	利润总额	本年应付工资总额	本年应付福利费总额	年末拖欠工程款	亏损企业数(个)	亏损额
中　央	2 469	1 800	11 352	1 574	11 722		
省	－2 077	－3 277	11 782	4 468	24 236	2	－3 458
地　区	－2 590	－2 696	8 248	1 456	24 828	17	－3 151
县	904	609	13 544	1 612	21 742	13	－1 295
镇	－155	－325	4 876	468	4 264	7	－619
居委会	817	196	1 339	232	3 125		
村委会	－87	－87	533	80	66	1	－118
其　他	1 361	1 668	10 931	1 299	19 264	12	－195
七、按营业状态							
营　业	642	－2 112	62 605	11 189	109 247	52	－8 836
八、按企业资质等级(原标准)							
一　级	85	－2 537	24 380	6 252	46 624	4	－4 389
二　级	－3 241	－2 643	14 862	2 049	26 909	11	－3 441
三　级	3 290	2 664	18 117	1 999	23 414	24	－596
四　级	243	208	4 278	704	6 951	11	－274
其　他	265	196	968	185	5 349	2	－136
九、按企业资质等级(新标准)							
施工总承包	1 496	－1 615	49 131	8 956	86 665	27	－5 288
一　级	－429	－2 639	20 627	5 676	35 118	2	－3 473
二　级	－694	－930	9 911	1 121	25 660	7	－1 377
三　级	2 619	1 954	18 593	2 159	25 887	18	－438
专业承包	－1 894	－1 631	9 638	1 740	9 540	21	－3 492
特　级		－2	120	40		1	－2
一　级	－2 645	－3 011	1 169	223	930	3	－3 011
二　级	－155	370	4 275	935	5 232	6	－264
三　级	906	1 012	4 074	542	3 378	11	－215

13－16 主要年份全市固定资产投资完成情况

单位:万元、万平方米

年 份	投资完成额	#基本建设	#更新改造	#房地产	#城镇集体	新增固定资产	房屋竣工面积	#住宅
1949	9	9						
1952	313	313						
1957	955	955						
1962	892	892				500	3.76	1.40
1965	3 728	3 728				4 147	8.52	2.47
1970	5 097	5 097				4 359	9.59	1.38
1975	4 805	4 805				3 151	12.98	3.21
1978	12 328	9 253	2 318		757	7 061	37.46	12.72
1979	19 198	16 972	1 475		751	8 908	44.41	18.25
1980	26 201	20 820	3 698		1 683	27 523	56.81	25.33
“六五”时期	**158 033**	**95 538**	**35 655**		**27 840**	**128 626**	**348.80**	**164.18**
1981	18 823	12 399	4 146		2 278	14 077	55.75	31.05
1982	23 971	15 338	5 677		2 956	13 939	64.94	34.94
1983	28 383	18 531	5 487		4 365	30 614	78.25	40.00
1984	35 228	23 057	5 996		6 175	19 556	69.15	26.14
1985	51 628	26 213	13 349		12 066	50 440	80.71	32.05
“七五”时期	**664 237**	**143 530**	**108 772**	**10 131**	**59 294**	**295 086**	**325.63**	**120.07**
1986	108 577	29 650	15 203		12 948	62 589	82.56	38.05

13－16(续)　　单位:万元、万平方米

年　份	投　资完成额	#基本建设	#更新改造	#房地产	#城镇集体	新增固定资产	房屋竣工面积	#住宅
1987	118 921	29 154	18 628		12 041	57 775	57.42	17.72
1988	153 326	31 106	29 299		15 864	57 349	62.33	16.48
1989	132 045	25 472	19 342		9 501	50 352	48.42	13.40
1990	151 368	28 148	26 300	10 131	8 940	67 021	74.90	34.42
“八五”时期	**2 375 623**	**441 487**	**421 632**	**247 086**	**159 806**	**981 989**	**621.26**	**310.33**
1991	198 552	37 862	35 751	13 291	14 027	76 765	75.69	36.99
1992	312 972	69 134	67 079	16 126	33 426	115 173	95.22	40.39
1993	569 065	97 615	87 568	70 135	36 435	247 175	152.33	74.88
1994	609 487	113 767	101 379	73 992	32 302	242 983	147.12	83.09
1995	685 547	123 109	129 855	73 542	43 616	299 893	150.90	74.98
“九五”时期	**6 276 380**	**2 719 949**	**773 210**	**460 533**	**190 279**	**2 611 341**	**835.32**	**457.61**
1996	791 527	201 247	133 595	62 814	33 771	320 327	136.96	65.45
1997	1 013 889	404 085	152 406	67 771	48 989	576 383	134.48	67.96
1998	1 643 619	972 846	152 101	87 390	46 833	503 510	182.57	95.41
1999	1 417 830	661 325	155 054	113 965	29 278	546 313	177.24	111.73
2000	1 409 515	480 446	180 054	128 593	31 408	681 133	204.07	117.04
“十五”时期								
2001	1 508 727	516 785	172 844	149 463	40 739	1 839 651	283.43	111.62
2002	**1 855 394**	**642 629**	**231 103**	**197 973**	**60 937**	**472 640**	**197.08**	**125.68**

13－17　主要年份市区固定资产投资完成情况

单位:万元、万平方米

年　份	投　资 完成额	#基本建设	#更新改造	#房地产	#城镇集体	新增 固定 资产	房屋 竣工 面积	#住宅
1949	2	2						
1952	147	147						
1957	333	333						
1962	386	386				184	2.75	1.18
1965	3 177	3 177				3 661	6.37	1.63
1970	4 477	4 477				4 007	5.51	0.7
1975	3 043	3 043				2 072	8.26	2.38
1978	9 575	7 729	1 522		324	5 369	26.42	10.83
1979	15 579	14 248	881		450	5 959	31.68	12.36
1980	21 137	17 201	3 024		912	23 178	42.62	19.36
“六五”时期	**124 962**	**83 991**	**25 003**		**15 968**	**99 676**	**212.75**	**110.89**
1981	14 986	11 077	2 682		1 227	10 111	33.95	20.4
1982	19 540	13 923	3 789		1 828	10 208	42.6	24.3
1983	22 192	15 644	4 061		2 487	24 745	44.22	24.5
1984	28 676	20 113	4 851		3 712	14 056	37.46	17.71
1985	39 568	23 234	9 620		6 714	40 556	54.52	23.98
“七五”时期	**269 655**	**121 952**	**85 287**	**6 127**	**29 233**	**214 866**	**186.87**	**78.16**
1986	47 471	25 806	11 862		7 255	49 980	51.82	26.88

13－17(续)

单位:万元、万平方米

年　份	投　资 完成额	#基本建设	#更新改造	#房地产	#城镇集体	新增 固定 资产	房屋 竣工 面积	#住宅
1987	50 276	24 959	14 719		5 840	44 719	32.42	11.85
1988	59 104	26 402	19 082		5 690	39 011	32.3	10.74
1989	50 665	21 764	19 082		5 492	29 905	25.3	8.6
1990	62 139	23 021	20 542	6 127	4 956	51 251	45.03	20.09
“八五”时期	**841 608**	**288 801**	**231 663**	**132 719**	**65 182**	**508 717**	**271.05**	**150.3**
1991	80 867	30 478	28 015	7 508	6 783	54 816	39.89	21.13
1992	126 138	55 450	35 980	10 678	13 876	77 468	48.17	24.96
1993	205 562	61 037	56 057	38 507	9 408	130 095	62.88	33.94
1994	213 031	71 884	52 176	43 370	14 442	105 190	66.43	39.58
1995	216 010	69 952	59 435	32 656	20 673	141 148	53.68	30.69
“九五”时期	**3 114 351**	**2 202 274**	**392 816**	**242 468**	**67 643**	**1 363 025**	**318.26**	**195.62**
1996	275 014	119 093	77 639	29 083	11 922	156 261	44.49	18.79
1997	390 743	244 661	76 053	30 620	11 258	169 733	43.55	26.8
1998	1 059 813	898 463	72 827	45 529	28 710	288 014	54.17	35.24
1999	752 990	559 360	74 972	67 541	9 398	319 009	71.04	53
2000	635 791	380 697	91 325	69 541	6 355	435 866	105.01	61.79
“十五”期间								
2001	602 141	361 614	95 588	71 999	7 828	1 641 459	95.61	56.18
2002	**943 061**	**467 686**	**148 633**	**131 575**	**14 746**	**512 136**	**92.77**	**60.56**

统计指标解释

全社会固定资产投资

固定资产投资是指建造和购置固定资产的经济活动，它是社会增加固定资产，扩大生产规模，发展国民经济的重要手段，也是提高人民物质文化生活水平的条件。固定资产投资额是以货币表现的建造和购置固定资产活动的工作量，它是反映固定资产投资规模、速度、比例关系和使用方向的综合性指标。全社会固定资产投资包括国有经济单位投资、城乡集体经济单位投资、各种经济类型的单位投资和城乡居民个人投资。按照我国现行计划管理体制划分，固定资产投资总额分为基本建设、更新改造、房地产开发投资、国有其他固定资产投资、城乡集体经济单位投资（包括城镇集体所有制单位投资和农村集体所有制单位投资）、其他各种经济类型的单位投资（包括联营经济、股份制经济、中外合资经营、中外合作经营、外资、与大陆合资经营、与大陆合作经营、港澳台独资及其他经济类型的单位投资）、城乡居民个人投资（包括城市、县城、镇、工矿区所辖范围内的个人建房和农村个人建房及购买生产性固定资产的投资）等九个部分。

从 1997 年起，基本建设、更新改造、城镇集体的项目个数计算由 5 万元提高到 50 万元以上，投资额和其他指标仍按原口径推算。

基本建设投资

基本建设是企业、事业、行政单位以扩大生产能力或工程效益为主要目的的新建、扩建工程及有关工作。包括（1）列入中央和各级地方本年基本建设计划的建设项目，以及虽未列入本年基本建设计划，但使用以前年度基建计划内结转投资（包括利用基建设备材料）在本年继续施工的建设项目；（2）本年基本建设计划内投资与更新改造计划内投资结合安排的新建项目和新增生产能力（或工程效益）达到大中型项目标准的扩建项目，以及为改变生产力布局而进行的全厂性迁建项目；（3）国有单位既未列入基建计划，也未列入更新改造计划的总投资在 50 万元以上的新建、扩建、恢复项目和为改变生产力布局而进行的全厂性迁建项目，以及行政、事业单位增建业务用房和行政单位增建生活福利设施的项目。

更新改造投资

更新改造是指企业、事业单位对原有设施进行固定资产更新和技术改造，以及相应配套的工程和有关工作（不包括大修理和维护工程）。包括：（1）列入中央和各级地方本年更新改造计划的项目和虽未列入本年更新改造计划，但使用上年更新改造计划内结转的投资在本年继续施工的项目；（2）本年更新改造计划内投资与基本建设计划内投资结合安排的对企、事业单位原有设施进行技术改造或更新的项目，或增建主要生产车间、分厂等新增生产能力（或工程效益）未达到大中型项目标准的项目；（3）国有企、事业单位既未列入基建计划也未列入更新改造计划，总投资在 50 万元以上的属于改建或更新改造性质的项目，以及由于城市环境保护和安全生产的需要而进行的迁建工程。

房地产开发投资

包括各种经济类型的房地产开发公司、商品房建设公司及其他房地产开发单位统一开发的包括统代建、拆迁还建的住宅、厂房、仓库、饭店、宾馆、度假村、写字楼、办公楼等房屋建筑物和配套服务设施、土地开发工程、如道路、给水、排水、供电、供热、通讯、平整场地等基础设施工作的投资。还包括非房地产企业实际从事房地产开发或经营活动，不包括单纯的土地交易活动。

其他固定资产投资

全社会固定资产投资中未列入基本建设、更新改造和房地产开发投资的建造和购置固定资产的活动。包括：

（1）国有单位按规定不纳入基本建设计划和更新改造计划管理，总投资在 50 万元以上的以下工程：①用油田维护费和石油开发基金进行的油田维护和开发工程；②煤炭、铁矿、森工等采掘采伐业用维简费进行的开拓延伸工程；③交通部门用公路养路费对原有公路、桥梁进行改建的工程；④商业部门用简易建筑费建造的仓库工程。

(2)集体经济单位固定资产投资:包括城镇集体经济单位建造和购置固定资产计划总投资在50万元以上的项目。农村集体经济单位建造和购置固定资产计划总投资在5万元以上的项目。

(3)联营经济、股份制经济、外商投资经济、港澳台投资经济及其他经济类型的企、事业单位建造和购置固定资产其计划总投资在50万元以上的项目投资。

(4)城镇、工矿区私人建房投资和农村个人投资。城镇、工矿区私人建房包括:市、县城、镇、工矿区所辖范围内的全部私人建房,不论其房主是否系本地的常住户口均应包括。农村个人投资包括农村个人建房及购置生产性固定资产的投资。农村个人固定资产为农村抽样调查总队根据抽样调查资料推算。

施工项目

指报告期内曾进行建筑或安装工程施工活动的建设项目。包括报告期内新开工项目、报告期以前开工跨人报告期继续施工的项目以及报告期施工过并在报告期内全部建成投产或停缓建的项目。

全部建成投产项目

工业项目是指设计文件规定形成生产能力的主体工程及其相应配套的辅助设施全部建成,经负荷试运转,证明具备生产设计规定合格产品的条件,并经过验收鉴定合格或达到竣工验收标准,与生产性工程配套的生产福利设施可以满足近期正常生产的需要,正式移交生产的建设项目。非工业项目是指设计文件规定的主体工程和相应的配套工程全部建成,能够发挥设计规定的全部效益,经验收鉴定合格或达到竣工验收标准,正式移交使用的建设项目。

新增生产能力

指通过固定资产投资活动而增加的设计能力或工程效益,它是用实物形态表示的固定资产投资的成果。新增生产能力的计算,是以能独立发挥生产能力或效益的单项工程(或项目)为对象。当单项工程(或项目)建成,经有关部门鉴定合格,正式移交投人生产,即可计算新增生产能力。

新增生产能力或工程效益有以下几种表现形式:

(1)以建设项目或单项工程建成后的年产能力表示。如煤炭开采,石油开采等。

(2)以建设项目或单项工程建成后处理原料的能力表示。如选矿工程的年处理矿石能力,洗煤厂年洗原煤能力等。

(3)以新增的主要设备数量或容量表示。如棉纺锭枚数,发电机组容量等。

(4)以建筑物容积、容量、面积或长度表示。如水库容量,铁路公路里程等。

新增生产能力的数量一般按设计能力计算。设计能力是指设计文件中规定的正常情况下能够达到的生产能力,而不论投产后的实际产量如何。以设备数量、建筑物容积、面积、长度等表示的新增生产能力(或效益)则按建成的实际数量计算。

房屋建筑施工面积

指在报告期内施工的全部房屋建筑面积。包括本期内新开工的、上期施工跨人本期继续施工、上期停建本期复工的房屋建筑面积;不包括上期开工后又停工,本期未施工的房屋建筑面积

房屋建筑竣工面积

指在报告期内,按照设计所规定的工程内容全部完工,达到了设计规定的交工条件,经有关部门检查验收鉴定合格的房屋建筑面积。

房屋建筑面积竣工率

指一定时期内房屋竣工面积占同期房屋施工面积的比率。它是从房屋建筑施工速度的角度反映投资效果和建筑业经济效益的指标。

新增固定资产

指通过投资活动所形成的新的固定资产价值。包括已经建成投入生产或交付使用的工程价值和达到固定资产标准的设备、工具、器具的价值及有关应摊人的费用。它是以价值形式表示的固定资产投资成果的综

合性指标,可以综合反映不同时期、不同部门、不同地区的固定资产投资成果。

建设项目投产率

指一定时期内全部建成投入生产项目个数占同期正式施工项目个数的比率。它是从项目建设速度的角度反映投资效果的指标。

固定资产交付使用率

指一定时期新增固定资产与同期完成投资额的比率。它是反映各个时期固定资产动用速度,衡量建设过程中投资效果的一个综合性指标。

建筑业统计单位

指从事房屋、构筑物建造和设备安装活动的生产单位。根据不同的组织方式,建筑业统计的调查单位可分为法人建筑业企业和附营建筑施工单位。法人建筑业企业是指专门组织的独立核算的法人建筑业企业。它应同时具备的条件是:①依法成立,有自己的名称、组织机构和场所,能够承担民事责任;②独立拥有和使用资产,承担负债,有权与其他单位签订合同;③独立核算盈亏,能够编制资产负债表。附营建筑施工单位是指建筑业以外行业的企业、事业单位为完成本单位固定资产建造任务而自行组织的建筑施工单位。它应同时具备的条件是:①具有一个场所,从事或主要从事建筑安装活动;②单独组织生产经营活动;③在企业内部单独核算收支。

建筑业总产值

指建筑业企业或附营建筑施工单位自行完成的按工程进度计算的建筑安装生产总值

建筑业总产值包括:

①建筑工程产值:指列入建筑工程预算内的各种工程价值。

②设备安装工程产值:指设备安装工程价值。

③房屋、构筑物修理产值:指房屋、构筑物修理所完成的价值,但不包括被修理房屋、构筑物本身的价值和生产设备的修理价值。

④非标准设备制造产值:指加工制造没有定型的、非标准的生产设备的加工费和原材料价值,不论是现场还是附属加工厂为本单位承建工程制造的非标准设备的价值,都应计算产值。

建筑业增加值

指建筑业企业在报告期内以货币表现的建筑业生产经营活动的最终成果。目前建筑业增加值采用分配法计算,即从收入的角度出发,根据生产要素在生产过程中应得的收入份额计算。具体计算公式为:

建筑业增加值 = 本年提取的固定资产折旧 + 应付工资 + 应付福利费 + 管理费用中的劳动待业保险金、税金 + 工程结算税金及附加 + 工程结算利润—转作奖金的利润

工程结算收入

指企业(或单位)按工程的分部分项自行完成的建筑产品价值并已与甲方在报告期内办理结算手续的工程价款收入,以及向甲方收取的除工程价款以外的按规定列作营业收入的各种款项,如临时设施费、劳动保险费、施工机械调迁费等以及向甲方收取的各种索赔款。

工程结算利润

指已结算工程实现的利润。如为亏损以"—"号表示。其计算公式为:

工程结算利润 = 工程结算收入—工程结算成本—工程结算税金及附加

企业总收入

指与企业生产经营直接有关的各项收入,包括工程结算收入和其他业务收入,即:

企业总收入 = 工程结算收入 + 其他业务收入

国内贸易

14－1　社会消费品零售总额

单位:万元

项　　目	全　市	市　区	#丹徒区	丹阳市	扬中市	句容市
合　　计	**1 492 716**	**732 400**	**146 983**	**408 247**	**170 995**	**181 074**
#个体	532 285	279 110	60 318	133 930	51 181	68 064
一、按所在地分						
1. 市	1 134 599	732 400	146 983	223 157	102 992	76 050
2. 县以下	358 117			185 090	68 003	105 024
二、按行业分						
1. 批发零售	1 250 938	598 191	129 881	336 448	155 083	161 216
#制造	98 028	26 593	10 991	28 697	21 190	21 548
农业生产者	104 578	50 790	15 955	20 648	15 576	17 564
2. 餐饮	211 959	129 159	12 966	53 689	11 629	17 482
3. 其他	29 819	5 050	4 136	18 110	4 283	2 376

注:根据国家统计制度规定,2002 年此表数据已调整为新口径。

14－2　社会消费品

项　　目	合计	一月	二月	三月	四月
社会消费品零售总额	**1 492 716**	**136 182**	**130 226**	**107 493**	**108 325**
#个体	532 285	44 710	40 262	38 496	42 018
一、按所在地分					
1. 市	1 134 599	101 424	97 150	81 437	82 854
2. 县以下	358 117	34 758	33 076	26 056	25 471
二、按行业分					
1. 批发零售	1 250 938	114 292	111 234	89 493	9 558
#制造	98 028	9 685	9 405	8 526	7 326
农业生产者	104 578	9 843	9 468	8 730	8 523
2. 餐饮	211 959	19 173	16 503	15 829	15 534
3. 其他	29 819	2 717	2 489	2 171	2 233
三、按地区分					
市　区	732 400	61 833	59 218	52 383	54 772
#京口区	185 193	16 562	13 995	15 089	14 609
润州区	134 651	11 756	11 840	11 737	11 431
丹徒区	146 983	10 735	10 439	9 844	10 192
丹阳市	408 247	38 866	38 991	27 850	27 975
扬中市	170 995	18 404	15 810	13 082	12 172
句容市	181 074	17 079	16 207	14 178	13 406

零售总额分月情况

单位:万元

五月	六月	七月	八月	九月	十月	十一月	十二月
112 671	**113 344**	**109 441**	**110 788**	**124 005**	**146 473**	**142 604**	**151 164**
45 976	44 417	41 979	44 463	43 851	48 630	48 773	48 710
87 744	87 038	83 210	84 879	93 412	111 789	109 081	114 581
24 927	26 306	26 231	25 909	30 593	34 684	33 523	36 583
93 050	94 056	91 946	93 315	103 363	122 567	119 299	127 765
7 436	7 620	7 216	7 440	7 532	8 095	8 483	9 264
8 883	8 973	8 837	8 029	7 982	8 765	8 304	8 241
17 368	16 863	15 338	15 556	18 099	20 811	20 526	20 359
2 253	2 425	2 157	1 917	2 543	3 095	2 779	3 040
60 328	58 050	54 043	55 256	58 846	72 738	71 856	73 077
16 134	15 032	14 979	14 966	14 371	17 134	15 822	16 500
11 550	11 368	11 518	11 200	11 259	10 935	10 010	10 047
11 811	12 024	11 687	11 682	12 339	12 470	15 020	18 740
26 648	29 488	29 637	29 883	36 932	43 001	38 428	40 548
12 066	12 312	12 151	11 836	13 317	14 148	15 401	20 296
13 629	13 494	13 610	13 813	14 910	16 586	16 919	17 243

14－3　亿元以上商品交易市场情况

项　　目	已出租摊位（个数）	#个体承租	商品成交额（千元）	#消费品零售额
合　　计	**8 153**	**8 059**	**6 126 975**	**2 333 130**
食品、饮料、烟酒类	3 432	3 429	1 838 338	1 580 080
#粮油果菜类	2 381	2 374	1 143 426	942 307
服装鞋帽、针、纺织品类	1 232	1 228	680 476	330 623
化妆品类	28	28	1 620	1 385
日用品类	995	991	832 850	76 710
五金、电料类	55	53	28 050	7 430
体育、娱乐用品类	4	4	895	120
书报杂志类	6	5	1 280	590
电子出版物和音像制品类	12	10	3 480	
家用电器和音像器材类	18	16	8 926	1 126
中西药品类	7	5	4 076	1 596
#中草药及中成药	2	2	1 355	
文化办公用品类	60	58	47 370	8 878
家俱类	16	15	29 168	16 967
煤炭及制品类	5	5	1 200	
木材及制品类	106	106	81 660	75 272
化工材料及制品类	49	49	218 060	3 382
金属材料类	112	52	556 416	982
建筑及装潢材料类	235	230	174 972	143 854
机电产品及设备类	888	888	1 229 026	8 910
#农机类	91	91	150 740	3 500
汽车类	561	561	790 520	
其他类	893	887	389 112	75 225
补充资料：				
1. 市场管理费总额（千元）	8 093			
2. 税金总额（千元）	36 805			
3. 摊位租金总额（千元）	36 977			
4. 市场营业面积（平方米）	1 923 761			

14－4　限额以上批发零售贸易业、餐饮业基本情况

项　　目	法人企业（个）	经营网点（个）	#零售网点	营业面积（平方米）	从业人员（人）
总　　计	**105**	**588**	**384**	**317 752**	**15 779**
一、贸易业小计	**82**	**555**	**384**	**246 836**	**13 142**
（一）批发贸易业	**48**	**327**	**171**	**69 984**	**6 078**
#国有及国有控股	32	272	161	67 284	5 110
1. 按登记注册类型分组					
内资企业	48	327	171	69 984	6 078
国有企业	22	180	78	31 024	3 366
集体企业	5	26	7	2 600	517
股份合作企业	1	1			80
有限责任公司	13	68	40	360	1 115
国有独资企业	1	1		260	30
其他有限责任公司	12	67	40	100	1 085
股份有限公司	5	50	46	36 000	954
私营企业	2	2			46
私营有限责任公司	2	2			46
2. 按国民经济行业分组					
食品、饮料、烟草批发业	11	85	22	15 915	1 908
#烟草及其制品批发业	5	13		2 100	254
棉、麻、土畜产品批发业	1	3	1	750	31
纺织品、服装和鞋帽批发业	7	19		237	249
日用百货批发业	2	3	1		135
五金、交电、化工批发业	5	39	11		978
药品及医疗器械批发业	3	60	59	2 700	830
能源批发业	6	76	68	36 360	975
#石油及制品批发业	5	75	68	36 360	955
煤炭及制品批发业	1	1			20
化工材料批发业	1	1			80

14－4(续1)

项　　目	法人企业（个）	经营网点（个）	#零售网点	营业面积（平方米）	从业人员（人）
金属材料批发业	5	9	3		461
再生物资回收批发业	1	11			40
工艺美术批发业	1	4			42
农业生产资料批发业	5	17	6	14 022	349
（二）零售贸易业	**34**	**228**	**213**	**176 852**	**7 064**
#国有及国有控股	16	107	101	88 636	3 757
1. 按登记注册类型分组					
内资企业	33	227	212	156 852	6 170
国有企业	12	97	93	42 901	2 300
集体企业	8	55	47	42 630	1 215
有限责任公司	3	3	3	11 200	450
#其他有限责任公司	3	3	3	11 200	450
股份有限公司	6	33	31	38 736	1 424
私营企业	4	39	38	21 385	781
私营独资企业	2	6	6	6 000	180
私营有限责任公司	1	32	31	7 885	293
私营股份有限公司	1	1	1	7 500	308
港、澳、台商投资企业	1	1	1	20 000	894
#合资经营企业（港或澳、台资）	1	1	1	20 000	894
2. 按国民经济行业分组					
食品、饮料和烟草零售业	1	1	1	3 500	23
日用百货零售业	18	76	68	126 497	5 094
#百货零售业	18	76	68	126 497	5 094
纺织品、服装和鞋帽零售业	1	2	2	2 300	293
日用杂品零售业	1	10	10	2 733	71
五金、交电、化工零售业	4	4	4	8 600	337
药品及医疗器械零售业	2	54	53	9 486	710

14－4(续2)

项　　目	法人企业(个)	经营网点(个)	#零售网点	营业面积(平方米)	从业人员(人)
图书报刊零售业	5	73	69	9 701	404
其他零售业	2	8	6	14 035	132
#汽车、摩托车及零配件零售业	1	1	1	3 000	60
3、按经营方式分组					
(1)独立商店	26	176	166	131 512	5 615
(3)连锁商店分店	2	2	2	13 600	477
(4)其他	6	50	45	31 740	972
4、按业态分组					
(1)综合商店	13	54	48	97 669	3 846
(2)超级市场	6	20	18	24 020	1 278
(3)专业(专卖)商店	8	95	90	22 616	909
(4)其他	7	59	57	32 547	1 031
二、餐饮业小计	**23**	**33**		**70 916**	**2 637**
#国有及国有控股	10	15		47 042	1 542
(一)按登记注册类型分组					
内资企业	22	32		48 290	2 317
国有企业	9	14		24 416	1 222
集体企业	1	1		3 161	40
有限责任公司	3	4		6 821	293
#其他有限责任公司	3	4		6 821	293
私营企业	9	13		13 892	762
#私营独资企业	5	7		5 592	397
私营有限责任公司	4	6		8 300	365
外商投资企业	1	1		22 626	320
#中外合资经营企业	1	1		22 626	320
(二)按国民经济行业分组					
正餐	23	33		70 916	2 637

14－5 限额以上批发零售

项　　目	购进总额	#从生产者购进	#进　口
总　　计	**735 395**	**444 208**	**2 848**
一、批发贸易业	**533 854**	**348 650**	**2 848**
#国有及国有控股	373 090	202 072	192
(一)按登记注册类型分组			
内资企业	533 854	348 650	2 848
国有企业	244 558	139 283	192
集体企业	25 360	22 822	
股份合作企业	7 106	7 106	
有限责任公司	170 149	149 047	2 656
#国有独资企业			
其他有限责任公司	170 149	149 047	2 656
股份有限公司	78 010	21 722	
私营企业	8 671	8 671	
#私营有限责任公司	8 671	8 671	
(二)按国民经济行业分组			
食品、饮料、烟草批发业	165 717	98 263	
#烟草及其制品批发业	123 211	69 672	
棉、麻、土畜产品批发业	2 226		
纺织品、服装和鞋帽批发业	62 378	62 378	
日用百货批发业	13 297	12 636	
五金、交电、化工批发业	122 630	105 571	2 656
药品及医疗器械批发业	25 611	10 576	

贸易业商品购进、销售、库存总额

单位:万元

销售总额	批　发	#对生产经营单位	#出　口	零　售	库存总额
790 423	**541 224**	**99 309**	**162 478**	**249 200**	**64 228**
583 571	**515 586**	**91 655**	**159 778**	**67 986**	**33 025**
425 870	371 426	52 726	74 984	54 444	25 796
583 571	515 586	91 655	159 778	67 986	33 025
287 536	253 504	28 014	35 740	34 032	18 356
28 431	26 593	18 934		1 838	1 795
8 098	8 098				253
172 432	149 889	10 962	122 178	22 543	6 729
6 388	6 388		6 388		49
166 044	143 501	10 962	115 790	22 543	6 680
77 948	68 376	24 619	1 860	9 572	5 034
9 126	9 126	9 126			859
9 126	9 126	9 126			859
192 441	175 481	19 823		16 960	7 187
152 695	152 695	19 811			4 836
2 648	397			2 251	330
71 558	71 558		71 558		2 358
12 481	11 637			845	1 181
114 362	98 647	8 007	78 030	15 714	11 519
30 465	8 019	144		22 446	2 726

14－5(续1)

项　　目	购进总额	#从生产者购进	#进　口
能源批发业	78 796	8 971	
#石油及制品批发业	72 821	2 996	
煤炭及制品批发业	5 975	5 975	
化工材料批发业	7 106	7 106	
金属材料批发业	23 260	13 748	
再生物资回收批发业	16 467	16 467	
工艺美术批发业	3 916	3 724	192
农业生产资料批发业	12 451	9 212	
二、零售贸易业	**201 542**	**95 558**	
#国有及国有控股	84 939	53 381	
(一)按登记注册类型分组			
内资企业	167 214	73 453	
国有企业	40 389	21 966	
集体企业	50 912	6 607	
有限责任公司	12 400	4 517	
#其他有限责任公司	12 400	4 517	
股份有限公司	40 133	25 727	
私营企业	23 380	14 636	
#私营独资企业	10 198	9 272	
私营有限责任公司	6 666	2 512	
私营股份有限公司	6 516	2 852	
港、澳、台商投资企业	34 328	22 104	

单位:万元

销售总额	批　发	#对生产经营单位	#出　口	零　售	库存总额
84 051	75 552	35 012		8 499	2 854
77 423	68 925	28 385		8 499	2 852
6 628	6 628	6 628			2
8 098	8 098				253
24 809	24 329	8 111		480	2 616
16 722	16 722	16 722			69
4 607	4 607		3 803		73
21 331	20 539	3 835	6 388	792	1 859
206 852	**25 638**	**7 654**	**2 700**	**181 214**	**31 203**
95 975	3 440	1 465		92 534	17 061
163 102	25 638	7 654	2 700	137 464	23 420
40 010	2 324	663		37 686	8 360
34 768	10 015	6 143	2 700	24 753	6 985
12 083	1 839			10 244	2 262
12 083	1 839			10 244	2 262
45 770	9 374	848		36 397	4 240
30 471	2 087			28 384	1 574
11 514				11 514	401
8 695	2 040			6 655	774
10 262	47			10 215	399
43 750				43 750	7 783

14－5(续2)

项　　目	购进总额	#从生产者购进	#进　口
#合资经营企业(港或澳、台资)	34 328	22 104	
(二)按国民经济行业分组			
食品、饮料和烟草零售业	1 865	1 865	
日用百货零售业	133 311	53 296	
#百货零售业	133 311	53 296	
纺织品、服装和鞋帽零售业	2 042	2 042	
日用杂品零售业	573		
五金、交电、化工零售业	17 402	7 704	
药品及医疗器械零售业	18 672	8 137	
图书报刊零售业	14 522	9 358	
其他零售业	13 156	13 156	
#汽车、摩托车及零配件零售业	9 272	9 272	
(三)按经营方式分组			
1. 独立商店	168 324	72 648	
2. 连锁商店分店	12 121	12 121	
3. 其他	21 096	10 789	
(四)按业态分组			
1. 综合商店	116 289	49 458	
2. 超级市场	22 632	12 607	
3. 专业(专卖)商店	35 586	17 101	
4. 其他	27 035	16 392	

单位:万元

销售总额	批　发	#对生产经营单位	#出　口	零　售	库存总额
43 750				43 750	7 783
2 102				2 102	46
133 692	11 406	6 260	2 700	122 286	23 530
133 692	11 406	6 260	2 700	122 286	23 530
1 858	206			1 652	537
774	151			622	283
17 578	5 471			12 108	1 651
22 049	5 545	46		16 505	2 377
14 766	1 743	546		13 023	2 550
14 032	1 116	802		12 916	230
9 861				9 861	193
168 659	20 592	6 741	2 700	148 067	26 399
15 564				15 564	1 743
22 629	5 046	914		17 583	3 061
113 806	7 574	3 848	2 700	106 232	19 117
25 532	1 684	112		23 849	4 408
37 899	9 135	546		28 764	4 394
29 614	7 245	3 148		22 369	3 284

14－6　限额以上批

项　　目	年			
	流动资产小计	#存货	长期投资	固定资产小计
贸易企业合计	**259 661**	**61 638**	**15 622**	**113 759**
一、批发企业	**177 954**	**32 580**	**14 736**	**66 146**
#国有及国有控股	137 314	25 115	12 834	57 584
(一)按登记注册类型分组				
内资企业	177 954	32 580	14 736	66 146
国有企业	84 006	18 102	2 250	40 287
集体企业	10 349	1 875	1 497	5 128
股份合作企业	1 664	252	885	3 563
有限责任公司	63 490	6 836	733	9 364
#国有独资企业	12 275	49	216	227
其他有限责任公司	51 215	6 787	518	9 137
股份有限公司	15 862	4 727	9 371	7 735
私营企业	2 583	788		69
#私营有限责任公司	2 583	788		69
(二)按国民经济行业分组				
食品、饮料、烟草批发业	30 170	6 632	1 362	21 350
#烟草及其制品批发业	18 772	4 382	1 059	16 776
棉、麻、土畜产品批发业	741	298	1	512
纺织品、服装和鞋帽批发业	35 041	2 294	612	2 520
日用百货批发业	5 728	1 208	4 605	2 416
五金、交电、化工批发业	43 841	11 264	229	12 478
药品及医疗器械批发业	17 609	2 568	293	6 361

发零售贸易企业财务状况

单位:万元

末 资 产 负 债					
固定资产原价	#生产经营用	累计折旧	#本年折旧	无形及递延资产	#无形资产
128 743	**94 458**	**32 886**	**4 571**	**17 601**	**8 261**
66 997	**46 470**	**16 470**	**2 422**	**7 352**	**2 945**
56 783	42 277	13 747	2 137	6 997	2 700
66 997	46 470	16 470	2 422	7 352	2 945
39 256	25 845	9 981	1 829	1 789	1 257
5 465	156	1 409	17	167	148
3 893	2 847	505	75	1 184	1 014
9 392	8 681	2 543	446	353	103
351	351	124	6		
9 041	8 330	2 419	440	353	103
8 875	8 825	1 985	51	3 860	424
116	116	46	4		
116	116	46	4		
26 589	20 327	6 191	1 406	757	290
20 511	14 620	4 617	1 300	582	115
766	766	254	41	6	
3 144	2 440	747	281	291	173
3 812	1 369	1 552	45	3 499	424
4 722	2 827	1 587	287		
5 079	4 974	1 231	64	448	256

14－6(续1)

项　　目	年			
	流动资产小　计	#存货	长期投资	固定资产小　计
能源批发业	10 803	2 643	5 523	10 878
#石油及制品批发业	9 146	2 641	5 523	10 797
煤炭及制品批发业	1 658	2		81
化工材料批发业	1 664	252	885	3 563
金属材料批发业	10 624	2 652	976	3 232
再生物资回收批发业	320	69		418
工艺美术批发业	2 480	73	18	289
农业生产资料批发业	18 933	2 627	234	2 129
二、零售企业	**81 708**	**29 057**	**886**	**47 613**
#国有及国有控股	41 396	15 417	126	29 359
(一)按登记注册类型分组				
内资企业	71 270	21 982	886	36 113
国有企业	29 232	7 426	96	8 322
集体企业	11 341	6 767	70	6 534
有限责任公司	3 566	2 135	98	1 021
#其他有限责任公司	3 566	2 135	98	1 021
股份有限公司	18 520	4 197	543	14 026
私营企业	8 612	1 457	80	6 209
#私营独资企业	1 738	401		722
私营有限责任公司	1 316	697	31	1 834
私营股份有限公司	5 557	359	49	3 653
港、澳、台商投资企业	10 437	7 075		11 500

单位:万元

末资产负债					
固定资产原价	#生产经营用	累计折旧	#本年折旧	无形及递延资产	#无形资产
12 079	7 137	2 162	9	693	353
11 984	7 042	2 148	5	693	353
95	95	14	4		
3 893	2 847	505	75	1 184	1 014
3 527	1 659	904	121	148	148
156	156	48	2		
342	342	53	1		
2 889	1 627	1 237	91	327	289
61 747	**47 988**	**16 416**	**2 148**	**10 249**	**5 316**
35 708	31 487	8 323	1 030	7 426	4 599
47 476	33 718	13 646	1 736	3 772	1 258
10 342	7 036	3 195	419	402	
9 386	4 755	2 872	287	346	11
1 364	1 114	343	125	186	
1 364	1 114	343	125	186	
16 737	11 927	3 736	488	2 060	566
9 648	8 886	3 500	416	779	681
778	17	56	49	126	117
2 729	2 729	957	153	595	514
6 141	6 141	2 487	215	58	50
14 271	14 271	2 770	413	6 477	4 058

14－6(续2)

项　　目	年			
	流动资产小　计	#存货	长期投资	固定资产小　计
#合资经营企业(港或澳、台资)	10 437	7 075		11 500
(二)按国民经济行业分组				
食品、饮料和烟草零售业	373	42		620
日用百货零售业	56 459	21 793	239	34 295
#百货零售业	56 459	21 793	239	34 295
纺织品、服装和鞋帽零售业	2 707	488	5	970
日用杂品零售业	684	260		223
五金、交电、化工零售业	6 320	1 585	128	1 404
药品及医疗器械零售业	7 795	2 300	514	4 803
图书报刊零售业	5 879	2 361	1	3 357
其他零售业	1 491	230		1 942
#汽车、摩托车及零配件零售业	1 346	193		705
(三)按经营方式分组				
1. 独立商店	67 640	24 500	850	41 090
2. 连锁商店分店	7 165	1 753		860
3. 其他	6 903	2 804	36	5 664
(四)按业态分组				
1. 百货商店	47 153	17 544	238	32 812
2. 超级市场	10 783	4 220		2 064
3. 专业(专卖)商店	12 793	4 115	159	5 948
4. 其他	10 979	3 178	489	6 790

单位:万元

末　资　产　负　债					
固定资产原　价	#生产经营用	累计折旧	#本年折旧	无形及递延资产	#无形资产
14 271	14 271	2 770	413	6 477	4 058
286		91	91		
45 573	40 654	11 540	1 395	9 330	4 663
45 573	40 654	11 540	1 395	9 330	4 663
1 616	337	646		52	
325	319	103	17		
1 884	1 502	491	72	123	
6 493	2 729	1 978	370	618	536
3 895	2 449	1 228	131		
1 676		339	72	126	117
761		56	49	126	117
53 757	42 479	13 837	1 664	8 023	4 799
1 227	1 227	367	135	1 378	3
6 763	4 283	2 211	350	848	514
43 416	38 511	10 846	1 200	7 741	4 777
2 708	2 461	664	260	1 605	3
7 697	5 877	2 503	325	718	514
7 925	1 139	2 403	363	185	22

14－6(续3)

项　　目	资产合计	流动负债小　计	长期负债小　计	负债合计
	年			
贸易企业合计	**407 741**	**273 909**	**34 679**	**317 910**
一、批发企业	**266 706**	**174 392**	**24 028**	**205 586**
#国有及国有控股	215 007	133 681	22 457	160 646
(一)按登记注册类型分组				
内资企业	266 706	174 392	24 028	205 586
国有企业	128 583	77 904	3 564	85 977
集体企业	17 351	13 286	721	16 666
股份合作企业	7 296	2 970		2 970
有限责任公司	73 996	62 317	1 917	64 233
#国有独资企业	12 718	13 720		13 720
其他有限责任公司	61 278	48 597	1 917	50 513
股份有限公司	36 828	15 526	17 826	33 352
私营企业	2 653	2 389		2 389
#私营有限责任公司	2 653	2 389		2 389
(二)按国民经济行业分组				
食品、饮料、烟草批发业	53 864	17 330	52	17 382
#烟草及其制品批发业	37 188	3 431		3 431
棉、麻、土畜产品批发业	1 259	870		1 614
纺织品、服装和鞋帽批发业	38 494	33 249	539	33 789
日用百货批发业	16 248	11 758	2 774	14 532
五金、交电、化工批发业	56 548	49 096	3 688	52 784
药品及医疗器械批发业	24 738	18 939	1 083	20 022

单位：万元

末　资　产　负　债					
所有者权益合　计	实收资本	#国家资本	#港澳台资本	#外商资本	#个人资本
89 831	**54 309**	**16 800**	**4 000**		**9 024**
61 120	**27 751**	**12 663**			**2 094**
54 361	18 450	12 663			642
61 120	27 751	12 663			2 094
42 606	8 721	5 446			
685	4 051				
4 326	4 230	4 230			
9 763	7 434	1 282			1 444
-1 002	92	92			
10 765	7 342	1 190			1 444
3 476	2 766	1 705			100
264	550				550
264	550				550
36 483	3 888	2 830			
33 758	1 322	1 322			
-355	376	376			
4 705	4 204	200			621
1 716	4 176	1 705			
3 765	2 786				800
4 716	2 342	1 020			121

14－6(续4)

项目	资产合计	流动负债小计	长期负债小计	负债合计
能源批发业	27 920	4 195	15 025	21 589
#石油及制品批发业	26 181	2 835	15 025	20 229
煤炭及制品批发业	1 739	1 360		1 360
化工材料批发业	7 296	2 970		2 970
金属材料批发业	15 190	13 326	452	16 436
再生物资回收批发业	737	603		603
工艺美术批发业	2 787	2 847	115	2 961
农业生产资料批发业	21 626	19 209	301	20 905
二、零售企业	**141 035**	**99 517**	**10 651**	**112 324**
#国有及国有控股	78 886	58 324	7 076	65 494
(一)按登记注册类型分组				
内资企业	112 620	87 368	4 737	94 262
国有企业	38 211	36 602	1 162	37 765
集体企业	18 290	13 488	812	14 330
有限责任公司	4 870	2 707		4 739
#其他有限责任公司	4 870	2 707		4 739
股份有限公司	35 570	21 570	2 427	24 090
私营企业	15 679	13 002	337	13 338
#私营独资企业	2 586	1 708		1 708
私营有限责任公司	3 776	2 786	21	2 807
私营股份有限公司	9 318	8 507	316	8 822
港、澳、台商投资企业	28 414	12 149	5 914	18 062

单位:万元

末 资 产 负 债					
所有者权益合　计	实收资本				
		#国家资本	#港澳台资本	#外商资本	#个人资本
6 330	1 805	732			502
5 952	1 755	732			500
379	50				2
4 326	4 230	4 230			
-1 247	1 490	220			50
134	133				
-174	116	116			
721	2 206	1 233			
28 711	**26 559**	**4 137**	**4 000**		**6 930**
13 392	15 123	3 134	4 000		500
18 359	18 559	4 137			6 930
446	1 926	1 616			
3 961	5 972	403			3 330
131	527	60			392
131	527	60			392
11 480	8 814	2 058			2 594
2 341	1 320				614
878	560				60
969	360				154
495	400				400
10 352	8 000		4 000		

14－6(续5)

项　　目	年			
	资产合计	流动负债 小　计	长期负债 小　计	负债合计
#合资经营企业(港或澳、台资)	28 414	12 149	5 914	18 062
(二)按国民经济行业分组				
食品、饮料和烟草零售业	992	1 443		1 443
日用百货零售业	100 901	71 598	8 163	81 917
#百货零售业	100 901	71 598	8 163	81 917
纺织品、服装和鞋帽零售业	3 734	5 838		5 838
日用杂品零售业	907	576	40	617
五金、交电、化工零售业	7 975	4 976		4 976
药品及医疗器械零售业	13 731	7 567	2 448	10 014
图书报刊零售业	9 237	4 811		4 811
其他零售业	3 558	2 707		2 707
#汽车、摩托车及零配件零售业	2 177	1 337		1 337
(三)按经营方式分组				
1. 独立商店	118 182	80 217	10 247	90 588
2. 连锁商店分店	9 403	6 645		6 645
3. 其他	13 451	12 655	404	15 091
(四)按业态分组				
1. 百货商店	88 522	63 421	7 821	71 365
2. 超级市场	14 452	9 414	383	11 829
3. 专业(专卖)商店	19 618	12 003	21	12 024
4. 其他	18 443	14 680	2 427	17 106

单位:万元

末资产负债					
所有者权益合计					
	实收资本	#国家资本	#港澳台资本	#外商资本	#个人资本
10 352	8 000		4 000		
-450	74	74			
18 984	20 549	2 294	4 000		4 290
18 984	20 549	2 294	4 000		4 290
-2 105	491	491			
290	263				
2 999	1 122	656			392
3 716	2 937				2 248
4 426	580	580			
851	543	43			
839	500				
27 594	24 766	3 469	4 000		6 776
2 757	560	60			
-1 640	1 233	608			154
17 157	19 467	2 234	4 000		3 724
2 623	945	60			60
7 594	1 951	1 125			546
1 337	4 196	718			2 600

14－6(续6)

项　　目				损
	商品销售收　入	商品销售收入净额	商品销售成　本	经营费用
贸易企业合计	**716 210**	**713 340**	**632 688**	**32 256**
一、批发企业	**527 921**	**527 439**	**471 731**	**20 153**
#国有及国有控股	387 430	386 950	341 842	16 378
(一)按登记注册类型分组				
内资企业	527 921	527 439	471 731	20 153
国有企业	259 761	259 288	222 400	11 334
集体企业	27 208	27 207	26 217	548
股份合作企业	8 098	8 098	7 595	250
有限责任公司	158 140	158 140	144 359	5 290
#国有独资企业	6 388	6 388	6 184	175
其他有限责任公司	151 752	151 752	138 175	5 115
股份有限公司	66 912	66 904	63 761	2 433
私营企业	7 801	7 801	7 399	298
#私营有限责任公司	7 801	7 801	7 399	298
(二)按国民经济行业分组				
食品、饮料、烟草批发业	168 766	168 766	139 437	6 695
#烟草及其制品批发业	133 623	133 623	106 990	4 717
棉、麻、土畜产品批发业	2 263	2 263	2 165	71
纺织品、服装和鞋帽批发业	74 094	74 094	68 668	2 896
日用百货批发业	10 686	10 677	10 210	572
五金、交电、化工批发业	99 471	99 445	91 558	2 928
药品及医疗器械批发业	26 526	26 077	22 148	1 969

单位:万元

益　及　分　配				
#运杂及装卸费	商品销售税金及附加	商品销售利　润	代购代销收　入	主营业务利　润
2 906	**1 550**	**46 846**	**1 025**	**47 872**
2 389	**939**	**34 617**	**1 025**	**35 642**
1 867	850	27 879	1 022	28 901
2 389	939	34 617	1 025	35 642
783	768	24 787	978	25 765
68	26	416		416
201	5	249		249
894	101	8 391	44	8 435
2	1	28		28
893	100	8 364	44	8 407
389	32	679	3	682
53	9	96		96
53	9	96		96
695	686	21 948	944	22 892
323	592	21 324	944	22 268
	4	24		24
293	16	2 514	59	2 573
63	25	－129		－129
233	26	4 934		4 934
228	81	1 880		1 880

14－6(续7)

项　　目				损
	商品销售收　　入	商品销售收入净额	商品销售成　　本	经营费用
能源批发业	72 789	72 789	67 991	2 856
#石油及制品批发业	66 950	66 950	62 766	2 739
煤炭及制品批发业	5 838	5 838	5 225	118
化工材料批发业	8 098	8 098	7 595	250
金属材料批发业	23 898	23 898	22 460	939
再生物资回收批发业	16 722	16 722	16 467	86
工艺美术批发业	4 607	4 607	4 186	403
农业生产资料批发业	20 003	20 003	18 848	489
二、零售企业	**188 289**	**185 901**	**160 957**	**12 104**
#国有及国有控股	85 220	82 837	68 937	6 568
(一)按登记注册类型分组				
内资企业	150 551	148 163	130 631	9 722
国有企业	36 409	34 026	28 334	3 361
集体企业	29 979	29 979	26 655	1 593
有限责任公司	10 637	10 632	9 565	1 198
#其他有限责任公司	10 637	10 632	9 565	1 198
股份有限公司	45 744	45 744	41 417	2 601
私营企业	27 783	27 783	24 660	969
#私营独资企业	11 308	11 308	10 643	391
私营有限责任公司	7 448	7 448	6 196	303
私营股份有限公司	9 027	9 027	7 821	274
港、澳、台商投资企业	37 738	37 738	30 326	2 382

单位:万元

益　　及　　分　　配				
#运杂及装卸费	商品销售税金及附加	商品销售利润	代购代销收入	主营业务利润
448	60	1 881		1 881
427	51	1 394		1 394
21	9	487		487
201	5	249		249
92	33	467		467
32		169		169
101		18	22	41
2	4	662	0	662
517	**611**	**12 230**		**12 230**
135	274	7 059		7 059
517	484	7 326		7 326
64	103	2 227		2 227
175	98	1 633		1 633
29	44	-175		-175
29	44	-175		-175
190	173	1 553		1 553
59	66	2 088		2 088
	15	259		259
49	26	922		922
10	25	907		907
	127	4 904		4 904

14－6(续8)

项　　目				损
	商品销售收　　入	商品销售收入净额	商品销售成　　本	经营费用
#合资经营企业(港或澳、台资)	37 738	37 738	30 326	2 382
(二)按国民经济行业分组				
食品、饮料和烟草零售业	1 797	1 797	1 797	
日用百货零售业	117 531	117 520	100 982	8 219
#百货零售业	117 531	117 520	100 982	8 219
纺织品、服装和鞋帽零售业	1 589	1 589	1 359	337
日用杂品零售业	686	686	578	83
五金、交电、化工零售业	16 322	16 317	15 436	318
药品及医疗器械零售业	22 356	22 356	18 818	1 212
图书报刊零售业	13 976	11 604	8 716	1 476
其他零售业	14 032	14 032	13 271	458
#汽车、摩托车及零配件零售业	9 861	9 861	9 409	174
(三)按经营方式分组				
1. 独立商店	153 488	151 100	129 953	8 857
2. 连锁商店分店	14 820	14 820	13 304	1 665
3. 其他	19 982	19 982	17 700	1 582
(四)按业态分组				
1. 百货商店	99 633	99 633	85 519	5 382
2. 超级市场	24 146	24 135	21 491	2 955
3. 专业(专卖)商店	35 062	32 976	28 540	1 780
4. 其他	29 448	29 157	25 407	1 988

单位:万元

益　及　分　配				
#运杂及装卸费	商品销售税金及附加	商品销售利　润	代购代销收　入	主营业务利　润
	127	4 904		4 904
	0	0		0
234	398	7 921		7 921
234	398	7 921		7 921
9	5	－111		－111
1	13	12		12
	52	511		511
194	77	2 248		2 248
34	45	1 367		1 367
44	20	283		283
	15	263		263
385	493	11 796		11 796
27	75	－225		－225
104	42	659		659
194	329	8 403		8 403
33	88	－399		－399
80	113	2 543		2 543
209	81	1 682		1 682

14－6(续9)

项　目	其他业务利　润	管理费用	#税金	#财产保险
			损　益	
贸易企业合计	**2 846**	**28 329**	**879**	**238**
一、批发企业	**1 271**	**17 622**	**533**	**128**
#国有及国有控股	1 239	14 772	476	95
(一)按登记注册类型分组				
内资企业	1 271	17 622	533	128
国有企业	1 239	9 754	426	51
集体企业	12	685	29	2
股份合作企业	－112	289	18	
有限责任公司	－61	4 524	40	50
#国有独资企业	13	97	1	1
其他有限责任公司	－74	4 427	39	49
股份有限公司	101	2 249	16	26
私营企业	92	121	5	
#私营有限责任公司	92	121	5	
(二)按国民经济行业分组				
食品、饮料、烟草批发业	819	6 992	155	67
#烟草及其制品批发业		4 860	150	39
棉、麻、土畜产品批发业		97		
纺织品、服装和鞋帽批发业	115	2 051	9	8
日用百货批发业	60	1 602	23	13
五金、交电、化工批发业	7	1 641	276	
药品及医疗器械批发业	－46	2 217	21	15

单位:万元

及　分　配				
#劳动待业保险	财务费用	#利息支出	营业利润	补贴收入
2 337	**4 845**	**4 077**	**13 876**	**725**
1 504	**3 377**	**2 654**	**12 140**	**712**
1 256	2 296	1 922	12 424	448
1 504	3 377	2 654	12 140	712
869	1 270	1 061	13 652	233
139	257	139	-551	3
35	76	71	-228	
321	1 125	773	-364	463
4	2		-59	30
317	1 122	773	-305	433
138	602	563	-387	13
2	48	48	18	
2	48	48	18	
608	800	546	13 061	155
394	2		14 548	155
	28	28		
230	371	224	264	214
77	618	615	-610	
71	662	558	-118	233
261	254	249	-538	

14－6(续10)

项　　目	其他业务利润	管理费用	#税金	#财产保险
		损　益		
能源批发业	99	1 159	10	19
#石油及制品批发业	99	925	9	9
煤炭及制品批发业		235	0	10
化工材料批发业	－112	289	18	
金属材料批发业	296	590	16	1
再生物资回收批发业		107		
工艺美术批发业	20	124		
农业生产资料批发业	13	753	6	4
二、零售企业	**1 575**	**10 706**	**346**	**110**
#国有及国有控股	859	5 159	211	69
(一)按登记注册类型分组				
内资企业	1 512	8 290	205	49
国有企业	193	2 257	26	2
集体企业	－4	1 988	16	27
有限责任公司	77	49	27	3
#其他有限责任公司	77	49	27	3
股份有限公司	1 119	2 161	98	8
私营企业	126	1 836	38	10
#私营独资企业		267		
私营有限责任公司		849	14	
私营股份有限公司	126	720	25	10
港、澳、台商投资企业	63	2 417	141	62

单位:万元

及　分　配				
#劳动待业保险	财务费用	#利息支出	营业利润	补贴收入
50	131	46	690	68
45	12	5	556	68
6	119	41	134	
35	76	71	-228	
10	224	157	-51	3
107	18	8	45	
	-6	-6	-57	11
53	201	158	-318	30
834	**1 468**	**1 423**	**1 736**	**13**
237	597	728	2 267	
821	1 251	1 246	-597	13
218	375	327	-220	
336	468	332	-827	
4	14	15	-160	
4	14	15	-160	
147	136	369	488	13
116	258	202	121	
	48		-57	
111	55	55	18	
5	154	148	160	
13	217	177	2 333	

14－6(续11)

项　　目				损　益
	其他业务利　润	管理费用	#税金	#财产保险
#合资经营企业(港或澳、台资)	63	2 417	141	62
(二)按国民经济行业分组				
食品、饮料和烟草零售业	46	208		
日用百货零售业	1 413	6 653	281	90
#百货零售业	1 413	6 653	281	90
纺织品、服装和鞋帽零售业				
日用杂品零售业		89	0	17
五金、交电、化工零售业	0	459	24	3
药品及医疗器械零售业	6	1 856	26	
图书报刊零售业	109	1 177	16	1
其他零售业		265		
#汽车、摩托车及零配件零售业		250		
(三)按经营方式分组				
1. 独立商店	939	9 286	285	108
2. 连锁商店分店	515	288	48	2
3. 其他	120	1 133	14	
(四)按业态分组				
1. 百货商店	792	6 418	230	101
2. 超级市场	628	418	48	3
3. 专业(专卖)商店	109	2 277	53	4
4. 其他	45	1 594	15	3

单位:万元

及 分 配				
#劳动待业保险	财务费用	#利息支出	营业利润	补贴收入
13	217	177	2 333	
	7		-169	
490	1 129	1 121	1 652	
490	1 129	1 121	1 652	
	101	101	-212	
34	9	9	-86	
4	5	15	47	13
202	196	200	203	
103	-27	-22	331	
	48	-1	-30	
	48		-36	
659	1 298	1 259	2 258	13
51	0	1	3	
123	170	163	-524	
436	1 142	1 084	1 697	
63	17	18	-166	
200	35	49	346	13
135	274	271	-140	

14－6(续12)

项　　目	损益及分配			
	利润总额	应交所得税	应付利润	本年应付工资总额
贸易企业合计	**18 152**	**7 297**	**3 372**	**12 826**
一、批发企业	**16 860**	**6 268**	**3 231**	**6 467**
#国有及国有控股	16 988	6 205	3 227	5 144
(一)按登记注册类型分组				
内资企业	16 860	6 268	3 231	6 467
国有企业	18 793	6 170	3 124	3 067
集体企业	－590			275
股份合作企业	－246			116
有限责任公司	612	97	103	2 026
#国有独资企业	－18		18	11
其他有限责任公司	630	97	85	2 016
股份有限公司	－1 713			939
私营企业	4	1	3	43
#私营有限责任公司	4	1	3	43
(二)按国民经济行业分组				
食品、饮料、烟草批发业	15 971	5 828	3 079	2 052
#烟草及其制品批发业	16 803	5 826	3 079	840
棉、麻、土畜产品批发业	－101	1		21
纺织品、服装和鞋帽批发业	727	240	131	698
日用百货批发业	－1 765			454
五金、交电、化工批发业	87	19		656
药品及医疗器械批发业	－53	24		1 180

单位:万元

工资福利及增值税					
#主营业务付工资	本年应付福利费	#主营业务付福利费	本年应交增值税额	本年进项税额	本年销项税额
12 438	**1 946**	**1 829**	**23 366**	**86 873**	**89 450**
6 321	**863**	**791**	**19 137**	**62 127**	**60 828**
5 019	702	634	9 675	50 523	50 733
6 321	863	791	19 137	62 127	60 828
3 061	414	377	7 401	32 029	35 760
275	37	37	92	927	1 019
58	16	8	154	1 225	1 377
1 944	298	272	10 999	15 412	10 111
11	1	1	86	43	91
1 934	297	270	10 914	15 369	10 020
939	93	93	380	11 303	11 235
43	4	4	111	1 231	1 326
43	4	4	111	1 231	1 326
2 052	279	263	6 883	21 697	27 630
840	117	100	5 954	17 778	22 787
21	3	3	7	321	328
630	109	87	2 193	7 474	591
454	49	49	156	1 580	1 723
655	94	71	8 209	9 914	8 199
1 180	158	158	800	3 353	4 075

14－6(续13)

项　　目	损　益　及　分　配			
	利润总额	应交所得税	应付利润	本年应付工资总额
能源批发业	3 451	154	3	605
#石油及制品批发业	3 322	112	3	589
煤炭及制品批发业	129	43		17
化工材料批发业	－246			116
金属材料批发业	－82	2		276
再生物资回收批发业	26			45
工艺美术批发业	－36			13
农业生产资料批发业	－1 118		18	350
二、零售企业	**1 292**	**1 029**	**142**	**6 359**
#国有及国有控股	1 891	870	45	3 826
(一)按登记注册类型分组				
内资企业	－1 047	252	142	4 874
国有企业	－390	92	45	2 025
集体企业	－968	2		1 131
有限责任公司	－106			270
#其他有限责任公司	－106			270
股份有限公司	236	91	97	851
私营企业	180	66		596
#私营独资企业	75	32		65
私营有限责任公司	－6			381
私营股份有限公司	111	35		150
港、澳、台商投资企业	2 339	777		1 485

单位:万元

工资福利及增值税					
#主营业务付工资	#本年应付福利费	#主营业务付福利费	本年应交增值税额	本年进项税额	本年销项税额
586	68	66	320	11 830	12 135
570	66	63	242	11 119	11 345
17	2	2	78	711	789
58	16	8	154	1 225	1 377
276	42	42	223	3 583	3 790
45	1	1			
13	2	2	37	365	84
350	42	42	154	785	896
6 118	**1 083**	**1 038**	**4 228**	**24 746**	**28 622**
3 826	694	679	2 218	10 023	11 964
4 633	687	642	2 883	19 662	22 280
2 025	241	226	720	3 443	4 053
890	145	116	594	4 154	4 728
270	38	38	74	1 690	1 754
270	38	38	74	1 690	1 754
851	155	155	850	6 629	7 376
596	108	108	646	3 746	4 368
65	10	10	200	1 709	1 886
381	53	53	230	1 017	1 247
150	45	45	215	1 020	1 234
1 485	396	396	1 345	5 084	6 342

14－6(续14)

项　　目	损　益　及　分　配			
	利润总额	应交所得税	应付利润	本年应付工资总额
#合资经营企业(港或澳、台资)	2 339	777		1 485
(二)按国民经济行业分组				
食品、饮料和烟草零售业	－180			50
日用百货零售业	1 163	845		4 303
#百货零售业	1 163	845		4 303
纺织品、服装和鞋帽零售业	－212			151
日用杂品零售业	－62			78
五金、交电、化工零售业	60			381
药品及医疗器械零售业	176	60	97	447
图书报刊零售业	267	92	45	868
其他零售业	80	32		81
#汽车、摩托车及零配件零售业	96	32		43
(三)按经营方式分组				
1. 独立商店	1 835	998	142	5 217
2. 连锁商店分店	53	31		439
3. 其他	－596			703
(四)按业态分组				
1. 百货商店	1 390	846		3 681
2. 超级市场	－193	31		654
3. 专业(专卖)商店	276	74	17	1 473
4. 其他	－182	78	124	551

单位:万元

工资福利及增值税					
#主营业务付工资	本年应付福利费	#主营业务付福利费	本年应交增值税额	本年进项税额	本年销项税额
1 485	396	396	1 345	5 084	6 342
50					
4 071	800	757	2 797	15 232	17 865
4 071	800	757	2 797	15 232	17 865
151	29	29	77	225	240
68	11	10	25	68	93
381	49	49	153	2 647	2 771
447	86	86	615	3 128	3 743
868	94	94	359	1 197	1 525
81	15	15	204	2 250	2 386
43	8	8	115	1 584	1 676
4 976	929	884	3 502	19 900	23 169
439	62	62	298	2 125	2 409
703	93	93	429	2 721	3 044
3 440	735	706	2 365	12 798	14 999
654	82	67	464	3 480	3 923
1 473	194	194	673	4 596	5 212
551	72	72	727	3 873	4 488

14－7 餐饮业销售情况

单位:万元

项目	营业总收入	商品零售额	食品类	饮料类	烟酒类	其他商品类
总计	**211 291**	**204 931**				
一、限额以上企业(单位)	**17 807**	**13 162**	**10 227**	**676**	**2 206**	**54**
#国有及国有控股	9 223	5 335	3 965	366	966	38
(一)按登记注册类型分组						
内资企业	16 163	12 327	9 593	676	2 034	24
国有企业	7 580	4 499	3 332	366	793	8
集体企业	230	146	93	13	40	
有限责任公司	1 607	1 379	1 046	79	253	
#其他有限责任公司	1 607	1 379	1 046	79	253	
私营企业	6 747	6 303	5 123	218	947	16
#私营独资企业	3 346	2 903	2 356	120	411	16
私营有限责任公司	3 401	3 401	2 767	98	536	
外商投资企业	1 644	835	633		172	30
#中外合资经营企业	1 644	835	633		172	30
(二)按国民经济行业分组						
正餐	17 807	13 162	10 227	676	2 206	54
二、限额以下企业(单位)	**111 949**	**110 916**				
三、个体	**81 536**	**80 853**				

14－8　消费品市场基本情况

项　　目	单位	合 计	城 市	农 村
一、消费品市场总数	个	**245**	**97**	**148**
(一)消费品综合市场	个	24	5	19
(二)农副产品市场	个	190	70	120
1. 农副产品综合市场	个	154	57	97
2. 农副产品专业市场	个	36	13	23
(三)工业消费品市场	个	26	17	9
1. 工业消费品综合市场	个	14	10	4
2. 工业消费品专业市场	个	12	7	5
(四)其他	个	5	5	
二、消费品市场成交总额	**万元**	**1 431 229**	**823 190**	**608 039**
(一)消费品综合市场	万元	209 781	163 183	46 598
(二)农副产品市场	万元	616 192	296 967	319 225
1. 农副产品综合市场	万元	547 006	246 991	300 015
2. 农副产品专业市场	万元	69 186	49 976	19 210
(三)工业消费品市场	万元	541 747	346 752	194 995
1. 工业消费品综合市场	万元	143 647	83 652	59 995
2. 工业消费品专业市场	万元	398 100	263 100	135 000
(四)其他	万元	63 509	16 288	47 221

注:以上资料系工商部门提供

14－9 生产资料市场基本情况

项　　目	单位	合 计	城 市	农 村
一、生产资料市场总数	个	**10**	**6**	**4**
(一)生产资料综合市场	个			
(二)工业生产资料市场	个	4	1	3
#机动车交易市场	个			
钢材交易市场	个	1		1
煤炭交易市场	个			
木材交易市场	个	3	1	2
(三)农业生产资料市场	个			
(四)其他	个	6	5	1
二、生产资料市场成交总额	**万元**	**46 700**	**32 310**	**14 390**
(一)生产资料综合市场	万元			
(二)工业生产资料市场	万元	8 400	10	8 390
#机动车交易市场	万元			
钢材交易市场	万元	4 300		4 300
煤炭交易市场	万元			
木材交易市场	万元	4 100	10	4 090
(三)农业生产资料市场	万元			
(四)其他	万元	38 300	32 300	6 000

注:以上资料系工商部门提供

14－10　私营企业基本情况

项　　目	户　数（户）	从业人数（人）	注册资金（万元）	总产值（万元）	销售总额或营业收入（万元）	社会消费品零售总额（万元）
合　计	**10 020**	**137 723**	**568 146**	**715 335**	**616 958**	**229 365**
1. 农林牧渔业	56	382	3 064	5 440	20	
2. 采掘业	10	125	285	2 315		
3. 制造业	5 223	64 739	285 178	514 102		50 514
4. 建筑业	346	2 861	43 508	193 478		
5. 交通运输及仓储业	161	372	5 443		7 015	1 278
6. 批发和零售贸易、餐饮业	2 785	9 560	137 752		533 889	130 443
#批发和零售贸易业	1 933	4 803	110 638		372 483	46 474
7. 社会服务业	979	3 418	44 546		67 108	44 654
8. 其它行业	460	56 266	48 370		8 926	2 476

14－11　个体工商业基本情况

项　　目	户　数（户）	雇工人数（人）	注册资金（万元）	总产值（万元）	销售总额或营业收入（万元）	社会消费品零售总额（万元）
合　计	**53 661**	**108 975**	**110 476**	**291 066**	**473 910**	**306 431**
1. 农林牧渔业	45	79	309	1 333	78	7
2. 采掘业	5	11	19	1 265		155
3. 制造业	11 874	30 432	41 765	197 960		25 120
4. 建筑业	127	364	617	90 508		31 545
5. 交通运输及仓储业	2 902	4 580	9 015		33 789	1 454
6. 批发和零售贸易、餐饮业	32 868	57 368	47 245		357 147	202 032
#批发和零售贸易业	22 128	36 596	30 755		230 799	143 017
7. 社会服务业	5 276	9 843	8 803		78 994	42 590
8. 其它行业	564	6 298	2 703		3 902	3 528

注：以上资料系工商部门提供

14－12　主要年份社会消费品零售总额

单位:万元

年　份	社会消费品零售总额	批零贸易业	餐饮业	制造业	其他行业
1978	36 260	30 939	1 594	1 645	2 082
1979	45 221	37 048	1 963	3 752	2 458
1980	56 026	44 160	2 425	5 223	4 218
1981	61 918	46 819	2 498	6 240	6 361
1982	67 444	51 623	2 689	7 770	5 362
1983	75 357	58 032	2 967	8 480	5 878
1984	89 907	68 750	3 800	9 723	7 634
1985	117 267	82 820	4 805	14 726	14 916
1986	136 187	98 421	7 227	14 239	16 300
1987	162 003	112 860	9 827	20 679	18 637
1988	212 979	154 302	12 522	24 723	21 432
1989	222 437	161 211	14 017	25 690	21 519
1990	231 105	168 078	14 503	23 534	24 990
1991	265 409	188 797	15 437	26 578	34 597
1992	343 892	243 226	21 165	34 048	45 453
1993	481 888	338 942	28 785	46 174	67 987
1994	605 871	424 855	45 704	60 116	75 196
1995	763 508	521 145	53 383	81 878	107 102
1996	902 438	595 171	69 748	95 537	141 982
1997	1 010 279	629 745	77 480	97 236	205 818
1998	1 066 005	665 823	93 807	97 077	209 298
1999	1 145 977	697 318	129 675	97 791	221 193
2000	1 244 602	829 624	151 832	94 881	168 265
2001	1 346 222	897 809	167 875	100 235	180 303
2002	**1 492 716**	**1 250 938**	**211 959**	**# 98 028**	**29 819**

注:从 2002 年起,制造业为批零贸易业的其中数。

14－13　批发贸易业20强企业

单　位　名　称	法定代表人	销售额(万元)
江苏省烟草公司镇江分公司	候在龙	525 850
中国石油化工股份有限公司江苏镇江石油分公司	韦元根	510 024
镇江华星国际贸易有限责任公司	张骏	489 561
江苏省烟草公司丹阳市公司	王震兑	378 180
丹阳市对外贸易公司	贡涛	302 677
镇江五金交电家电化工(集团)公司		301 596
江苏省烟草公司句容市公司	戴进	236 150
江苏省烟草公司扬中市公司	何纪明	198 110
江苏省烟草公司丹徒区公司	骆红会	188 660
江苏飞达进出口有限公司	朱国平	179 010
扬中市物资回收再生利用公司	刘雨生	167 219
镇江市蔬菜公司	潘培荣	159 182
镇江药业集团有限责任公司	吕家祯	149 041
镇江奥捷轻纺进出口有限公司	张伟	140 008
镇江华宏进出口有限责任公司	王捷	114 342
镇江华苏国际贸易有限公司	孙和天	111 728
江苏省华茂贸易有限公司	张家俊	108 690
镇江百货股份有限公司	季绛鹏	104 149
中国石油化工股份有限公司江苏镇江句容石油分公司	居川河	90 460
中国石化销售公司镇江三龙公司	韦元根	80 984

14－14 零售贸易业20强企业

单位名称	法定代表人	销售额(万元)
镇江百盛商城有限公司	杨孙西	437 502
江苏省华康医药股份有限公司	郭太平	133 540
扬中商城	赵文俊	132 972
江苏省扬中市通达商业总公司	王笃林	123 438
江苏科伦医药有限责任公司	江国庆	122 040
丹阳商业广场有限公司	黄庆宪	102 615
北京华联综合超市股份有限公司镇江分公司	彭小海	102 525
中国旅游品工艺品镇江展销馆	陈志龙	100 358
镇江福田汽车销售服务有限公司	金福增	98 605
丹阳市康泰医药有限责任公司	谢国坚	86 952
中国石化股份有限公司江苏丹阳石油经营部	韩书平	84 984
镇江广源电气有限公司	蒋海洪	81 468
江苏五星电器有限公司镇江大卖场	汪建国	71 139
江苏省丹阳市食品总公司	张　莲	70 881
镇江市中油石化有限责任公司	周小明	56 493
上海农工商超市有限公司镇江店	孙明辉	53 113
江苏省镇江新华书店	刘　强	50 038
扬中市中远贸易实业总公司	龚瑞祥	49 880
江苏时代超市有限公司丹阳时代超级购物中心	保　骏	49 547
扬中石油公司	高厚富	41 717

统计指标解释

社会消费品零售总额

指各种经济类型的批发零售贸易业、餐饮业、制造业和其他行业对城乡居民和社会集团的消费品零售额和农民对非农业居民零售额的总和。这个指标反映通过各种商品流通渠道向居民和社会集团供应的生活消费品来满足他们生活需要的情况，是研究人民生活、社会消费品购买力、货币流通等问题的重要指标。包括售给城乡居民用于生产消费的商品（不包括住房）和售给机关、团体、部队、学校、企业、事业单位和城市街道居民委员会、农村村民委员会用公款购买的用作非生产、非经营使用的消费品。

批发零售贸易业商品购、销、存总额

指以各种经济类型的批发、零售贸易业（不包括个体）为总体的商品购进、销售、存库总额。

商品购进总额

指从本企业（单位）以外的单位和个人购进（包括从国外直接进口）作为转卖或加工后转卖的商品。这个指标反映批发零售贸易业从国内、国外市场上购进商品的总量。商品购进总额包括：(1)从工农业生产者购进的商品；(2)从出版社、报社的出版发行部门购进的图书、杂志和报纸；(3)从各种经济类型的批发零售贸易企业（单位）购进的商品；(4)从其他单位购进的商品，如从机关、团体、企业、单位购进的剩余物资，从餐饮业、服务业购进的商品，从海关、市场管理部门购进的缉私和没收的商品，向居民收购的废旧商品等；(5)从国（境）外直接进口的商品。不包括企业（单位）为自身经营用，和未通过买卖行为而收入的商品以及销售退回、商品升溢等。

商品销售总额

指对本企业（单位）以外的单位和个人出售[包括对国（境）外直接出口]的商品。这个指标反映批发零售贸易业在国内市场上销售商品以及出口商品的总量。商品销售总额包括：(1)售给城乡居民和社会集团消费用的商品；(2)售给工业、农业、建筑业、运输邮电业、批发零售贸易业、餐饮业、服务业等作为生产、经营使用的商品；(3)售给批发零售贸易业作为转卖或加工后转卖的商品；(4)对国（境）外直接出口的商品。不包括：出售本企业（单位）自用的废旧包装用品：未通过买卖行为付出的商品；经本单位介绍，由买卖双方直接结算，本单位只收取手续费的业务；购货退出的商品以及商品损耗和损失等。

批发零售贸易业年末库存

指年末各种经济类型的批发零售贸易企业（单位）已取得所有权的商品。它反映批发零售贸易业的商品库存情况及对市场商品供应的保证程度。包括：(1)存放在批发零售贸易业经营单位（如门市部、批发站、经营处）仓库、货场、货柜和货架中的商品；(2)挑选、整理、包装中的商品；(3)已记入购进而尚未运到本单位的商品；(4)寄放他处的商品，如因购货方拒绝承付而暂时存放在购货方的商品和已办完加工成品收回手续而未提回的商品；(5)委托其他单位代销（未作销售或调出）尚未售出的商品；(6)代其他单位购进尚未交付的商品。不包括所有权不属于本单位的商品、拨付除批发零售贸易业以外的其他行业加工厂加工生产尚未收回成品的商品、代国家物资储备部门保管的商品等。期末库存总额计算方法是:农副产品采购单位按购进价计算,批发单位按进货价计算,零售单位按什么价格核算就按什么价格计算。

批发零售贸易业、餐饮业网点

每日各种经济类型的批发零售贸易业、餐饮业企业设立的和其他各行业附设的从事批发零售贸易、餐饮业务的自然单位数。

批发零售贸易业、餐饮业从业人员

指从事批发零售贸易业、餐饮业劳动并取得劳动报酬或经营收入的人员。

第15篇 外向经济、旅游

15－1 外商和港澳台地区在华直接投资

项目	新签协议		外商实际投资（万美元）	期末实有企业数（个）	开业投产数（个）
	项目（个）	合同外资（万美元）			
合计	**349**	**104 070**	**50 095**	**1 458**	**736**
一、按企业登记注册类型分组					
（一）港澳台商投资企业	186	61 884	27 272	834	431
1. 合资经营企业	57	13 953	7 133	481	331
2. 合作经营企业	2	1 218	291	23	10
3. 独资经营企业	127	46 713	19 848	330	90
（二）外商投资企业	163	42 186	22 823	624	305
1. 合资经营企业	79	14 941	12 502	384	218
2. 合作经营企业	1	－164	605	20	11
3. 独资经营企业	83	27 409	9 716	220	76
二、按国民经济行业分组					
农林牧渔业	3	686	284	10	2
采掘业				1	
制造业	306	78 471	44 445	1 270	635
电力、煤气及水的生产和供应业	1	636	19	5	4
建筑业	3	1 603	762	14	9
交通运输、仓储及邮电通信业	4	2 715	120	13	10
批发和零售贸易，餐饮业	6	4 830	639	31	13
房地产业	14	9 095	2 359	35	13
社会服务业	7	1 452	583	26	12
教育、文化艺术及广播电影电视业	1	1 176	884	2	1
其他行业	4	3 406		51	37
三、按投资地区分组					
亚洲	257	76 271	35 396	1 091	544
非洲	3	1 496	1 266	10	5
欧洲	20	4 960	4 196	97	56
拉丁美洲	1	3 724	1 235	10	5
北美洲	56	13 916	7 606	209	107
大洋洲	10	1 900	246	37	17
其他	2	1 803	150	4	2

15－2 外向

项　　目	单位	全市	市区
一、自营进出口总额	**万美元**	**209 775**	**170 229**
#自营进口总额	万美元	108 707	97 219
自营出口总额	万美元	101 068	73 010
二、新签对外承包劳务合同额	**万美元**	**12 578**	**11 373**
三、对外承包劳务营业额	**万美元**	**10 536**	**9 620**
四、期末实有“三资”企业	**个**	**1 458**	**468**
#投产开业企业	个	736	276
五、利用外资情况			
1. 新签协议	个	349	120
#外国政府贷款	个		
国际金融组织贷款	个		
合资经营	个	136	50
合作经营	个	3	1
独资经营	个	210	69
2. 协议外资金额	万美元	104 070	43 694
#外国政府贷款	万美元		
国际金融组织贷款	万美元		
合资经营	万美元	28 894	11 536
合作经营	万美元	1 054	－345
独资经营	万美元	74 122	32 503
3. 实际利用外资	万美元	50 095	21 652
#外国政府贷款	万美元		
国际金融组织贷款	万美元		
合资经营	万美元	19 635	10 387
合作经营	万美元	896	190
独资经营	万美元	29 564	11 075

型经济主要指标

京口区	润州区	丹徒区	丹阳市	扬中市	句容市
4 949	**1 670**	**6 357**	**24 512**	**9 057**	**5 977**
2 497	52	1 078	6 179	3 942	1 367
2 452	1 618	5 279	18 333	5 115	4 610
400	**330**	**697**	**508**	**388**	**309**
301	**233**	**1 023**	**373**	**255**	**288**
53	**99**	**131**	**388**	**349**	**253**
24	41	82	174	169	117
22	28	35	97	57	75
7	17	14	54	20	12
	1				2
15	10	21	43	37	61
4 266	3 190	12 306	23 369	13 127	23 880
196	1 961	1 080	10 938	4 769	1 651
	19	-364			1 399
4 070	1 210	11 590	12 431	8 358	20 830
2 441	1 395	4 600	10 059	7 792	10 592
897	885	145	4 513	4 118	617
		190		77	629
1 544	510	4 265	5 546	3 597	9 346

15－3　外商投

项　　目	主营业务收入		利　润 总　额
	合计	对境外 销　售	
合　　计	**2 221 082**	**349 690**	**114 662**
一、按企业登记注册类型分组			
(一)港澳台商投资企业	675 895	115 891	18 450
1. 合资经营企业	424 826	68 285	11 505
2. 合作经营企业	9 153	2 699	122
3. 独资经营企业	241 916	44 907	6 823
(二)外商投资企业	1 545 187	233 799	96 212
1. 合资经营企业	1 365 667	165 641	84 926
2. 合作经营企业	7 740	1 398	
3. 独资经营企业	171 780	66 760	11 286
二、按国民经济行业分组			
制造业	2 116 817	349 500	113 782
电力、煤气及水的生产和供应业	4 904		－559
建筑业	19 471	190	1 439
交通运输、仓储及邮电通信业	5 256		－2 004
批发和零售贸易,餐饮业	41 369		2 410
房地产业	7 028		－503
社会服务业	19 834		18
其他行业	6 403		79
三、按投资地区分组			
亚洲	1 518 132	241 827	81 755
非洲	5 902	158	359
欧洲	184 392	36 730	13 435
拉丁美洲	511	51	－36
北美洲	450 820	64 200	16 426
大洋洲	61 325	6 724	2 723

资企业主要经济指标

单位:万元

实缴税金及附加	资产合计	负债合计	期末从业人员(人)	从业人员劳动报酬
108 163	**3 168 062**	**1 213 638**	**77 083**	**73 393**
16 221	677 511	411 348	39 696	34 077
12 749	486 144	302 906	28 743	25 336
158	3 017	1 851	508	305
3 314	188 350	106 591	10 445	8 436
91 942	2 490 551	802 290	37 387	39 316
89 934	2 323 780	709 978	28 850	33 064
60	25 735	7 798	695	448
1 948	141 036	84 514	7 842	5 804
103 441	2 986 309	1 122 566	73 736	69 939
253	26 668	5 146	389	234
	29 748	20 869	524	673
494	34 494	10 185	258	104
2 406	31 986	19 802	1 276	1 728
469	26 635	23 702	134	176
1 100	31 673	10 959	606	466
	549	409	160	73
92 792	2 425 940	748 005	56 734	52 065
195	14 299	8 715	694	322
283	273 268	172 583	5 628	6 644
21	253	208	214	175
10 429	412 317	258 333	12 877	12 519
443	41 985	25 794	936	1 668

15－4　开发区外向型经济发展情况

项　　目	镇江市	丹徒区	丹阳市	扬中市	句容市
进区"三资"企业(个)					
本　年	33	5	27	13	13
累　计	146	28	164	47	75
批准进区"三资"企业合同外资(万美元)					
本　年	23 904	5 245	8 243	2 500	7 766
累　计	294 974	363 699	688 362	9 597	22 521
"三资"企业实际到位外资(万美元)					
本　年	13 571	3 500	3 276	2 111	3 052
累　计	212 566	12 375	13 582	5 288	7 413
"三资"企业投产开业数(个)	**43**	**14**	**61**	**36**	**53**
自营出口额(万美元)	**28 758**	**119**	**5 081**	**2 117**	**1 679**
#"三资"企业(万美元)	28 758	119	5 081	2 117	1 679
自营进口额(万美元)	**69 775**	**592**	**2 961**	**2 512**	**373**
#"三资"企业(万美元)	69 775	592	2 961	2 512	373

15－5 接待海外旅游者人数

项 目	旅客人数（人次）	住居民家中（人次）
海外旅游者	**140 424**	**9 179**
外国人	75 202	
香港同胞	20 050	
澳门同胞	11 791	
台湾同胞	33 381	

15－6 接待海外旅游者分国别（地区）人数

单位：人

国家（地区）	接待人数	国家（地区）	接待人数
总 计	**75 202**		
日本	25 104	法国	2 756
菲律宾	2 912	德国	3 148
新加坡	5 383	意大利	916
泰国	1 146	瑞士	604
印尼	1 543	瑞典	172
马来西亚	1 837	荷兰	951
韩国	6 554	俄罗斯	2 168
蒙古	761	西班牙	255
印度	772	其它	1 624
其它	2 241	（欧洲小计）	16 042
（亚洲小计）	48 253	澳大利亚	1 508
美国	3 235	新西兰	834
加拿大	1 642	其它	273
其它	525	（大洋洲小计）	2 615
（美洲小计）	5 402	（非洲小计）	1 049
英国	3 448	（其它小计）	1 841

15－7　游览景点接待人数

单位:万人

游览景点	2002年 接待人数	2001年 接待人数
合　计	**610.1**	**485.7**
金山公园	63.1	58.0
焦山公园	36.3	31.5
北固山公园	16.3	10.7
南山公园	23.7	17.7
伯先公园	11.5	14.5
河滨公园	70.8	62.5
宝塔山公园	20.8	12.7
博物馆	7.3	5.2
宋元古街	30.4	22.5
古城公园	15.2	12.1
茅山风景区	144.4	135.5
宝华山风景区	23.1	26.6
圌山绍隆寺	42.5	35.4
其它	104.7	40.7

根据江苏省旅游局《关于2002年全省国内旅游抽样调查结果的通报》(苏旅规[2003]24号)文件通知,镇江市国内旅游人数和收入统计数据如下:

接待国内旅游者610.05万人次,比上年增长25.6%,国内旅游收入47.48亿元,增长10.3%。

15－8　主要年份外向型经济主要指标

单位:万美元

年　份	自营出口总　额	合同利用外资金额	实际利用外资金额
1984		16	
1985		48	
1986		325	
1987		108	63
1988		1 123	578
1989		2 245	2 590
1990		2 772	515
1991		2 417	1 820
1992	3 869	18 425	4 851
1993	15 044	32 801	13 360
1994	34 623	20 467	17 343
1995	50 561	105 333	21 897
1996	58 973	50 351	24 000
1997	70 857	221 390	46 575
1998	80 436	29 669	75 738
1999	41 802	29 680	50 840
2000	65 861	39 814	29 284
2001	74 592	108 527	32 637
2002	**101 068**	**104 070**	**50 095**

注:从1999年起自营出口总额指标改为海关口径

统计指标解释

对外贸易

是指一个国家的对外商品流通，是一国贸易超过国境线的延伸。从商品流向来看，它有出口和进口之分。因此，一般都把对外贸易称之为进出口贸易，简称为“外贸”。

实际出口

是指对外贸易中报告期内实际离开我国口岸或边境的出口商品。包括来料加工装配（工缴费）和补偿贸易出口等。实际出口统计的原则是：“谁出口，谁统计”。即不论是进出口企业之间的代理出口，还是没有进出口经营权的企业委托有进出口经营权的企业代理出口，均由代理方作出口统计，委托方不作出口统计。

进口到货

指在对外贸易中报告期内实际到达我国口岸或边境的进口商品。进口到货统计的原则是：“谁执行合同（即与外商进行贷款结算）谁填报”。

利用外资

指我国各级政府、部门、企业和其他经济组织通过对外借款、吸收外商直接投资以及用其他方式筹措的境外现汇、设备、技术等。

对外借款

是我国利用外资的主要部分。包括我国通过外国政府贷款. 国际金融组织贷款，外国银行商业贷款，出口信贷以及对外发行债券，股票等方式，从境外筹措的资金。

外商直接投资

是指外国企业和经济组织或个人（包括华侨、港澳台胞以及我国在境外注册的企业）按我国有关政策、法规，用现汇、实物、技术等在我国境内开办外商独资企业、与我国境内的企业或经济组织共同举办中外合资经营企业、合作经营企业合作开发资源的投资（包括外商投资效率的再投资）以及经政府有关部门批准的项目投资总额内，企业从境外借人的资金。

对外劳务合作

指以收取工资的形式向业主或承包商提供技术和劳动服务的活动。我国对外承包公司在境外开办的合营企业，中国公司同时又提供劳务的，其劳务部分也纳入劳务合作统计。劳务合作营业额按报告期内向雇主提交的结算数（包括工资、加班费和奖金等）统计。

旅游人数

指来我国参观、访问、旅行、探亲、访友、休养、考察、参加会议和从事经济、科技、文化、教育、体育、宗教等活动的外国人、华侨、港澳和台湾同胞的人数。不包括外国在我国的常住机构，如使领馆、通讯社、企业办事处的工作人员；来我国常驻的外国专家、留学生以及在岸逗留不过夜人员。

国际旅游（外汇）收入

指入境旅游的外国人、华桥、港澳台同胞在中国大陆旅游过程中发生的一切旅游支出于国家来说就是国际旅游（外汇）收入。

CHAPTER

第 16 篇

人民生活

16－1　城镇居民家庭现金收支

项　　目	单位	样本总体	最　低 收入户	低 收入户	中　等 收入户	高 收入户	最　高 收入户
一、调查户数	户	**200**	**20**	**20**	**120**	**20**	**20**
二、平均每户家庭人口	人	**2.9**	**3.2**	**3.2**	**2.9**	**2.5**	**2.5**
三、平均每户就业人口	人	**1.5**	**1.5**	**1.6**	**1.5**	**1.3**	**1.2**
四、平均每户离退休人口	人	**0.7**	**0.2**	**0.4**	**0.7**	**0.9**	**1.0**
五、平均每一就业者负担人数	人	**2.0**	**2.2**	**2.0**	**1.9**	**1.9**	**2.1**
六、平均每户就业面	%	**50.4**	**45.2**	**50.8**	**51.7**	**51.8**	**48.2**
七、现住房平均每人建筑面积	平方米	**24.2**	**18.8**	**20.0**	**23.9**	**30.0**	**32.9**
#现住房平均每人使用面积	平方米	17.3	13.4	14.3	17.1	21.4	23.5
八、家庭总收入	元/人	**8 829.1**	**2 806.1**	**4 166.8**	**7 463.7**	**14 113.0**	**27 132.3**
#可支配收入	元/人	8 201.8	2 390.1	3 775.8	6 832.1	13 128.2	26 309.5
(一)工薪收入	元/人	5 363.0	2 029.9	2 969.3	5 063.2	8 666.2	11 648.1
#工资及补贴收入	元/人	5 348.4	2 009.3	2 937.1	5 048.7	8 666.2	11 648.1
(二)经营净收入	元/人	191.6	271.4	358.2	122.6	561.0	–
(三)财产性收入	元/人	177.3	0.6	0.5	16.7	31.7	1 917.2
(四)转移性收入	元/人	3 097.2	504.2	838.8	2 261.2	4 854.1	13 567.0
#养老金或离退休金	元/人	2 381.9	326.0	684.4	2 051.6	4 369.8	7 620.4
赡养捐赠收入	元/人	423.3	39.4	74.6	76.8	369.3	3 880.1

16－1(续)

项　　目	单位	样本总体	最　低 收入户	低 收入户	中　等 收入户	高 收入户	最　高 收入户
九、出售财物收入	**元/人**	**23.4**	**0.6**	**5.6**	**0.4**	**1.0**	**261.5**
#出售住房收入	元/人	22.2	–	–	–	–	259.0
十、借贷收入	**元/人**	**1 942.3**	**533.6**	**415.6**	**1 196.0**	**3 610.3**	**9 381.2**
#提取储蓄存款	元/人	1 728.0	493.3	388.3	1 136.8	1 908.9	9 065.5
#住房贷款	元/人	118.0	–	–	–	1 397.3	–
十一、家庭总支出	**元/人**	**8 558.6**	**3 400.7**	**4 270.5**	**7 338.0**	**13 309.8**	**24 750.0**
(一)消费支出	元/人	6 304.5	2 853.1	3 670.1	5 728.2	10 694.7	13 942.3
#服务性消费支出	元/人	1 566.8	668.2	817.7	1 307.1	3 184.1	3 946.0
(二)购房和建房支出	元/人	794.9	–	–	285.7	205.5	7 038.6
#购房	元/人	794.9	–	–	285.7	205.5	7 038.6
(三)转移性支出	元/人	895.4	180.8	251.9	753.5	1 511.3	3 050.7
#赡养捐赠支出	元/人	812.8	162.6	240.1	687.4	1 315.7	2 787.2
(四)财产性支出	元/人	–	–	–	–	–	–
(五)社会保障支出	元/人	563.8	366.8	348.5	570.6	898.3	718.4
十二、借贷支出	**元/人**	**1 910.0**	**174.1**	**276.0**	**1 016.3**	**3 798.5**	**10 742.0**
#存入储蓄款	元/人	1 672.0	161.8	230.0	781.0	3 542.7	9 962.7

注:本表2002年以前所有支出指标(除消费支出外),均按2002年《中国城市住户调查手册》新口径作了适当调整。

16－2 城镇居民家庭不同收入水平收支状况

项目	单位	按每户月人均可支配收入分组(元)				
		200 以下	200－400	400－600	600－800	800－1000
一、调查户数	户	**8.3**	**54.0**	**48.2**	**32.3**	**20.4**
二、平均每户家庭人口	人	**3.1**	**3.2**	**3.0**	**2.7**	**2.6**
三、平均每户就业人口	人	**1.4**	**1.6**	**1.6**	**1.3**	**1.4**
四、可支配收入	元	**1 546.8**	**3 883.7**	**5 932.7**	**8 424.8**	**10 625.8**
五、消费支出	元	**2 446.8**	**3 694.6**	**4 967.1**	**7 328.0**	**8 238.1**
1. 食品	元	1 357.1	1 934.0	2 358.8	2 971.8	3 232.0
2. 衣着	元	164.9	336.9	434.0	613.5	730.7
3. 设备用品及服务	元	187.3	150.0	431.0	458.6	760.9
4. 医疗保健	元	47.7	52.8	93.5	148.9	258.8
5. 交通与通信	元	142.7	274.6	367.2	488.5	771.8
6. 教育文化娱乐服务	元	272.1	433.4	629.5	926.3	1 283.8
7. 居住	元	246.9	408.9	525.7	1 492.3	881.8
8. 杂项商品和服务	元	28.1	104.0	127.4	228.1	318.3

16－2(续)

项目	单位	按每户月人均可支配收入分组(元)				
		1000－1500	1500－2000	2000－2500	2500－3000	3000 以上
一、调查户数	户	**25.9**	**5.5**	**3.1**	**0.5**	**1.8**
二、平均每户家庭人口	人	**2.5**	**2.4**	**2.5**	**2.7**	**2.6**
三、平均每户就业人口	人	**1.2**	**1.2**	**0.8**	**1.5**	**1.4**
四、可支配收入	元	**14 234.7**	**20 576.6**	**25 910.5**	**31 068.0**	**88 725.4**
五、消费支出	元	**10 635.1**	**13 919.1**	**16 177.1**	**10 834.4**	**29 052.4**
1. 食品	元	3 681.4	5 250.8	5 450.6	4 293.0	13 431.3
2. 衣着	元	884.6	1 208.6	961.9	1 229.8	1 606.2
3. 设备用品及服务	元	703.0	2 082.9	1 217.5	1 863.0	621.0
4. 医疗保健	元	525.4	1 050.5	769.5	1 607.6	298.6
5. 交通与通信	元	789.1	905.6	932.2	809.9	632.9
6. 教育文化娱乐服务	元	1 915.2	1 701.8	212.9	111.6	1 580.8
7. 居住	元	1 855.7	1 148.5	5 955.9	409.8	10 070.3
8. 杂项商品和服务	元	280.7	570.4	676.6	509.7	811.3

16－3 城镇每百户居民家庭耐用消费品

年购买量	单位	2001 年	2002 年	年末拥有量	单位	2001 年	2002 年
摩托车	辆	2.5	－	摩托车	辆	17.5	19.0
自行车	辆	18.0	10.5	自行车	辆	196.0	183.5
助力车	辆	－	－	助力车	辆	－	8.5
洗衣机	台	2.5	1.5	洗衣机	台	94.0	97.0
电冰箱	台	4.5	3.0	电冰箱	台	89.5	94.0
彩色电视机	台	6.0	5.5	彩色电视机	台	122.5	138.5
影碟机	台	3.5	5.0	影碟机	台	34.5	44.5
录音机	台	0.5	8.0	录音机	台	49.5	49.0
录放像机	台	－	－	录放像机	台	31.5	29.0
家用电脑	台	4.0	4.0	家用电脑	台	11.0	23.0
组合音响	套	－	－	组合音响	套	18.5	15.0
摄像机	架	－	－	摄像机	架	3.5	2.5
照相机	架	1.0	－	照相机	架	41.0	46.0
钢琴	架	－	－	钢琴	架	1.0	－
其他中高档乐器	件	0.5	－	其他中高档乐器	件	3.5	3.0
微波炉	台	8.5	7.0	微波炉	台	47.0	68.5
空调器	台	7.5	13.5	空调器	台	52.5	75.5
电炊具	台	10.0	6.5	电炊具	台	105.5	144.5
淋浴热水器	台	5.5	4.5	淋浴热水器	台	62.0	67.5
排油烟机	台	1.0	3.5	排油烟机	台	62.0	66.0
消毒碗柜	台	－	1.0	消毒碗柜	台	－	5.0
洗碗机	台	－	－	洗碗机	台	－	－
饮水机	台	－	0.5	饮水机	台	－	32.0
吸尘器	台	－	1.0	吸尘器	台	13.5	16.0
健身器材	套	－	－	健身器材	套	－	4.0
移动电话	部	－	13.0	移动电话	部	44.0	74.0

16－4　城镇居民家庭生活消费支出

单位:元

项　　目	样本总体	最　低 收入户	低 收入户	中　等 收入户	高 收入户	最　高 收入户
平均年人均消费性支出	**6 304.5**	**2 853.1**	**3 670.0**	**5 728.2**	**10 694.7**	**13 942.3**
一、食品	**2 707.9**	**1 466.1**	**1 951.2**	**2 557.9**	**3 707.5**	**5 376.6**
1. 粮食类	242.7	198.2	229.2	244.0	273.5	279.6
2. 油脂类	68.8	52.9	70.3	69.5	68.1	82.7
3. 肉类	382.2	245.7	313.9	385.9	499.3	506.6
4. 禽类	218.6	137.8	167.3	220.9	300.9	292.2
5. 蛋类	72.6	49.3	64.7	69.9	110.9	95.4
6. 水产品类	215.2	116.2	174.1	207.0	301.2	370.6
7. 蔬菜	246.9	166.3	195.6	245.4	318.9	357.6
8. 调味品	42.1	31.4	41.0	41.8	48.3	52.5
9. 糖类	23.3	8.0	13.7	17.7	40.9	77.9
10. 烟草类	183.9	100.6	127.7	169.3	202.4	450.0
11. 酒类	90.0	32.6	45.9	72.2	213.1	226.2
12. 饮料类	48.3	16.6	28.9	51.5	71.5	69.5
13. 干鲜瓜果类	146.0	69.0	84.1	140.9	229.2	279.6
14. 糕点、奶及奶制品	194.6	67.6	112.4	187.5	351.4	361.2
15. 其它食品及饮食服务	532.7	173.9	282.4	434.4	677.9	1 875.0

16－4(续)

单位:元

项　　目	样本总体	最　低 收入户	低 收入户	中　等 收入户	高 收入户	最　高 收入户
二、衣着	**533.6**	**222.5**	**292.9**	**510.0**	**890.0**	**1 063.5**
#服装	374.6	140.3	187.4	359.2	608.0	798.8
鞋类	106.4	57.1	68.4	104.1	178.9	164.3
三、家庭设备用品及服务	**453.6**	**125.8**	**122.3**	**418.8**	**789.3**	**1 220.3**
#耐用消费品	251.0	49.2	8.8	246.2	519.9	592.2
四、医疗保健	**187.5**	**44.0**	**62.7**	**119.0**	**340.1**	**868.9**
五、交通和通信	**454.9**	**164.1**	**238.0**	**438.1**	**899.2**	**794.0**
#通信	311.8	126.4	175.6	298.1	672.2	470.2
六、教育文化娱乐服务	**804.9**	**427.2**	**494.1**	**718.0**	**1 713.2**	**1 417.7**
1. 文化娱乐用品	207.9	32.4	157.6	174.2	264.5	684.5
2. 文化娱乐服务	177.0	47.9	65.3	145.5	397.7	494.8
3. 教育费用	420.0	346.9	271.2	398.3	1 051.0	238.4
七、居住	**971.6**	**341.0**	**392.3**	**791.6**	**2 068.3**	**2 731.7**
#住房	521.4	82.2	65.0	340.3	1 497.8	2 000.4
水电燃料及其它	422.5	257.2	317.0	427.3	547.6	615.7
八、杂项商品和服务	**190.5**	**62.4**	**116.5**	**174.8**	**287.1**	**469.6**

16－5　城镇居民家庭生活消费支出构成

单位：%

项　　目	样本总体	最　低 收入户	低 收入户	中　等 收入户	高 收入户	最　高 收入户
平均年人均消费性支出	**100.0**	**100.0**	**100.0**	**100.0**	**100.0**	**100.0**
一、食品	**43.0**	**51.4**	**53.2**	**44.7**	**34.7**	**38.6**
1. 粮食类	3.8	6.9	6.2	4.3	2.6	2.0
2. 油脂类	1.1	1.9	1.9	1.2	0.6	0.6
3. 肉类	6.1	8.6	8.6	6.7	4.7	3.6
4. 禽类	3.5	4.8	4.6	3.9	2.8	2.1
5. 蛋类	1.2	1.7	1.8	1.2	1.0	0.7
6. 水产品类	3.4	4.1	4.7	3.6	2.8	2.7
7. 蔬菜	3.9	5.8	5.3	4.3	3.0	2.6
8. 调味品	0.7	1.1	1.1	0.7	0.5	0.4
9. 糖类	0.4	0.3	0.4	0.3	0.4	0.6
10. 烟草类	2.9	3.5	3.5	3.0	1.9	3.2
11. 酒类	1.4	1.1	1.3	1.3	2.0	1.6
12. 饮料类	0.8	0.6	0.8	0.9	0.7	0.5
13. 干鲜瓜果类	2.3	2.4	2.3	2.5	2.1	2.0
14. 糕点、奶及奶制品	3.1	2.4	3.1	3.3	3.3	2.6
15. 其它食品及饮食服务	8.4	6.1	7.7	7.6	6.3	13.4

16－5(续)　　单位:%

项　　目	样本总体	最　低 收入户	低 收入户	中　等 收入户	高 收入户	最　高 收入户
二、衣着	**8.7**	**7.8**	**8.0**	**8.9**	**8.3**	**7.6**
#服装	6.2	4.9	5.1	6.3	5.7	5.7
鞋类	1.7	2.0	1.9	1.8	1.7	1.2
三、家庭设备用品及服务	**7.1**	**4.3**	**3.3**	**7.3**	**7.4**	**8.8**
#耐用消费品	4.0	1.7	0.2	4.3	4.9	4.2
四、医疗保健	**3.0**	**1.5**	**1.7**	**2.1**	**3.2**	**6.2**
五、交通和通信	**7.1**	**5.8**	**6.5**	**7.6**	**8.4**	**5.7**
#通信	4.9	4.4	4.8	5.2	6.3	3.4
六、教育文化娱乐服务	**12.7**	**15.0**	**13.5**	**12.5**	**16.0**	**10.2**
1. 文化娱乐用品	3.3	1.1	4.3	3.0	2.5	4.9
2. 文化娱乐服务	2.8	1.7	1.8	2.5	3.7	3.5
3. 教育费用	6.7	12.2	7.4	7.0	9.8	1.7
七、居住	**15.4**	**12.0**	**10.6**	**13.8**	**19.3**	**19.5**
#住房	8.3	2.9	1.8	5.9	14.0	14.3
水电燃料及其它	6.7	9.0	8.6	7.5	5.1	4.4
八、杂项商品和服务	**3.0**	**2.2**	**3.2**	**3.1**	**2.7**	**3.4**

16－6 城镇居民家庭主要消费品年人均购买量

项目	单位	样本总体	最低收入户	低收入户	中等收入户	高收入户	最高收入户
粮食	公斤	82.3	71.4	85.0	84.9	85.2	72.2
油脂	公斤	10.8	9.0	11.7	10.9	9.9	11.8
肉及制品	公斤	30.7	21.6	26.2	31.7	37.3	35.2
家禽及制品	公斤	16.8	11.4	13.5	17.0	22.7	20.7
蛋类	公斤	14.1	5.0	12.5	13.6	21.3	17.7
鱼虾及制品	公斤	19.3	13.2	18.0	19.1	24.6	25.1
鲜菜	公斤	117.5	90.9	95.8	118.0	144.8	149.1
干菜	公斤	0.3	0.1	0.2	0.2	0.4	0.7
食糖	公斤	2.1	1.6	2.1	2.2	2.1	2.4
糖果	公斤	0.6	0.1	0.2	0.3	1.1	2.8
卷烟	盒	31.4	22.6	27.5	33.1	25.3	41.6
酒类	公斤	9.2	4.1	6.7	9.1	14.5	14.1
饮料	公斤	4.4	1.5	2.3	4.3	4.4	7.3
干鲜瓜果及制品	公斤	54.5	30.1	37.2	55.1	72.8	87.5
糕点	公斤	3.0	2.0	1.9	2.7	4.8	5.7
牛奶	公斤	24.9	7.0	17.6	14.6	44.6	43.8
男女服装(每百人)	件	674.0	167.0	452.0	716.0	890.0	840.0
童装(每百人)	件	71.0	29.0	86.0	73.0	66.0	95.0
鞋类(每百人)	件	249.0	181.0	186.0	258.4	279.0	326.0
水	吨	40.1	23.5	32.4	42.0	44.7	54.6
电	度	395.9	235.0	297.3	397.8	507.5	608.5
煤炭	公斤	37.5	38.0	37.2	46.0	13.1	0.9
液化石油气	公斤	13.2	13.9	20.5	13.7	5.9	8.3
管道煤气	立方米	90.2	37.6	32.8	84.4	171.2	192.8
手表(每百人)	只	2.0	-	5.0	1.7	-	-

16－7　城镇居民家庭平均每户年实物收入

项　　目	金　　额 （元）	项　　目	金　　额 （元）
总　　计	**125.8**		
一、食品	77.9	#烟草类	5.4
1. 粮油类	17.8	酒类	7.0
#粮食	8.1	6. 干鲜瓜果类	10.7
油脂类	9.5	7. 糕点、奶及奶制品	6.4
2. 肉禽蛋水产品类	12.3	8. 其它食品及服务	12.8
#肉类	3.0	二、衣着	8.5
禽类	4.5	三、家庭设备用品及服务	8.3
蛋类	1.9	四、医疗保健	9.7
水产品类	3.0	五、交通和通信	0.9
3. 蔬菜类	0.8	六、教育文化娱乐服务	17.1
4. 调味品	0.4	七、居住	0.2
5. 糖烟酒饮料类	16.7	八、杂项商品和服务	3.2

16－8　主要年份城镇居民现金收支

项　　目	单位	1997 年	1998 年	1999 年	2000 年	2001 年	2002 年
一、调查户数	户	**100**	**100**	**100**	**200**	**200**	**200**
二、平均每户家庭人口	人	**3.1**	**3.1**	**3.0**	**3.0**	**2.9**	**2.9**
三、平均每户就业人口	人	**1.8**	**1.8**	**1.7**	**1.7**	**1.5**	**1.5**
四、平均每户离退休人口	人	**0.5**	**0.5**	**0.6**	**0.6**	**0.6**	**0.7**
五、平均每一就业者负担人数	人	**1.4**	**1.4**	**1.8**	**1.8**	**1.9**	**2.0**
六、平均每户就业面	%	**60.2**	**59.5**	**57.2**	**54.6**	**52.3**	**50.4**
七、现住房平均每人建筑面积	平方米	–	–	–	–	–	**24.2**
#现住房平均每人使用面积	平方米	14.1	14.7	15.4	16.6	17.1	17.3
八、家庭总收入	元/人	**6 081.5**	**6 067.2**	**6 628.4**	**7 261.3**	**7 900.3**	**8 829.1**
#可支配收入	元/人	6 015.7	6 019.5	6 569.8	7 170.0	7 697.7	8 201.8
(一)工薪收入	元/人	4 739.1	4 583.0	4 810.0	4 990.3	5 126.3	5 363.0
#工资及补贴收入	元/人	4 656.5	4 408.1	4 657.9	4 859.7	5 018.6	5 348.4
(二)经营净收入	元/人	21.3	35.4	27.2	150.1	196.0	191.5
(三)财产性收入	元/人	79.0	194.3	83.1	46.3	41.9	177.4
(四)转移性收入	元/人	1 242.1	1 254.5	1 708.1	2 074.6	2 536.1	3 097.2
#养老金或离退休金	元/人	977.2	1 073.0	1 451.0	1 696.1	1 909.6	2 381.9
#赡养捐赠收入	元/人	142.3	92.3	162.5	189.4	263.2	423.3

16－8(续)

项　　目	单位	1997 年	1998 年	1999 年	2000 年	2001 年	2002 年
九、出售财物收入	**元/人**	**1.1**	**0.3**	**1.5**	**6.1**	**0.2**	**23.4**
#出售住房收入	元/人	–	–	–	–	–	22.2
十、借贷收入	**元/人**	**665.8**	**1 170.5**	**1 304.8**	**1 391.7**	**1 759.6**	**1 942.3**
#提取储蓄存款	元/人	568.3	680.7	1 215.6	1 161.8	1 438.9	1 728.0
#住房贷款	元/人	–	162.8	–	–	–	118.0
十一、家庭总支出	**元/人**	**5 415.2**	**5 825.7**	**6 143.7**	**6 991.2**	**7 535.2**	**8 558.6**
(一)消费支出	元/人	4 853.3	4 701.3	5 101.7	5 802.8	6 235.6	6 304.5
#服务性消费支出	元/人	–	–	–	–	–	1 566.8
(二)购房和建房支出	元/人	–	499.6	290.3	123.5	276.4	794.9
#购房	元/人	–	499.6	290.3	123.5	276.4	794.9
(三)转移性支出	元/人	402.7	454.8	573.1	707.8	692.6	895.4
#赡养捐赠支出	元/人	377.5	414.1	521.7	599.4	630.0	812.8
(四)财产性支出	元/人	–	–	–	–	–	–
(五)社会保障支出	元/人	159.2	170.0	178.6	357.1	330.6	563.8
十二、借贷支出	**元/人**	**1 140.0**	**1 344.3**	**1 746.9**	**1 298.3**	**2 233.2**	**1 910.0**
#存入储蓄款	元/人	1 034.7	1 274.8	1 579.6	1 017.9	1 992.9	1 672.0

16－9　城镇居民家庭居住情况

项　　目	1997年	1998年	1999年	2000年	2001年	2002年
调查户数	**100**	**100**	**100**	**200**	**200**	**200**
一、按建筑面积分						
1.8平方米以下	－	－	－	2	2	1
2.8－12平方米	－	－	－	16	14	13
3.12－16平方米	－	－	－	35	36	33
4.16－20平方米	－	－	－	53	50	47
5.20－24平方米	－	－	－	27	31	31
6.24－28平方米	－	－	－	20	21	23
7.28－30平方米	－	－	－	14	10	12
8.30平方米以上	－	－	－	33	36	40
二、按房屋产权分						
1.租赁公房	48	40	30	36	34	38
2.租赁私房	0	0	0	2	2	3
3.自有房	52	60	70	162	164	159
#房改私房	－	－	－	108	110	107
商品房	－	－	－	14	16	15
三、按住宅建筑式样分						
1.单元式配套住宅	53	64	69	159	161	160

16－9(续)

项目	1997年	1998年	1999年	2000年	2001年	2002年
2. 普通楼房	10	6	5	8	5	13
3. 普通平房及其它	37	30	26	33	34	27
四、按卫生设备拥有情况分						
1. 无卫生设备	39	34	30	31	31	28
2. 有厕所浴室	40	46	49	135	134	140
3. 有厕所无浴室	21	20	21	34	35	32
五、按取暖设备拥有情况分						
1. 无取暖设备	76	80	70	125	126	85
2. 空调设备	24	20	30	75	74	115
六、按燃料使用情况分						
1. 管道煤气	51	59	66	121	118	114
2. 液化石油气	35	30	24	70	76	81
3. 煤	14	11	10	9	6	5
七、按通信设备使用情况分						
1. 无电话	33	26	23	20	20	1
2. 固定电话	67	74	77	180	180	199
3. 移动电话(部/百户)	4	4	8	35.5	44	74
4. 使用互联网(线/百户)	–	–	–	–	–	10

16－10　农民住户调查基本情况

项　　目	单位	全市	丹徒区	丹阳市	扬中市	句容市
调查户数	户	400	100	100	100	100
平均每户常住人口	人	3.4	3.2	3.6	3.6	3.4
#(1) 6岁及以下的常住人口	人	0.1	0.1	0.1	0.1	0.1
(2)7－15岁的常住人口	人	0.5	0.3	0.6	0.5	0.6
#7－15岁在校学生人数	人	0.5	0.3	0.6	0.5	0.6
平均每户整半劳动力	人	2.5	2.4	2.6	2.5	2.4
平均每户常住人口中在本地企业从业的人	人	0.7	0.6	0.8	0.9	0.4
平均每百个劳动力中不识字或识字很少人数	人	3.2	1.7	1.2	2.4	8.0
平均每百个劳动力中小学程度人数	人	23.4	17.7	26.5	27.0	21.9
平均每百个劳动力中初中程度人数	人	53.1	57.6	51.8	49.6	53.6
平均每百个劳动力中高中程度人数	人	14.3	14.8	15.6	11.9	14.8
平均每百个劳动力中中专程度人数	人	4.2	5.4	3.5	6.4	1.3
平均每百个劳动力中大专及以上程度人数	人	1.9	2.9	1.6	2.8	0.4
平均每人年内新建(购)住房面积	平方米	0.5	0.6	0.2	1.2	–
平均每人年末住房面积	平方米	44.8	39.7	45.3	63.2	29.5
平均每人年末住房价值	元	14 274	12 947	11 734	24 612	7 280

16－11　农民总收入和总支出

单位:元/人

项　　目	全市	丹徒区	丹阳市	扬中市	句容市
一、全年总收入	**5 403**	**5 011**	**5 917**	**5 882**	**4 816**
(一)工资性收入	2 433	2 432	2 446	3 357	1 997
(二)家庭经营收入	2 659	2 167	3 144	2 103	2 653
(三)财产性收入	23	15	38	45	2
(四)转移性收入	288	397	289	379	164
二、全年总支出	**4 179**	**4 208**	**4 544**	**4 351**	**3 611**
#家庭经营费用支出	690	617	910	497	549
三、农民纯收入	**4 452**	**4 099**	**4 710**	**5 157**	**4 063**
四、农村居民可支配收入	**4 350**	**3 937**	**4 623**	**4 990**	**4 013**

16－12　主要年份农民总收入和总支出

单位:元/人

项　　目	1997 年	1998 年	1999 年	2000 年	2001 年	2002 年
一、全年总收入	**4 643**	**4 617**	**4 591**	**4 879**	**5 130**	**5 403**
(一)工资性收入	1 943	2 140	2 243	2 262	2 263	2 433
(二) 家庭经营收入	2 524	2 318	2 130	2 330	2 626	2 659
(三)财产性收入	48	35	49	28	21	23
(四)转移性收入	128	123	164	259	220	288
二、全年总支出	**3 741**	**3 608**	**3 462**	**4 105**	**4 061**	**4 179**
#家庭经营费用支出	630	551	461	570	705	690
三、农民纯收入	**3 855**	**3 931**	**3 958**	**4 042**	**4 191**	**4 452**

16－13 农户调查现金收支

单位:元/人

项目	全市	丹徒区	丹阳市	扬中市	句容市
一、期内现金收入	**4 684**	**4 270**	**5 206**	**5 253**	**4 061**
1. 在非企业组织中劳动得到的收入	276	385	201	438	219
2. 在本地企业中劳动得到的收入	1 142	964	1 302	2 374	508
3. 常住人口外出从业得到的收入	746	698	813	218	934
4. 出售产品的收入	969	763	1 195	561	1 018
(1)出售农业产品收入	432	317	466	80	635
#种植业	429	314	464	75	629
(2)出售林业产品收入	4	5	–	3	9
(3)出售牧业产品收入	427	419	570	471	229
(4)出售渔业产品收入	75	22	160	5	38
(5)出售工业产品的收入	20	–	–	…	70
(6)出售其他产品的收入	11	–	–	1	38
5. 工业加工费	325	112	670	221	86
6. 建筑业	128	–	88	70	302
7. 交通运输	178	76	221	255	163
8. 批发和零售贸易、餐饮元	159	161	191	75	154
9. 社会服务业	57	93	35	42	66
10. 文教卫生业	1	–	–	–	3
11. 其他家庭经营收入	78	55	62	142	86
12. 财产性收入	23	14	38	44	1

16－13(续)

单位:元/人

项　　目	全市	丹徒区	丹阳市	扬中市	句容市
13. 转移性收入	279	397	266	379	164
14. 非收入所得	337	635	177	488	255
二、期内现金支出	**3 729**	**3 799**	**4 170**	**3 923**	**3 024**
1. 生产费用支出	706	620	934	501	570
(1)家庭经营费用支出	690	617	910	497	549
#种植业支出	250	270	274	148	253
牧业生产支出	242	258	298	241	158
(2)购置生产性固定资产支出	16	3	24	4	21
2. 税费支出	56	55	37	39	88
3. 生活消费支出	2 643	2 733	2 848	2 818	2 234
#食品	892	983	1 018	875	672
衣着	186	193	174	246	168
居住	406	466	368	429	402
家庭设备、用品及服务	136	179	111	196	109
医疗保健	178	153	211	239	126
交通和通讯	286	295	340	292	207
文化教育、娱乐用品及服务	446	384	520	364	433
其他商品和服务	113	80	107	177	116
三、期末金融资产余额	**4 039**	**4 591**	**3 421**	**8 845**	**2 238**

16－14 农村居民百户家庭拥有耐用消费品及固定资产

项目	单位	全市	丹徒区	丹阳市	扬中市	句容市
1. 大型家具	件	438.8	456	446	300	553
2. 洗衣机	台	69.0	79	57	92	48
3. 电风扇	台	229.5	207	301	235	175
4. 电冰箱	台	35.0	31	25	55	29
5. 空调机	台	6.3	3	7	14	1
6. 抽油烟机	台	10.5	7	14	19	2
7. 吸尘器	台	2.8	1	–	10	–
8. 微波炉	台	3.8	–	6	9	–
9. 热水器	台	19.3	14	15	39	9
10. 自行车	辆	207.0	173	258	258	139
11. 摩托车	辆	39.3	46	45	36	30
12. 汽车(生活用)	辆	1.0	–	3	1	–
13. 电话机	部	88.3	82	97	94	80
14. 移动电话	部	36.3	22	28	77	18
15. 寻呼机	台	8.8	–	3	27	5
16. 彩色电视机	台	80.0	84	66	104	66
17. 黑白电视机	台	65.3	56	83	65	57
18. 录放像机	台	5.8	–	2	12	9
19. 摄像机	台	0.8	–	–	1	2
20. 影碟机	台	18.3	25	19	22	7
21. 组合音响	台	12.0	11	7	21	9
22. 收录机	台	34.0	14	29	68	25
23. 照相机	架	9.3	7	9	19	2
24. 家用计算机	台	1.5	–	–	6	–

统计指标解释

城镇居民家庭就业人口

指城镇居民从事社会劳动并取得劳动报酬或经营收入的人口。就业人口包括通过国家统筹规划和指导由劳动部门介绍就业，自愿组织起来就业和自谋职业等方式，在国有制、集体所有制、中外合资、中外合作、外资在华独资的企事业单位和私营企业单位工作或从事个体劳动的有固定性职业或临时性职业的人口。被聘用和留用的离退休人员也计入就业人口。本指标可以反映城镇居民的就业情况，是计算就业面、负担系数的重要资料。

家庭总收入

指生活在一起的所有家庭成员得到的工薪收入、经营净收入、财产性收入、转移性收入的总和，不包括出售财物和借贷收入。

可支配收入

指可用于最终消费支出和其他非义务性支出以及储蓄的总和，即居民家庭可以用来自由支配的收入。它是家庭总收入扣除交纳所得税、个人交纳的社会保障费以及调查户的的记帐补贴后的收入。公式为：

可支配收入 = 家庭总收入—交纳所得税—个人交纳的社会保障支出—记帐补贴

消费支出

指调查户购买商品和用于服务的全部支出，共分八大类：食品；衣着；家庭设备、用品及服务；医疗保健；交通和通讯；娱乐、教育、文化服务；居住；杂项商品和服务。购买商品支出是指从商店、集市、饮食业、工作单位以及直接从工厂和农村购买各种商品的支出，包括自用的和赠送亲友的在内；服务支出是指调查户用于社会提供的各种文化和生活服务方面的支出，包括各种修理费、加工费、洗理美容费、保姆费、劳务费等。

非消费支出

指除上述八类消费以外的各类消费。由购建房支出、各类转移性支出、财产性支出、社会保障支出四方面组成。

农村住户纯收入

是总收入扣除相应的各项费用性支出后，归农民所有的收入。它是用于生产、非生产投资，改善物质和文化生产，以及用于再分配的支出和结余的收入。这个指标用来观察农民实际收入水平，以及农民扩大再生产和改善生活的能力。

纯收入 = 总收入—家庭经营费用支出—生产用固定资产折旧—税收—上交集体承包任务—集体提留和摊派—调查补贴。

农村住户常住人口中整半劳动力

劳动力是农村住户生产的基本要素之一,劳动力的多少和劳动力负担人口的多少,直接影响农村住户收入和生产消费水平的增长变化。整劳动力是指男子 18 周岁至 50 周岁,女子 18 周岁到 45 周岁;半劳动力是指男子 16 周岁到 17 周岁,51 周岁到 60 周岁;女子 16 到 17 周岁,46 周岁到 55 周岁,同时具有劳动能力的人。虽然在劳动年龄之内,但已丧失劳动能力的人,不应算为劳动力;在劳动年龄以外,但能经常参加劳动,能顶上一个整劳动力或半劳动力的人,应计在劳动力数内。常住人口中的职工,若这些职工为劳动力,就包括在本户的整半劳动力中。

农村住户生产消费支出

是指农村住户年内用于物质生活和精神生活方面的实际支出,直接反映农民的生活水平、研究农民消费结构变化的基本指标。生活消费支出包括食品、衣着、居住、家庭设备、用品及服务、医疗保健、交通和通讯、文化教育娱乐用品及服务、其他商品和服务等消费支出。

CHAPTER

第 17 篇

物价

17－1　居民消费价格分类指数

项　　目	比上年	项　　目	比上年
居民消费价格总指数	99.1	3. 鞋袜帽	104.8
非食品价格指数	99.0	4. 衣着加工服务	100.0
服务项目价格指数	103.0		
消费品价格指数	98.0	四、家庭设备用品及维修服务	94.3
一、食　品	99.3	1. 耐用消费品	89.4
1. 粮食	91.4	2. 室内装饰品	100.2
2. 淀粉及薯类	93.7	3. 床上用品	99.8
3. 干豆类及豆制品	99.1	4. 家庭日用杂品	99.7
4. 油脂	103.1	5. 家庭服务及加工维修服务	100.0
5. 肉禽及其制品	98.2		
6. 蛋	107.2	五、医疗保健及个人用品	99.5
7. 水产品	91.3	1. 医疗保健	98.4
8. 菜	105.8	2. 个人用品及服务	101.6
#鲜菜	107.4		
9. 调味品	99.9	六、交通和通讯	95.7
10. 糖	100.1	1. 交通	97.9
11. 茶及饮料	99.7	2. 通讯	94.2
12. 干鲜瓜果	107.6		
#鲜果	113.4	七、娱乐教育文化用品及服务	102.7
13. 糕点饼干面包	100.5	1. 文娱用耐用消费品及服务	85.8
14. 奶及奶制品	99.5	2. 教育	107.9
15. 在外用膳食品	99.9	3. 文化娱乐用品	106.8
16. 其它食品及食品加工服务	99.1	4. 旅游及外出	97.1
二、烟酒及用品	99.0		
1. 烟草	96.7	八、居住	99.5
2. 酒	104.4	1. 建房及装修材料	94.3
三、衣着	99.1	2. 租房	100.0
1. 服装	97.0	3. 自有住房	93.1
2. 衣着材料	101.5	4. 水、电、燃料	103.8

17－2　商品零售指数

项　　目	比上年	项　　目	比上年
商品零售价格总指数	**97.0**		
一、食品类	99.2	八、文化体育用品类	95.1
二、饮料、烟酒类	98.3	九、日用品类	98.7
三、服装、鞋帽类	95.7	十、家用电器类	87.4
四、纺织品类	98.8	十一、首饰类	98.2
五、中、西药品类	98.3	十二、燃料类	100.9
六、化妆品类	98.6	十三、建筑装潢材料类	101.2
七、书报、杂志类	93.1	十四、机电产品类	92.7

17－3　分月价格总指数

月　　份	居民消费价格总指数（与上年同月比）	商品零售价格总指数（与上年同月比）
一　月	98.9	96.2
二　月	99.3	96.3
三　月	98.8	95.1
四　月	98.3	94.8
五　月	100.1	97.6
六　月	99.6	97.8
七　月	99.6	98.1
八　月	98.9	97.5
九　月	98.5	96.7
十　月	98.4	97.0
十一月	99.4	98.3
十二月	99.8	99.1
全　年	**99.1**	**97.0**

17－4　主要年份价格总指数

年　份	居民消费价格总　指　数	商品零售价格总　指　数
1985	109.9	110.1
1986	107.0	106.9
1987	111.3	111.5
1988	120.6	121.4
1889	116.7	116.2
1990	103.6	103.3
1991	109.2	109.6
1992	110.4	108.9
1993	121.1	119.3
1994	126.5	121.1
1995	115.0	110.8
1996	111.6	106.2
1997	100.8	99.4
1998	99.5	97.1
1999	98.3	96.2
2000	99.9	98.0
2001	100.3	98.6
2002	**99.1**	**97.0**

统计指标解释

商品零售价格指数

是反映城乡商品零售价格变动趋势的一种经济指数。零售物价的调整变动直接影响到城乡居民的生活支出和国家的财政收入,影响居民购买力和市场供需平衡,影响消费与积累的比例。因此,计算零售价格指数,可以从一个侧面对上述经济活动进行观察和分析。

居民消费价格指数

是反映一定时期内城乡居民所购买的生活消费品价格和服务项目价格变动趋势和程度的相对数。是综合了城市居民消费价格指数和农民消费价格指数计算取得的。利用居民消费价格指数,可以观察和分析消费品的零售价格和服务价格变动对城乡居民实际生活费支出的影响程度。

农村居民消费价格指数

是反映农村居民家庭所购买的生活消费品的价格和服务项目变动趋势和程度的相对数。用它可以观察农村消费品的零售价格和服务项目价格变动对农村居民生活消费支出的影响,直接反映农民生活水平的实际变化情况,为分析和研究农村居民生活问题提供依据。

农村工业品零售价格指数

是反映农村市场工业品零售价格水平变动趋势和程度的相对数。通过农村工业品零售价格指数,可以观察工业品零售价格变动对农民货币支出的影响。

工业品出厂价格指数

是反映全部工业产品出厂价格总水平的变动趋势和程度的相对数。其中除包括工业企业售给商业、外贸、物资部门的产品外,还包括售给工业和其他部门的生产资料以及直接售给居民的生活消费品。通过工业生产价格指数能观察出厂价格变动对工业总产值的影响。

固定资产投资价格指数

是反映固定资产投资价格变动趋势和程度的相对数。固定资产投资额是由建筑安装工程投资完成额、设备、工器具购置投资完成额和其他费用投资完成额三部分组成的。编制固定资产投资价格指数应首先分别编制上述三部分投资的价格指数,然后采用加权算术平均法求出固定资产投资价格总指数。

编制固定资产投资价格指数可以准确地反映固定资产投资中涉及的各类商品和收费项目价格变动趋势和变动幅度,消除按现价计算的固定资产投资指标中的价格变动因素,真实地反映固定资产投资的规模、速度、结构和效益,为国家科学地制定、检查固定资产投资计划并提高宏观调控水平,为完善国民经济核算体系提供科学的,可靠的依据。

CHAPTER

第 18 篇

全省各地区主要指标

18－1　2002年江苏省主要指标

项　　目	单　位	数　值
土地面积	平方公里	102 600
年末人口	万人	7 380.97
#非农业人口	万人	2 573.01
从业人员	万人	4 458.02
国内生产总值(现价)	亿元	10 631.75
农林牧渔业总产值(现价)	亿元	2 011.48
工业总产值(现价)	亿元	13 865.86
规模以上工业产品销售收入	亿元	13 534.78
规模以上工业利润总额	亿元	5 542.20
规模以上工业利税总额	亿元	1 128.58
规模以上工业工业增加值	亿元	3 546.72
社会消费品零售总额	亿元	3 215.83
进出口总额	亿美元	703.05
#出口	亿美元	384.80
协议(合同)外资金额	亿美元	196.73
实际利用外资	亿美元	103.66
财政总收入	亿元	1 483.68
#地方财政收入	亿元	834.64
财政支出	亿元	1 049.31
金融机构各项存款余额	亿元	11 881.19
金融机构各项贷款余额	亿元	8 234.58
城镇居民人均可支配收入	元	8 178
在岗职工平均工资	元	13 509
农民人均纯收入	元	3 996

18－2 江苏省各

市(县)名称	土地面积（平方公里）	年末总人口（万人）	#非农业人口
南京市	**6 587.81**	**563.28**	**339.35**
市　区	4 728.57	480.35	323.14
溧水县	1 067.26	40.39	7.63
高淳县	791.98	42.54	8.58
无锡市	**4 787.61**	**438.58**	**191.07**
市　区	1 622.64	215.92	131.87
江阴市	987.53	115.78	29.47
宜兴市	2 177.43	106.88	29.73
徐州市	**11 258.30**	**904.44**	**250.31**
市　区	1 037.70	164.55	121.09
丰　县	1 446.00	109.80	16.32
沛　县	1 349.00	118.92	21.50
铜山县	1 999.60	128.94	18.09
睢宁县	1 767.00	129.09	17.41
新沂市	1 571.00	96.58	20.66
邳州市	2 088.00	156.56	35.24
常州市	**4 375.00**	**343.24**	**157.82**
市　区	1 864.00	214.63	108.58
溧阳市	1 535.00	74.38	34.07
金坛市	976.00	54.23	15.17
苏州市	**8 488.42**	**583.86**	**274.28**
市　区	1 649.72	212.40	121.60
常熟市	1 094.00	103.62	45.17
张家港市	772.40	85.27	35.50
昆山市	864.90	60.70	31.24
吴江市	1 092.90	76.94	22.33
太仓市	620.00	44.93	18.44

城市、县主要经济指标

国内生产总值（万元）	第一产业增加值	第二产业增加值	第三产业增加值	人均国内生产总值（元）
12 975 725	**623 991**	**6 139 006**	**6 212 728**	**22 858**
11 973 437	437 475	5 664 938	5 871 024	24 706
496 672	79 000	246 428	171 244	12 291
505 616	107 516	227 640	170 460	11 863
16 016 636	**569 284**	**8 800 354**	**6 646 998**	**36 631**
9 289 291	195 000	4 905 232	4 189 059	43 307
4 100 295	158 902	2 440 149	1 501 244	35 473
2 240 149	176 112	1 300 209	763 828	20 905
7 914 376	**1 340 458**	**3 673 115**	**2 900 803**	**8 763**
3 550 223	74 009	1 859 471	1 616 743	21 707
487 185	184 055	162 054	141 076	4 438
781 961	212 040	313 732	256 189	6 588
1 098 864	247 459	556 434	294 971	8 524
470 261	162 986	154 155	153 120	3 648
589 613	192 159	214 147	183 307	6 085
808 834	293 714	284 416	230 704	5 171
7 606 035	**488 378**	**4 315 041**	**2 802 616**	**22 215**
5 604 487	241 468	3 347 852	2 015 167	26 744
1 021 183	132 991	533 977	354 215	13 005
850 600	113 453	442 038	295 109	15 662
20 803 673	**917 180**	**12 115 201**	**7 771 292**	**35 733**
7 271 525	237 099	4 273 905	2 760 521	34 475
3 650 132	158 726	2 067 392	1 424 014	35 202
3 650 218	105 580	2 194 402	1 350 236	42 783
3 143 412	118 389	2 056 611	968 412	52 078
2 345 583	149 197	1 327 333	869 053	30 466
1 800 693	148 189	985 252	667 252	40 096

18－2(续1)

市(县)名称	土 地 面 积（平方公里）	年末总人口（万人）	#非农业人口
南通市	**8 001.00**	**780.26**	**262.81**
市　区	355.00	81.23	56.47
海安县	1 108.00	97.27	34.62
如东县	1 733.00	110.11	40.46
启东市	1 208.00	115.13	25.44
如皋市	1 492.00	144.56	31.66
通州市	1 166.00	129.21	37.59
海门市	939.00	102.75	36.57
连云港市	**7 499.91**	**464.03**	**127.08**
市　区	897.86	64.74	53.62
赣榆县	1 427.27	106.83	21.29
东海县	2 250.07	113.97	20.72
灌云县	1 897.69	106.26	21.29
灌南县	1 027.02	72.23	10.16
淮安市	**10 072.00**	**517.68**	**132.96**
市　区	3 171.00	266.58	74.79
涟水县	1 670.00	103.85	23.19
洪泽县	1 394.00	38.43	11.65
盱眙县	2 493.00	72.90	14.03
金湖县	1 344.00	35.92	9.31
盐城市	**14 983.00**	**795.61**	**237.10**
市　区	423.00	64.97	41.92
响水县	1 363.00	56.91	13.97
滨海县	1 880.00	108.03	24.02
阜宁县	1 443.00	105.89	29.06
射阳县	2 795.00	105.07	22.61
建湖县	1 140.00	79.33	24.74

国内生产总值（万元）	第一产业增加值	第二产业增加值	第三产业增加值	人均国内生产总值（元）
8 873 292	**1 409 230**	**4 385 783**	**3 078 279**	**11 356**
2 078 833	45 513	1 275 626	757 694	25 863
821 151	200 498	325 661	294 992	8 420
916 107	280 744	324 249	311 114	8 291
1 379 458	288 530	572 518	518 410	11 954
848 914	185 879	343 149	319 886	5 858
1 440 062	212 075	690 158	537 829	11 103
1 467 587	195 991	715 100	556 496	14 257
3 501 518	**822 577**	**1 541 997**	**1 136 944**	**7 582**
1 284 788	70 098	734 845	479 845	19 981
736 516	226 774	310 421	199 321	6 927
684 239	238 064	253 283	192 892	6 019
526 976	177 681	156 449	192 846	4 992
268 999	109 478	84 449	75 072	3 739
3 750 195	**1 005 147**	**1 612 193**	**1 132 855**	**7 267**
2 133 912	444 667	1 056 360	632 885	8 036
508 359	192 035	162 079	154 245	4 912
220 808	86 807	64 411	69 590	5 755
524 963	172 028	177 300	175 635	7 210
362 153	109 610	152 043	100 500	10 108
6 732 616	**1 826 750**	**2 721 966**	**2 183 900**	**8 464**
844 354	54 100	384 637	405 617	12 977
274 349	106 447	77 500	90 402	4 826
481 459	174 062	156 899	150 498	4 472
637 518	182 520	258 070	196 928	6 017
866 541	271 456	346 053	249 032	8 238
711 048	155 032	349 201	206 815	8 942

18－2(续2)

市(县)名称	土地面积(平方公里)	年末总人口(万人)	#非农业人口
盐都县	1 305.00	85.27	26.56
东台市	2 267.00	116.38	34.99
大丰市	2 367.00	73.77	19.23
扬州市	**6 634.00**	**452.22**	**130.48**
市　区	980.00	110.76	54.82
宝应县	1 461.00	91.73	17.34
仪征市	901.00	59.35	19.25
高邮市	1 962.00	83.16	15.55
江都市	1 330.00	107.22	23.52
镇江市	**3 847.48**	**267.13**	**104.96**
市　区	1 081.77	100.04	59.73
丹阳市	1 047.44	80.37	22.37
扬中市	330.89	27.28	8.95
句容市	1 387.38	59.44	13.91
泰州市	**5 790.91**	**504.00**	**129.14**
市　区	428.24	61.31	31.23
兴化市	2 393.00	155.23	26.30
靖江市	664.76	66.47	21.61
泰兴市	1 253.91	128.82	32.35
姜堰市	1 051.00	92.17	17.65
宿迁市	**8 555.00**	**513.00**	**147.19**
市　区	136.00	26.00	23.57
宿豫县	1 585.00	96.12	20.01
沭阳县	2 298.00	172.46	55.39
泗阳县	1 726.00	116.31	25.15
泗洪县	2 810.00	102.11	23.06

国内生产总值（万元）	第一产业增加值	第二产业增加值	第三产业增加值	人均国内生产总值（元）
797 628	239 633	342 834	215 161	9 354
1 177 019	370 000	435 972	371 047	10 095
942 700	273 500	370 800	298 400	12 781
5 589 305	**708 285**	**2 725 979**	**2 155 041**	**12 368**
2 567 150	114 207	1 359 696	1 093 247	23 293
590 824	187 586	208 944	194 294	6 435
610 314	65 119	357 911	187 284	10 266
612 185	182 860	217 560	211 765	7 368
1 209 300	157 000	585 790	466 510	11 265
5 608 973	**346 592**	**3 131 260**	**2 131 121**	**21 018**
2 464 483	78 032	1 383 969	1 002 482	24 697
1 703 095	137 680	930 645	634 770	21 199
693 164	39 173	407 618	246 373	25 391
694 631	91 708	360 145	242 778	11 688
5 046 038	**717 543**	**2 497 217**	**1 831 278**	**10 021**
1 411 975	47 244	933 602	431 129	23 170
913 138	296 958	286 086	330 094	5 882
844 030	72 618	400 409	371 003	12 700
1 150 185	177 980	514 452	457 753	8 929
743 848	122 743	361 477	259 628	8 078
2 470 292	**850 501**	**921 402**	**698 389**	**4 826**
245 616	8 753	129 535	107 328	9 520
464 061	149 080	208 526	106 455	4 830
770 200	281 400	265 300	223 500	4 480
471 233	187 767	148 300	135 166	4 109
527 969	225 817	158 351	143 801	5 178

18－2(续3)

市(县)名称	工业总产值(当年价格)(万元)	工业增加值(生产法)(万元)	工业产品销售收入(万元)
南京市	**19 732 504**	**4 865 085**	**18 901 939**
市　区	18 420 389	4 587 971	18 021 634
溧水县	747 666	150 386	491 333
高淳县	564 449	126 728	388 972
无锡市	**24 450 845**	**5 804 337**	**23 956 128**
市　区	13 987 821	3 417 334	14 049 520
江阴市	7 846 936	1 863 236	7 453 559
宜兴市	2 616 088	523 767	2 453 049
徐州市	**6 004 465**	**1 831 979**	**5 407 551**
市　区	3 498 480	1 235 732	3 120 410
丰　县	144 308	20 037	130 208
沛　县	274 667	71 016	221 719
铜山县	1 390 573	313 419	1 312 678
睢宁县	134 368	36 502	126 891
新沂市	282 218	79 045	239 156
邳州市	279 851	76 228	256 489
常州市	**11 670 167**	**2 797 091**	**11 355 450**
市　区	9 737 547	2 340 399	9 566 824
溧阳市	1 170 019	278 668	1 079 023
金坛市	762 601	178 024	709 603
苏州市	**34 658 727**	**8 922 094**	**33 296 973**
市　区	12 640 377	3 337 973	11 861 055
常熟市	4 352 008	1 128 114	4 260 524
张家港市	6 219 393	1 558 380	6 212 107
昆山市	6 173 313	1 586 489	6 019 324
吴江市	3 290 451	819 907	3 039 913
太仓市	1 983 185	491 231	1 904 050

工业利税总　额（万元）	工业利润总　额（万元）	社会消费品零售总额（万元）	自营进出口总　额（万美元）	#出　口
1 834 099	**707 791**	**5 251 654**	**1 009 422**	**601 097**
1 772 825	674 936	4 875 903	998 266	593 847
29 597	9 945	171 800	6 390	3 376
31 677	22 910	203 951	4 766	3 874
1 984 061	**1 126 416**	**4 442 913**	**974 096**	**514 485**
1 099 548	582 213	2 825 878	746 736	388 326
701 951	447 733	886 087	186 459	93 693
182 563	96 470	730 948	40 901	32 466
601 687	**191 770**	**2 239 282**	**45 376**	**23 790**
423 253	96 037	1 168 354	35 152	15 254
5 287	1 690	173 596	357	341
15 460	5 261	191 614	289	285
121 167	71 973	200 440	3 982	3 269
10 308	6 517	127 452	530	224
7 624	2 436	163 521	2 066	1 429
18 588	7 856	214 305	2 999	2 988
860 287	**458 940**	**2 488 005**	**391 831**	**265 587**
720 696	400 425	1 659 780	350 727	235 321
70 916	20 818	469 821	10 254	8 153
68 675	37 697	358 404	30 850	22 113
2 622 662	**1 589 106**	**4 516 158**	**3 639 008**	**1 852 061**
889 946	535 345	1 756 439	1 762 861	883 458
453 730	273 130	975 386	198 263	134 870
454 693	263 040	550 748	302 858	142 526
438 124	304 479	473 170	847 380	432 396
177 685	91 864	439 687	360 741	165 398
208 484	121 248	320 728	166 905	93 413

18－2(续4)

市(县)名称	工业总产值 (当年价格) (万元)	工业增加值 (生产法) (万元)	工业产品 销售收入 (万元)
南通市	**8 775 490**	**2 361 794**	**7 970 462**
市　区	3 205 637	971 259	3 018 848
海安县	674 762	153 253	624 335
如东县	634 892	165 192	570 190
启东市	967 732	250 764	885 640
如皋市	600 671	153 780	567 560
通州市	1 358 115	350 454	1 199 688
海门市	1 333 681	317 092	1 104 201
连云港市	**2 883 784**	**702 253**	**2 586 025**
市　区	1 325 840	380 642	1 155 861
赣榆县	531 677	107 646	475 258
东海县	527 057	107 347	498 112
灌云县	344 516	71 295	322 103
灌南县	154 694	35 323	134 691
淮安市	**3 037 854**	**877 063**	**2 917 708**
市　区	2 189 359	644 762	2 128 417
涟水县	239 282	66 717	227 543
洪泽县	120 423	33 813	113 165
盱眙县	233 636	71 039	220 668
金湖县	255 155	60 732	227 915
盐城市	**6 428 089**	**1 531 376**	**5 906 338**
市　区	1 027 505	263 854	919 244
响水县	178 173	45 054	155 919
滨海县	151 187	35 691	143 641
阜宁县	748 786	152 002	709 872
射阳县	693 957	192 048	634 055
建湖县	878 709	212 373	832 080

工业利税总额（万元）	工业利润总额（万元）	社会消费品零售总额（万元）	自营进出口总额（万美元）	#出口
676 029	**369 211**	**2 971 353**	**389 608**	**253 138**
298 825	168 616	737 561	271 175	158 291
44 606	21 284	235 187	7 552	6 498
48 758	25 664	334 472	22 332	16 835
53 728	24 267	460 600	16 067	12 554
34 390	12 845	330 726	14 554	12 637
123 425	82 864	402 187	41 073	33 685
72 297	33 671	470 620	16 855	12 638
223 114	**113 751**	**1 130 208**	**74 691**	**50 316**
154 900	84 269	543 986	68 898	45 464
18 984	8 898	182 645	1 000	784
25 215	13 707	174 617	3 153	2 679
12 163	4 950	136 714	715	504
11 852	1 927	92 246	925	885
401 064	**127 551**	**1 275 783**	**28 335**	**20 572**
332 521	93 001	802 520	25 454	18 075
14 938	4 901	136 003	1 147	892
19 822	12 641	101 700	213	102
13 970	6 463	127 394	1 336	1 331
19 814	10 545	108 166	185	172
392 910	**149 615**	**2 114 292**	**52 913**	**38 114**
70 533	17 185	478 695	26 886	18 736
8 498	3 163	82 967	279	278
8 706	2 815	137 196	317	299
35 998	14 859	187 676	1 852	1 455
38 588	15 483	237 936	4 681	2 404
63 521	27 268	216 300	1 619	986

18－2(续5)

市(县)名称	工业总产值（当年价格）（万元）	工业增加值（生产法）（万元）	工业产品销售收入（万元）
盐都县	802 877	195 604	802 730
东台市	1 023 719	217 760	898 357
大丰市	923 176	216 990	810 440
扬州市	**6 738 321**	**1 822 470**	**6 086 760**
市　区	3 281 979	1 001 439	3 023 462
宝应县	472 441	107 234	426 541
仪征市	1 161 059	273 197	1 099 692
高邮市	524 060	108 183	464 340
江都市	1 298 782	332 417	1 072 725
镇江市	**7 266 091**	**1 923 988**	**6 252 382**
市　区	3 445 603	901 301	3 002 945
丹阳市	2 025 550	542 862	1 720 104
扬中市	809 277	222 825	658 957
句容市	985 661	257 000	870 376
泰州市	**5 798 234**	**1 631 523**	**4 951 648**
市　区	2 174 198	743 564	1 800 098
兴化市	601 261	150 735	576 183
靖江市	1 136 491	273 321	914 671
泰兴市	1 066 043	271 221	947 011
姜堰市	820 241	192 682	713 685
宿迁市	**1 213 990**	**338 189**	**1 144 060**
市　区	130 848	37 079	150 276
宿豫县	313 099	87 960	306 879
沭阳县	271 032	75 948	259 459
泗阳县	233 478	63 186	204 549
泗洪县	265 533	74 016	222 897

工业利税总额（万元）	工业利润总额（万元）	社会消费品零售总额（万元）	自营进出口总额（万美元）	#出口
53 640	23 710	203 181	5 244	3 424
70 366	30 002	340 852	6 214	4 828
43 060	15 130	229 489	5 821	5 704
510 757	**211 009**	**1 827 634**	**151 418**	**80 050**
313 797	135 204	794 735	80 763	60 486
34 823	19 373	184 437	7 761	4 774
69 636	22 379	261 855	47 884	4 112
20 174	2 537	190 084	6 351	5 409
72 327	31 516	396 523	8 659	5 269
478 700	**193 628**	**1 492 716**	**209 775**	**101 068**
243 998	108 583	732 400	170 228	73 009
111 026	40 958	408 247	24 512	18 333
66 017	24 303	170 995	9 058	5 115
57 659	19 784	181 074	5 977	4 611
474 519	**211 081**	**1 611 921**	**57 330**	**42 014**
188 093	86 344	444 507	20 237	13 179
53 000	30 638	235 375	2 415	1 758
75 139	26 119	283 756	15 004	13 198
89 911	33 885	358 807	10 931	8 962
68 376	34 095	289 476	8 743	4 917
77 569	**9 488**	**772 404**	**6 162**	**5 444**
4 699	－1 948	133 543	3 127	2 750
17 702	6 266	132 847	2 335	1 999
13 452	6 749	212 346	144	143
13 937	－1 856	174 010	397	397
27 779	277	119 658	159	155

18－2(续6)

市(县)名称	合同利用外资金额(万美元)	实际利用外资金额(万美元)	财政收入(万元)
南京市	**216 964**	**150 162**	**2 649 238**
市　区	204 563	146 017	2 554 782
溧水县	8 376	2 548	50 088
高淳县	4 025	1 597	44 368
无锡市	**290 088**	**174 019**	**2 008 500**
市　区	204 764	123 169	1 347 523
江阴市	65 315	37 376	450 919
宜兴市	20 009	13 474	210 058
徐州市	**44 060**	**25 023**	**655 566**
市　区	28 622	13 551	438 281
丰　县	2 208	1 518	19 662
沛　县	2 994	1 840	44 582
铜山县	2 503	2 458	62 452
睢宁县	1 607	1 242	21 137
新沂市	2 495	1 828	27 284
邳州市	3 631	2 586	42 168
常州市	**122 132**	**56 120**	**1 029 032**
市　区	96 803	44 139	866 120
溧阳市	13 915	6 364	88 021
金坛市	11 414	5 617	74 891
苏州市	**1 006 655**	**481 398**	**2 908 234**
市　区	439 494	207 176	1 266 283
常熟市	127 714	48 528	410 202
张家港市	50 480	48 209	430 845
昆山市	224 994	101 800	415 188
吴江市	83 263	35 664	223 888
太仓市	80 710	40 021	161 828

#地方财政收入	财政支出（万元）	金融机构存款余额（万元）	#城乡居民储蓄余额	金融机构贷款余额（万元）
1 440 818	**1 614 572**	**27 947 483**	**9 056 738**	**24 504 795**
1 377 983	1 520 726	27 412 482	8 693 951	24 136 969
33 103	48 118	266 114	184 553	191 819
29 732	45 728	268 887	178 234	176 007
1 064 751	**1 114 021**	**16 268 370**	**8 126 441**	**10 470 000**
743 655	765 374	10 721 264	5 129 489	6 779 141
205 374	223 334	3 552 755	1 626 726	2 497 480
115 722	125 313	1 994 351	1 370 226	1 193 379
336 827	**520 174**	**6 180 183**	**4 167 882**	**3 982 506**
201 201	258 477	4 195 444	2 592 741	2 678 214
15 542	37 866	313 444	264 249	186 511
25 529	45 020	591 085	474 533	317 655
35 430	50 338			
16 002	39 808	328 267	268 676	175 184
16 936	39 122	286 770	222 142	208 252
26 187	49 543	465 173	345 541	416 690
564 606	**610 099**	**9 047 100**	**4 999 400**	**5 598 500**
471 842	495 583	7 383 000	3 798 700	4 761 900
50 692	63 313	957 500	697 100	469 700
42 072	51 203	706 600	503 600	366 900
1 470 254	**1 585 494**	**22 320 343**	**11 643 257**	**14 909 634**
663 914	739 292	9 241 111	4 504 821	6 902 518
219 861	222 005	3 957 952	2 342 284	2 030 675
209 954	224 959	3 146 062	1 719 504	2 341 093
190 438	196 736	2 588 164	1 138 562	1 553 664
111 811	119 282	2 087 560	1 131 190	1 318 098
74 276	83 220	1 299 494	806 896	763 586

18－2(续7)

市(县)名称	合同利用外资金额（万美元）	实际利用外资金额（万美元）	财政收入（万元）
南通市	**49 441**	**23 848**	**874 086**
市　区	19 487	12 890	417 113
海安县	3 891	1 219	62 552
如东县	3 708	1 632	71 291
启东市	4 535	1 421	69 669
如皋市	3 268	1 385	65 518
通州市	8 373	2 651	100 031
海门市	6 179	2 650	87 912
连云港市	**19 677**	**10 009**	**269 860**
市　区	14 016	6 744	187 591
赣榆县	1 878	1 061	25 505
东海县	1 941	1 062	25 808
灌云县	1 808	1 081	15 430
灌南县	34	61	15 526
淮安市	**5 288**	**4 705**	**431 871**
市　区	3 648	3 799	342 684
涟水县	307	253	21 743
洪泽县	529	251	17 601
盱眙县	345	202	25 134
金湖县	459	200	24 709
盐城市	**28 075**	**16 603**	**429 656**
市　区	4 045	3 410	113 653
响水县	1 327	865	15 513
滨海县	726	266	21 058
阜宁县	3 619	2 111	30 105
射阳县	2 500	2 010	48 332
建湖县	3 603	1 611	46 330

#地　　方 财政收入	财　政 支　出 （万元）	金融机构 存款余额 （万元）	#城乡居民 储蓄余额	金融机构 贷款余额 （万元）
486 071	**595 402**	**10 352 956**	**7 211 667**	**5 110 125**
226 649	229 342	3 436 576	1 669 647	2 168 239
34 625	51 615	1 091 712	876 964	400 677
42 030	64 617	916 513	720 441	397 195
39 819	56 895	1 268 836	1 078 259	607 585
37 133	56 802	996 954	785 141	430 353
53 701	73 507	1 329 668	1 032 931	558 089
52 114	62 624	1 312 697	1 048 284	547 987
171 559	**261 481**	**2 495 107**	**1 526 721**	**1 793 623**
110 913	131 453	1 475 210	770 173	1 058 987
19 035	40 106	324 349	240 249	193 697
19 623	36 771	323 299	243 801	220 598
11 712	26 595	235 510	173 748	205 752
10 276	26 556	136 739	98 750	114 589
179 360	**284 097**	**2 394 714**	**1 482 455**	**1 832 760**
125 078	177 948	1 626 556	912 074	1 221 357
13 103	35 520	211 930	163 672	173 020
10 572	19 917	159 977	121 168	105 575
17 781	29 572	187 765	136 870	176 000
12 826	21 140	208 486	148 671	156 808
267 018	**418 310**	**5 108 451**	**3 692 957**	**3 470 140**
65 528	80 846	1 712 121	999 599	1 419 472
10 542	27 300	170 822	133 252	146 648
14 478	37 014	312 411	236 598	205 860
20 435	40 602	415 262	341 841	212 886
30 867	45 508	494 652	394 968	412 130
27 599	43 331	495 575	399 487	324 347

18－2(续8)

市(县)名称	合同利用外资金额(万美元)	实际利用外资金额(万美元)	财政收入(万元)
盐都县	3 864	1 415	39 503
东台市	4 691	3 007	64 142
大丰市	3 700	1 908	51 020
扬州市	**46 298**	**25 580**	**556 114**
市　区	30 745	16 522	291 083
宝应县	1 831	1 625	37 797
仪征市	8 574	3 212	93 470
高邮市	1 848	1 212	42 543
江都市	3 300	3 009	91 221
镇江市	**104 070**	**50 095**	**568 049**
市　区	43 694	21 652	324 084
丹阳市	23 369	10 059	126 368
扬中市	13 127	7 792	68 988
句容市	23 880	10 592	48 609
泰州市	**31 225**	**18 060**	**531 272**
市　区	13 118	7 780	228 354
兴化市	1 193	1 204	61 060
靖江市	3 817	2 390	80 441
泰兴市	4 788	4 546	91 108
姜堰市	8 309	2 140	70 309
宿迁市	**3 216**	**1 297**	**143 202**
市　区	990	231	30 549
宿豫县	1 166	114	20 537
沭阳县	315	206	30 614
泗阳县	739	471	33 153
泗洪县	6	274	28 349

#地　方 财政收入	财政支出 （万元）	金融机构 存款余额 （万元）	#城乡居民 储蓄余额	金融机构 贷款余额 （万元）
25 475	37 936			
40 129	59 259	920 314	729 749	394 432
31 965	46 514	587 294	457 463	354 365
300 388	**392 554**	**5 927 923**	**3 780 858**	**3 562 257**
163 989	204 081	2 867 169	1 476 849	1 857 923
20 705	41 654	482 589	400 155	266 642
45 881	50 453	692 157	434 916	620 706
22 837	37 091	555 408	432 331	268 577
46 976	59 275	1 330 600	1 036 607	548 409
295 473	**345 723**	**4 575 205**	**2 812 598**	**3 280 336**
176 290	202 075	2 372 534	1 270 754	1 927 133
61 553	67 552	1 132 936	809 849	788 605
30 396	37 252	659 808	432 691	346 410
27 234	38 844	409 927	299 304	218 188
286 146	**411 099**	**4 886 100**	**3 360 000**	**2 875 900**
116 419	163 029	1 518 741	732 706	1 027 240
35 465	66 960	786 042	650 196	494 500
44 564	53 881	860 277	640 285	471 100
50 028	68 700	862 100	678 400	459 500
39 670	58 529	858 940	658 413	423 560
95 553	**213 724**	**1 305 916**	**871 592**	**955 228**
21 607	44 171	501 990	253 111	460 703
14 798	34 290			
22 666	54 186	300 064	241 883	227 075
20 689	42 638	240 739	188 502	139 801
15 793	38 439	263 123	188 096	127 649

18－2(续8)

市(县)名称	在岗职工平均工资(元)	居民人均可支配收入(元)	农民人均纯收入(元)
南京市	**19 148**		**4 579**
市　区	19 465	9 157	
溧水县	11 804		4 356
高淳县	13 523		4 481
无锡市	**15 796**		**5 860**
市　区	16 984	9 988	
江阴市	12 506		6 266
宜兴市	13 266		5 040
徐州市	**11 887**		**3 576**
市　区	14 929	8 037	
丰　县	7 569		3 479
沛　县	8 202		3 735
铜山县	9 012		4 141
睢宁县	7 331		3 050
新沂市	7 998		3 477
邳州市	8 085		3 475
常州市	**14 907**		**5 138**
市　区	15 754	9 933	
溧阳市	12 150		4 375
金坛市	12 544		4 762
苏州市	**15 924**		**6 140**
市 区	18 840	10 617	
常熟市	13 590		6 215
张家港市	13 647		6 147
昆山市	14 383		6 262
吴江市	13 605		5 904
太仓市	13 334		6 192

年末实有耕地面积（公顷）	农、林、牧、渔总产值（现价）（万元）	粮　食总产量（吨）	油　料总产量（吨）	棉　花总产量（吨）
261.61	**120.01**	**1 105 183**	**214 865**	**5 078**
44.11	15.12	198 753	43 420	459
37.17	20.25	201 976	48 310	96
164.15	**97.79**	**962 862**	**39 385**	**0**
49.78	30.61	296 131	6 562	0
64.54	32.82	376 052	21 754	0
609.46	**254.05**	**2 975 540**	**222 284**	**63 421**
76.41	34.25	380 642	21 951	17 088
76.93	40.55	452 240	16 027	4 850
116.31	46.03	488 778	14 173	11 564
100.05	31.43	494 899	55 233	10 956
79.85	36.02	376 876	90 924	0
121.17	55.25	603 803	19 230	15 084
216.60	**92.67**	**1 228 569**	**73 015**	**637**
70.52	24.53	429 617	45 111	406
46.24	22.25	261 104	17 634	231
288.17	**174.46**	**1 464 181**	**78 093**	**7 527**
61.89	29.98	339 442	10 804	3 150
42.52	19.44	260 565	12 217	3 102
41.00	23.52	193 411	10 574	37
45.33	28.12	197 988	22 224	0
37.03	27.31	211 928	9 237	1 238

18－2(续9)

市(县)名称	在岗职工平均工资(元)	居民人均可支配收入(元)	农民人均纯收入(元)
南通市	**12 110**		**4 133**
市　区	14 741	8 640	
海安县	10 532		4 007
如东县	10 240		3 605
启东市	9 977		4 574
如皋市	10 171		3 321
通州市	11 677		4 547
海门市	11 016		4 945
连云港市	**10 075**		**2 991**
市　区	12 513	6 953	
赣榆县	8 853		3 191
东海县	7 661		3 128
灌云县	7 564		2 788
灌南县	6 959		2 558
淮安市	**9 855**		**3 365**
市　区	10 550	7 159	
涟水县	7 972		3 058
洪泽县	9 541		3 648
盱眙县	9 210		3 191
金湖县	9 501		3 645
盐城市	**9 692**		**3 867**
市　区	12 356	7 274	
响水县	8 339		3 149
滨海县	8 147		3 315
阜宁县	8 084		3 582
射阳县	9 037		3 901
建湖县	9 224		3 803

年末实有耕地面积（公顷）	农、林、牧、渔总产值（现价）（万元）	粮　食总产量（吨）	油　料总产量（吨）	棉　花总产量（吨）
480.13	**267.86**	**3 095 336**	**357 099**	**33 103**
56.14	36.55	545 994	20 923	1 144
110.34	52.30	783 188	45 604	10 369
70.17	58.11	281 561	81 181	8 138
82.32	33.99	651 382	38 081	1 330
80.96	40.02	501 256	66 378	7 103
60.77	36.16	210 120	91 428	4 934
370.31	**155.48**	**2 306 397**	**153 075**	**40 975**
68.55	43.13	278 661	72 373	1 063
126.86	43.84	867 375	73 863	166
101.23	33.70	611 656	3 350	29 183
59.51	21.16	452 633	3 403	6 242
490.38	**194.09**	**3 119 709**	**246 872**	**5 081**
104.49	40.07	639 277	54 475	1 337
35.18	18.28	274 091	6 017	0
113.28	31.85	612 793	113 454	156
49.83	20.01	329 954	11 953	3 587
775.05	**393.83**	**4 682 779**	**283 868**	**211 571**
62.78	23.76	313 344	23 424	13 344
96.56	35.93	535 204	35 710	10 247
88.62	38.65	597 981	25 813	3 869
136.88	59.70	757 755	29 984	70 229
64.95	31.33	522 413	11 414	7 570

18－2(续10)

市(县)名称	在岗职工平均工资(元)	居民人均可支配收入(元)	农民人均纯收入(元)
盐都县	8 817		4 033
东台市	9 616		4 463
大丰市	8 970		4 468
扬州市	**12 006**		**3 926**
市　区	13 674	7 833	
宝应县	9 212		3 712
仪征市	13 263		3 649
高邮市	8 742		3 728
江都市	9 395		4 146
镇江市	**13 198**		**4 452**
市　区	14 647	8 202	
丹阳市	11 372		4 710
扬中市	11 566		5 157
句容市	10 034		4 063
泰州市	**10 059**		**3 834**
市　区	11 529	7 788	
兴化市	9 129		3 710
靖江市	9 680		4 136
泰兴市	9 485		3 844
姜堰市	9 675		3 707
宿迁市	**8 699**		**3 231**
市　区	11 357	5 041	
宿豫县	8 304		3 170
沭阳县	9 462		3 344
泗阳县	8 344		3 108
泗洪县	7 134		3 236

年末实有耕地面积（公顷）	农、林、牧、渔总产值（现价）（万元）	粮食总产量（吨）	油料总产量（吨）	棉花总产量（吨）
81.93	50.56	539 727	13 461	16 301
121.46	81.13	757 839	88 334	29 944
104.18	61.80	535 449	52 527	53 314
311.95	**139.12**	**2 128 747**	**117 104**	**10 958**
76.52	36.31	592 261	18 915	817
50.20	12.34	268 865	11 108	14
78.03	36.69	590 639	31 558	6 873
69.37	30.33	424 201	42 818	2 694
180.71	**66.75**	**1 094 501**	**79 205**	**1 501**
56.05	25.64	442 934	17 695	137
11.72	9.09	106 409	1 778	0
68.86	16.81	310 797	42 634	1 260
317.22	**138.86**	**2 473 725**	**122 514**	**19 101**
128.13	58.18	1 014 836	30 219	16 382
29.68	14.19	274 165	11 080	0
73.79	32.66	547 457	40 549	0
64.33	24.77	498 559	30 994	2 702
439.26	**159.15**	**2 730 962**	**182 960**	**15 600**
71.84	28.62	506 257	12 169	2 040
139.84	52.17	846 706	59 516	7 572
83.73	36.06	529 865	47 710	1 554
138.59	40.65	827 198	63 101	4 410

中国统计出版社最新资料书简目

中国统计年鉴－2003
中国统计摘要－2003
2003 中国发展报告
中国城市统计年鉴－2002
中国农村统计年鉴－2003
中国劳动统计年鉴－2003
中国人口统计年鉴－2003
中国工业经济统计年鉴－2003
中国市场统计年鉴－2003
2002 中国城市发展报告
中国建筑业统计年鉴－2002
中国价格及城镇居民家庭收支调查统计年鉴－2003
国际统计年鉴－2003
中国对外经济贸易统计年鉴－2002
中国基本单位统计年鉴－2002
中国民政统计年鉴－2003
中国高技术产业统计年鉴－2003
中国第二次全国基本单位普查资料汇编
中国房地产行业名录
2000 人口普查分县资料

北京统计年鉴－2003
天津统计年鉴－2003
河北经济年鉴－2003
山西统计年鉴－2003
内蒙古统计年鉴－2003
辽宁统计年鉴－2003
吉林统计年鉴－2003
黑龙江统计年鉴－2003
上海统计年鉴－2003
江苏统计年鉴－2003
浙江统计年鉴－2003
安徽统计年鉴－2003
福建统计年鉴－2003
江西统计年鉴－2003
山东统计年鉴－2003
河南统计年鉴－2003
湖北统计年鉴－2003
湖南统计年鉴－2003
广东统计年鉴－2003
广西统计年鉴－2003
海南统计年鉴－2003
重庆统计年鉴－2003
四川统计年鉴－2003
贵州统计年鉴－2003
云南统计年鉴－2003
西藏统计年鉴－2003
陕西统计年鉴－2003
甘肃年鉴－2003
青海统计年鉴－2003
宁夏统计年鉴－2003
新疆统计年鉴－2003
新疆生产建设兵团统计年鉴－2003
石家庄统计年鉴－2003
唐山统计年鉴－2003
邯郸统计年鉴－2003
太原统计年鉴－2003
运城统计年鉴－2003
大同统计年鉴－2003
呼和浩特经济统计年鉴－2003
鄂尔多斯市统计年鉴－2003
包头统计年鉴－2003
赤峰统计年鉴－2003
沈阳年鉴－2003
大连统计年鉴－2003
鞍山统计年鉴－2003
长春统计年鉴－2003
吉林市社会经济统计年鉴－2003
四平统计年鉴－2003
延吉统计年鉴－2003
哈尔滨统计年鉴－2003
齐齐哈尔经济统计年鉴－2003
牡丹江统计年鉴－2003
大庆统计年鉴－2003
黑龙江垦区统计年鉴－2003
上海浦东新区统计年鉴－2003
南京统计年鉴－2003
连云港统计年鉴－2003
苏州统计年鉴－2003
无锡统计年鉴－2003
常州统计年鉴－2003
徐州统计年鉴－2003
南通统计年鉴－2003
盐城统计年鉴－2003
镇江统计年鉴－2003
杭州统计年鉴－2003
宁波统计年鉴－2003
绍兴统计年鉴－2003
台州统计年鉴－2003
舟山统计年鉴－2003
温州统计年鉴－2003
金华统计年鉴－2003
嘉兴统计年鉴－2003
湖州统计年鉴－2003
丽水统计年鉴－2003
合肥统计年鉴－2003
福州年鉴－2003
厦门经济特区年鉴－2003
福州经济技术开发区年鉴－2003
南昌经济社会统计年鉴－2003
九江经济统计年鉴－2003
济南统计年鉴－2003
青岛统计年鉴－2003
泰安统计年鉴－2003
淄博统计年鉴－2003
潍坊统计年鉴－2003
郑州统计年鉴－2003
洛阳统计年鉴－2003
三门峡统计年鉴－2003
平顶山统计年鉴－2003
南阳经济统计年鉴－2003
武汉统计年鉴－2003
宜昌统计年鉴－2003
十堰统计年鉴－2003
荆州统计年鉴－2003
广州统计年鉴－2003
东莞统计年鉴－2003
惠州统计年鉴－2003
深圳统计年鉴－2003
南宁统计年鉴－2003
桂林经济社会统计年鉴－2003
柳州经济统计年鉴－2003
柳州地区统计年鉴－2003
河池地区经济社会统计年鉴－2003
海口统计年鉴－2003
成都统计年鉴－2003
攀枝花统计年鉴－2003
广安统计年鉴－2003
贵阳统计年鉴－2003
昆明统计年鉴－2003
西安统计年鉴－2003
兰州年鉴－2003
西宁统计年鉴－2003
银川统计年鉴－2003
乌鲁木齐统计年鉴－2003
巴音郭楞统计年鉴－2003
吐鲁番统计年鉴－2003

编辑部电话：(010)63262276 63266600－30607
欲购以上图书请与中国统计出版社发行部联系。电话：(010)63459084 同榻行书店电话：68585978
通讯地址：北京市西城区三里河月坛南街 75 号。邮政编码：100826

镇江市劳动和社会保障局

镇江市劳动和社会保障局是市政府综合管理全市劳动和社会保障工作的职能部门，局机关内设11个处室，设有市医保局、市劳动就业管理中心、市社会劳动保险管理中心等10个事业单位。同时，还承担了市下岗职工基本生活保障和再就业领导小组办公室、市劳动鉴定委员会办公室、市劳动争议仲裁委员会办公室的工作。现有在编人员370人。

近年来，在市委、市政府的正确领导下，全局上下按照“服务大局多作为，立足本职创一流”的工作要求，突出“两个确保、扩大就业、扩面征缴、劳动合同管理”等重点工作，实行整体推进，为维护改革、发展和稳定大局，为镇江经济发展冲刺起飞作出了应有的努力。2002年，全市“两个确保”持续巩固，离退休人员养老金已连续24个月实现100%社会化发放；社保基金征缴率连创新高，市直完成3.8亿元的养老保险基金征缴任务，医疗保险继续走在全国前列；就业再就业工作开创了新局面，全年安置城镇失业人员1.3万人，登记失业率为3.8%，社区就业、弱势群体再就业援助成效明显。近年来，多次荣获全国就业宣传先进集体、“全国优秀青少年维权岗”、全省法制宣传教育先进单位、全省优秀仲裁庭等部省级荣誉，及全市依法行政先进单位、双拥模范局等20多项市级荣誉，并被评为镇江市文明机关，市直系统文明行业。

镇江市贸易局

市贸易局是政府授权行使贸易和商品流通行政管理职能部门，负责全社会商品流通产业的宏观管理和对市直贸易系统所属企业实施监督管理。2002年，全局坚持以改革促发展，以发展保稳定，各项工作均取得了较好的成绩。一是企业改革取得突破。通过改革，全局已置换资产3亿多元（不含恒顺、商城），转移或化解债务2亿多元，收回国家资本2720万元，吸收民资投入1930万元，转换职工劳动关系近5000人，为2003年6月底前全系统基本完成改革任务打下了坚实基础。二是运行质量不断提高。全年局属企业累计实现销售11亿元，同比增长4.6%；饮服业营业额8397万元，同比增长26.3%；社会消费品零售总额9.14亿元，同比增长8.5%；上缴利税7524万元，同比增长11.42%。三是管理职能得到加强。市场信息采集、分析体系初步建立，市场建设体制进一步理顺，市场经济秩序进一步规范，行业协会工作进一步发展，安全生产工作不断加强，促进了全市商贸流通业的持续健康发展。全年全市累计实现社会消费品零售总额150.9亿元，同比增长12.1%，超额完成市政府下达的计划目标。四是“放心工程”建设成效显著。市区累计种植蔬菜48784亩次，产值达9779万元；上市蔬菜10.46万吨，其中地产蔬菜8.48万吨；上市“放心菜”9.41万吨，上市品种稳定在80个左右，生猪进点屠宰量61.9万头，同比增长7.27%，其中市区16.2万头，同比增长8%，较好地满足了城市居民的生活需要。

镇江市信息产业局

2001年10月29日，镇江市信息产业局正式揭牌，并对外办公，作为全市信息产业的主管部门和行业管理部门。根据市委、市政府赋予的职能全面开展工作。

2002年我局以开拓创新、奋发进取的精神和务实高效的作风，努力开创我市信息化建设的新局面。认真研究、编制了《镇江市“十五”信息化规划》，该规划是指导我市信息化建设的纲领性文件。为加强软件行业的管理，促进软件业快速发展，成立了“镇江市软件行业协会”；规划筹建了“健康路电子产品一条街”，为做大做强我市电子产品市场提供集聚地；筹建镇江软件园，为推动我市软件的发展提供了更广阔空间；积极探索信息化带动工业化的新思路，成立了“企业信息化软件实验中心”、“企业信息化软件研究中心”和“国家CIMS江苏大学授权培训中心”。为进一步促进我市信息产业的发展，2001年向国家、省争取软件和集成电路专项资金260万元，2002年我局又组织七家企业10个项目向上申报，争取国家和省更大支持。

2002年全市信息产业情况：电子产品制造业形成以江奎集团、赛博电子、奥雷光电、无线电厂、惠通集团、强凌电子、华鹏集团为代表的7大产品群。全年电视机产量达到51.34万部，比上年增长17%，激光视盘机产量333.3万部，比上年增长119.4%。市直电子工业完成增加值3.3亿元，同比增长21%，年销售收入30亿元，同比增长36.2%，实现利税1.2亿元，同比增长45.4%，实现利润8000万元，同比增长36.4%。通信业快速发展，通信固定资产投资7.38亿元。固定电话用户达到87.04万户，移动电话用户60.67万户，全市广播、电视覆盖率均达100%，全市互联网用户达13.54万户。软件服务业快速增长，软件销售收入1.42亿多元，比上年增长58.16%。目前我市共有软件企业20余家，通过省级认证的企业有金钛、恒宝、金舟、资深、万佳、京茂。

镇江仲裁委员会

镇江仲裁委员会根据《中华人民共和国仲裁法》依法组建，并经镇江市人民政府批准、江苏省司法厅依法登记设立的仲裁机构。其职能是：依法受理境内外平等主体的自然人、法人或者其他组织之间发生的各类经济纠纷，包括工商经济合同纠纷、技术（知识产权）合同纠纷、运输合同纠纷、房地产合同纠纷、建筑工程合同纠纷、涉外经济合同纠纷、金融（期货、保险、证券、借贷）合同纠纷、知识产权、投资（项目）、质量以及其他财产权益纠纷。

镇江仲裁委员会遵照当事人的自愿，由双方当事人在合同条款中约定，或者在纠纷发生后由双方当事人协商约定，交由本会依法以仲裁的方式独立、公正、合理、及时地解决各类经济纠纷，保护当事人的合法权益。

镇江仲裁委员会是全市唯一的受理民商事纠纷仲裁机构，为适应入世需要，依法聘请了境内外法学界、经贸界、科技界、金融界、房地产建筑界等领域的国际上认可的专家、学者、权威人士担任仲裁员，负责公正、及时地仲裁各类经济纠纷，具有较高的仲裁法律权威性。

仲裁是市场经济的保障机制之一，是软件环境建设的重要组成部分，也是对外开放的重要窗口。镇江仲裁事业的发展，对完善法制建设，改善投资环境，保障正常的经济秩序、促进经济发展将作出应有的贡献。

地址：镇江市正东141号3号楼1楼

电话：0511–4411007　4426139

镇江市公共交通总公司

镇江市公共交通总公司成立于1962年9月，当时仅有公共汽车6辆，运营线路2条。经过40年的发展，目前已拥有公共汽车449辆，运营线路36条，从业人员1500多人，资产总值近亿元，日均运送乘客20多万人次。下辖六个运营公司，两个修理厂和材料供应公司、广告公司，是我市公共客运的骨干企业。被授予江苏省文明单位、江苏省服务质量奖、镇江市文明单位、镇江市服务质量奖等一系列荣誉称号。

镇江市公共交通总公司还为江奎集团、金益集团、吉贝尔药业有限公司、电力建设第三工程公司、镇江中学、第一职业高级中学提供专车接送业务，为各企、事业单位和学校提供旅游、包车业务。此外，镇江市公共交通总公司具有一类汽车维修资质，承接各类汽车的保养和修理。

镇江市公共交通总公司坚持为广大市民生产和生活服务的宗旨，以“企业上规模、改革上效益、管理上等级、服务上水平”为目标，不断增强服务功能，为我市实现跨越发展作出新的贡献。

镇江市盛唐光电器件有限公司

本公司位于素有“山水兼胜”美誉的历史文化名城——镇江市大港工业区内，毗邻台商工业园。公司为FC、SC、ST型系列光纤适配器、连接器、衰减器及其配套件生产制造商，现有员工130余人，拥有完善的质量保证体系，检测仪器仪表、机械加工设备近百台，年生产加工能力为500万（套）件。产品广泛被国内外电信、广电、网络等知名企业和传输设备制造商所采用。公司是镇江市“光彩之星”企业，市“重合同、守信用”文明单位。

本公司于2002年顺利通过ISO9001:2000质量管理体系认证，本着“产品、人品、精品、名品”之理念，使产品生产规模化、规格品种系列化、服务管理人性化、合作方式多样化，成为光无源器件的生产加工基地，愿与新老客户求双赢、求发展。

镇江京口汽车蓬垫厂

该厂始建于1982年具有年产涂塑蓬布、染蜡蓬布10万平方米的生产能力，产品质量优良，广泛用于运输、仓储、轮船、码头、水利、货场、车站、部队及厂矿企业等用做露天场地盖布。

该厂还具有汽车座套、汽车装璜、汽车美容等专业技术，订做各种防雨机械罩、玻璃钢制品、钢屋架雨棚的承制。

厂长胡建华热情欢迎新老用户光临惠顾！

地　址：丹徒路91号（二十一世纪对面）

电　话：0511－8786751　13505287517

网　址：www.vvvcn.com

丹阳市九曲河闸管理处

主任　丁方罗

九曲河水利枢纽是“治太”十大工程之一“湖西引排工程”的重要组成部分，是“湖西引排工程”四大枢纽之一。该工程位于丹阳市后巷和新桥两镇境内的九曲河上，北距长江夹江850米，由净宽24米的节制闸，双向引排流量60立方米/秒（另备用20立方米/秒）的抽水站和190*12(16)*2.5米的套闸三座主要水工建筑物及相应的配套工程组成，具有流域防洪排涝，灌溉供水，航运，水环境保护等多种功能。

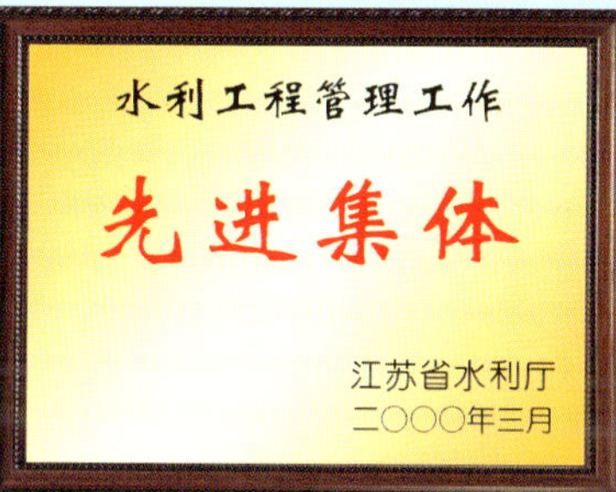
水利工程管理工作
先进集体
江苏省水利厅
二○○○年三月

二○○二年度
先进单位
丹阳市水利局
二○○三年三月

中国工具之乡

丹阳市后巷镇

后巷是座千年古镇，文化底蕴丰厚，改革开放之后，一跃成为小康镇，连续七年经济总量排列丹阳第一。连续三年保持镇江市经济总量第一。

后巷镇党委、政府不拘一格用人才，吸收了国内外大批优秀人才，引进了先进技术和管理方法。外引内联，多方筹集资金加速发展，对外资、合资、私营企业以优惠政策，工业企业突飞猛进，形成以五金工具、电子电器、化工医药、轻工塑料、新型建材、光学眼镜等六大工业支柱。拥有大海、天工、飞达三家年产值超五亿元的企业集团；丹工、丰裕、呈飞、三家年产值超亿元企业；私营企业已占半壁江山。后巷产品畅销五大洲，已形成企业集团化、产品多元化、营销国际化、质量名牌化的局面。工业的迅猛发展，造就了朱忠汉、朱小坤、朱国平等一批全国有知名度的乡镇企业家。

蓬勃发展的教育事业

气势恢宏的后巷文化城

街心花园

书记室：0511-6312006
镇长室：0511-6312081
办公室：0511-6312406
传　真：0511-6316004
邮　编：212312

农家别墅

后巷卫生院

江苏省卫生镇

江苏省爱国卫生运动委员会
二〇〇〇年九月

1999　2000

江苏省文明乡(镇)

Civilized Township (Town) in Jiangsu Province

江苏省精神文明建设指导委员会
JIANGSU PROVINCIAL STEERING COMMITTEE
FOR IDEOLOGICAL AND ETHICAL ADVANCEMENT

丹阳市新桥镇

新桥镇位于丹阳市的东北部，地处富饶的长江三角洲，位于最具活力的经济区域——上海、南京经济走廊中心地带。新桥地理位置优越，属亚热带气候，四季分明，气候宜人。全镇总面积26平方公里，总人口2.5万。辖区内中心、群益、新桥、木桥、姚家弄、腰沟六大工业园及一个外资工业园已构成六平方公里的集镇开发区。

新桥具有悠久的人文历史——新桥镇是全国文明镇，具有六千年的人文历史。是南朝齐、梁两代开国皇帝的故里，素有"鱼米之乡""江南文物之邦"的美称。

新桥具有厚实的经济基础——新桥镇隶属丹阳市，"江苏省经济与环境协调发展示范镇"，八十年代就是镇江地区的"首富镇"，多次荣获国家、省、市授予的各种荣誉称号。这里"亲商、爱商、敬商"意识浓厚，"汽配之乡"闻名全国。汽配灯具、电子、化工、建材、服装等行业门类齐全。工业园区投资环境优良，目前已有美、日、韩及港、台多家外资企业在新桥工业园投资兴业。

新桥具有极佳的区位优势——新桥镇地理位置得天独厚，水陆空交通十分便捷。

1. 公路和铁路运输。距沪宁高速公路、沪宁铁路、312国道、即将建设的京沪高速铁路，最远不超过20公里，且有101省道及沿江公路与之贯通，东距上海200公里，西距南京100公里。

2. 港口和海上运输。长江第三大港——"大港港口"距我们约15公里，拥有2.5万吨级深水泊位13个，5千吨级泊位6个，目前已与世界上50多个国家和地区通航。自建的6千吨级长江自备码头也正筹建中。

3. 机场和航空运输。新桥到南京"禄口"国际机场80分种车程。距上海"虹桥"、"浦东"国际机场2个多小时车程，到国内民航"常州"机场仅需20分种。

新桥具有良好要素资源——新桥是全国教育先进镇，不但拥有高素质的劳动力资源，而且建立了能满足不同层次需求的人才培训和引进机制。此外，新桥的土地价格、劳动力价格是苏南经济发达地区最优惠的，水、电、道路、通讯等基础配套设施一应俱全。

因此，到新桥镇投资兴业，是您的最佳选择，更会便您享受到丰厚的回报和实惠。

丹阳市新昌汽车内饰件有限公司

丹阳市新昌汽车内饰件有限公司是目前国内实力较强的汽车零部件生产企业，与国家大型企业安徽江淮汽车集团、中国一汽红塔集团、一汽哈尔滨轻型汽车制造厂、西安秦川汽车有限公司等单位配套。能承接各种高、中档汽车仪表板的设计开发研制工作。生产设备先进，拥有进口高压发泡机1台，真空成型机2台，大小注塑机8台，500T、100T油压机各1台，冲压机床10台，数控加工中心，模具制作中心，微机工作站，拼装设备、检测设备等。

我们的成功来自顾客的依赖和支持！

我们将为顾客提供更加满意的产品！

地址:江苏省丹阳市新桥镇腰沟外资工业园2号　电话:0511-6352928 6362198　传真:0511-6353298　邮编:212322

江苏常诚汽车部件有限公司

中外合资江苏常诚汽车部件有限公司是家生产汽车灯具的专业化企业，公司占地面积36000m²，于2001年通过QS9000质量体系认证，目前主要配套厂家有一汽轿车公司、一汽青岛、一汽红塔、东风公司、北汽福田、合肥江淮、风神公司、浙江吉利等。公司拥有UV-PC表面处理线、真空镀膜机、装配流水线和塑料、BMC材料注塑成型机、淋雨试验台、气密性试验台、配光性能测试系统等一流的生产及检测设备。

丹阳市界牌镇

界牌镇位于丹阳市东北角，东临长江，101省道穿境而过，全镇总面积23.5平方公里，耕地面积930公顷，辖13个行政村、1个场圃、3个居委会，共5600户，人口20362人，先后被评为全国农村教育综合改革先进镇，全国小城镇建设试点镇，全国最大的汽车灯具、摩托车配件市场，江苏省新型示范小城镇、江苏省环境与经济协调发展示范镇、江苏省农村现代化示范镇，省级文明镇等。全镇2002年度，完成三业总值38.5亿元，同比增长17%，国民生产总值10.3亿元，同比增长16.5%。

小城镇建设日新月异。2002年投资4100万的101省道界牌延伸段工程竣工后，集镇已形成以灯城大街为西环、永红路为北环、双丰路为南环、101省道延伸段为东环的集镇框架。集镇建成区已超过6平方公里。集镇绿化率达40%，亮化率达90%，目前集镇正以101省道延伸段为依托向沿江方向发展。

群众致富进程加快，2002年从事非农产业的劳动力已达90%，人均GDP已达49600元，人均纯收入8100元，人均储蓄达28000元，人均住房面积突破50平方米，家庭拥有轿车560辆，全镇自来水普及率达100%，拥有电话7000门，移动电话5000余部，全年用电量7844万千瓦，同比增长24.7%。"十万元是贫困户，一百万刚起步，一千万不算富"已成为界牌群众富裕程度的真实写照。

镇江市

大港镇

大港镇人民政府

大港镇街景

大港港口码头

亚洲最大造纸厂——金东纸业

江南古镇——大港镇位于镇江市东郊，北临浩荡的长江，东倚巍巍圌山。镇内大港港口拥有16公里长江天然深水岸线，为全国内河第三大港口，与40多个国家和地区的136个港口通航，312国道和218省道穿镇而过，至沪宁高速公路入口只有10公里，拥有江苏省第一条地方铁路——镇（镇江）——大（大港）铁路直接与沪宁铁路相连。

随着享有世界第三、亚洲第一美誉的金东纸业公司、奇美化工、国亨化学、美国嘉吉饲料等一大批在海内外颇有影响的大企业落户大港，工业园区的面貌也在日新月异飞速变化，已形成以机械铸造业、电子仪器仪表业、建材业、化工业、鞋帽服装业、造纸业的工业体系。

“以诚待人，以利让人，把实惠留给投资者”是我们一贯的理念，“一流的服务”是我们永恒的承诺。大运河“黄金十字”交叉口的独特地理位置，使开放的大港正在成为新的投资热土。竭诚欢迎海内外商和朋友前来观光考察，让我们共同携手开创美好的明天！

镇江市丹徒区世业镇

江中明珠

党委书记　宋守雷

镇　长　赵玉华

世业镇位于江苏省镇江市西郊，四面环江，南与镇江市区一江之隔，北与扬州隔江相望。全镇呈椭圆形状，东西长16.5公里，南北宽以3.5公里，总面积44平方公里，其中堤内面积25平方公里，堤岸线长26公里，均按98国标11米设防，现辖5个行政村和一个集镇，人口14200人，人口密度323人/平方公里，全镇现有耕地3万余亩。世业洲无污染，无噪音，环境幽静，绿树成荫，属省级绿化单位。镇现有水厂一座，日供水能力为2000吨。全镇由4根10千伏过江电缆供电。有装机容量5000门的电信局一座。有中国电信和联通无线差转座各一座。

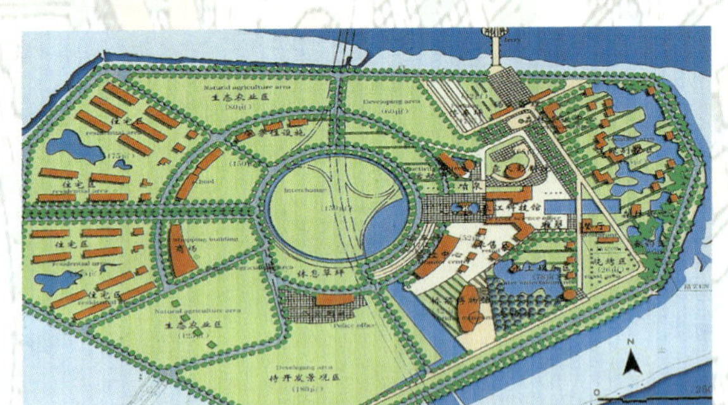

规划定位——国家级旅游渡假区

中国第一大桥润扬长江公路大桥从世业穿洲而过，其投资2.79亿元的世业双向通道和投资4亿元占地1800亩的大桥景观区，也将于2004年下半年与大桥同步竣工。依据滨江旅游的风貌特色，突出江中洲岛特点，利用大桥景观和洲地独特的自然资源，镇江市政府研究决定把世业洲定位为国家级旅游渡假区，整个洲岛规划采取国际招标的方式进行并于2003年五月完成。规划的内容有：艺术公园、主题公园、娱乐公园、水上公园、会议会展中心、娱乐岛、高尔夫球场、生态农业观光、游艇码头、度假酒店、家庭式旅馆、教育与研究中心、旅游别墅等。

通讯：现有电信局一座，设有程控电话终端局，交换机容量为3000门，有线电视、宽带网将于润扬大桥的建成同步开通。

镇农业特产品种“网纹甜瓜”

润扬大桥通车后，世业的交通区位优势尤其明显，南接312国道并通过高架与沪宁、宁杭高速公路相通，北连宁通高速公路，离南京机场不到60公里，离上海机场不到2.5小时路程。世业作为“哑铃式”经济带的手柄，把镇江、扬州两大旅游滨江城市紧紧联系在一起。

地址：丹徒区世业镇　电话：0511-5561362

镇江市丹徒区宝堰镇

党委书记　陈　静

镇　长　黄子来

宝堰镇位于镇江市南郊，东临丹阳市行宫乡，南接丹徒区荣炳镇，西连句容市春城乡，北界句容市白兔镇，总面积40.19平方公里，耕地1701公顷，集镇面积1.5平方公里，辖6个行政村，1个居委会，年末总人25002人（其中男12550人，女12452人），总户数10086户，有少数民族3个，3人。人口出生率5.7‰，死亡率4.9‰，自然增长率0.76‰，计划生育率99%。

充满生机的集镇商业街

综合经济指标 国内生产总值1.992亿元，比上年增9.6%，其中，农业增加值4141.4万元，工业增加值8326.66万元，第三产业增加值6135.34万元，财政收入857万元，财政支出857万元。

农业 农业总产值8396.4万元。粮食总产15539吨，油料总产1715吨，蔬菜总产5333.7吨，水产品总产1097吨，果品总产467吨，出栏生猪16000头、羊16400只、家禽11.9万羽。

镇林场生态林开发项目初见成效

工业 全镇工业企业53个，工业总产值5.23亿元，工业销售额2.23亿元，实现利润907万元，税702万元。销售额500万元以上企业6个，职工265人，实现利税758万元。私营企业11个，年产值7458万元，实现利税468万元。个体工商户217户，从业人员1535人。外贸出口企业2个，出口产品交货额2363万元（人民币），外商投资企业3个，实际利用外资830万元（人民币）。

集镇建设 集镇建设投入1600万元。新修镇村大道2500米。年邮政业务11万元，程控电话容量8000门，新装电话450门，电话普及率88%，有线电视用户1730户。

科技与社会事业 中高级技术职称28人。中学1所，小学7所，幼儿园10所，教职工300人，在校中学生1450人，小学生1658人。镇卫生院有病床50张，医卫人员60人。文体活动中心1个，剧院1个。参加农村社会养老保险2100人。各项储蓄存款余额11600万元。

人民生活 农民人均收入3480.57元。农民人均住房36平方米，集镇居民人均住房30平方米。人均储蓄4639元。

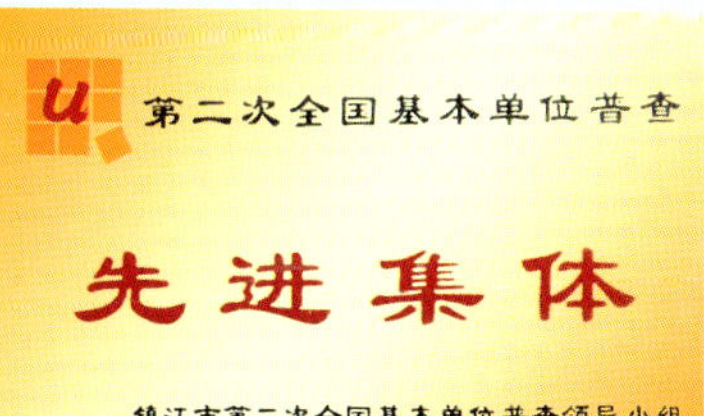

2002年度社会治安综合治理

先进单位

中共镇江市委员会

镇江市人民政府

二〇〇三年元月

镇江市京口区象山乡

象山乡位于镇江市东郊，距市中心大市口1.5公里，北临长江，东与丹徒镇接壤，南邻市旅游经济开发区，西与正东路、大市口、四牌楼街道交错。全乡面积12.5平方公里，耕地104公顷，辖5个行政村、2个居民委员会。2002年末总人口8869人，其中非农业人口2971人，总户数3668户，户籍分属九里街、桃花坞、江滨新村、健康路等5个派出所。天然港口大港举首相望，京杭大运河穿境而过，焦山、宝塔山公园坐落境内，宗泽墓、六朝古城遗址等名胜古迹位于其中，每年揽胜寻幽者洛泽不绝。辖区内有省、市属单位100多家。

目前全乡拥有15家外资企业和40家民营企业。2001年实现国内生产总值1.7606亿元，完成地税421.26万元。完成三业总值12.55亿元，其中工业产值6.83亿元，工业销售5.81亿元；三产营收5.5亿元；社会商品零售总额3239万元，实现利润1385万元。2002年实现国内生产总值2.168亿元，地税560.5万元。完成三业总值15.05亿元，其中工业产值8.66亿元，工业销售7.88亿元；三产营收6.14亿元；社会商品零售总额3420.2万元；实现利润1864万元。

在加快经济发展的同时，不断加强党的建设、精神文明建设和民主法制建设，大力发展各项社会事业，取得了丰硕成果，先后被评为省执行标准优秀乡镇、初级卫生合格乡镇、安全生产先进集体、第五次全国人口普查先进集体、乡镇企业财务工作先进集体；市双拥模范乡、"放心菜"、"放心肉"工作先进集体、"九五"计划生育工作先进乡镇、成人教育先进单位以及区两个文明建设、开放型经济、农村工作、科技工作、城市管理、统战工作、社会治安综合治理先进单位等荣誉称号。《象山乡志》获市地方志成果优秀奖。全乡有1所中学，3所小学，2所幼儿园和1个乡卫生院，自来水普及率和有线电视覆盖率均达100%，电视普及率为91%，农民人均收入达4706元。2001年被镇江市委、市政府命名为"争创一流业绩有功单位"。

镇江高等专科学校

教学楼

葡萄架长廊

镇江高等专科学校，是经国家教育部批准建立的一所普通高校。学校位于镇江市区风景秀丽的宝塔山麓、古运河畔。校园占地面积400亩，建有校舍14万多平方米。学校现有教职工560多人，拥有一支300多人的高素质、高水平的专职教师队伍，其中：教授4人，副教授110多人，中级职称180多人。现有全日制在校生5600多人，各类成人教育学员6000多人。

今年3月，江苏省丹阳师范学校成建制并入镇江高专，成为镇江高专丹阳校区，位于沪宁高速公路边、历史文化名城丹阳市区，交通便利。原丹阳师范已经有91年历史，其前身是我国著名国画大师、美术教育家吕凤子先生创办的丹阳正则学校，由于吕先生治校有方、人才辈出，学校蜚声大江南北，倍受教育界推重。

学校设有机械工程系、电子与信息、数理系、化工系、工商管理系、劳动和社会保障系、安全技术管理系、旅游系、艺术设计系、教师教育系、中文系、外语系、法政系、社科部、体育部、中专部等18个系部。开设有理科、工科、文科共38专业或专业方向。学校建有计算中心、电教中心、多媒体教室、多媒体语音室、地质标本室等，并建有机械实验室、液压实验室、热处理实验室、电子实验室、CAD辅助设计实验室等一批与教学紧密相关的实验室和实习工厂，还建立了17个校外实习基地，8个师范类教学基地、4个德育基地、5个校内实习基地。建有连通校内所有教室的闭路电视系统、两套卫星电视接收系统和一条电视录像编辑线。学校本部和各校区均建有互相连通的千兆主干、百兆至终端桌面的高速校园网，可以为师生提供多媒体教学、网页浏览、电子信箱、FTP服务、BBS公告等多种形式的信息查询和发布、资料检索和传输等方面的服务。学校图书馆已建成数字化图书馆系统，建有与校园网连通的局域网，现有藏书35万册，另有各类电子版图书30万册，电子版期刊资料上千种，阅览室订有各种报刊杂志1500余种。

学校建立以来，逐步形成综合性、多功能，多层次的办学优势，各项事业都有了较大发展。学校大力发展高等职业技术教育，稳步发展广播电视教育，积极发展师训干训教育，努力开拓各类成人教育，全方位为经济建设和社会发展服务。近年来又实施了"特色立校，名师兴校，创新强校"三大战略，推进"三名"工程（建名校、创名系、当名师），使学校的办学规模不断拓展，办学质量和管理水平也有了新的提高。

校园书馆

镇江市宝盖路中心小学

人机对话互联网

舞蹈房里练功忙

乒乓健儿在成长

镇江市宝盖路中心小学，坚持以教科研为先导、德育为重点、教学为中心、体育为载体，以“合格加特长”为培养目标，面向全体学生全面育人。学校设25个教学班（含乒乓学前班），在校1200余人，教职工70余人，青年教师占90%，其中取得大专以上学历的占93%，小学高级教师占42%，市骨干教师2人，该校在全国、省、市各级教科研、论文评比、教学评课等活动中频频获一、二、三等奖。这支高素质的教师队伍推动着学校教育教学工作的进程。

学校“严谨、创新”的办学风格受到社会各界一致好评，多次受到全国、省、市各级部门的嘉奖，先后被评为全国学校体育卫生工作先进单位，江苏省优秀家长学校，江苏省体育传统项目学校，江苏省现代教育技术实验学校……

镇江市宝盖路中心小学正沐浴着新世纪的曙光，全面实施素质教育，朝着教育现代化的新目标迈进。

电话：0511-5282506　5282210

地址：市福建会馆148号

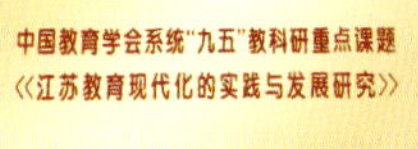

中国太平洋财产保险股份有限公司

CHINA PACIFIC PROPERTY INSURANCE CO.,LTD.

镇江中心支公司

中国太平洋保险公司镇江分公司

镇江市服务质量先进单位

镇江市质量奖审定委员会
二〇〇二年元月（二年有效）

中国太平洋财产保险股份有限公司镇江中心支公司隶属中国太平洋保险（集团）股份有限公司。镇江中心支公司多年来坚持以“一流的服务质量、一流的工作效率、一流的公司信誉”为服务宗旨，认真抓好管理基础建设，防范化解经营风险；深化用人用工制度改革，加大人才队伍建设力度；加大创新力度，促进经济效益的进一步提高；加强客户服务，得到社会各界的高度赞誉。目前公司承保各种财产险、短期健康险和意外伤害保险业务，承保业务涉及电子、汽车、机械、化工、电子、建筑等各行各业、各个领域，拥有一批包括事业单位、国有大中型企业、三资企业如金东纸业、京阳水泥、百盛商城、索普集团、国亨化工、金西水厂的保户群体。

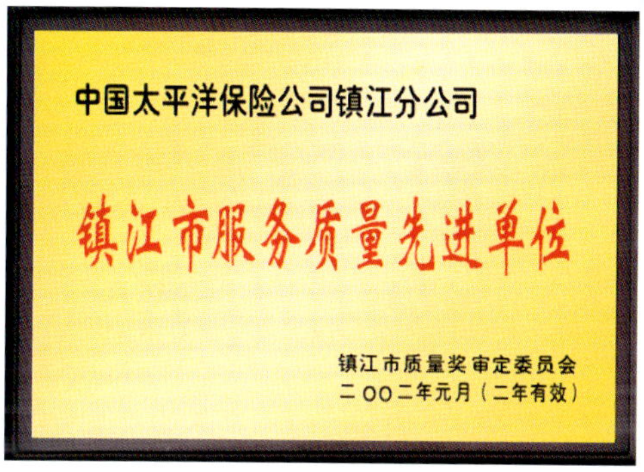

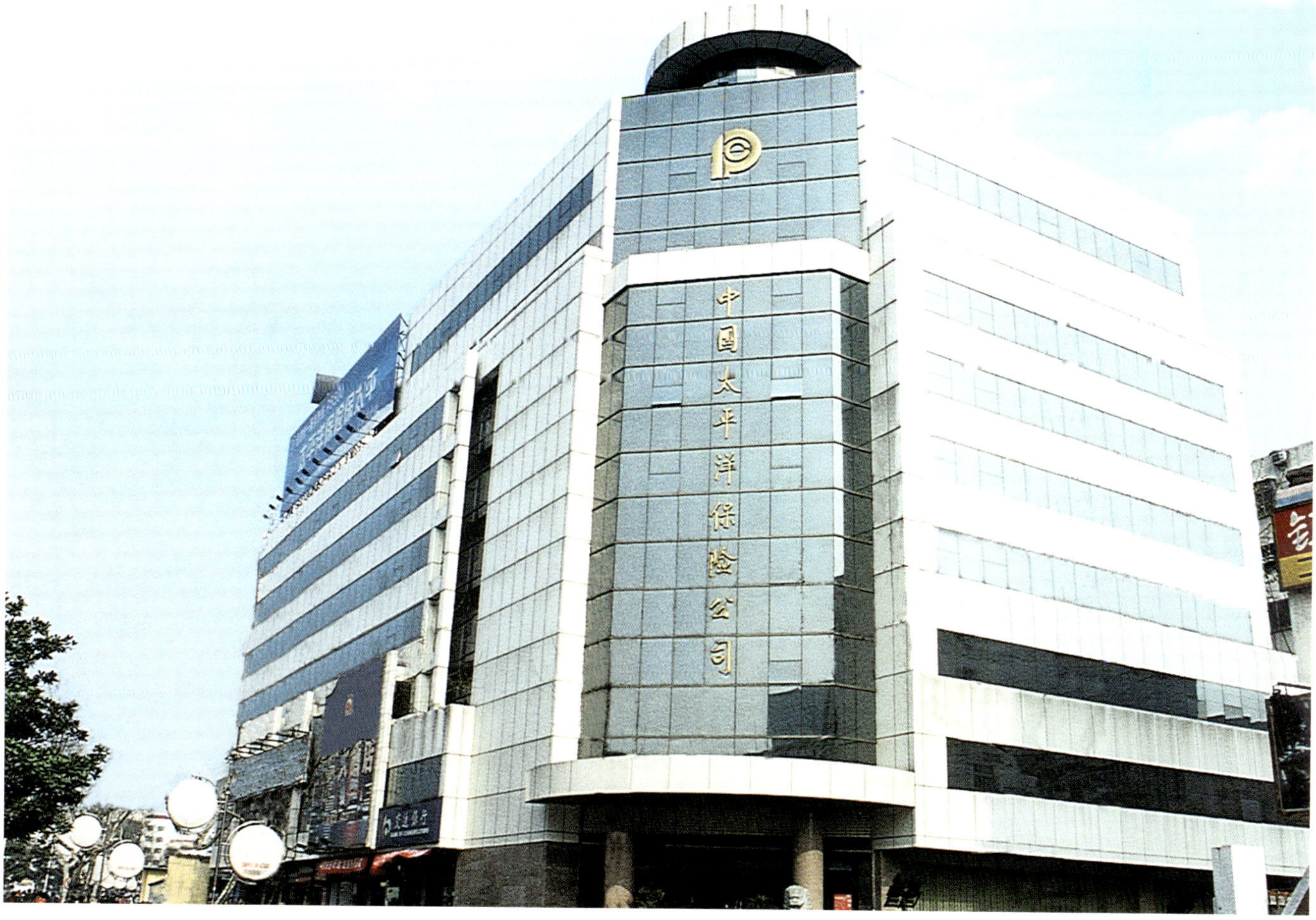

中国人寿保险公司

China Life Insurance Company Zhenjiang Branch

镇江分公司

公司党委书记、总经理　刘炳懿先生

中国人寿保险公司是一家具有50多年历史的专业寿险公司，隶属于国务院领导。在美国时代华纳《亚洲周刊》公布的2001年度亚太地区寿险百强中，公司列第十三位，是国内唯一进入二十强的寿险企业。在2002年首届“中国企业500强”的评比中，公司列第十二位。

中国人寿保险公司镇江分公司作为中国人寿保险公司在镇分支机构，以“成己为人，成人达己”为核心理念，以“诚信为本，稳健经营”为企业宗旨，竭诚为镇江人民提供各种人身保险服务，先后被省、市地方政府评为“文明单位”。公司现下辖丹阳、扬中、句容、丹徒、京口、润州6个市、区支公司。服务网点遍及全市城乡。2002年，公司实现保费收入4.9亿元，同比增长64.1%，市场份额居同业之首。在2002年镇江保险行业协会进行的保险信用状况社会调查中，公司各项指标全部优于同业。

公司目前已开办人寿保险、养老金保险、健康保险、意外伤害保险四大类上百种人身保险业务，拥有保户100多万次，承担人身保险责任200多亿元，为促进镇江经济发展、社会稳定和人民生活水平提高作出应用的贡献。

地址：市正东路148号
电话：0511-4407315
传真：0511-4413200
邮编：212003

整洁明亮的营业厅

设备先进的主控机房

中国人民保险公司

镇江分公司

中国人民保险公司成立于1949年10月，迄今已有50多年历史，是由国家投资、国务院资产授权经营、系统内实行垂直领导管理的我国唯一一家国有独资商业财产保险公司，简称”中国人保“，英文缩写“PICC”。

中国人保镇江分公司秉承“求实、诚信、创新、拼搏”的企业精神，切实“以市场为导向，客户为中心”，实现公司健康稳定的可持续发展。2002年全系统实现保费收入17170 万元，比上年同期增长10.06%，占镇江财产险市场份额62.74%。取得了江苏省服务质量奖和镇江市政府命名的“文明单位”称号。

服务专线：95518

中国平安财产保险股份有限公司

PING AN PROPERTY & CASUALTY INSURANCE COMPANY OF CHINA,LTD.

镇江中心支公司

理赔车辆

平安保险成立于1988年，2003年元月1日改组为国内首家保险服务集团公司，已形成以保险为主，融证券、信托、投资和海外业务一体化经营架构。公司股东主要有招商局、中远集团、汇丰集团(HSBC)等。

平安成立15周年来，公司总资产是成立时的2725倍；净资产是成立时的279倍；净利润是成立时的936倍。2002年保费收入为619.71亿元，是成立时的12884倍，15年保费收入平均增长率为96.60%。平安保险已成为中国金融界的知名品牌。目前，平安已拥有30万人的销售队伍和2000多万客户。镇江平安保险自1995年成立以来，年承保客户已达上万家，已累计为客户提供风险保障289.68亿元。平安以“专业、差异”为服务品牌，竭诚为客户提供保单以外的附加值服务。

平安致力于构建具有统一品牌管理系统和服务界面的3A服务体系，使客户无论何时（Anytime）、无论何地（Anywhere）、无论何种方式（Anyway）都可以享受到平安满意服务。

■ E速服务：产险客户网上投保、网上理赔、网上支付服务

■ “三电一卡”特色服务：电话专员在承保后三天、续保前一个月、理赔后半个月内电话回访客户，重大节目贺卡问候

■ 国内首创的客户服务节

■ 车险客户医院紧急救援担保卡

■ 3000元以下赔案快速支付服务

■ 24小时／7天全天候“绿色理通道”

■ 特聘专家风险防范顾问服务

承保标的

中国银行镇江分行

谏壁电厂

让每个家庭拥有平安！

95512 保险理财万事通　PA18 新概念 .com　中国平安　平安中国

泰康人寿保险股份有限公司

镇江中心支公司

泰康人寿保险股份有限公司系1996年8月22日经中国人民银行总行批准成立的全国性、股份制人寿保险公司，泰康人寿保险公司实力雄厚，由中国国际旅行总社、中国对外贸易运输（集团）总公司、北京燕山石油化工（集团）有限公司和中国嘉德国际拍卖有限公司等16家国有大中型企业发起组建。2000年11月，公司全面完成经国务院同意、保监会批准的外资募股工作。新加盟泰康的外资股东有瑞士丰泰人寿保险公司、苏黎士洛易银行、新政泰达投资有限公司和日本软库银行集团。公司注册资金8亿元人民币，是目前国内6家全国性人寿保险公司之一。公司总部设在北京。

泰康人寿保险股份有限公司始终坚持“专业化、规范化、国际化”的发展战略和稳健经营、开拓创新的发展方针，借鉴国内外寿险公司先进管理经验，注重防范金融风险。1998年公司采用国际惯例进行信用评级，并在三年内信用评级从AA跃居AAA一级，AAA意为“清偿能力非常强，风险最小”。截至2002年底，公司资产总额为121.4亿元人民币。

2002年，泰康人寿保险股份有限公司倡导工薪白领人群的现代生活观、家庭价值观，致力于以个性化、差异化的产品、服务，使每个家庭都可享受到健康、幸福、美满的新生活。

同期公司全面推出泰康新生活广场，形成四位一体的现实与虚拟相结合的互动式综合服务体系。在这里，客户将通过“泰康新生活广场门店”、“泰康新生活广场电话－95522”、“泰康新生活广场网络－www.taikang.com”以及“朝气蓬勃、健康向上、专业诚信的员工队伍”，享受到更具个性化、亲和化、综合化、全天候的金融服务。

泰康人寿于2003年4月正式进入镇江，奉行总公司“专业化、规范化、国际化”的发展战略，坚持稳健经营，开拓创新的发展方针，以个性化、差异化的产品和服务，致力于为镇江人民提供优质的保险保障服务，使众多家庭享受到健康、幸福、美满的新生活。

中国农业发展银行镇江市分行

中国农业发展银行镇江市分行所辖6个分支机构，现有干部职工117人，各项贷款余额为100284万元，全年累计发放贷款51073万元，成为振兴镇江市农村经济发展的重要金融支持力量。

2002年是农发行履行职能进入新阶段的重要一年。镇江市分行在上级行的正确领导下，坚持以江泽民"三个代表"重要思想和"5.31"讲话为指导，以封闭管理为中心，严格执行政策，有效防范风险，以深化粮棉市场化改革为动力，确立发展思路，在所辖机构全面推行县级支行规范化管理。加强集中推进基层党组织规范化建设和党员干部的思想作风建设，加大培训力度，干部职工政治和业务素质有了明显提高。强化党建工作和精神文明建设，以创建"青年文明号"、"青年岗位能手"为载体，不断提高精神文明建设水平，取得明显效果。丹阳支行计划信贷部副主任孙杰同志光荣出席中央金融系统党代会，丹徒、丹阳支行会计出纳部被继续认定为2002年总行级"青年文明号"，丹阳、扬中支行获总行"粮棉油信贷管理先进单位"表彰，扬中支行张晓丽同志被授予总行"优秀会计员"称号。

中国电信宽带网　将梦想接入现实

中国电信
CHINA TELECOM

2003年4月21日起新老镇江电信家庭宽带用户可享受以下最新资费套餐：

资费	新上网时长（月）	上网超时部分	原上网时长（月）
30元/月	限15小时	超过部分按4元/小时计收，每月累计不足一小时部分按一小时计算	新增
60元/月	限40小时		限30小时
80元/月	限80小时		限50小时
100元/月	限125小时		限120小时
120元/月	限250小时		限200小时
150元/月	不限时	每月赠送40元本地网话费和10元长话费	不送话费
1000元/年	限200小时	超过部分按4元/小时计收，每月累计不足一小时部分按一小时计算	限200小时
650元/年	限70小时		新增

2003年4月21日起新老镇江电信家庭163拨号注册帐号用户可享受以下最新资费套餐：

资费名称	上网时长	其他
55元/月	不限时	
100元/月	不限时	每月赠送40元本地网话费，10元长话费

好东西大家分享 —— 三好通信小灵通

一好：价格好 1. 名副其实的市话之王：市话不足0.1元/分钟，超低价格，无与伦比；
2. 当之无愧的接听之王：接听所有来话永远免费，万千叮咛，任你倾听；
3. 傲然独立的长话之王：加拨17909，长话仅收0.30元/分钟，长话长讲，沟通无限。

二好：环保好 1. 手机更环保：小灵通手机功率仅为10毫瓦，是普通手机的五分之一，对人体绝无损害，是唯一获准在医院使用的移动通信工具；
2. 基站无污染：小灵通基站功率均在500毫瓦以下，经国家环保部门检验，远低于国家规定标准。

三好：服务好 1. 网络建设更快：镇江电信仅用60天就完成全地区城市地区的网络覆盖和二期优化工程，并正在进行三期建设，将很快覆盖部份农村地区，相当于其他企业数年的建设过程
2. 服务更有保障：镇江电信拥有统一的客户服务热线：1000；障碍报修热线：112；号码查询热线：114；还拥有近千人的售后服务队伍和一百年电信运营经验，将为您提供最具实力的服务保障。

小灵通省钱实例

小灵通使用者	职业	使用前每月手机话费	使用后每月小灵通话费
张先生	公司职员	**110**元左右	**30**元左右
吴小姐	公务员	**150**元左右	**40**元左右
曾女士	企业员工	**60**元左右	**15**元左右
俞先生	公司老总	**400**元左右	**100**元左右

中国联通镇江分公司

中国联合通信有限公司镇江分公司（简称中国联通镇江分公司），成立于1997年6月，是国内唯一的经营综合电信业务的运营商。经营范围包括：移动通信业务（含GSM和CDMA）、国际长途业务、长途电话业务、本地电话业务、数据通信业务（含IP电话）、国际互联网、无线寻呼以及与主营业务有关的其他业务。

公司领导与社会各界共洽发展

中国联通镇江分公司自成立以来，坚持以市场为导向，以客户为中心，以效益为根本的经营理念，逐步从无到有，从小到大，网络规模在扩大，业务范围在扩大，用户群体在扩大，企业的整体实力在不断增强，各项业务都得以快速发展。GSM网络逐步实现了全区网络无缝隙覆盖。2002年完成了CDMA一期工程，新建C网基站70个，并于1月18日正式开通运行。

"绿色手机"不仅满足了中高端客户人性化、个性化、智能化的需求，更给广大客户带去健康、清晰的享受。长途通信迅速起步，长途193网覆盖全国省会城市及各经济发达地区，国际长途通达200多个国家。数据通信已逐步铺开，联通新网络——IP电话，通达134个国家和地区。

新的一年，中国联通镇江分公司将紧紧围绕创建世界一流电信企业为契机，努力打创优质网络和优良服务，并不断创新经营理念，抢抓服务先机，加快发展步伐。

CHINA UNICOM

引进意大利灌装线

自行研制的专利产品——翻醅机

国内最大的制酒醅车间

江苏恒顺集团有限公司

江苏恒顺集团公司（前身镇江恒顺酱醋厂）是一家创建于1840年的大型企业集团，公司下辖50余家子公司，现有员工近千人，其中科技人员150人左右，设有国家级的博士后工作站。其中，江苏恒顺醋业股份有限公司是中国规模最大、经济效益最好的酱醋生产企业，2001年，由该公司发行的4000万A股股票正式上市，恒顺也由此成为国内同行业首家上市公司。

江苏恒顺醋业股份有限公司主要生产香醋、酱油、酱菜和色酒等近200个品种的系列调味品，所产恒顺食醋以其“酸而不涩，香而微甜，色浓味鲜，愈存愈醇”的特色誉满中外。恒顺酱菜则选用新鲜果蔬和自制优质甜面酱精心制作，以其“香、鲜、甜、脆、嫩”的特色深受广大消费者的青睐。恒顺产品畅销全国和世界43个国家及地区，供应我国驻外160个国家的200多个使（领）馆，落户中国南极长城考察站和北京人民大会堂，被认定为国宴专用产品、绿色食品，恒顺商标也被认定为我国酱醋业中首件中国驰名商标。2002年，恒顺香醋又被国家技术监督总局批准为原产地域保护产品、国家免检产品。

近年来，恒顺集团在壮大酱醋主业的同时，稳步推进其“集团化、规模化、股份化”的战略步伐，逐步涉足光电、房地产、生物保健、生物制药等全新领域，先后成功开发出了恒顺醋胶囊、恒顺虫草胶囊、降糖胶囊等一批保健新品。今天，古老的恒顺企业正以一个全新的面貌，崛起在古城镇江——这片文明的热土之上。

新厂全景

镇江奇美化工有限公司

镇江奇美化工有限公司是由世界第一大ABS硬胶生产商——台湾奇美实业有限公司投资创办的一家大型企业，占地共1500亩，目前总投资1.7亿美元，年产能力30万吨PS、25万吨ABS及20万吨AS。产品主要供应国内汽摩家电生产厂家，如长虹、海尔、春兰、荣事达、光阳、一汽大众等厂商。

经过全体同仁的不懈努力，2002年5月本公司通过ISO9001：2000质量体系认证。

公司产品已通过美国FDA，日本厚生省，中国国家卫生标准认证，同时也取得美国UL认证证书。

镇江奇美有限公司品质政策：以品质与服务满足客户需求。公司秉承台湾奇美以高品质的产品，高质量的服务满足客户之初衷，继续服务于客户，竭诚为国内外客户创造一个物美价廉的环境。

地址：江苏省镇江新区大港韩峰路18号
邮编：212132
电话：0511-3121300（总机）
传真：0511-3121787
http:WWW.CHIMEI.COM.TW
E-mail:Chimei@public.zj.js.cn

华东制罐有限公司

华东制罐有限公司由原华东制罐总厂于2001年12月整体改制成立，是中国包装总公司的直属企业（其中镇江市拥有10%股份）。华东制罐有限公司以投资、参股等方式建立了华东联合制罐有限公司、华东斯迪制盖有限公司、华意新型塑料工业（苏州）有限公司等五家合资企业，拥有上海华瑞气雾剂有限公司等企业。

华东制罐有限公司已初步形成以制罐为龙头，制盖为基本产品的高技术、高附加值集团型包装企业。主要产品有铝质两片易拉罐、易拉盖、马口铁三片罐、喷雾阀门、塑料膜等。

公司及所属企业先后获得“优秀企业”、“先进技术企业”、“环保先进企业”、“文明单位”等部省市荣誉。被中国银行授予银行信誉AAA等级。

地址：江苏省镇江市解放路191号　邮编：212001
电话：0511-5028277　传真：0511-5028257
E—mail:zjhdcan@public.zj.js.cn

华东联合制罐有限公司

地址：江苏省镇江市南徐路　邮编：212005
电话：0511-5626801　传真：0511 5623378

华东斯迪制盖有限公司

地址：江苏省镇江市丁卯开发区　邮编：212009
电话：0511-8881788　传真：0511-8881104

改革、发展中镇江供电公司

镇江供电公司现为国家大I型供电企业、国家电力公司一流供电企业和国家电力公司双文明单位，担负着镇江四区和丹阳、扬中、句容三县（市）的电网建设和供电任务，拥有职工1953名，其中专业技术人员688名；固定资产总值272162万元，净值186932万元；35千伏及以上变电所90座，主变134台，主变容量350.85万千伏安，其中220千伏变电所8座，110千伏变电所36座，35千伏变电所46座；35千伏及以上送电线路178条，10千伏配电变压器8661台，配电容量134.68万千伏安，配电线路总长38880.71公里。

多年来，镇江供电公司坚持"始于客户需求，终于客户满意"的服务理念，有力地促进了企业两个文明建设的协调发展。2002年，全社会用电量60.65亿千瓦时，供、售电量分别为47.89亿千瓦时和43.77亿千瓦时，售电量增幅位居全省第五位，最高负荷85.918万千瓦，主业全员劳动生产率达到62.7934万元/人.年。配电系统供电可靠率RS_1为99.982%，综合电压合格率98.95%，A类99.32%，全口径线损率8.60%，相继荣获了全国精神文明建设工作先进单位、全国"五一"劳动奖状、全国职业道德建设先进单位、国家电力公司安全生产先进单位、江苏省先进集体、江苏省先进基层党组织、江苏省文明单位标兵、江苏省文明行业等荣誉称号。

面向未来，镇江供电公司将以邓小平理论、"三个代表"重要思想为指导，深入学习贯彻十六大精神，坚持以发展为第一要务，全面增强公司的综合实力和市场竞争力，努力争创国际一流供电企业，力争为社会和经济发展做出新的更大的贡献。

江苏奥雷光电有限公司

奥雷光电是一家由旅美博士团队共同创立的高科技企业，主要从事生产和开发光有源器件产品，包括各种激光器、高强度发光管、探测器、光收发一体化组件和模块、以及各种控制器和光电传感器等。奥雷的器件被广泛应用于世界范围内的卫星通讯、航天探测、光纤通讯和照明显示等领域。

奥雷博士团队的成员80年代都曾留学美国，在创立公司前分别就职于美国高技术企业和大学。他们具有多年的半导体材料生长、器件和模块的设计、制作和测试，以及丰富的市场管理经验。2001年8月，奥雷团队接受了江苏恒顺醋业股份有限公司和沿海高科两家公司的投资，注册资金为8333万元人民币。2002年5月，台湾博达科技与奥雷建立产业联盟并正式成为奥雷的股东。公司已于2002年9月正式投入生产。与此同时，奥雷还在南京创立了总投资为3300万元人民币的“南京光有源器件工程技术中心”，并被评为南京市重点工程中心，主要从事光有源器件的晶片生长和模块的设计。

奥雷的宗旨是在中国的土地上创造出世界一流的光有源器件，用我们的产品，将宽频信号送到世界的每一个角落。

镇江市无线电厂

镇江市无线电厂是集研制、开发、生产为一体的车载电子信息工程特种车辆系统产品的专业制造企业，为中国500家最大电子及通信设备制造企业、被省政府授予江苏省文明单位、省高新技术企业，拥有市级技术中心和一支四百多人的专业技术人员队伍和电子方舱生产流水线及高低温试验房、淋雨房。连续多年来经济指标成倍增长。企业贯彻执行GJB/Z9001质量体系认证，并通过了中国新时代质量认证中心的质量体系认证、注册、发证以及跟踪、监督、检查。近年来工厂加大科技投入，不断引进科技人才，新建了复合型的柔性加工中心、组建计算机局域网工作站，并采用美国PRO/E、UG等三维实体设计软件，具备二维、三维、运动分析、有限元分析、电路等计算机辅助设计手段。形成了具有较强科研、制造能力，确保研制周期短、技术先进、质量可靠、生产检测试验手段完备的产品开发系统。产品包含八大类共300多个品种的车载电子信息工程特种车辆体系。

海关集装箱检测车

江苏大港物流有限责任公司

江苏大港物流有限责任公司暨镇江海关直通监管点位于镇江新区大港片区的镇大公路与通港路交叉口的西南角，距沪宁高速公路大泊互通立交16公里，距长江第二大港口——大港港口仅5公里，各种运输方式齐全，辐射能力极强，辐射地域宽广，对外交通条件十分优越。

镇江海关直通监管点营运主体为江苏大港物流有限责任公司。公司依托镇江新区政府，由江苏大港股份有限公司、上海巴士悦信物流有限公司、上海海虹集装箱储运有限公司三方共同投资组建，公司注册资本共计800万元。

江苏大港物流暨镇江海关直通监管点首期占地60亩，总投资3500万元，建有海关、国检等办公用房5500平方米，海关监管仓库3000平方米，集装箱堆场8200平方米，装备有先进的电脑网络系统、电子监控系统和保安消防系统。同时，为保证通关工作的顺利实施和对海关监管货物的严格管理，公司制定了一系列符合海关监管要求的规章制度和管理措施，对各流程采用先进的电脑网络系统进行管理，海关可以随时查询监管货物的进、出、存情况。此外，公司还 配备有现代化的装卸设备，如可堆重箱5个高的意大利泛图斯集装箱的正面吊，可进集装箱作业的日本小松2～6吨的柴油叉车等，以及拥有具备上海海关GPS系统、白卡、进港证的集卡等运输工具，使得货物装卸运输更加方便快捷。

集装箱场站

镇江市江南拍卖有限公司

总 经 理
国家注册拍卖师 冯智皓

镇江市江南拍卖有限公司是经江苏省拍卖行业主管部门批准成立，是镇江市政府指定的公物拍卖企业和江苏省拍卖行业协会会员单位。先后被江苏省高级人民法院、镇江市中级人民法院、中国长城资产管理公司南京办事处等单位指定为拍卖入围企业。

公司依据《中华人民共和国拍卖法》，遵循“公开、公平、公正”的原则开展拍卖活动，秉承“诚实信用”的宗旨热忱服务于社会。公司具备规范的业务流程、良好的业务渠道和畅通的信息网络系统。

公司拥有国家注册拍卖师、经济师、工程师、会计师，以及一支高素质的拍卖从业人员队伍。

公司常年向社会征集以下拍品：国家行政机关依法没收的物品、充抵税款、罚款的物品以及产权明晰的各类物品。包括：艺术品、房屋及土地使用权、破产企业财产、各类待处理公物、无形资产、车船等。

公司一贯倡导“快捷、规范、高效、务实”的作风，力求得到社会各界的支持和合作。

地　址： 江苏省镇江市南门大街293号五楼

电　话： 0511-4433312　4411471

镇江远东国际船舶代理有限公司

镇江远东国际船舶代理有限公司隶属于江苏远东海运有限公司。在全省11个口岸设有分支机构，主要经营中外籍国际船舶代理及相关业务，办理船舶、集装箱以及货物的报关报检手续。与各相关口岸单位建立了密切的协作关系，和国内外船东、货主有着长期稳定的业务往来。

公司本着船东、货主至上的服务宗旨，依靠专业程度高、服务意识强、经验丰富、素质优良的职工队伍和现代化的计算机管理系统，竭诚为客户提供优质、经济、高效的服务。公司愿在广大船东、货主的信赖与合作下共谋发展，共创新业。

电话：0511 5225065　　传真：0511 5218070

江苏远东国际货运代理有限公司
镇 江 分 公 司

江苏远东国际货运代理有限公司镇江分公司是江苏远东国际货运代理有限公司分支机构，主要经营江苏口岸至香港的国际集装箱班轮和江苏口岸至上海的国际集装 船内支线运输；专业化的集装箱车队经营宁、锡、沪公路中转业务和沪苏直通业务。多种经营方式，为客户提供全方位的多式联运服务。

公司倡导“和、合、信”为核心的企业文化。本着“质量第一、信誉第一”的服务宗旨，重诺守信，讲求效率，竭诚为客户提供快捷、经济、优质的服务，愿与海内外各界朋友精诚合作，共同进步，共创辉煌。

电话：0511 - 5231227　　传真：0511 - 5231226

镇江铁道工程公司

镇江铁道工程公司成立于1984年，位于镇江市黄山支路24号。公司设总经理室、经理室，有财务部、技术部、工程部、后勤部、经营部、办公室等五部一室。我公司主要从事铁道（公路）线路、桥涵、道口等基础设施建设，拥有先进的施工设施，具有较强的技术力量和施工能力，曾参与铁路站区线路改造、厂矿专用线的设计施工和铁路上下跨立桥建设，以及配合常州市、镇江市、南京市、丹阳市的市政建设工程。

下蜀街跨沪宁正线人行立交桥

镇江华龙铸铁型材有限公司

镇江华龙铸铁型材有限公司是专门从事生产、研制及开发铸铁型材及铸铁连续铸造技术的企业。公司设有华龙铸铁研究所，2002年由镇江市科技局批准为"镇江市新型铸铁型材工程技术中心"，专门从事铸铁水平连铸生产工艺软件和设备的研究与开发以及铸铁型材的推广应用。

水平连铸铸铁型材具有传统铸造方法生产的铸件所不能达到的优点，其主要特点是组织十分致密，极少有夹砂、夹渣、气孔及缩松等缺陷。因此它具有优良的综合力学性能，优异的抗渗漏气密性，良好的切削加工性及高的加工成品率。

成品库一角

公司的主导产品是：ø35mm-ø250mm圆截面或$40\times40mm^2$-$200\times200mm^2$截面尺寸的方、矩形或其它截面形状的普通灰铸铁（HT250）、球墨铸铁（QT450-10、QT500-7）及合金灰铸铁、球墨铸铁型材，以及根据用户需要生产特定性能、成份要求的其它灰铸铁或球墨铸铁型材。

董事长兼总经理：王贻青
副总经理：马明恒
厂 址：江苏省镇江市新区（大港）
兴港东路东方街89号
邮 编：212132
电 话：0511-3377064
传 真：0511-3370960
E-mail:mhma@hlironbar.com

江苏省机械工业供销储运总公司

总经理 王允章

江苏省机械工业供销储运总公司系江苏省机械资产管理公司的下属企业。公司位于镇江市区解放桥南侧，占地面积5万平方米，交通便利，地理位置优越。

公司利用原有的库房和场地，正在筹建以家具、灯具、陶瓷为主的金桥市场，预计二〇〇三年八月份挂牌营业，热忱欢迎各届人士前来投资发展。

地　　址：镇江市解放路5号

法人代表：王允章

邮　　编：202001

电　　话：0511-4425508（总经理室）

　　　　　0511-4425797（办公室）

传　　真：0511-4413121

镇江泰兴隆食品有限公司

新加坡泰兴隆集团是一家跨国企业集团，分布于新加坡、中国、越南及香港特区，生产经营食品、水产品、农产品及多种贸易，业务遍及东南亚、欧美及港澳台地区。

1989年集团开始中国大陆投资步伐，率先在汕头经济特区成立“澄海市海隆水产有限公司”、“泰兴隆（澄海）食品有限公司”并创立泰兴隆集团中国总部，随后相继在河南、江苏、湖北三省建立生产基地，设立“河南泰新食品有限公司”、“镇江泰兴隆食品有限公司”、“湖北宜泰快餐食品工业有限公司”，生产“幸运”系列方便面、“幸运一族”系列麦片、“幸运佳伴”系列饮品，至1997年，国内投资总额达6000万美元。目前已形成一个实力雄厚，拥有先进技术和设备，产品种类齐全、品质优良的食品综合生产经营企业。

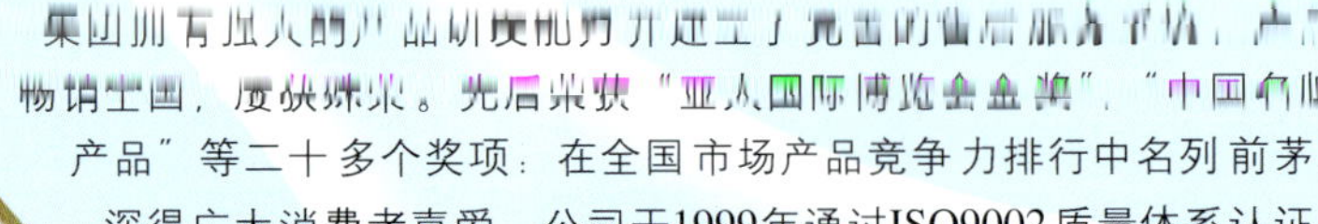

集团拥有强大的产品研发能力并建立了完善的售后服务体系，产品畅销全国，屡获殊荣。先后荣获“亚太国际博览会金奖”、“中国名牌产品”等二十多个奖项；在全国市场产品竞争力排行中名列前茅，深得广大消费者喜爱。公司于1999年通过ISO9002质量体系认证。

公司注重管理及人才队伍的建设，引进了先进的管理信息系统，建立了完善的人才引进培训机制，形成了一支高效的管理人才团队，保障了企业在市场激烈竞争中的优势地位和持续发展力。

公司在致力于服务社会的同时不断回馈社会，参加公益事业，设立了多项助学基金并赞助社会福利事业，赢得了社会广泛赞誉。

集团各公司以董事长蔡锡河先生倡导的“品质第一、信誉第一、坦诚布公、至诚服务社会”为宗旨，以提供优质产品及服务为已任，不断开拓创新，为更加美好的明天而努力奋斗。

地址：镇江市丁卯经济开发区纬一路8号　电话：(86)0511-8886000　传真：(86)0511-8886060　邮编：212009

镇江市轻工资产经营公司

ZHEN JIANG SHI QING GONG ZI CHAN JING YING GONG SI

奖 状

在二00二年度经济建设中成绩显著，被评为先进集体。

镇江市人民政府
二00三年二月

奖 状

在二00一年度经济建设中成绩显著，被评为先进集体。

镇江市人民政府
二00二年二月

镇江轻工系统现有单位59家，职工30535人。系统内有亚洲最大的造纸企业—金东纸业（江苏）有限公司。主要产品有纸浆、纸及纸制品、金属包装容器、影视剧服饰道具、塑料、树脂、皮革、门锁、食品、工艺美术、文教用品、汽车配套件等四十类四百多个品种。2002年，完成现价产值78.2亿元，实现销售收入74.3亿元，实现利税10.0亿元，其中利润7.5亿元。在市直工业中处于领先地位，为全市经济发展作出了重大贡献。

镇江市房地产开发公司

总经理　华久田

企业资信等级

省一级（AA）

中国人民建设银行江苏省分行
企业资信等级评定委员会评定

二00二年度旧城改造

先进单位

镇江市房管局
二00三年一月

镇江市房地产开发公司

履约践诺　诚实守信
销售放心房承诺单位

镇江市消费者协会
镇江市房地产业协会
二〇〇一年八月

镇江市房地产开发公司成立于1985年5月，隶属于镇江市房产管理局。是一家有良好业绩、经验丰富、诚实守信的国有开发公司。公司技术力量雄厚，拥有中高级职称的各类专业人员占在职人数的80%。十多年来，在镇江市区开发了贺家弄、观音桥、牌坊巷、娄巷、中营街、桃花坞、丽华、李苑等住宅小区，同德大厦、银行、酒楼等商办楼，建筑面积40余万平方米，完成开发工作量4亿余元，为城市建设作出了一定贡献。

公司地址：电力路139号

电　话：0511-5281571　5281554

售房热线：0511-5282504

房管局领导检查李苑小区时和公司领导班子合影

公司经理陪同房管局领导检查旧城改造拆迁现场

镇江市京口盛达房地产开发有限公司

公司开发的别墅型住宅楼

公司开发的别墅型住宅楼

镇江京口盛达房地产开发有限成立于1992年，原是隶属于京口区人民政府的全民企业，2001年7月改制为私营企业，注册资金800万元，总资产2650万元，拥有城市房地产开发三级资质，是集房地产开发、建材销售、建筑装璜、铝合金加工、物业管理等于一身的综合型开发企业。

公司技术力量雄厚，公司现有职工38人，其中大中专以上学历的15人，大专以上文化的有10人，工程、经济技术人员15人，其中中级以上职称 8人。

公司成立以来，先后开发了青云门片区、盛达新村、虹桥新居等小区，总开发面积近5.4万平方米（99年以前），其过硬的工程质量、完善的小区配套、良好的售后服务享誉古城镇江，在住宅小区和商办楼的开发建设方面积累了丰富的经验。正在开发的“盛达新村”小区，是98年和99年国家经济适用房（安居工程）定点小区之一，总占地3.88公顷，总建设面积5.3万平方米，总投资4500万元，小区主要开发住宅及相关的生活服务配套设施，现开发量已近尾声。正在筹备中的“江工花园”是我公司为支持高校后勤服务社会化改革，定点为江苏理工大学开发的规模较大、配套设施齐全、品位较高的花园式的住宅小区，小区占地13.85公顷，总建筑面积为15万平方米，该项目总投资1.6个亿，是融住宅、学生公寓、生活娱乐、购物为一体的综合型生活小区，目前，该项目的立项、规划设计、土地征用，现场的三通一平及地质勘探等前期准备工作已就绪，已完成工作量831万元（具体见）。

2001年7月改制后的镇江京口盛达房地产开发有限公司奉行“一业为主，多业并举”的经营思想，正在不断地向集团化方向发展，先后成立了“盛达物业管理中心”、“京口建筑安装公司阳宏分公司”“盛达铝塑钢门窗厂”“盛达房产中介公司”[illegible]配套服务企业，中外合资宏华眼镜有限公司正在积极地筹备之中，我们相信，镇江京口盛达房地产开发有限公司在社会各界的关心和支持下，通过不断地开拓进取，在不久的将来，必将成为实力雄厚的、一流的、综合的房地产开发企业。

总经理：欧阳宏

地　址：镇江市桃花坞路158号

电　话：0511-8611390

镇江市京口盛达房地产开发公司
2002年度
打假维权无投诉优秀企业(品牌)
江苏省打假治劣保名牌特刊办公室推介

镇江市京口盛达房地产开发公司
复约践诺　诚实守信
销售放心房承诺单位
镇江市市消费者协会
镇江市房地产业协会
二〇〇一年八月

江城房地产发展公司

总经理　刘孝纯

江城房地产发展公司于1993年5月成立，全民性质企业，注册资金800万元，三级开发资质。公司成立后，先后在大港新区和市内开发建设住宅小区、标准厂房及写字楼各类商品房12万M^2，2001年全面建成的“山林苑”经济适用房小区，以其新颖的设计、一流的质量和优良的物业管理，成为我市西区的一朵奇葩，2002年被评为入住环境“市优小区”。

2001年6月18日，在镇江市首次土地拍卖会上，江城公司以“镇江第一锤”的魄力，一举拿下北固山下的一块热土，建设“甘露苑”住宅小区，决心在北固山风景区，长江路风光带上打造出具有江南文化特色的名居苑。2002年5月份，公司又一次参加土地拍卖会，竞价取得跑马山62号地块，扩大建设“山林苑”第三期住宅区，届时，一个更加靓丽的“山林苑”必将呈现在您的面前。

镇江市市政房屋开发公司

谏壁镇谏辛公路的两侧的网点房是我公司精心打造的主打工程，是谏壁地区的亮点，亦是商业云集地。它由上海同济大学专家设计策划，是江苏省小城镇重点建设之一。它已启动啦！

网点房为全框架结构，高档塑钢窗，亮化全玻门，质量保证；它是开放式的，可根据您的需要来设计单体，为你服务是我们的宗旨，因为您才是这里真正的主人。

过硬的设计，非凡的品质，打造一流的商业环境

这里，你的生活会更美

这里，你的思维更活跃

这里，给您创新的灵感

这里，使您全身心的释放

这里，商机无限，是您再次腾飞的起点

这里，才是您真正的创业家园

让空气流动，让激情互动，让生活生动，让价格心动（凡一次性付款80%以上可享受200元/m²的优惠），感觉如何？赶快行动吧！众多惊喜等着您。

联系人：徐先生　联系电话：5028077　13092695988

华东船院西校区学生公寓

镇江新昌房地产开发有限公司

我公司系成立于1999年注册资金880万元人民币，具有叁级开发资质的民营企业，公司拥有高素质的工程管理人员十多名，经过叁年多的发展先后参与了华东船院东、南、西各分校区后勤服务设施的开发建设，总计竣工面积为7.62万平方米。目前，华东船院东校区3万多平方米的培训中心，食堂等，丹阳市原粤阳家具城1.2万平方米的旧城改造项目正在建设之中。

公司在华东船院项目建设过程中严格按照国家标准进行管理，使我公司所建工程受到了建设部门华东船院的高度评价，并6次获得“金山杯”称号，在此基础上，我公司将再接再励把目前在建项目做得更好，为繁荣当今房地产行业，为镇江市城市建设作出贡献。

华东船院南校区学生公寓

以诚为本

鑫民大厦

法院办公大楼

检察院办公大楼

国土局办公大楼

镇江市丹徒区鑫民房屋开发有限公司是由原丹徒县土地房屋开发公司改制重组的股份制公司。公司最初成立于一九九二年，现有职工58名，其中大专以上文化28名、各类专业技术职称26名；下辖8个科室、4个分公司：物业公司、装饰公司、绿化公司、诚信拍卖行（与区价格认证中心合作经营），开发资质为三级。公司自成立以来先后成功开发了万古一人巷、宝盖路、象山茶场、雅室小苑、电力路等片区；公司在丹徒新区承建了丹徒区法院、检察院、国土局、地税局办公大楼计35000m²，累计总投资5800万元；今年又承建了镇江市第二十中学新校园建设项目计16000m²，总投资1500万元。公司坚持"以诚为本"企业精神，诚信待人、守信经营，近年来经济效益大幅攀升，被市消费者协会、市房地产协会评为"消费者信得过单位"和"销售放心房承诺单位"，1998-2001年被评为"丹徒县文明单位"，2002年被镇江市委市政府授予"镇江市文明单位"。

公司地址：镇江市东门坡3号
公司电话：4433357
传真电话：4428454
销售热线：4404183

文明单位
CIVILIZED UNIT
中共镇江市委
镇江市人民政府

鑫民房屋开发有限公司

←丹徒新区会议中心

←瑞泰城市花园鸟瞰图

丹徒新区政府办公大楼

↓瑞泰新城

↑瑞泰新城鸟瞰图

瑞泰企业集团是一家菲律宾注册的投资控股公司，集团下设五大子公司：瑞泰（厦门）房地产开发有限公司、瑞泰（嘉兴）房地产开发有限公司、瑞泰（镇江）房地产开发有限公司、厦门象屿瑞泰龙进出口有限公司、厦门瑞泰贸易有限公司。瑞泰企业集团公司在董事长苏渊瑞先生的率领下，由一批经验丰富的管理人员掌舵，为集团公司在国内外建立了显赫的名声。在十余年的努力拓展下，集团公司奉行“[illegible]”[illegible]，[illegible]守“诚信、实干、拼搏”的公司宗旨。并决心凭着良好的企业形象及优秀的企业管理模式，努力为中国的改革开放贡献一份力量。

瑞泰集团主营房地产开发，在福建、浙江等地投资开发多个商品房项目，因取得辉煌成功而赫赫有名，先后获得过数十次荣誉，成为全国房地产业管理和开发建设的典范。如公司在厦门未来城市中心地带的江头台湾街开发总建筑面积达7.5万平方米的嘉隆公寓，项目总投资5亿多元人民币；在浙江兴建总面积为7万平方米的嘉善商城，总投资3.2亿人民币；在江南名城镇江市，由丹徒县政府招商引资，运用BOT方式代建占地23000平方米，耗资4000万元的丹徒新区政府办公大楼和占地9000平方米，总投资1500万元的丹徒新区会议中心。总投资1亿多元人民币，占地11万平米的瑞泰新城，一、二期销售赢得满堂喝彩，二期再度攀越巅峰。同时在丹徒新区征用300亩土地投资兴建的“瑞泰城市花园”即将开盘！

在新的世纪，瑞泰人将兢兢业业为镇江的城市建设贡献自己的一份绵薄之力！志存高远，再创辉煌！

公司地址：镇江市丁卯桥路158号(瑞泰新城内)

售楼中心：镇江市丁卯桥路158号(瑞泰新城大门东侧)

电话：(0511)8880788 8880888　传真：(0511)8880888

江天房地产开发有限公司

公司总经理 吴宝祥先生近影

镇江市江天房地产开发有限公司于一九九七年经市工商局注册登记，注册资金806万元，具有房地产开发三级资质。公司现有管理、技术人员中，具有高级职称的肆人，具有中级职称的柒人，占职工总数的85%。

公司自成立以来，已成功开发的项目有“句容皮业城”、“华东船院二村教职工小区”；合作开发的项目有“山林苑住宅小区”、“环城路54号住宅楼”、“中山西苑小区”等。公司在房地产开发中坚持“以人为本、注重品位”的理念，并于2002年被“中国保护消费者基金会”、“江苏名牌事业促进会”、“江苏省企业形象综合调查委员会”确认为《质量服务承诺三信房地产公司》。

公司住所：镇江市环城路90号5F
法定代表人：吴宝祥
售楼热线：0511-8838530 8830953

公司总经理与工作人员商讨工程进展情况

现代化的办公环境

公司管理层在研究新的开发建设项目

由公司合作开发的山林苑小区优雅怡人

由公司开发的船院二村教职工住宅一景

镇江市京口正东房屋开发公司

镇江市京口正东房屋开发公司始建于一九九四年，企业性质属国有企业。公司成立以来，不断开拓进取，狠抓企业内部管理，以质量信誉求生存，以管理出效益。六年来我公司的注册资金已达800万元，开发了解放路6号片区和大市口娄巷片区，开发面积达2.8万余平方米。其中娄巷片区荣获市优良工程，取得了良好的经济效益和社会效益。目前开发位于国贸大厦东面的古更楼巷地处钻石地段的商住楼已竣工验收。市东郊的汝山供销社开发建设项目桩基工程已开工。

我公司下属企业有：京口区第一建筑工程处、官塘桥预制构件厂，紫金泉沐浴中心，欢迎社会各界朋友订购我公司的商品房，合作投资、联系开发、工程业务，并为各界朋友提供食宿休闲一条龙优惠服务。

联系电话：0511-5020559 5029778 5032717

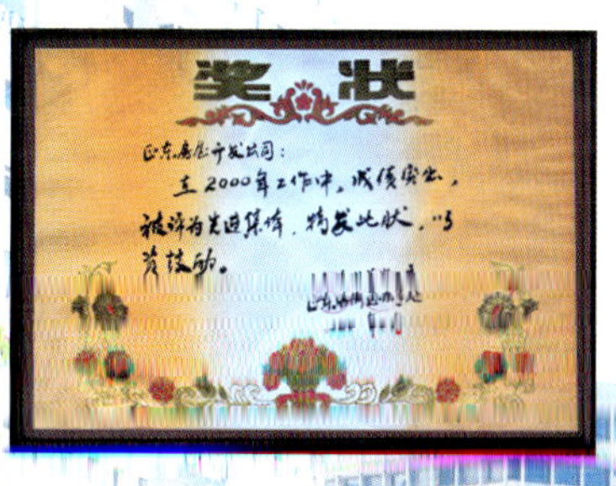

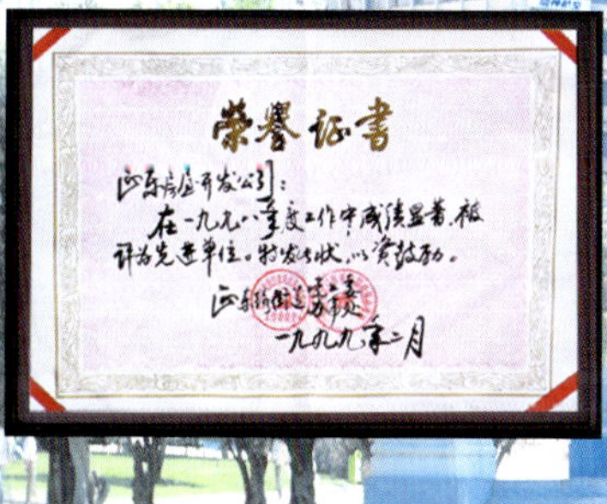

镇江京河房屋开发有限公司

ZHENJIANG JINHE FANGWU KAIFA CO.,LTD.

镇江京河房屋开发有限公司成立于1999年，房地产开发资质三级，AAA级资信单位，公司于2000年成功开发了中山东路19号商办楼取得了良好的社会信誉。目前正在开发的"怡海家园"高层商住楼是目前镇江最高的商住楼，其单体体量之大、配之靓丽的色彩、独有的澳洲建筑风情、优越的小区环境，档次品位之高，创造了镇江商住楼建筑史上的一个奇迹。

诚信是基础
理智是前提
安全是保障
创新是关键

干就是生存

变就是发展

这，就是京河公司一贯坚持的经营态度

镇江市建设工程交易中心

镇江市建设工程交易中心成立于1997年6月，主要负责收集、存储和发布各类工程招标投标信息，设计、施工、监理、中介机构等企业信息、材料信息、法律法规政策信息等，并为建设工程招标投标提供远程信息网络服务；为开标、评标、定标等招标投标活动，提供设施和场所服务及相关商务服务等。

采取“一站式”管理，“一条龙”服务。招标办、工程建设处、建设工程管理处、质量监督站等12个政府监管部门进入交易中心集中办公，从工程报建、招标投标、合同造价、施工许可、质量监督、安全监督等12个环节进行全方位管理、服务。

镇江市润州江南房地产开发公司

镇江市润州江南房地产开发公司是在有关部门的关心支持下，根据自身的实际情况和经济发展的需要，于2000年4月29日成立的国有开发企业，具有叁级开发资质。

该公司开发建设的江南新村花园式住宅小区位于金山风景区东侧，环境幽雅，交通便利，目前已形成一定规模，占地7万平方米，商品房8万平方米，以其合理多样的户型，可靠的质量，良好的信誉，优惠的价格，齐全的配套设施，规范的物业管理，深受人们欢迎，是居家生活的理想场所。

该公司经过几年来的开发建设，公司的经济实力和规模不断发展壮大，尤其是近两年呼应西区的城建建设，在创造了一定经济效益的同时，创造了巨大的社会效益。在社会各界享有较高的声誉，从2000年起连续三年被润州区委、区政府评为两个文明先进单位。

地址：镇江市新河路250号

电话：0511-5511013 5510917

镇江市五环规划建筑设计有限公司

董事长 葛春旭

公司成立于2001年8月8日，为镇江市首家改制后人员重组而成立的股份公司，下属有测量队，建材经营部监理公司等，单位主要从事工业与民用建筑设计，规划及地形测量工作。现有在册职工18人，注册建筑师3人，注册结构工程师3人，高级工程师3人，中级职称6人。公司成立后，设计了大量的工业与民用建筑项目，主要有：江苏大亚集团厂房，生活小区共2万平方米；江苏富豪集团办公楼、厂房共3万平方米；江苏飞达集团办公楼、厂房4万平方米；恒发开发周家河片区共3万平方米；丁卯花园小区共4万平方米；丹阳安隆开发公司全福花园小区共5万平方米；京江开发公司河北街小区共3万平方米；置业集团竹林山庄小区共2万平方米，置业新村小区共2万平方米；江阴长华集团办公楼、厂房共2万平方米；公司成立后立志于优质服务，设计出优秀作品，为社会主义建设尽责尽力。

地址：环城路68号　　电话：0511-8824061　8826278　　邮编：212003